村上春樹著

平将門

——調査と研究——

汲古書院

平将門——調査と研究——　目次

平将門

――調査と研究――

第一章　平将門研究史——文献調査——

平将門は、十世紀前半の人物であるが、いつ、どこで生まれたかは、分からない。『将門記』によれば、承平五年（九三五）から天慶三年（九四〇）にかけて、下総国豊田郡と猿島郡を本拠として活躍していた。その間、将門は、叔父や従兄弟らと私闘を繰り広げ、やがては、坂東の国府を攻略して、新皇に即位するに至る。しかし、それも僅か二ヶ月ばかりで、藤原秀郷・平貞盛の連合軍に敗れ去り、その首は都に送られた。このように、将門は坂東を虜領し新皇に即位したことから、後には、永く反逆者とされてきた。これは、時代が降ると、怨霊として恐れられたり、一方では、庶民に味方する英雄とも称えられたりするようになっていく。そうしたことから、平将門は、さまざまな形で語りつがれ、多くの文献に登場するようになるのである。

この平将門の学問的な研究は、明治から始まり、今日まで多くの成果が残されている。その歩みについては、後に示すような「研究史」が明らかにするところである。ここに、私が文献の調査を詳しく行って、あらためて研究史をまとめておこうと思うのは、これまでの平将門研究から多くを学び取り、今日、いまだに膠着状態に陥っている論点などについて、少しでも新しい展望を持ちたいと願ったからに他ならない。

本章では、以下のように内容を分けて、それぞれの記述を進め、考察を行っていきたいと思う。

一、平安時代〜江戸時代　平将門と関わりがある文献

まず、後に掲げた「研究史」Dに倣って、江戸時代までの、平将門に関わる主な文献を時代順に示すこととした。（＊印を付けて説明を加えたものがある。）

二、明治時代〜平成十七年　平将門に関わる研究文献

明治から平成十七年までの将門研究文献を出来る限り集め、整理して記すこととした。（＊印を付けて、従来の研究史の評言、著者の提言などを引用したり、簡単な解説や批評などを付け加えたりした。）

三、『将門記』注釈略史

平将門を研究する場合に、『将門記』の記述を正しく解釈することがきわめて重要である。そこで、今日まで公にされた『将門記』の注釈書を紹介して、少しばかり解説と批評を付け加えた。

四、平将門伝説に関わる文献

これを整理して、地域別に分類して示すことにした。伝説の文献は、各地域の方々がその伝説を後に伝えることを目的に記したものが多い。そこで、研究文献とは別に示すことにしたが、その中には、二と重複するものもある。さらに、伝説の文献は、成立の年、著者が不明なものが少なくない。また、私家版も多い。それらは表記しないで、分かるところだけを記すこととした。

なお、ここで参照した研究史・文献目録は以下のとおりである。（A〜Mの記号を付して、引用する際に用いる。）

A　林陸朗「平将門研究史」（『西郊文化』昭和30年6月号）

B　梶原正昭「将門記研究史」（『将門記・研究と資料』昭和38年、新読書社）

C　矢代和夫「将門記をめぐる研究と問題点」（昭和42年『軍記と語り物』5）

D　佐伯有清ほか『研究史将門の乱』（昭和51年、吉川弘文館）
E　梶原正昭「『将門記』研究文献目録」（『文学』昭和54年1月号）
F　林陸朗「将門記関係文献目録」（新訂『将門記』昭和57年、現代思潮社）
G　軍記物談話会編『軍記物研究文献総目録』（昭和62年、軍記物談話会）
H　林雅彦「軍記物語研究史　研究文献目録」（『解釈と鑑賞』昭和63年12月号）
I　加美宏「『将門記』研究史の考察――太平洋戦争終結以前――」（『軍記文学の始発――初期軍記』平成12年、汲古書院）
J　佐倉由泰「戦後『将門記』研究の考察と課題」（同前）
K　久保勇「初期軍記研究史年表」（同前）
L　佐倉由泰「軍記物語参考文献一覧（『国文学』平成12年6月号）」
M　松林靖明　矢代和夫「参考文献」（日本古典文学全集41『将門記』平成14年、小学館）

ここに示したように、昭和五十年頃までは、極めて詳細な研究史・文献目録が存在する。そこで、この研究史では、先学の優れた評言をかなり引用させていただいた。（A〜Mの記号で示した。）また、近頃の研究書・研究論文については、とくに「軍記・語り物研究会」の文献目録を利用させていただいた。ここに、謹んで感謝の意を表したい。

一、平安時代〜江戸時代　平将門と関わりがある文献

最初に、昭和五十一年の研究史（D）に倣って、平将門と関わる文献を選んで、年代、著者、書名の順に示すこと

にした。（不明のものは、「不」と記した。）

（年代）	（著者）	（書名）
平安時代	不	（楊守敬本）将門記
天慶三年（九四〇）？	不	（真福寺本）将門記
天徳四年（九六〇）以降	藤原忠平	貞信公記

＊延喜七（九〇七）～天暦二（九四八）年間の忠平による日記。忠平の子実頼が天徳四年以降に抽出して作成。

天徳四年（九六〇）以前	藤原師輔	九条殿記
永観二年（九八四）	源為憲	三宝絵詞
不	不	妙達和尚の入定してよみかへりたる記

＊東博本『三宝絵の』中巻末尾に付載され、『三宝絵』とは別の作品である。（「新日本古典体系31」岩波書店の解説）

寛弘五年（一〇〇八）頃	惟宗允亮	政事要略
長元三年（一〇三〇）以降	藤原明衡	本朝文粋
長元九年（一〇三六）以降	不	日本紀略
長久一年（一〇四〇）以降	不	大鏡
長久年間（一〇四〇～一〇四三）	鎮源	大日本国法華験記
寛治八年（一〇九四）以前	不	純友追討記
承暦元年（一〇七七）頃	不	今昔物語集

＊これは十二世紀前期成立と見られるようになった。（平成8年『平将門資料集』）

寛治八年（一〇九四）〜嘉承二年（一一〇七）頃	皇円	扶桑略記
天永二年（一一一一）以前	大江匡房	江談抄
天永二年（一一一一）頃	三善為康	拾遺往生伝
天治二年（一一二五）書写	不	僧妙達蘇生注記

＊成立時期は十世紀後期と見られる。（平成８年『平将門資料集』）

久安六年（一一五〇）以降	藤原通憲	本朝世紀
長寛二年（一一六四）〜正治二年（一二〇〇）	九条兼実	玉葉
治承二年（一一七八）〜治承三年（一一七九）	平康頼	宝物集
建久九年（一一九八）	藤原経房	吉記
建暦二年（一二一二）〜建保三年（一二一五）頃	源顕兼	古事談
鎌倉初期	不	保元物語、平治物語、平家物語

＊永仁五年（一二九七）の序文のある『普通唱導集』には、琵琶法師によって、平治・保元・平家之物語が語られていたと証されている。（平成10年『日本古典文学大事典』、明治書院）

寛喜三年（一二三一）	宗蓮	大法師浄蔵伝
宝治元年（一二四七）以降	不	源平盛衰記
建長年間（一二四九〜一二五六）	宗性	日本高僧伝要文抄

建長四年（一二五二）　不　十訓抄
正安三年（一三〇一）以降　永祐　帝王編年記
嘉元年間（一三〇三～一三〇六）頃書写か　不　言泉集
　＊笠栄治「将門記の本文について」（昭和42年）による。
延慶二年～三年（一三〇九～十）書写　不　延慶本平家物語「昔将門を被追討事」
元亨二年（一三二二）　虎関師錬　元亨釈書
鎌倉時代　不　神皇正統録
鎌倉時代末期　不　吾妻鏡
建武四年（一三三七）頃　不　源平闘諍録
延元四年（一三三九）　北畠親房　神皇正統記
暦応二年（一三三九）～貞和五（一三四九）　中原師守　師守記
延文五年（一三六〇）　洞院公賢　園太暦
応安三年～四年（一三七〇～一）頃　不　太平記
　＊応安三、四年頃には、四十巻本が成立していたと想像できよう。（新潮日本古典集成『太平記』一）
永和三年（一三七七）～応永二（一三九五）　洞院公定　尊卑分脈
　＊原撰本は、前記の年代に成立、その後、継続して編纂された。
嘉慶元年（一三八七）頃　不　源威集
室町時代初期～中期　不　義経記

永享六年（一四三四）以降	不	神明鏡
室町時代	洞院公賢	歴代皇紀
室町時代	不	俵藤太物語
室町時代	不	師門物語
室町時代	季弘大叔	蔗軒日録
不	不	将門純友東西軍記
＊本書は、中世の将門伝説をまとめたような資料となろう。		
不	不	永享記
不	不	和漢合図抜粋
江戸初期	三浦浄心	北条五代記
江戸初期	不	月刈藻集
江戸初期	藤元元	前太平記
＊江戸初期の平将門伝説を取り込み、これ以降の伝説の展開に大きな影響を与えたといえる書である。		
江戸初期以後	不	蓬左文庫本将門略記
寛永年間後半（一六四〇頃）	林羅山	本朝神社考
正保三年（一六四六）	栄海	真言伝
明暦三年～（一六五七～）	徳川光圀	大日本史
＊光圀死後も編集を続け、明治三十九年に完成した。		

寛文十年（一六七〇）　林羅山　本朝通鑑
延宝元年（一六七三）　山鹿素行　武家事紀
元禄年間（一六八八～一七〇三）　壬生季連　続左丞抄
宝永七年（一七一〇）　東永　三山雅集
宝永八年（一七一一）　小林正甫　重編応仁記
正徳二年（一七一二）　近松門左衛門　傾城懸物揃
正徳二年（一七一二）　新井白石　読史余論
宝暦十三年（一七六三）以降　伊勢貞丈　貞丈雑記
寛政十一年（一七九九）　植松有信　木版本将門記

＊植松有信が真福寺本将門記を木版本として刊行した。この版本の末に植松が以下のように記している。

「此将門記一巻は、はやく稲葉通邦が写させてもたりけるを、年月のうつりゆくままにちりぼひうせなん事のなげかしく、かつはいにしへしのぶ人々にも見せまほしくて、せちにこひもとめて、こたび版にゑらしめつ。

寛政十一年六月　尾張国名児屋人　植松有信」

享和三年（一八〇三）　藤原為善　華頂要略
文化三年（一八〇六）　山東京伝　善知安方忠義伝
文化七年（一八一〇）　滝沢馬琴　昔語質屋庫「平将門袞龍の装束」
文化十四年（一八一七）　高田与清　相馬日記
文政四年（一八二一）　三島政行　葛西志

文政八年（一八二五）	武元北林	史鑑
文政十年（一八二七）	頼山陽	日本外史
天保三年（一八三二）	頼山陽	日本政記
天保七年（一八三六）	宝田寿助	忍夜恋曲者
弘化二年（一八四五）	清宮秀堅	下総国旧事考
安政二年（一八五五）	赤松宗旦	利根川図志
安政五年（一八五八）	中路定俊	成田参詣記
安政六年（一八五九）	黒川春村	碩鼠漫筆

二、明治時代～平成十七年　平将門に関わる研究文献

凡　例

1、明治以降、今日までの平将門に関わる研究文献を示す。元号は、明治（M）、大正（T）、昭和（S）、平成（H）と略す。年内は、だいたい発行月順とする。

2、再録、復刊は原則として除く。但し、改定により、注目するべきものは記述する。

3、創作は原則として除く。ただし、研究に資する内容のあるものは載せる。

4、副題や発行所などで、字数の多い場合は略して記述したものがある。

5、特に注目する文献には、後に＊印をつけ、簡単な解説や私見を付け加えた。

6、文献の著者の主張を「　」又は〔　〕印をつけて、そのまま引用した。

7、これまでの研究史の評言には「　」を付けて引用し、後ろに（　）印をつけて、先の「研究史」A～Mの記号で示した。

8、文献を引用する際、文献中の旧字・旧仮名遣い等は、新字・新仮名遣いに改め、長い内容のものは途中を省略したものがある。

9、この研究文献を引用する場合、（　）印を付けて記号で示す。（例、S35．1↓昭和35年の番号1の文献）

明治（一八六八～一九一二）

M9（一八七六）

1青山延光『国史紀事本末』巻23　書肆太田金右衛門

M23（一八九〇）

1星野恒「将門記考・将門記略」『史学会雑誌』1・2（M37『史学会論叢』M42『史学叢説』にも収録）

＊本論は、「将門についての学問的研究の出発点に位置することになる。（D）」平将門に関わる『大鏡』『神皇正統記』『太平記』『日本外史』などの説を排して、『将門記』が根本資料となることを主張した。ただ、ここに記述された主要な問題点（以下）には、現在もなお、明確な解答が定まっているとは言えない。一、真福寺本『将門記』末尾の「天慶三年六月中記文」を成立年次とする。二、東国在住の文筆に熟達した僧徒がその見聞するところを記したと推定される。三、当時、本書は「合戦章」と称したのかもしれない。

2著者不詳「神田神社ニ将門ヲ合祀シタル事」『江戸会誌』2—8

3尾関トヨ『日本外史之内絵本将門記』豊栄堂

M24（一八九一）

1松井広吉「平将門」『日本百傑伝』博文館

M25（一八九二）

1三浦録之助「天慶の亂を論ず」『史学会雑誌』3—36

M26（一八九三）

1田口卯吉「平将門」『史海』26

＊論者は「余の之（将門記）を愛読する所以は、特に其文躰の奇異なるが為めのみならず。其著者が敢て後世史家の如く厳然として孔子を扮し、乱臣賊子をして懼れしめんとて、殊更に将門を誹謗せず、又将門の残党の如く殊更に将門を弁護せず、公平に記載したるの趣あるを以てなり。」と注目するべき評言を述べている。

2坪井九馬三「天慶亂の新史料」『史学会雑誌』4—45

3永田荘「将門伝記古事蹟考」『史海』27

4吉田東伍「史海二十六巻を読む」『読売新聞』M26・9

M27（一八九四）

1三浦周行「平将門」（のちに、T5『歴史と人物』東亜堂に所収）

2広瀬渉「平将門論」（のちに、T12『千葉県東葛飾郡誌』に所収）

＊論者は、小学校長であるが、「大に歴史家が将門の真相を没却して誤を後世に伝へ、我光輝ある青史に一大汚点を染めしを遺憾とす。」と高い志を以って、将門論を展開した。『将門記』の地名の考証などは評価出来よう。

M33（一九〇〇）

1内山正居「平将門」『史学界』2—2．3．5

2大森金五郎「平将門の本貫と偽宮」『歴史地理』2—9

＊「文献史学の立場に立って『将門記』をよりどころにして、それまで一般的に信じられていた問題を批判し、着実な考証をおこなっている。（D）」例えば、相馬小次郎は、将門の呼称ではないし、相馬御厨も将門とは直接の関係はないなど。

3斉藤隆三『守谷志』（S24に増補版、守谷町刊）

M34（一九〇一）

1稲葉賢介「下総国岩井附近に散在する新皇の遺趾に関する伝説」『歴史地理』3—10

＊稲葉賢介は、岩井小学校長などを務めた人で、大森金五郎に資料を提供している。平将門の本拠からの初めての発言であり、注目される。

M36（一九〇三）

1吉田東伍『大日本地名辞書』第四冊　冨山房

2古賀貞造「平将門が陣屋の遺跡と守本尊」『歴史地理』3—11

M38（一九〇五）

1大蔵省『大蔵省構内平将門事跡調』

2織田完之『国宝将門記伝』会通社

M39（一九〇六）

織田完之『将門墳墓考』自筆本、未刊

M40（一九〇七）

1池田晃淵『平安朝史』上　早稲田大学出版部（T4．訂正増補版）

2有賀長雄『大日本歴史』博文館

3吉原精一『東国闘戦見聞私記』石陽社

4織田完之『平将門故蹟考』碑文協会

＊織田完之は平将門の冤罪を雪ごうとした人物である。本書は、平将門の各地の故跡の顕彰に努めた書で、先の『国宝将門記伝』と共にその代表作である。「織田氏がこれらの書を著した直接の目的は、将門及びその乱の［事実の真相を世上に明示し歴史の謬妄を訂正し千古の冤罪を洗雪せん事］にあり［九百六十七年来の疑獄を解決するは吾が国宝将門記伝と此の故蹟考の二書あるのみ］という自負から出ている。（A）」現在、織田完之の資料は、祭魚洞文庫（流通経済大学図書館内）に、「平将門関係書類」として所蔵されている。

5織田完之『平将門公絵伝』自筆本、未刊

6織田完之『大須本将門記補修』自筆本、未刊

M41（一九〇八）

根岸門蔵『利根川治水考』秀英舎

M43（一九一〇）

喜田貞吉『国史の教育』三省堂

大正（一九一二～一九二六）

T1（一九一二）
大森金五郎「将門記」『房総叢書』第1集　房総叢書刊行会

T2（一九一三）
1渡辺世祐『武蔵武士』博文館（S62復刊、有峰書店新社）
2青木武助『大日本歴史集成』隆文館

T3（一九一四）
1吉田東伍『倒叙日本史』早稲田大学出版部
2吉田東伍『地理的日本歴史』南北社

T4（一九一五）
清水橘村「神田神社の研究」『新仏教』16―17

T5（一九一六）
1柳田国男「唱門師の話」『郷土研究』4―1
2三浦周行『歴史と人物』東亜堂書房
3津田左右吉『文学に現れたる我が国民思想の研究』洛陽堂

T6（一九一七）
1妻木忠太「平将門の系図に就いて」『歴史地理』30―5

T7（一九一八）
1黒坂勝美『国史の研究』文会堂書店

2野口如月『北相馬郡志』北相馬郡志刊行会（S50復刊）

T8（一九一九）

藤沢衛彦『日本伝説叢書』下総の巻　日本伝説叢書刊行会

T9（一九二〇）

1幸田露伴「平将門」『改造』2—4（T14新潮社からも刊行）

2久米邦武「将門純友の乱」『中央史壇』1—8「平将門特集」

3大森金五郎「平将門謀反の真相」（同前）

4藤沢衛彦「平将門論」（同前）

5堀田右京「平将門の伝説」（同前）

6水郷楼主人「幸田博士平将門論妄批」（同前）

7織田完之「平将門反逆の弁妄」（同前）

8斎木蘭村「国宝将門記伝を読む」（同前）

9織田完之「将門彰考総説」自筆本、未刊

10織田完之「将門遺事新考」（同前）

11織田完之「将門彰考詩」（同前）

T10（一九二一）

1稲上三郎「平将門の偽宮に就いて」『中央史壇』2—2

2藤沢衛彦「平将門論に答ふ」（同前）

3大森金五郎『大日本全史』上巻　冨山房
4芳賀矢一『攷証今昔物語集』本朝部下　冨山房
5荒井庸夫「平将門に関する俗説を辯ず」『中央史壇』3—2
T11（一九二二）
1中島孤島「将門論」『中央公論』四〇八
2寺田喜久『相馬伝説集』相馬伝説集刊行会（S47崙書房から復刊）
3荒井庸夫「田原藤太論」『中央史壇』5—6
T12（一九二三）
1荒井庸夫『平将門論』大同館書店（S48崙書房から復刊）
2大森金五郎『武家時代之研究』冨山房（『将門記』校本を収める）
＊「大森氏の業績は、明治・大正の実証史学の到達した段階を示すもので、現在も将門研究の基礎的文献として称挙さるべきであろうと思われる。（A）」、「武家時代の研究に焦点を当てて研究をすすめ、其の成果は現在でもとるべき点が多々あるといわれている。（D）」
3千葉県東葛飾郡『千葉県東葛飾郡誌』東葛飾郡教育会
T13（一九二四）
1真福寺本『将門記』複製（解説、山田孝雄）古典保存会
＊本書が影印刊行されて、一般に、真福寺本『将門記』を読めるようになった。解説者は紙背の訓までも調査し、七例を示している。現在の注釈書は、ほとんど、この書を底本としている。

2今宮新「平将門論」書評『史学』3―2

T14（一九二五）

1真山青果「戯曲・平将門」『中央公論』四四三

2真山青果「戯曲・叛逆時代の将門」『中央公論』四四六

3大森金五郎『随感随録史伝史話』交友社

4藤沢衛彦『日本伝説研究』第二巻　大鐙閣

T15（一九二六）

1今宮新「蒲生氏郷・平将門」書評『史学』5―1

2小菅与四郎『東国戦記実録』東京印刷

3黒沢常葉『結城郡郷土大観』郷土顕彰会

4塙泉嶺『茨城県筑波郡郷土史』杉原書店

昭和（一九二六〜一九八九）

S2（一九二七）

1黒澤常葉『猿島郡郷土大観』郷土顕彰会

S3（一九二八）

1佐野学『日本歴史』南宋書院

2青木辰治「将門記と将門に関する史疑」『歴史と国文学』4―6

3友納養徳「平将門について」『歴史教育』3―4
4花見朔巳「将門記について」『歴史地理』52―2
*将門の父を良持とし、後の史料では、良将とすることについて、著者は「将、持共にモチと読むことから、斯る誤を来たしたものであらう。」と論ずる。
5東京帝国大学史料編纂所『大日本史料』第一編之六
6花見朔巳「将門記」（解題）『新校群書類従』16　内外書籍
7佃与次郎『平将門公正伝』筑土神社
S4（一九二九）
1石井正義「八幡不知森は平将門の墳墓か」『武蔵野』14―1
2織田雄次『鷹洲織田完之翁小伝』開明堂
3中山太郎「将門の首塚」『旅と伝説』2―2
4川上多助「平安時代史」『大日本史講座』2　雄山閣
S5（一九三〇）
1下村三四吉「平安朝史」『国史講座』受験講座刊行会
S6（一九三一）
1中山太郎『日本民俗学』随筆篇　大岡山書店
2東京帝国大学史料編纂所『大日本史料』第一編之七
3五十嵐力『軍記物語研究』早稲田大学出版部

4花見朔巳『異説日本史』２　雄山閣
5小松悦二『神田明神誌・平将門論賛』神田明神誌刊行会
S７（一九三二）
1五十嵐力　岩波講座日本文学『軍記物語研究』岩波書店
＊著者は「吾々は『将門記』に於いて独立した一種の軍記を得た。『将門記』は恐らく一種の芸術気分をもって書かれたものであらう。」と記す。前年の「S６．３」と共に、国文学史上に、『将門記』を軍記文学の始発の作品と位置づけた。
2高崎正秀「唱導文藝の発生と巫祝の生活」『國学院雑誌』38　4―10
3高木武「将門記」『日本文学大事典』新潮社
4板橋倫行「将門の鉄身伝説について」『童話研究』７月号
S８（一九三三）
1佐々木皎堂「平将門の墳墓に就て」『掃苔』２―２
2遠山荒次「将門記の比企郡狭服山」『埼玉史談』５―１
3茨城県史研究会『茨城県史』茨城県歴史刊行会
S９（一九三四）
1川上多助「武士の勃興」『岩波講座日本歴史』岩波書店
2岡井慎吾『日本漢字学史』明治書院
3春日政治「高野山にて観たる古点本一、二」『文学研究』７
S10（一九三五）

1岡田希雄「将門記攷——将門記の訓点上」『立命館文学』2—3
「将門記の訓点下」（同前）2—7
＊この論文の「上」では、将門記の解説を行い、著者は以下のように主張する。「将門記は、天慶三年六月の作で、将門の乱の根本史料であり、正に戦記物のいできはじめの親でもある。」「将門記の本名は、平将門合戦章文は、平将門合戦状と推定する。」「作者は、仏徒で、将門に好意を有した都の人である。」「下」では、細註と訓点から国語学的観察が詳しく行われている。
2富村登『水海道郷土史談』私家版
3平井秀文「承徳本将門記の訓点」『国語国文』5—10
4中村時蔵『少年平将門伝』大同館
5川村真一「大蔵省内にあった将門塚」『神田』武蔵野会
6佐々木皓堂「大蔵省内将門塚と日輪寺」（同前）
7服部清五郎「神田明神と将門」（同前）
8別所光一「将門と説話」（同前）
9三輪善之助「神田明神雑記」（同前）
10熊田葦城『日本史蹟大系』平凡社

S11（一九三六）
1瓜生茂秋「合戦噺之研究」『国文学攷』2—1
2酒井澄男『常総史実研究資料』私家版
3桜井時太郎「忠平の摂政と承平天慶の乱」『国史大観』2　研究社

S12（一九三七）
1川上多助『日本歴史概説』上　岩波書店
2早川二郎『唯物史観日本歴史読本』白陽社
3秋山弥助「平将門の雪冤は曲亭翁に始まるか」『歴史公論』6―5
4五十嵐力『平安朝文学史』上　東京堂
5倉持清治『将門記通読』岩井小学校
6山中武雄「将門記の成立に就いて」『史学雑誌』46―10
＊本論は、『将門記』の史料研究として画期的なものという高い評価がある。「ここに星野博士以来認められていた現地在住僧侶の見聞録という説は否定され在京の人が種々の材料を用いて、短時日の間に著作したものであることを明らかにせられた。（中略）星野博士以来の成果の上に、発展させた考証史学の枠を示すものであった。（A）」
7筧五百里「将門記について」『解釈と鑑賞』2―12
8卯木菊之助『平将門及其時代』私家版
S13（一九三八）
1遠藤元男「武士の性格について――将門記研究の方法と其実例」『歴史公論』7―1
S14（一九三九）
1川上多助『平安朝史』内外書籍
2五十嵐力『戦記文学』河出書房
S15（一九四〇）

1田名網宏『平安時代史』上　雄山閣
2尾形鶴吉「将門記とその思想」『歴史と国文学』22―5
3金沢文麿「平将門と武蔵」『埼玉史談』12―1
S16（一九四一）
1神祇院教務局『是正を要する府県以下神社祭神並神社名一覧』
＊逆臣を祀るものの中に、平将門を祀る神社を掲げて、祭神を是正することを求めている。
2富倉徳次郎『日本戦記文学』改文堂
3秋庭孫太郎『栗栖院、平将門の懐古』私家版
S17（一九四二）
1松本彦次郎「郎党について」『日本文化史論』河出書房
2稲葉賢介『猿島郡郷土誌』猿島郡教育会
3富倉徳次郎「日本戦記文学の展開」『戦記物語研究』皇国文学会
S18（一九四三）
1荒井庸夫『豪族時代の常総』荒井庸夫遺稿刊行会
2佐々木八郎『中世戦記文学』鶴書房
S19（一九四四）
1鮎沢信太郎『国史集説』照林堂書店
2今宮新「将門記に現れたる戦闘について」『史学』22―2・3

S21（一九四六）
1石母田正『中世的世界の形成』伊藤書店
S22（一九四七）
1松本新八郎「藤原純友」（S33『日本史の人物』未来社に所収）
S23（一九四八）
1奥田真啓『武士階級の成立発展』中央公論社
2伊豆公夫『歴史物語英雄と民衆』労働文化社
3中村吉治『武家と社会』培風館
S24（一九四九）
林家辰三郎「中世社会の成立と受領層」『立命館文学』68
S25（一九五〇）
1坂本太郎『日本史概説』上　至文堂
2石母田正「中世成立史の二・三の問題」『増補中世的世界の形成』伊藤書店
3石母田正『古代末期の政治過程および政治形態』日本評論社
S26（一九五一）
1足立勇『平安文化』（『物語新日本史』4）雄山閣
2松本新八郎「将門記の印象」『文学』9―10
*「将門は、戦前においては叛臣、よくても弁護される対象でしかなかったが、松本氏によってはじめて人民の英雄として評価

されるようになったのである。（D）」

3井上光貞「将門謀叛」『物語日本史』毎日新聞社

S27（一九五二）

1細田民樹「平将門」『偽らぬ日本史』中央公論社

2永積安明「和漢混淆文の形成—文学史の課題として—」『文学』20—12

3塩谷順耳「将門の乱」『秋田史学』2

S28（一九五三）

1丸山忠綱「平将門と神田明神と唱門師」『法政大学史学会報』5

2宮城栄昌「平将門」『新日本史教育』金子書房

3川崎庸之「将門記」『国民の文学』御茶の水書房

＊著者によると、作者は田舎に住むことを余儀なくされた僧侶で、将門の行動に共感して『将門記』を記したとする。その文体は「四六駢儷体を乗越えようとする一つの試みであった」という。将門の書状も作者の文章とする。

S29（一九五四）

1三宅長兵衛「将門の乱の史的前提—特に僦馬の党を中心として」『立命館文学』112

2平田俊春「将門記の成立と扶桑略記」『芸林』5—5

3上横手雅隆「承平天慶の乱の歴史的意義」『日本史研究』23

S30（一九五五）

1斉藤隆三『史郷守谷』守谷町（H2に復刊）

2渡辺保『源氏と平家』至文堂

3西岡虎之助『源平時代』要書房

4石母田正・松島栄一『日本史概説』岩波書店

5楊守敬旧蔵本『将門記』複製（解説、山田忠雄）　貴重古典籍刊行会

＊『将門記』の古写本は、真福寺蔵本だけが知られていたが、楊守敬旧蔵本が発見され、影印本として刊行された。この解説によると、「この本の書写は真福寺本に先立つこと、十数年若しくは数十年という見解は期せずして成立するであろう。」とある。

6林陸朗「平将門研究史」『西郊文化』11

7永積安明「軍記物語」『日本文学史』至文堂

8つくばね会「平将門壱千年祭記念・平将門古蹟写真」

9渡辺藤吉・岡村努『現代語訳将門記』つくばね会

10渡辺信夫「平将門の乱の歴史的意義」『史学研究』3―4　山形大学

S31（一九五六）

1鶴岡静夫「平安末期の諸乱について」『日本封建社会研究史』文雅堂書店

2坂本太郎「帝範と日本」『日本通史』94

3永積安明『中世文学の展望』東大出版会

4石母田正『古代末期政治史序説』未来社

＊「将門らの関東の土豪を私営田領主と規定し、彼らの私営田における生産関係を奴隷制から農奴制への過渡的形態であるコロナート制と捉え、この封建的関係には達していない過渡的な支配基盤を根拠としていたために、将門の乱は古代国家を克服すべ

き新しい性格を持っていなかったとその限界を指摘した。が一方で、石母田氏は、将門の国家樹立を「それだけで古代国家の滅亡を早めることであり、進歩である」と評している。（J）」

5前島康彦「江戸神社考」『武蔵野』230

6山田忠雄「楊守敬旧蔵本将門記の研究一」『語文』4

＊論者は、楊守敬本の本文を研究し、真福寺本（大須本）と抄略本と対比を行って、以下のように述べている。「この本こそ抄略本系統の古本かとかんがえられ、しかもこの本を本源とかんがえることによって大須本ならびに抄本双方の過程がある程度まで判明するもののようにおもわれるふしがあるからである。」

S32（一九五七）

1海音寺潮五郎「平将門とその時代」『特集知性』2

2永積安明ほか「和漢混交文について」『文学』25―3

3中田祝夫「平安時代の国語」『日本語の歴史』至文堂

4上横手雅敬「古代末期内乱研究の問題点」『歴史評論』88

5大藤時彦ほか「平将門の乱」『風土記日本』平凡社

6渡部英三郎「平将門」『日本逆臣伝』虎書房

7高橋貞一「将門記睦奥話記について」『国語と国文学』35―10

8松本新八郎「平将門と武士の発生」『新日本史のカギ』東京大学出版会

S33（一九五八）

1関晃「承平天慶の乱」『図説日本文化史大系』小学館

2坂本太郎『日本の修史と史学』至文堂

＊著者は、「この書（将門記）は天慶三年六月というような乱後数月の近い時にできたものではなく、かなりのちに、中央在住の文人が史料とともに史料をのりこえた創作をも加えてまとめた物語的性格のものであるということを述べたいと思う。」と記している。これまでの成立時期に疑いを示し、後の中央の文人が創作を加えた作品であるという注目するべき記述もある。

S34（一九五九）

1阿部猛「将門記の写本について」『国語と国文学』36―1

2藤木邦彦『日本全史』古代2　東京大学出版会

3戸田芳実「平安初期の国衙と富豪層」『史林』42―2

4川口久雄『平安朝日本漢文学史の研究』明治書院

＊著者は、以下のような、きわめて瞠目するべき発言を行っている。『将門記』は「画期的な歴史的事件を唱導的なスタイルにのせてかたりあげようとしたものであったと思う。」作者については「金光明最勝王経信仰にゆかりの深い都近辺の僧侶であろうと推定する。」天慶三年六月中記文という識語は「亡魂消息に附属したもので、一種の虚構とも考えられ、それほど信をおく必要もないと思われる。実際の成立は乱後数年、もしくは十年ちかくであったかもしれない。」当時、この『将門記』唱導説は、大いに注目された。

5岡田章雄ほか「将門と純友の乱」『日本の歴史』読売新聞社

6今井源衛「漢文伝の世界」『国語と国文学』36―4

7平田俊春『日本古典成立の研究』日本書院

8改定房総叢書刊行会『房総国史』改定房総叢書別巻

S35（一九六〇）

1むしゃこうじみのる「瓦と葺」『日本歴史』139
2鶴岡静夫「将門の乱と仏教」『武蔵野』40―2
3古典遺産の会『将門記――研究と資料』孔版（S38に新版）
　矢代和夫「将門記の態度」　加美宏「将門記論稿」
　小林保治「将門記の表現と描写」　村上春樹「将門記の語法・文体及び用語」
　梶原正昭「将門記研究史」　梶原正昭・佐藤陸「将門記――本文と註釈」
＊『将門記』に関する初の総合的な共同研究である。「これは立派な共同研究である。同一目標に向って同じ資料に取り組んで、諸氏が横の連絡を保ちつつそれぞれの面から成果を盛り上げていく、この方法はわれわれの分野では少ないことである。」（「S35・15」）
4千代田区史編纂委員会『千代田区史』上　千代田区役所
5近藤通泰「秩父に残る将門の伝説」『埼玉史談』7―3
6篠原昭二「将門記の作者」『国語と国文学』37―4
7永積安明「軍記ものの構造とその展開」（同前）
8山下宏明「軍記物語研究文献目録稿」（同前）
9阿部猛「将門・純友の乱への疑問」『真説日本歴史』3　雄山閣
10赤城宗徳『平将門』産経新聞社
11吉田晶「将門の乱に関する二、三の問題」『日本史研究』50
12笹山晴生「東国と西国の動乱」『図説日本歴史』3　中央公論社

13野村八良「将門記」『群書解題』13　続群書類従完成会

14益田宗「将門純友東西軍記」（同前）

15小林芳規「将門記―研究と資料を読む」『国語学』42

S36（一九六一）

1竹内理三「初期の武士団」『日本人物史大系』1　朝倉書店

2矢代和夫「平将門伝説調査ノート」『古典遺産』9

3鈴木則郎「将門記の世界」『文芸研究』38

4徳江元正「桔梗姫の唱導」『国学院雑誌』62―11

S37（一九六二）

1海音寺潮五郎『悪人列伝』　文芸春秋新社

2安部元雄「構成意識から見た将門記の作者像」『茨城キリスト教短大紀要』3

3岩竹亨「将門の変貌」『国文学攷』28

4佐藤伸雄「将門の乱」『日本歴史物語』河出書房新社

5鶴岡静夫『日本古代仏教史の研究』文雅堂

6北山茂夫「摂関政治」『岩波講座日本歴史』古代4　岩波書店

7安田元久「武士団の形成」（同前）

8小林保治「将門記の発想―将門関係説話との違い」『古典遺産』11

9村上春樹「将門記の文体」（同前）

10岩井町教育委員会『岩井町郷土誌』岩井市
11金関義則「地図の偽作、誤作」『みすず』36（後に『地図つれづれ草』所収）
12坂本太郎『菅原道真』吉川弘文館

S38（一九六三）

1築島裕『平安時代の漢文訓読語につきての研究』東京大学出版会
2小松茂人「『将門記』『陸奥話記』の世界『文科紀要』1
2加美宏「将門記解説」『解釈と鑑賞』28—4
3近藤喜博「軍記物語と地方文芸——東国の語り物のために——」（同前）
4八木充「上代日本の東と西」（同前）
5今井隆介『猿島の歴史』古河公民館
6金関義則「利根川調査と地図」『みすず』51（後に『地図つれづれ草』所収）
7古典遺産の会『将門記——研究と資料』新読書社
　梶原正昭「将門記の構造」　加美宏「将門記の形態と方法」
　小林保治「将門記の表現」「将門記の発想」　矢代和夫「将門記の世界」
　村上春樹「将門記の文体」　梶原正昭「将門記研究史」
　梶原正昭・佐藤陸・村上春樹「本文と註釈」別冊「将門記索引」
8杉本圭三郎「今昔物語の武士説話」『法政大学文学部紀要』9
9矢代和夫「平将門伝説と妙見信仰」『古典遺産』12

10池田忠好『全訳将門記』自筆本（千葉県立図書館蔵）

S39（一九六四）

1福田晃「書誌紹介　将門記」『伝承文学研究』5
2矢代和夫「会話挿入についての二、三の覚え書」『古典遺産』13
3栃木孝雄「紹介――将門記研究と資料」『国語と国文学』41―5
4河合正治「形成期武士階層とその精神構造」『日本歴史』193
5矢代和夫「如蔵尼説話の展開をめぐって」『日本文学』7月号
6加美宏「平将門――将門記」『国文学』9―14
7冨倉徳次郎「軍記物語の系譜と性格」（同前）
8赤城宗徳『将門記――真福寺本評釈』サンケイ新聞出版局
9梶原正昭「軍記物語の思想と文体」『日本文学』13
10渥美かをる「将門記、将門略記についての一考察」『愛知県立女子大学紀要』15
＊論者は、冒頭で以下のように結論を示している。「『将門記』については、原初将門記は関東の常陸下総地方で作られ（関東在地説）、それが京都へ齎らされて加筆増補をみたであろう（京都増補説）というのである。原初将門記の作者の態度は、種々の資料や小合戦譚をほぼ編年体に配列したということになる。」ここに、関東、京都と二段階成立説が提唱されたのである。
11福田晃「もろかど物語とその伝承」『軍記と語り物』2
12高見君恵『将門記』少年少女のための国民文学　福村書店

S40（一九六五）

1大岡昇平「将門記」『展望』73
2島節子「将門の乱の在地構造」『寧楽史苑』13
3川口久雄「平安後期の漢文学」『国文学』10—4
4大村進「武士の発生と平将門の乱」法政史学17
5中田祝夫「将門記」『平安朝文学史』明治書院
6栃木孝惟「戦後軍記物語研究史覚書—その序説」『国語と国文学』42—4
7座談構成「早すぎた叛逆・平将門」『日本』8—4
8北山茂夫「平安京」『日本の歴史』4　中央公論社
9福田晃「小栗照手譚の生成」『国学院雑誌』66—11
10広田徹「今昔物語本朝部における兵譚」『国学院雑誌』66—12
11加美宏「将門記の性格」『軍記と語り物』3
12梶原正昭・矢代和夫「軍記と戦闘叙述」（同前）
13安部元雄「前期作品・平家物語以前」（同前）
14笠栄治「部分主人公と貫一主人公」（同前）
15赤城宗徳「将門記の作者」『郷土文化』6　茨城県郷土文化研究会
16肥後和男「武士団の発生と平将門の乱」『日本の合戦』人物往来社
S41（一九六六）
1梶原正昭「平家物語と将門記・陸奥話記」『解釈と鑑賞』31—3

2梶原正昭「将門記の意義」『国文学』11―2
3村井康彦「藤原時平と忠平」『歴史教育』14―6
4梶原正昭、矢代和夫『将門伝説――民衆の心に生きる英雄』新読書社（S50改定版刊行）
5角田文衛「菅家の怨霊」『紫式部とその時代』角川書店
6大岡昇平『将門記』中央公論社
7遠藤元雄『源平史料総覧』雄山閣
8春田隆義「今昔物語巻二十五ノ一の記述について」『史元』2―1

S42（一九六七）

1吉田晶「平安中期の武力について」『ヒストリア』47
2石田吉信「将門の乱における郡司土豪層について」『史元』2―3・4
3春田隆義「将門の乱における武力組織――とくに伴類について」（同前）
4弥永貞三「平将門の乱」『体系日本史叢書』1　山川出版社
5小林芳規『平安鎌倉時代に於ける漢籍訓読の国語史的研究』東京大学出版会
6坂詰力治「楊守敬旧蔵本将門記の和訓の性格について」『文学論藻』36
7中村吉治「天慶の乱」『武家の歴史』岩波書店
8梶原正昭「将門記の世界」『日本文学の歴史』3　角川書店
9鈴木則郎「将門記」と「睦奥話記」『日本文芸論稿』1
10稲村坦元「奥武蔵の将門伝説と三田氏・秩父氏」『武蔵野』46―2

11井上満郎「検非違使の成立と摂関政治」『日本史研究』93
12黒田俊雄「荘園制社会」『体系日本歴史』2　日本評論社
13藤木邦彦『平安京』日本歴史シリーズ3　世界文化社
14井上満郎「将門の乱と中央貴族」『史林』50―6
15安部元雄「将門記と睦奥話記の構成」『軍記と語り物』5
16小川要一「将門と秀郷の伝承について」（同前）
17梶原正昭・佐藤陸「将門記注釈補遺」（同前）
18鈴木則郎「将門記における平将門の人物像」（同前）
19福田晃「初期軍記と民俗伝承」（同前）
20矢代和夫「将門記をめぐる研究と問題点」（同前）
21笠栄治「将門記の本文について」（同前）
22水原一「初期軍記の倫理」（同前）
23安井久善「初期軍記における兵法について」（同前）
24嵐静子「将門記の表記」『学鵬』1
25大曾根章介「平安時代の駢儷文について」『白百合女子大学紀要』3

S43（一九六八）

1永井路子「平将門」『平安京』世界文化社
2戸田芳実「中世成立期の国家と人民」『日本史研究』97

3上横手雅敬「将門の乱と将門記」『国民の歴史・月報』6
4柴田実「東百官・偽内裏」『王朝文化』文英堂
5飯田瑞穂　校訂「真福寺本将門記」『茨城県史料・古代編』茨城県
6井上満郎「押領使の研究」『日本史研究』101
7山田俊雄「漢字手写の場合の字形の変容について」『成城国文学論集』1
＊第一章　記述の方法とそれをめぐる諸問題　第二章　楊氏旧蔵本将門記所用の漢字の字形——字音による一覧と部首別一覧
8竹内理三「将門記と平曲」『茨城県史料』付録3
9遠藤元雄「関東古代史の問題点」『地方史研究』96

S44（一九六九）

1遠藤元男「将門風」『日本歴史』248
2目崎徳衛「承平・天慶の乱と天暦の治」『平安王朝』講談社
3井上満郎「平安時代の追捕使」『古文書研究』2
4坂詰力治「国語資料としての将門記研究」『東洋』6—3
6笠栄治「将門記本文の再検討」『軍記物とその周辺』早稲田大学出版部
7桜井清香「戦記物語考」『大和絵と戦記物語』木耳社
8小林芳規「将門記承徳点の仮名遣をめぐって」『国文学攷』49
9築島裕『平安時代語新論』東京大学出版会
10上横手雅敬「平安中期の警察制度」『律令国家と貴族社会』吉川弘文館

11黒坂伸夫「藤原忠平政権に対する一考察」『延喜天暦時代の研究』吉川弘文館

12阿部猛「十世紀前後における国衙の性格と機能」『延喜天暦時代の研究』（同前）

13石井進「中世成立期軍制史研究」『史学雑誌』78―12

14梶原正昭「将門譚の展開」『説話文学会会報』1

15梶原正昭「承平天慶の乱と将門記」『国文学』14―16

16佐々木八郎博士古希記念事業会『軍記物とその周辺』早大出版部

S45（一九七〇）

1海音寺潮五郎「将門という男」『日本と世界の歴史』7（月報）学習研究社

2時野谷滋「将門の乱」『日本と世界の歴史』7　学習研究社

3赤城宗徳『平将門』角川書店

4北山茂夫『王朝政治史論』岩波書店

5春田隆義「将門記について」『日本古代史論叢』遠藤元雄博士還暦記念刊行会

＊この研究は、山中氏「S12．6」の成果を発展させようとして、諸種の記録が『将門記』の資料となったことを認め、東国在住の人物による「将門の合戦に関する記録」とも称すべきものの存在を考え、現在の『将門記』はこれをもとに、藤原忠平に近い中央在住の仏徒によって、乱後まもない頃に書かれたとされた。本論の最初の将門の書状のところは、周到な考察が行われて貴重な提言があり、以後の研究に資することが多い。

6高橋隆博「平将門と藤原純友」『日本の革命思想』芳賀書店

7上横手雅敬「平将門の乱」『日本中世政治史研究』塙書房

＊本論では、まず、将門の書状によって将門の乱の事実の経過が述べられる。論者は、「子細に考察すると、書状と将門記本文とでは、経過の叙述において矛盾がある。何故か従来の研究は本文にのみ重点をおき、書状の内容は無視してきたのであるが経過はむしろ書状によって述べた方が筋がよく通るのであり」と記し、貞盛が官符を手にして下京する年を書状の天慶二年が正しいとして、「本文によって書状の年次を修正するのではなく、書状によって本文の年次を修正しなければならないのである。」という説を展開する。

8高田実「十世紀の社会変革」『封建社会の成立』東京大学出版会

9安田元久「東国における武士団」『歴史読本』15—5

10竹内理三「将門の乱と古代の終焉」『古代の日本』7　角川書店

11戸田芳実「国衙軍制の形成過程」『中世の権力と民衆』創元社

12高田実「在地領主制の成立過程と歴史的条件」『古代郷土史研究法』朝倉書店

13垣見岳秀「将門の乱における武力について」『姫路工大研究報告』20B

14梶原正昭「軍記文学形成の一基盤」『学術研究』19

15森安太郎『黄帝伝説』朋友書院

16室木弥太郎『語り物の研究』風間書房

S46（一九七一）

1梶原正昭「軍記研究の出発——明治期の軍記文学研究をめぐって——」『国文学研究』43

2阿部猛『尾張国解文の研究』大原新生社

3小松茂人『中世軍記物の研究』桜楓社

4高橋昌明「将門の乱の評価をめぐって」『文化史学』26
5浜野卓也『草原にさけぶ』新日本出版社
6大宮市史編纂委員会「武蔵武芝と平将門」『大宮市史』大宮市役所
7佐倉市史編纂委員会「平将門の乱と佐倉」『佐倉市史』佐倉市
8佐藤宗諄「承平・天慶の内乱」『岐阜県史』岐阜県
9山崎謙『東国の反逆児平将門』三省堂
10永積安明「前期　軍記物語」（新版）『日本文学史3中世』至文堂
11山下宏明「前期　軍記物語」（新版）『日本文学史3中世』至文堂
12小笠原長和「将門と忠常」『千葉県の歴史』山川出版社
13林屋辰三郎「花と御霊――承平・天慶の乱――」『変革と情報』中央公論社
14赤城宗徳・大岡昇平「平将門」『日本史探訪』2　角川書店

S47（一九七二）
1森田悌「地域別にみた律令社会の変質」『平安初期国家の研究』関東図書
2山崎謙「辺土の怨念平将門」『歴史と文学』平凡社
3中村吉治「封建的主従関係成立期の儀礼について」『国学院経済学』20―3
4網野善彦「常陸国における荘園・公領と諸勢力の消長」『茨城県史研究』23・24
5松好貞夫「平将門の叛乱について」『流通経済論集』6―4
6戸田芳実ほか「中世社会の形成」『シンポジウム日本歴史』5　学生社

7赤城宗徳『将門地誌』毎日新聞社

8立体構成「平将門」『歴史読本』17―6　新人物往来社

赤城宗徳「不遇の救世主 平将門」　大村進「関東武士団の発生と成立」

五十嵐源四郎「関東における平将門の遺跡探訪」　江幡清「史談平将門」

今井隆助「将門関係参考資料一覧」　遠藤元男「承平天慶の乱を分析する」

遠藤達蔵「平将門公顕彰の集い」　大仏空「将門一族を考察する」

加藤蕙「常総に将門の足跡を訪ねて」　金子光晴「史談平将門」

杉本苑子「野の帝王平将門」　須田禎一「史談平将門」

高橋富雄「史談平将門」　鳥羽正雄「平将門の系譜」

山崎謙「東国の湖賊考」　和歌森太郎「将門信仰の歴史的意味」

矢代和夫「伝説平将門」　編集部「将門伝説分布一覧」

今井隆介「将門関係参考資料一覧」

9和歌森太郎「平将門の乱」『日本史の虚像と実像』毎日新聞社

10桑田忠親「平将門」『日本武将列伝』秋田書店

11福田晃『軍記物語と民間伝承』岩崎美術社

12須田禎一「平将門に寄せて」『茨城県史研究』22

13山崎謙『霞ケ浦湖賊』新人物往来社

14森田悌「平安中期検非違使についての覚書」『日本史研究』129

S48（一九七三）

1河合成治『中世武家社会の研究』吉川弘文館

2上横手雅敬「東西の動乱・将門と純友」『日本の歴史』4　研秀出版

3戸田芳実「武士はどのようにして形成されたか」『日本歴史の視点』1　日本書籍

4和田英道・猿田知之「楊守敬旧蔵本将門記翻刻」『立教大学日本文学』30

5猿田知之「楊守敬旧蔵本将門記に付されたる声点について」（同前）

6加美宏「将門記」の位置をめぐる覚え書」『文学語学』68

7安田博子「楊守敬旧蔵本将門記仮名点の性格」『語文研究』35

8梶原正昭「前期軍記物語」『文学・語学』69

9大村進「将門記について」『埼玉文化史研究』5

10倭司丸一平『逆賊将門』崙書房

11桑田忠親「平将門の乱」『日本合戦全集』1　秋田書店

12加賀樹芝朗「将門記と解文との相似性」『東海史学』1―4

13G.Stramigioli「Preliminary Note on Masakadoki and the taira no Masakado Story」Monumenta Nipponica XXVIII 1973―11' Rome

14壇谷健蔵「平将門と佐倉惣五郎」『九十九里史学』2

15岩崎武夫「舞曲〔信田〕と〔さんせう太夫〕」『日本文学』22

16栗原東洋『織田完之伝』印旛沼開発史刊行会

S49（一九七四）

1川口久雄「平安朝漢文学の変質」『日本歴史』257

2大曾根章介「平安時代における四六駢儷文」『中央大学文学部紀要』71

3竹内理三「将門の乱」『市川市史』2　市史編纂委員会

4梶原正昭「平将門」『国文学』19—4

5坂本賞三『摂関時代』日本の歴史6　小学館

6青木和夫『古代豪族』日本の歴史5　小学館

＊『将門記』の作者が将門に関わる史料を入手したことについて、「作者が利用したと推測される史料のほとんどは、忠平家の政所に存在したと考えても不自然でないものばかりである。」と注目するべき見解が示されている。

7阿部猛『平安前期政治史の研究』大原新生社

8北山茂夫「将門記の一問題について」『図説日本の歴史』4（月報）集英社

9土田直鎮「延喜天暦の治と承平天慶の乱」『図説日本の歴史』4　集英社

10唐木順三「将門記秘抄」『あづまのみちのく』中央公論社

11小林芳規「将門記における漢字の用法」『日本漢文学史論考』岩波書店

12今井雅晴「房総地方における時衆教団の展開」『千葉県の歴史』8

13片寄正義「妙達蘇生記の説話文学史上の価値」『今昔物語集の研究』芸林舎

14石井進「兵の館をたずねて」『日本の歴史』12　小学館

15今井隆介『北下総地方史』崙書房

S50（一九七五）

1西山松之助・和歌森太郎「平将門」『歴史の視点』日本放送出版協会

2林陸朗『将門記』〈新撰日本古典文庫2〉現代思潮社（以下の別冊を収める。）

矢代和夫「ギリアナ．ストラミギオリイ先生の仕事」

「対談林陸朗・森　秀人（司会 矢代和夫）――将門記の世界」

＊『将門記』注釈の今日までの業績の頂点と言うべきは「S50．22」と本書である。（J）」本書の解説には、以下の重要な指摘がある。将門の書状の宛所は、「太政大殿（忠平）と少将閣賀の二名」とする。（「S57．6」の新訂版では、少将師氏一名とする。）少将とは忠平の四男師氏である。師氏は将門と同年輩くらいであったと推定している。また、『将門記』の作者にも言及して、忠平家縁故の脱俗がふさわしいとして、三男の師保を挙げている。

3白崎祥一「将門記考」『古典遺産』26

4ギリアナ・ストラミギオリイ「将門記と平将門の叙述についての研究序説」（小林史明訳・矢代和夫補訳）『古典遺産』26

5矢代和夫「ストラミギオリイ先生と将門記」（同前）

6岡部周三「将門鉄身伝説について」『南北朝の虚像と実像』雄山閣

7中山茂「激情の反逆者平将門」『人と日本人』7

8山崎謙「将門記」『歴史読本』20―9

9阿部正路「書評　林陸朗『将門記』」『国学院雑誌』76―9

10今江広道「書評　林陸朗『将門記』」『国史学』97

11北山茂夫『平将門』朝日新聞社
12阿部正路「平将門」『辺境漂白の世界』笠間書院
13土橋治重『平将門』成美堂出版
14中山茂『真説平将門』新人物往来社
15山崎謙『平将門正史』三一書房
16確定資料保存会『平将門記』日本シェル出版
17大木至『平将門の謎』日本文華社
18山崎謙『新版平将門』三省堂
19川野京輔『平将門、純友風雲録』波書房
20林陸朗ほか『平将門の乱』現代思潮社
21林陸朗『論集平将門研究』現代思潮社（以下、これ迄の重要論文を載せる。）
M23「将門記考」　S10「将門記攷」　S12「将門記の成立に就いて」
S29「将門記の成立と扶桑略記」　S34「将門記の世界とその特質」
S38「将門記の構造」　S39「将門記・将門略記についての一考察」
S45「将門記について」　T12「平将門事蹟考」
S31「古代末期の叛乱」　S26「将門記の印象」
S29「将門の乱の史的前提」　S31「将門の乱について」
S35「将門の乱に関する二・三の問題」　S42「平安中期の武力について」

S43「押領使の研究」　S45「平将門の乱」
S46「将門の乱の評価をめぐって」　林陸朗「平将門研究の回顧と展望」
22梶原正昭『将門記』1　平凡社
＊先述したように、「『将門記』注釈の今日までの業績の頂点と言うべきは本書と「S50．2」である。（J）」と言われる。そのとおり、これまでの注釈書の中では、最も詳細な解説と口訳があり、多くの研究者たちの拠りどころとなっている。（『将門記』2は、「S51．37」）
23山崎謙「歴史における反逆の意義」『歴史とはなにか』三一書房
24林陸朗『史実平将門』新人物往来社
25藤公房『平将門その忍従と断』産業能率短大出版部
26八切止夫『将門の旅』日本シェル出版
27前沢輝政『下野の古代史』有峰書店
28中村ときを『将門伝説の旅』朝日ソノラマ
29『風と雲と虹と――平将門の時代』学習研究社
海音寺潮五郎・中沢圣夫「風と雲と虹と」　北小路健「怨霊と祭りと」
海音寺潮五郎「平将門の舞台」　竹内理三「10世紀の日本」
海音寺潮五郎・尾崎秀樹・福田善之「将門を語る」
尾崎秀樹「近代文学にあらわれた将門像」　稲垣史生「東国の人と生活」
鈴木常光・藤田征三「将門・純友の史跡めぐり」　川野京輔「王朝海賊物語」

福本義典「菅原道真の怨霊」　西園真「将門伝説・伝承」
中沢圣夫「将門記あれこれ」　川野京輔・西園真「将門をめぐる人々」
北小路健「怨霊と祭りと」将門・純友の乱関連地図、関連歴史用語
30山崎謙「平将門」『人物日本の歴史』4　小学館
31市古貞次「中世に書かれた武家の前史」『人物日本の歴史月報』14
32福田豊彦「源平闘諍録その千葉氏関係の説話について」『東京工大人文論叢』1
33赤城宗徳「平将門の総て」『郷土文化』16　茨城郷土文化研究会
34梶原正昭・矢代和夫『将門伝説』新読書社（S41の新版）

S51（一九七六）

1坂口勉「将門記における将門の即位について」『古代中世の社会と民俗文化』弘文堂
2紀田順一郎「反徒の墓碑銘将門記」『日本の書物』新潮社
3中山茂「将門をめぐる新事実」『歴史研究』180
4NHKドラマ制作班『風と雲と虹と』日本放送出版協会
海音寺潮五郎「わたしの将門と純友」　福田善之「小説とテレビの間」
赤城宗徳「将門の人間像」　稲垣史生「平安の世相と将門・純友」
松本リン「藤原純友と日振島」　加藤剛「わが心の将門」
5鈴川薫『藤原純友――物語と史跡をたずねて――』成美堂出版
6名村栄治・石井敬『民衆の心に生きる英雄平将門』有峰書店

7加藤蕙『史跡紀行平将門』新人物往来社

8柴田弘武『将門風土記』たいまつ社

9「将門純友とその時代」『歴史読本』21—2新春特大号

大野鴻風「武州秩父にのこる将門の伝説」

滝沢美知子「信濃国分寺の合戦」

西垣晴次「民衆に祀られた反逆者」

福尾猛市郎「海賊の頭領となった伊予掾」

松久敬「まぼろしの藤原純友」

豊田有恒「将門 VS 純友」

高橋富雄「古代世直しの大逆」

大東延輪「ハチに刺し殺された将門」

西角井正夫「武蔵武芝とわが家」

祖田浩一「将門純友徹底人物研究」

長野嘗一「栄華と地獄」

福島正義「甦る将門の子孫」

稲垣史生「テレビ考証風と雲と虹と」

加藤蕙「天慶三年二月十四日」

吉田寂水「純友の古戦場」

林陸朗「坂東の八幡信仰」

中山茂「将門の母を偲ぶ」

石井敬「ふるさと下総相馬」

編集部編「承平・天慶の時代とは何か」「資料天慶の乱」

10染谷洌「平将門と相馬地域について」『東葛地区研究』3

11竹内理三「平将門の乱と関東武士」『歴史手帖』4—2

12大村進「豪族武蔵氏の領主構造とその系譜」(同前)

13肥留間博「板碑発生地北武蔵の初期資料について」(同前)

14大村進「古代関東の武士研究刊行書の目録」(同前)

15「特集　平将門の叛乱」『歴史と人物』54　中央公論社
大岡昇平　森秀人「将門記を読む」　井上満郎「西船東馬」
今井隆助「史跡探索天慶の乱」　上横手雅敬「将門びいきについて」
林陸朗「政権樹立への途」　松本新八郎「アジア社会と承平天慶の乱」
山崎謙「反逆の弁証法――将門の叛逆と歴史法則論――」
土橋治重「最後にわらった男――藤原秀郷」
赤城宗徳「わが将門・兇暴といえども芋賊に非ず」　矢代和夫「将門伝説」
真山美保「わが将門・叛逆者平将門」
大原誠「わが将門・心やさしき若武者」

16「特集　平将門と藤原純友」『歴史と旅』3―2
海音寺潮五郎・尾崎秀樹「将門と純友を語る」　田中澄江「敗者好み」
高橋富雄「将門の残照相馬氏」　土橋治重「将門の戦跡を行く」
梶原正昭、矢代和夫「将門純友伝説総覧」　小川淳一「将門のイメージ」
童門冬二「俵藤太秀郷――将門を討った男――」　中谷孝雄「大乱その前夜」
粗田浩一「将門その虚像と実像」　杜山悠「純友の戦跡を往く」
旗田巍「藤原純友の乱と大陸の動乱」
松本新八郎「藤原純友出自の謎」

17荒川法勝『平将門物語』金の星社

18金子治司「平将門――逆賊は江戸っ子の神様」『歴史夜語り』1
19伊藤晃『平将門の古跡』崙書房
20矢代和夫「将門を甦らせた人」『高校教育展望』尚学図書
21梶原正昭「将門記と承平天慶の乱」『日本古典文学会会報』36
22安部元雄「将門記の作者圏について」『茨城キリスト教大学紀要』9
23中村新太郎「馬と土地と反逆児」『あすの農村』16〜18
24颯手達治『平将門』あかね書房
25山田克郎『平将門』インタナル出版
26芦原修二『将門の空と大地』鷹書房
27加美宏「大鏡瞥見」『国語科通信』31
28伊藤晃『口訳・将門記』崙書房
29梶原正昭「将門記と合戦叙述」『軍事史学』12―1
30赤城宗徳「平将門と史実」（同前）
31樋口清之「神田祭は将門祭である」『はだかの日本史』主婦の友社
32中村新太郎「文学のなかの将門像」『赤旗』6．20〜22
33松本新八郎・津上忠「唯物史観と平将門・藤原純友」『文化評論』182
34荒川法勝『平将門伝』昭和出版
35伊藤晃『平将門その史実と伝説』崙書房

36千野原靖方『豪族武士団形成史論』崙書房

37梶原正昭『将門記』2　平凡社

＊「S50・22」の続き2である。最後に、「解説」があり、『将門記』の解題、成立、作者などについての記述がある。著者の優れた見解が示されている。

38梶原正昭「平将門」『(日本文学史二)中古の文学』有斐閣

39瀬谷義彦ほか『茨城の将門』茨城新聞社

40榎本滋民「将門——首になった英雄——」『国文学』21—11

41森正人「承平天慶の乱と今昔物語集」(同前)

42坂口勉「将門記における将門像」『歴史評論』317

43宮地正人「平将門と明治維新」(同前)

44佐伯有清ほか『研究史将門の乱』吉川弘文館

45林陸朗『将門の乱と武蔵国』郷土館だより

46山内一雄『関東中心平将門故蹟写真資料集』日本教育文化協会

47安部元雄『軍記物語の原像とその展開』桜楓社

48豊田武『英雄と伝説』塙書房

＊この年、NHKの大河ドラマに平将門が取り上げられて、将門ブームが起こり、多くの将門関係の書物が刊行された。ある大家によれば、「たしかに、多くの人々に将門を知らしめたが、興味本位のものが多く、史実と伝承が混乱していて、しっかりした研究が行われたわけではない」という状況でもあった。しかし、中には梶原氏、林氏の注釈書をはじめ、きわめて優れた研究も行われている。

S52（一九七七）
1福田善之「承平天慶の乱」『戦乱日本の歴史辺境の争乱』小学館
2西崎亨「将門記訓読語彙稿」『訓点語と訓点資料』60
3間中富士子「将門記に現れた平将門と石井営所及び終焉地について」『鶴見大学紀要』14
4千葉県郷土史連絡協議会「千葉氏の宗教活動」『千葉氏研究の諸問題』
5岡田清一「鎌倉初期の相馬氏」『総林』１
6染谷洌「将門記に於ける武蔵国衙事件に関する考察」（同前）
7染谷洌「多治経明の墓について」『東葛歴史研究』８
8羽生元信「平将門と弓袋山の逆襲のこと」筑東史談27
9奥野中彦「将門の乱の一考察」『民衆史研究』15
10伊藤晃『口訳将門記』崙書房
11梶原正昭「将門記の成立」『文学』45―6
12山本加代子「将門記論」常葉国文２
13北爪幸夫　新刊紹介　梶原正昭『将門記』１、２『古典遺産』27
14野口実「秀郷流藤原氏の基礎的考察」『古代文化』29―7
15福田豊彦「王朝軍事機構と内乱」『日本歴史』古代４　岩波書店
16小山靖憲「古代末期の東国と西国」（同前）
17斉藤孝「将門と飯粒」『ＵＰ』58

18時野谷滋「東国武士団の動向」『古代の地方史』朝倉書店
19春田隆義「坂東から関東へ」(同前)
20林陸朗『古代末期の反乱』教育社
21庄司浩『辺境の争乱』教育社
22岡田清一「相馬系図成立に関する一考察」『地方史研究』149
23小泉道「将門記訓読稿」『愛文13』
24西崎亨「将門記訓読語彙稿」『訓点と訓点資料』60
25丹代貞太郎、小島末喜『伊勢神宮の古代文字』私家版
26宮田登「将門伝説をめぐって」『あしなか』62―1

S53(一九七八)

1竹内理三「平将門」『古代から中世へ』吉川弘文館
2関井修『北総古代のたたら』崙書房
3犬飼隆「楊守敬本将門記の同字連続の衍字」『国語国文論集』7
4松本和男『将門年譜』私家版
5篠原昭二「初期軍記」『講座日本文学平家物語』至文堂
6篠原昭二「将門記とその位相」『日本文学全史』学燈社
7大曾根章介「唱導文学」(同前)
8丹治健蔵「平将門の乱と岩井遺跡」『流域をたどる歴史』ぎょうせい

9新野直吉『古代東北史の人々』吉川弘文館
10永積安明『軍記物語の世界』朝日新聞社
11岡田清一『中世相馬氏の基礎的研究』崙書房（S57に改訂）
12荒木繁「幸若舞曲「信田」論」『日本文学』27—7
13高須茂「将門鎖談」『あしなか』158

S54（一九七九）

1（座談会）永積安明・梶原正昭・横井清「軍記物語の原像」『文学』47—1

2永積安明「将門記成立論」（同前）

＊本論は、文学者の側からのきわめて周密な『将門記』成立論として、高く評価されている。著者は、まず、「S12．6」の山中氏の成立論を「原点的な役割」と認めた上で検討に入っていく。山中氏が「書状は、将門自身か又はその代筆者によって書かれたもので真物と見做す」と述べることに疑義をはさみ、さまざまな検討を加えて、本文と「同一作者の表現」であると結論する。次いで、「天慶三年六月中記文」とある識語を詳しく検討して、この識語は、「『将門記』全体にかかって、その成立年月を明示している。」と述べて、当時、唱えられていた「この識語が亡魂消息にかかる」という説を否定したのである。作者については、「成立論の分野から推論しうる側面に限定して、作者の問題を検討しておくことにしたい。」として、これまでの作者説を批評している。その結果、「近来、次第に広く認められる傾向のあった在京作者説のごときは、根拠そのものに疑点がある」として、「私見によれば、『将門記』という作品にとって、在地的視点は必須かつ根元的な要素であり、けっきょく作品の構想を貫徹していると認められる。」と作者のありかたの見通しを示すに止めている。本論を読むと、著者がいかに深く『将門記』を読みこんでいるかが感じとれる。ただ、将門書状中の「今年の夏」を「このとし」と読み、この年を天慶元年と採ることには無理があるように思われる。ここは、本文と書状とが異なっている箇所とするべきであろうと思う。

3笠栄治「将門記の本文」(同前)
4栃木孝雄「将門記の冒頭欠失部をめぐって」(同前)
5梶原正昭「将門記研究文献目録」(同前)
6ジュリアナ・ストラミジョーリ「将門記に関する二、三の問題提起」(同前)
＊S50のギリアナ・ストラミギオリイは誤読で、こちらが正しい名前のようである。
7竹内理三「将門の兵」(同前「文学のひろば」)
8原康史「将門と純友の叛乱」『激録・日本大戦争』東京スポーツ新聞社
9大村進「古代豪族武蔵武芝の歴史的性格について」『埼玉県史研究』3
10竹内理三「将門記」『古代政治社会思想』岩波書店
11竹内理三「東国のつはもの」『三浦古文化』25号
12渥美かをる『軍記物語と説話』笠間書院
13高橋芳郎『武士世界の草創者たち』神奈川新聞社
14篠原昭二「将門記・陸奥話記」『日本古典文学研究必携』『国文学』特大号
15志田諄一「将門記の作者について」『日本古代史学論聚』駒沢大学大学院史学会
＊本論には、『将門記』の作者について、以下のような注目するべき記述が見える。「忠平の政権獲得には、菅原道真の力が大きくかかわっている」として「その道真の霊が今度はこともあろうに忠平を私君と仰ぐ、将門の新皇即位に登場するのは、忠平に対する最大の皮肉というほかはない。ここで作者は、道真とかかわって政権をにぎった者に対する批判をしているのではないだろうか。おそらく、忠平の政権獲得に用いた謀略の手のうちを知っており、忠平に不満をもっている貴族のだれかが忠平と将門の関係に注目して、将門記をまとめ忠平に対する政治批判をしたものと思われる。」

たしかに、将門の即位後に、都の混乱がかなり誇張した表現で記されているあたりは、こうした感じは否めないような気もするのである。なお、「S52．3」にも、菅家一門の者を作者とする説がある。

16平井聖ほか『日本城郭大系』新人物往来社

S55（一九八〇）

1林屋辰三郎ほか「花と御霊――承平天慶の乱」『日本史のしくみ』中央公論社

2佐々木虔一「将門の乱と東国豪族」『古代天皇制と社会構造』校倉書房

3樋口州男「将門記にみえる或本云について」（同前）

4柳田洋一郎「将門記の構想」『同志社国文学』16

5尾崎忠司「閉じ込められた将門」『日本文学の重層性』桜楓社

6井上満郎『平安時代軍事制度の研究』吉川弘文館

＊本書の第二節、押領使の研究の「将門の乱と押領使」は、『将門記』の内容を理解するために大いに役立つ。

7栃木孝惟「将門記論上」『文学』48―8

8真野須美子「源平闘諍録と千葉氏」『青山語文』10

9沼部春友「神田明神の創祠と平将門公奉斎の問題」『国学院雑誌』81―11

10武久堅「将門記依拠の段階」『広島女学院大国語国文学誌』11

S56（一九八一）

1安部元雄「将門記の文芸性をめぐって」『日本文学ノート』16

2栃木孝惟「将門記論」中『文学』49―1

3栃木孝惟「将門記論」下一『文学』49―3

4柳田洋一郎「将門記の本文叙述の構造」『同志社国文学』17

5八千代町埋蔵文化財調査報告『尾崎前山』八千代町教育委員会

6栃木孝惟「将門記論」下二『文学』49―4

7島村明「将門記における将門の歌の解釈をめぐって」『やごと文華』1

8大曾根章介「語り物―将門記睦奥話記を中心にして」『解釈と鑑賞』46―5

9福田晃『中世語り物文芸』三弥井書店

10麻原美子「軍記物語挿入説話の位相」『説話文学論集』大修館書店

11『類聚伝記大日本史』武将編（S10の複製）雄山閣

12伊藤晃『平将門　その史実と伝説』崙書房

13福田豊彦『平将門の乱』岩波書店

＊本書は、平将門研究の到達点に立つものと評価が高い。著者の「はじめに」から引用する。「一章では、将門の出自と関東の一般的な政治情勢をのべ、二章では、私も参加した発掘の成果などを取り入れながら、将門の地盤の地域的な特徴をさぐる。そこでは将門たち「つわもの」に不可欠の武器・武具の材料、鉄と馬の問題に焦点をあてよう。ついで、三章では、東国の「つわもの」のおかれた社会経済的な特徴をみ、四章では、主として『将門記』によって十年間の将門の行動を追う。五章では、東西の兵乱と国家の対策を検討し、最後に東国と西国とのちがいに注目しながら、今日の将門像のもととなった伝承世界の将門とその子孫の姿を追うことになる。」これらは、いずれも重要な内容であるが、とくに、注目するべきは、「将門が官牧司であった。」という記述であろう。

14Ｇ．ストラミジョーリ「ＭＡＳＡＫＡＤＯＫＩ」『古典遺産』32（これ以後、S62年の『古典遺産』38号まで七回連載）

S57（一九八二）

1市古貞次「将門記」『国文学研究書目解題』東京大学出版会

2鈴木恵「真福寺本将門記漢字索引」『鎌倉時代語研究』5

3鈴木恵「原因・理由を表す間の成立」『国語学』128

4浅野敏彦「真福寺本将門記の漢字漢語についての一考察」『国語語彙史の研究』3

5鏑木清春『坂東平氏一門』私家版

6林陸朗『新訂将門記』現代思潮社

7福田豊彦「平将門をめぐる英雄伝説の形成」『月刊百科』238

8木村礎「将門記にみる集落と耕地」『駿台史学』56

9岡田清一『中世相馬氏の基礎的研究』（S53初版。改訂発行）

10野口実「秀郷流藤原氏の基礎的研究」『坂東武士団の成立と発展』弘生書林

S58（一九八三）

1野口実『鎌倉の豪族』1　かまくら春秋社

2鈴木恵「将門記古写二本対校資料」『東洋大学短期大学紀要』14

3浦部重雄「真福寺本将門記言語索引一」『愛知淑徳大学論集』9

4浅野敏彦「真福寺本将門記漢字索引」『同志社国語学論集』和泉書院

5栃木孝惟「将門記」『研究資料日本古典文学』明治書院

6赤城宗徳『私の平将門』崙書房

7遠藤元男「僦馬の党の行動と性格」『日本古代史論苑』国書刊行会

8遠藤元男「将門の乱前後の関東地域の信仰と儀礼」（同前）

9高橋富雄「将門の乱の群像」『武道』11月号

10戸川点「九・十世紀の在地情勢と将門の乱」『紀尾井史学』3

S59（一九八四）

1平林直子・森山恭子「将門記及び平将門の乱における一考察」『東京成徳国文』7

2浦部重雄「真福寺本将門記言語索引㈡」『愛知淑徳大学論集』10号

3日本古典文学編集委員会「将門記」『日本古典文学大辞典』岩波書店

4安田元久「平将門の乱」『戦乱』近藤出版社

5宮田登「平将門」『歴史読本』29—12

6高田信敬「将門記—戦記文学の始発」『王朝文学史』東大出版会

7上横手雅敬「将門記所収の将門書状をめぐって」『日本政治社会史研究』中　塙書房

＊山中論文（「S12．6」）を受けて、将門の書状の価値を主張した先の自論（「S45．7」）をさらに発展させた提言を行う優れた論考である。一貞盛の京上京下、二『将門記』本文と将門書状、三御教書と宣旨、四将門書状の背景、この各章からは有益な教示をいただいたので、以下に列挙しておきたい。ほぼ、同時期に起こった「貞盛の京上と武蔵の紛争」の記述について、「『将門記』の構成は混乱していないし、拙劣でもなく、むしろ整然としている。」「太政大臣家の御教書を託された多治真人助真は、忠平の家司の助縄であること」「書状は、将門の坂東支配を宣言し、京都の朝廷の承認を受けようとするものであった。朝廷がこれを承認したとすれば、その場合、将門が支配する坂東は、京都に服属し、朝貢する関係が成立する。」「朱雀天皇を本天皇と呼び、新皇将門と対等に取り扱っているのは、京都貴族の王土王臣思想からは到底考えられない発想であり、作者が将門側に

立っていることを思わせる。」

ただし、納得しがたい記述も見える。『将門記』中の貞盛京下の本文には、「以去天慶三年六月中旬京下之後、懐官府雖相糺而件将門弥施逆心倍為暴悪。厥内、介良兼朝臣以六月上旬逝去」とある。論者は「厥内」の用例を調査して、「同時性を示す語」と捉えて、「貞盛の京下と良兼の逝去とは同時でなければならない」と述べている。しかし、本文をよく見ると、「去る天慶元年六月中旬、京を下る後、官府を懐き相糺すと雖も、将門は弥、逆心を施して、倍、暴悪を為す。」（訓読文）とあり、「貞盛京下」は、「去る」（かなりの時間が経過した）天慶元年六月中旬であり、その後「官府により相糺した」のである。ところが、「将門は逆心して暴悪を行っていた。」その時期と「良兼逝去」が同時なのである。この場面だけは、論者の提言は成り立たないと思われる。

8梶原正昭「将門記と変容説話覚書」『古典の変容と新生』明治書院
9青木三郎「将門記の基礎的二・三の問題について」『解釈』30―11
10竹居明男「僧妙達蘇生注記の基礎的研究」『国書逸文の研究』14
11嵐義人「将門誅害日記・将門合戦状」（同前）
12浅野敏彦「真福寺本『将門記』にみえる［恩渙］についての覚え書き」『大阪私立短大協会研究集録』24

S60（一九八五）
1大島由紀夫「お伽草子俵藤太物語の本文成立」『伝承文学研究』31
2北川忠彦『軍記物の系譜』世界思想社
3谷川健一「平将門」『鍛冶屋の母』講談社
4中田祝夫　解説『将門記』勉誠社
5浦部重雄「楊守敬旧蔵本・真福寺本対照将門記」『訓点語と訓点資料』75

6桑原兆堂「平将門と如蔵尼」『会津史談』59
7成田守「茂庭大蛇由来記」『奥浄瑠璃の研究』桜楓社
8兵頭裕己『語り物序説』有精堂
9栃木孝惟「軍記史の中の将門記」『日本文学新史』中世　至文堂

S61（一九八六）

1浦部重雄「松平文庫本『将門記』について」『愛知淑徳大学国語国文』10
2（特集）「平将門の謎」『歴史研究』295
　赤城宗徳「大衆の支持で蘇る将門」　林陸朗「将門記の謎を考える」
　鈴木理生「将門と江戸」　小村孝治「青梅と平将門」
　大図口承「将門記の作者について」　直井幸一「伝説の中の将門の最期」
3鴨志田熙「光圀公ナゾの事件」『歴史研究』295
4（特集）「中世語り物」『国文学解釈と鑑賞』51―4
5和田英道「軍記ものの展開と後期軍記」『国文学解釈と鑑賞』51―6
6増田俊信「将門記論」『古代中世の政治と地域社会』雄山閣出版
＊本論は、きわめて明解な将門記論と評価したい。まず、これまでの主要研究を成立・作者・筆録方法に絞って整理する。次いで、作者論と成立過程論、作品論、『将門記』の虚構性、新皇即位の順に論証を展開する。その結論は以下のとおりである。「『将門記』は伝記である。それは坂東という自立性の強い地域が生み出した「兵」の世界を描いた伝記文学である。」「作者の思想については、全体像を把握するにはほど遠いが、仏教的諦観、公＝国家の私に対する絶対的優位、素朴因果応報観が基調として強

く規定していることは認められるだろう。」「作者と成立時期については、東国在住説、天慶三年六月中記文説を妥当と考える。」（先頃、『将門記』中の「源経基」の記述から、その成立時を下げる説があったが、本論では、「尊卑分脈」の記述の方を疑うべきと一蹴している。）

私は、本論の論証を評価しているが、『将門記』の引用文の解釈については、二箇所に少し問題があると思う。

1、将門の書状のところで、その日付、天慶二年十二月十五日が問題となっている。将門が上野国府を攻略した際の記述はこうである。「将門以同月十五日遷於上毛野之次、上毛野介藤原尚範朝臣被奪印鎰、以十九日兼付使追於官堵、其後領府入庁固四門之陣、且放諸国之除目」この文中の「其後」について、これまでの注釈書は、十九日以後とする。そこで、書状を書いたのも、新皇即位も十九日以後としている。私は、『将門記』のそれまでの記述のあり方（時を遡る記述）から、上毛野介が印鎰を奪われ、その追放が十九日に行われることになり、「其後」とは、介が戦わず印鎰を差し出して降伏した後（すなわち十五日）の意味と採っている、介の降伏後、「将門は入庁して四門の陣を固め、新皇に即位して書状を書いた」と解するべきなのである。本論には、「尚範の身柄を拘束したのが十五日で、そのときに書状を書いたが、出立の日が十九日になった」と記してはいるものの、結局、「尚範を追った其の後に新皇即位になった。」と解している。これは、従来の注釈書の解釈に捉われていたことになる。

2、『将門記』末尾の「人々心々有戦不戦、若有非常之疑、後々達者且記而已」の「有戦不戦」の訓みを「戦い有ると戦わざると、あるいは、戦うと戦わざると有り」と著者は訓み下す。「非常の疑い」の「非常」を無常の意と採る。その解釈は「人々の心が戦うことと戦わないことについても変転常ならない疑が有るならば、後のすぐれた人が記すべきであろう。」とする。私は「不戦」の「不」を命令形と採る。「人々心々に戦い有るも戦わざれ」と訓み、「非常之疑」は、『将門記』中に（この他）二箇所ある「思いもよらない疑い」と同様の意に採りたいと思う。解釈は「人々の心に戦いがあっても戦ってはならない。もし、思いもよらない疑いがあれば、後世の識者がさらに記すばかりである。」となる。

7大隅和雄ほか『日本架空伝承人名事典』平凡社
8兵藤裕己「軍記物の胎動」『日本文芸史2・古代Ⅱ』河出書房新社

9井上満郎「平将門」『伝記の魅力』吉川弘文館
10乾克巳ほか『日本伝奇伝説大事典』角川書店

S62（一九八七）
1赤城宗徳『新編将門地誌』筑波書林
2真野須美子「源平闘諍録の妙見信仰について」『青山語文』17
3真野須美子「源平闘諍録の良文流平氏系図についての一考察」『緑岡詞林』3月号
4早川厚一「源平闘諍録と千学集抄」『名古屋学院大学論集』23―2
5浦部重雄「真福寺本将門記訓点分類索引」『国語学論考及び資料』和泉書院
6週刊朝日百科「承平天慶の乱と都」『日本の歴史』59　朝日新聞社（H15再刊）
7杜山悠「平将門―異人を率いた新皇」『歴史読本』32―15
8高橋富雄「武門の正義」NHK市民大学『地方からの日本史』日本放送出版協会
9稲葉嶽男『関東中心平将門の旅』上　私家版
10梶原正昭「将門記の構造――将門書状をめぐって（1）」『古典遺産』38
11梶原正昭「将門記の構造――発端部の問題をめぐって（1）」『学術研究』36

S63（一九八八）
1保立道久「古代末期の東国と留住貴族」『中世東国史の研究』東京大学出版会
2棚橋光男「将門と純友」『大系日本の歴史4王朝の世界』小学館
3浅野敏彦「将門記の漢字とことば」『古代の漢字とことば』明治書院

4武光誠「坂東の新皇平将門の決起」『歴史と旅』15―10
5藪崎香『中世の豪族と村落』私家版
6柳瀬喜代志「将門記の表現」『学術研究』37
7梶原正昭「将門記の構造――発端部の問題をめぐって（2）」『学術研究』37
8梶原正昭「将門記――軍記物の原質を探る」『解釈と鑑賞』53―13
9矢作武「漢籍と軍語り」（同前）
10長坂成行「前期軍記物語の軌跡と課題」（同前）

平成（一九八九～）

H1（一九八九）
1鶴岡静夫「平安初期の政治支配と関東神社」『関東の古代社会』名著出版
2春田隆義「平将門の乱の武力」（同前）
3段木一行「武蔵国における古代末期開発領主層の一動向」（同前）
4三舟隆之助「関東古代史関係文献目録」（同前）
4鈴木恵「真福寺本将門記に於ける助字の訓法と読添の方法」『鎌倉時代語研究』12
5西村浩子「真福寺本尾張国解文の対句表現について」（同前）
6神山弘『怨念の将門』エンタプライズ
7増田俊信「将門の乱の政治史的分析」『古代史研究の課題と方法』国書刊行会

8岩瀬博「伝説とその担い手」『日本伝説体系別巻』1　みずうみ書房
9伊東一美「平将門像の歴史的評価をめぐって」『さしま』2
10猿島町史編纂室「落民帳」（同前）

H2（一九九〇）

1NHK歴史誕生取材班「東国の武士天下を揺るがす」角川書店
2『日本伝説体系文献』の伝説資料（この大系の完結）みずうみ書房
3遠藤庄治「坂東の新皇平将門」『ふるさとの伝説』ぎょうせい
4大和久震平『古代山岳信仰遺跡の研究』名著出版
5梶原正昭「将門記・陸奥話記」『新古典文学研究必携』学燈社
6井上満郎「平将門」『日本歴史「伝記」総覧』新人物往来社
7宮森和俊「将門記の構想―少過を糺さずして大害に及ぶ」『日本文学誌要』43
8入間田宣夫「日本将軍と朝日将軍」『東北大学教養部紀要』54
9西嶋定生・下津谷達男「古代下総国の相馬郡と葛飾郡」『我孫子市史研究』14

H3（一九九一）

1小山昌二「将門と純友は相通じて反乱を起したか」『争点日本の歴史』新人物往来社
2和久津安史「平将門」『昔話・伝説必携』別冊國文学№41
2尾崎忠司「説話構造から見た将門新皇僭称」『湊川女子短大紀要』24
3清原猛・尾崎秀樹「陸の将門・海の純友」『日本の歴史』9　作品社

今東光「坂東の革命児平将門」

清水邦夫「将門の不死説をめぐって」

（対談）松本新八郎・津上忠「平将門と藤原純友」

4森田悌「将門記について」『摂関時代と古記録』吉川弘文館

＊本論には、『将門記』の成立・作者について、注目すべき提言がある。成立時期について「私は、星野氏以来の通説に従い「天慶三年六月中記文」を『将門記』全体に係るとみ、この時成立したと考えるが右の文章は成立時点を示すとなると稍見なれないスタイルである。「記文」は動詞風に訓み「文を記す」ということなのだろうが、通常の文例では「記之」となるべきところである。」また、「記文を動詞風でなく名詞として訓む事も不可能ではないが、その場合、記文は行事や儀式執行の次第を記録した文書の謂となり、『将門記』著作完了の日時に関わる言葉としてそぐわないだろう。」と述べ、さらに「書写の過程で「記之」が「記文」となってしまったのではなかろうか。」と踏みこんでいる。作者については「一、東国在住者説二、都居住の文人・僧侶説三、東国在住者により原『将門記』が作られ、次いで都で増補加筆がなされたとみる説となろう。」と従来の説をまとめ、まず三の説を検討して、この説は成り立たないと論証する。一、二説については、この両説を「対立する学説として扱う傾向が稍強過ぎたように考える。現地情勢に精通することと資料収集の便宜を有することとは、二律背反的事項ではなく、現地情勢に精通しつつ資料収集の便宜を有する人の存在は、十分考えられることであろう。」と述べて、こうした特質を具えた人たちとして「当時都鄙相互に対しアクセスを有した官人貴族に注目してみたい。」と論を進め、このような人物として藤原黒麻呂子孫らを紹介する。その史料、系図が示され、解説を加えている。黒麻呂子孫の当幹と元方を挙げ、「将門の乱当時、当幹・元方の如き宮廷貴族がいたことは考慮に値することと思う。」と述べ、この二人が作者圏に入るという。次いで、論者は、「一、二説の対立にこだわらず、将門書状を検討し作者圏を考えることが有効な視角だと思っている。」と従来の二説を止揚して作者圏を探るという新視角を提示した上で、書状の問題に進む。その書状は「作者により創作されたもの」と主張する。その根拠として、書状では、自称を表す「我、吾、予」が用いられず、全て「将門」である。これは書状の文体ではなく、記録の文体を思わせていると

いう。「将門なる語を多用する文体という点で書状と本文とは一致しており、これを根拠に、私は両者が同一作者の手になると考えてよいのではないかと思うのである。」と述べる。また、書状の宛先が藤原忠平家の師氏といわれることから、『江談抄』の「元方為大将軍事」中の「(先に述べた)元方を将門追討軍の大将軍に起用する議があり、元方が忠平の息男を副将軍に求めた」という話を引用して、この忠平息男こそ師氏であろうと推考する。そして「私は以上の考察により『将門記』作者圏の人として元方ないしその周辺部を擬定してみたいと考える。」と結論を示す。論者は、さらに『将門記』の内容・構成を詳しく検討して、前述の元方作者説を補強している。これは、作者圏に実名を示した意欲的な提言であるが、この後、本説が史学界において、あまり進展していないのは残念である。なお、書状のところでは、その日付が取り上げられており、「S61．6」で指摘したことと同様な疑問があるのだが、それまでの注釈に問題があったことから、これは、いたしかたないと思われる。

なお、本論は「H9．5」中にも「『将門記』考」として載せられている。

5高柳光寿ほか「平将門の乱」『日本合戦史』上　河出書房新社
6小和田哲男「平将門の乱」『日本の歴史がわかる本』三笠書房
7樋口州男「将門伝承と東国」『中世の史実と伝承』東京堂
8柴田弘武「平将門の怨念」『歴史と旅』18―13
9瀧浪貞子「将門の乱」『日本の歴史5平安建都』集英社
10入間田宣夫「武人政権の系譜」『日本の歴史7武者の世に』(同前)
11平野馨「千葉妙見尊における日蓮伝承」『房総文化』17
12倉本一宏「今昔物語所収将門説話と将門記の関連について」『関東学院大学文学部紀要』60

H4（一九九二）

1松本孝三「奥浄瑠璃［森館軍記］の伝承」『日本文学の原風景』三弥井書店

2酒向伸行「信田小太郎と厨子王」『山淑大夫伝説の研究』名著出版
3岩鼻通明『出羽三山信仰の歴史地理学的研究』名著出版
4樋口清之「承平天慶の乱の遠因」『歴史の秘密ウラ話』大陸書房
5奈良本辰也ほか「平将門」『日本歴史伝記総覧』新人物往来社
6岡田清一「鉄と馬と将門、そして相馬氏」『相馬郷土』7
7川尻秋生「将門の乱と陸奥国」『日本歴史』527
＊論者は「平将門は、奥羽地方をも支配領域に含めようとしていた可能性がある。」と新視点を提示している。この説は、以後の歴史書などに引用されており、すでに認められていると思われる。
8企画展資料「平将門とその時代」千葉県立中央博物館
＊この企画展資料（川尻秋生解説）には、前述の「将門の乱と陸奥国」や「平良将考」（「S3．4」の説明より詳しく論証されている。）など重要な解説が入っている。
9加藤蕙「怨霊伝説平将門」『消された英雄伝承の謎』ｋｋベストセラーズ
10岡田清一ほか『中世日本の地域的諸相・関東地域』南窓社
11田村紘一「平将門の末裔　田村家」『歴史と旅』19—6
12高橋富雄「将門・純友はどんな権力を樹立しようとしたのか」『反復する中世』梟社
13福田豊彦「初期軍記物の庶民像」『新大系』月報37　岩波書店
14蜂矢敬啓『平将門の夢を夢みて』高文堂出版社
15関谷喜彦「将門記にみえる地名の研究（上）」『常総の歴史』10

16青木三郎「天慶改元の大赦」『解釈』38—11
17梶原正昭「平将門伝説」歴史読本特別増刊『日本神話・伝説総覧』新人物往来社
18森田悌「平将門の乱と東国」『古代の日本・関東』角川書店
19蜂矢敬吾『碓氷峠足柄峠への古道』高文堂出版

H5（一九九三）

1川尻秋生「平良文と将門の乱」『千葉県史研究』1
＊著者要旨「平良文については、千葉・上総氏の祖とされ、妙見信仰をはじめとする数々の説話に彩られた存在である。しかし、古代の史料で良文の存在を示すものは『今昔物語』や相馬御厨関係文書といった伝承史料であり、信憑性の高い史料でその存在を示すものはないと考えられてきた。ところが、『大法師浄蔵伝』に引用される『外記日記』天慶三年二月二十五日条には「平良□」と見え、今まで名の一字に欠落があると考えられてきたのであるが、写本を詳細に検討すると残画があり、〔平良文〕と読める可能性が大きい。しかも、この史料の分析の結果、良文も将門の乱に加わり、将門と敵対関係にあったことも推定できる。このように考えると、平忠常が房総で大きな力を持ち得たのも、祖父良文以来の歴史的経緯を考慮しなければならず、忠常の乱の遠因に将門の乱を想定することが可能となる。さらに、将門の乱を鎮圧した中から源頼朝や良文の子孫千葉・上総氏が出ることを考えれば、将門の乱を中世への胎動としてとらえることができる。」
2村上春樹「将門記の文章」『軍記と漢文学』汲古書院
3下向井龍彦「平将門の反乱の原因はなにか」『新視点日本の歴史』新人物往来社
4大津雄一「将門記の先駆性」『日本文学』42—5
5福田豊彦「将門伝説の形成」『鎌倉時代文化伝播の研究』吉川弘文館
6関谷喜彦「将門記にみえる地名の研究」（下）『常総の歴史』12

7大口勇次郎・五味文彦「忠平のみた将門の乱」『日本史史話古代中世』山川出版社
8船城俊太郎「変体漢文はよめるか」『日本語学論集』7　三省堂
9福田豊彦「平将門と藤原純友の合戦」『いくさ』吉川弘文館
10寺林峻「平将門」『日本を揺るがした反逆者の野望』日本文芸社
11安部龍太郎「鉄身伝説」『血の日本史』新潮社
12稲葉嶽男『関東中心平将門伝説の旅』下　私家版
13斎藤典男『武州御嶽山史の研究』文献出版
14早川厚一「平家物語と東国」『あなたが読む平家物語』有精堂
15小和田哲男「平将門――関東独立国構想」『人物篇日本の歴史がわかる本』三笠書房
16一志茂樹『古代東山道の研究』信毎書籍出版
17童門冬二「湖水の疾風」『読売新聞』11・21
18美濃部重克「戦場の働きの価値化」『国語と国文学』70―12
H6（一九九四）
1鈴木則郎「軍記物における公賊の観念」『日本文芸の潮流』おうふう
2小林保治「古事談の性格」『古典遺産』44
3樋口州男「幸若舞曲信太と常陸国」『茨城県史研究』72
4川尻秋生「院と東国」『古代国家と東国社会』千葉歴史学会
5義江彰夫「将門記を読み解く」『知の技法』東京大学出版会

6鈴木恵「和化漢文に於ける形式名詞の新生と分化について」『鎌倉時代語研究』17

7元木泰雄「将門と純友の叛乱」『武士の成立』日本歴史学会

8浅野敏彦「真福寺本将門記に見える複数字体の漢字について」『大阪成渓女短大研究紀要』31

9「魔将平将門」『歴史法廷VOL．7』世界文化社

村井康彦「騒乱期に生きた将門に武者の原像をみる」

＊『将門記』には、将門が常陸の国府を襲撃し、印鎰を領掌したとある。この印鎰は国印と国倉の鍵と解されていた。本論では、国印を入れた櫃を開閉する鎰のこととする。（「H12．13」では、さらに詳しい説明がある。）

佐藤和彦「全国に散り墜ちた将門の怨念を追う」

奥富敬之「新皇将門が築いた東国独立王国の全貌」

杉洋子「闇に葬られた藤原純友との密約を暴く」

風野真知雄「将門を菅原道真の生まれ変わりと信じた都人の驚愕」

皆川博子「謀叛の将が遂げた非業の最期」

10土田直鎮「将門の乱と武蔵国」『古代の武蔵を読む』吉川弘文館

11網野善彦・石井進「将門の乱から鎌倉武士へ」『中世の風景を読む』新人物往来社

H7（一九九五）

1岡田清一「将門伝承と相馬氏」『千葉県立中央博物館研究報告』4―1

2吉田孝・大隅清陽・佐々木恵介「九～十世紀の日本」『日本通史』5　岩波書店

3奥野中彦「九世紀末～十世紀の新軍事力構成と初期武家の組織」『国士館史学』3

4下向井龍彦「国衙と武士」『日本通史』6　岩波書店
5千野原靖方『千葉氏鎌倉・南北朝編』崙書房
6福田豊彦『中世成立期の軍制と内乱』吉川弘文館
7福田豊彦『東国の兵乱とものものふたち』吉川弘文館
8日露野好章「伴で結ばれた人々」『神奈川大学評論』7月号
9佐々木虔一「将門の乱と武蔵国」『古代東国社会と交通』校倉書房
10鈴木恵「和化漢文における時の形式名詞について」『鎌倉時代語研究』18
11司馬遼太郎「平将門と神霊」『神田界隈』朝日新聞社

H8（一九九六）

1鎌田良一「旗本となった下総相馬氏の謎」『相馬郷土』11
2杉山博「江戸氏の発展と衰退」『江戸氏の研究』名著出版
3写真版・翻刻「楊守敬本将門記」『千葉県の歴史』資料編古代　千葉県
4岸野大「漢字字体一隅」「続・漢字字体一隅」『横浜国大国語教育研究』3・4月号
5青木重数『平将門—草原の野火』新人物往来社
6村上春樹「将門首物語」『美濃民俗』349
7青木三郎「平氏一族の抗争から国家謀叛へ」『解釈』42—6
8真野須美子「平家物語諸本と吾妻鏡に見られる将門秀郷邂逅説話について」『甲戌論集』武蔵野書院
9大津雄一「軍記物語と王権の物語」『平家物語研究と批評』有精堂

10岩井市史編纂委員会『平将門資料集』新人物往来社
一、『将門記』原本　蓬左文庫本、真福寺本、楊守敬本　二、『将門記』注釈　三、基本資料
四、研究の手引き　福田豊彦「将門記への手引き」　海老名尚「将門伝説にみえる将門像の変遷」
＊平将門の研究に必要な資料が整っている。特筆すべきは、『将門記』三本が影印資料で同時に見られるようになったことである。
11赤坂憲雄「東国、東北の文学」『岩波講座日本文学史』３　岩波書店
12村上春樹「桔梗伝説の展開」『常総の歴史』17
13辻村全弘「熱田神宮の平将門調伏伝説」『国学院雑誌』97―10
14村上春樹「平将門伝説」『茨城の民俗』35
15網野善彦「平将門の国家とその崩壊」『三和町史』町史編纂委員会

Ｈ９（一九九七）
1青木三郎「貞盛の下京の年時」『解釈』43―3
2谷本龍亮『平将門は生きていた』叢文社
3佐藤和彦「将門伝承と江戸氏」『中世の民衆』東京堂出版
4辻村全弘「熱田神宮の平将門御霊伝承」『国学院雑誌』98―6
5森田悌「平将門の乱と東国」『日本古代の政治と宗教』雄山閣
6岡田清一「出羽国と鎌倉北条氏」『西村山地域史の研究』15
7山下宏明『いくさ物語の語りと批評』世界思想社

8岡田清一「将門伝承の成立と展開」『六軒丁中世史研究』5　東北学院大中世史研究会
9村上春樹「相馬郡の将門伝説」『茨城の民俗』36
10阿部正路「怨霊 平将門」『歴史と旅』24―10
11佐伯真一「朝敵以前」『国語と国文学』74―11
12西沢正史・徳田武『古典文学研究史大事典』勉誠社
13福田豊彦「将門の道」『歴史の道再発見』フォーラムA
14金田源衛『房総における将門と頼朝の軌跡』私家版
H10（一九九八）
1矢代和夫「平将門首の怪異譚」『軍記文学の系譜と展開』汲古書院
2村上春樹「平将門伝説の展開」（同前）
3大津雄一「怨霊は恐ろしき事なれば」（同前）
4梶原正昭『軍記文学の位相』汲古書院
5武田昌憲「将門記の風小考」『茨城女子短大国文』10
6大曾根章介ほか「将門記」『日本古典文学大事典』明治書院
7矢代和夫「築土明神略縁起覚書」『古典遺産』41
8企画展図録「純友と将門」愛媛県立歴史文化博物館
9佐久間弘行「平安前期の下野・下総国堺の周辺」『小山市立博物館紀要』6
10特別展「兵の誕生」『兵の時代――古代末期の東国社会』横浜市立博物館

11村上春樹「相馬の将門覚え書」『茨城の民俗』37

12岡田清一「仙台領内の将門伝承」『仙台郷土研究』257

H11（一九九九）

1松原弘宣『藤原純友』吉川弘文館

2関幸彦「反乱坂東の夢」『武士の誕生』日本放送出版協会

3岡田清一「平将門」『在地伝承の世界』三弥井書店

4村上春樹「将門伝説と『前太平記』」『常総の歴史』23

5井沢元彦『一千年の陰謀』角川書店

6村上春樹「小谷系図と将門伝説」『茨城の民俗』38

H12（二〇〇〇）

1岩本由輝『歴史としての相馬』刀水書房

2大日方克己「武蔵国の牧と平将門」『上福岡市史』上福岡市教育委員会

3木村茂光「将門記の狭服山について」『東村山市史研究』9

4奥富敬之「軍記研究と歴史学」『軍記文学とその周縁』汲古書院

5軍記文学研究叢書2『軍記文学の始発』汲古書院

加美宏「将門記研究史の考察——太平洋戦争終結以前——」

佐倉由泰「戦後　将門記研究の考察と課題」

鈴木則郎「将門記作者の追跡——作者像についての覚え書——」

福田豊彦「将門記の成立」
栃木孝惟「将門記論――京の将門――」
猿田知之「将門記の表現」
村上春樹「将門記と将門伝承」
久保勇「初期軍記研究史年表」
6野中哲照「初期軍記　いま何が問題か」『国文学』45―7
7佐倉由泰「軍記物語参考文献一覧」(同前)
8小野沢眞「時衆とは何か――時衆史の再構成」『時衆文化』2
9村上春樹「将門祭祀の伝説」『古典遺産』50
10藤井俊博「和化漢文から和漢混淆文への道筋」『日本語学』12―9
11大津雄一「軍記と九世紀」『日本文学』49
12村上春樹「平将門と猿島氏の伝承」『常総歴史』25
13村井康彦「将門の乱と印鎰」『王朝風土記』角川書店
14高島英之「平将門の王権――その国家構想の特質について」『群馬史料研究』15
15大本敬久「護国的宗教活動から見た承平・天慶の乱」『時と文化――日本史攷究の視座』総合出版社歴研

H13(二〇〇一)
1川尻秋生「平将門の乱」『千葉県の歴史』通史編古代2
2川尻秋生「平将門の新皇即位と菅原道真・八幡大菩薩」『千葉県史研究』9

＊著者の要旨「本稿は、八幡大菩薩の託宣を菅原道真の霊魂が媒介することで、平将門が新皇に即位したと伝える『将門記』の信憑性を探ったものである。この点は、将門の乱の中でもっとも興味を引く事件として従来からもしばしば取り上げられてきたが、専論はほとんどなかった。検討の結果、将門の乱の際、菅原道真の子息が常陸介として赴任していたこと、当時、都で八幡信仰が大流行していたことが、この事件の背景にあり、史実の可能性が高いことを論証した。また、このことをもとに、国司制度・税制・郡司制度が大きく変化した十世紀初めの国制改革に反感をもった守旧派の人々が将門のまわりに集結し、それが将門の国家的叛乱に結びついたと結論づけた。」

3川尻秋生「平安貴族がみた坂東」『日本歴史』635
4村上春樹『平将門伝説』汲古書院
5鈴木哲・関幸彦『怨霊の宴』新人物往来社
6岡田清一「新出奥州相馬系図と寛永諸家系図伝」『ぐんしょ』53
7滝沢解『空也と将門』春秋社
8佐倉由泰「将門記の表現世界」『国語と国文学』78―8
9岡田清一「相馬家文書と御証文 御雑文 目録」『六軒丁中世史研究』8
10村上春樹「時頼廻国と将門伝承」『茨城の民俗』40
11寺内浩「藤原純友の乱後の伊予国と東国」『日本歴史』642
12野口実『伝説の将軍藤原秀郷』吉川弘文館
13下向井龍彦『武士の成長と院政』講談社

H14（二〇〇二）

1松林靖明・矢代和夫『将門記』新編日本古典文学全集41　小学館
2染谷洌「将門の古里」月報（同前）
3上島亨「承平天慶の乱と道真」『解釈と鑑賞』67―4
4栃木孝惟『軍記物語形成史序説――転換期の歴史意識と文学――』岩波書店
5村上春樹「将門記の読みについて」『古典遺産』52
6市制三十周年記念事業『錦絵の中の将門』岩井市実行委員会
7高橋昌明「朝敵という語の成立」『人類にとって戦いとは』5　東洋書林
8川尻秋生「平将門の乱」『日本の時代史』6　吉川弘文館
9川嶋建『常総戦国誌』崙書房

H15（二〇〇三）

1蔦尾和宏「『古事談』承平・天慶の乱説話群の検討」『国学院雑誌』104―2
2武田昌憲「前期軍記――平安軍記への誘い――」『解釈と鑑賞』68―2
3武田昌憲「将門の首小考――筑土・神田・鳥越」『茨女国文』15
4岸川雅範「神田神社の神職について」『神道研究集録』17
5岸川雅範「将門信仰と織田完之」『国学院大学大学院紀要』14
6村上春樹「関宿付近の将門伝説」『関宿城博物館研究報告』7
7川尻秋生「平将門論」『古代東国史の基礎的研究』塙書房
8岡田清一「将門伝承の伝播」『沼南町史研究』第七号

9森公章「武蔵国足立郡司武蔵武芝とその行方」『日本律令制の展開』　吉川弘文館

10企画展図録『英雄・怨霊平将門』千葉県立関宿城博物館（以下を収める）

村上春樹「将門記と将門伝説」　吉越笑子「生き続ける将門」

榎美香「将門伝説の系譜」

11広瀬文子「埼玉伝説考――八百比丘尼と平将門にみえる文化特性」『埼玉大学国語教育論叢』6

12七宮けい三『下総・奥州相馬一族』新人物往来社

H16（二〇〇四）

1村上春樹「将門記の叙述と文飾」『東洋――比較文化論集』青史出版

2岡田清一「相馬文書の成立と伝承」『古文書研究』58

3岡田清一「相馬中村から羽州中村へ――将門伝承の伝播――」『福島史学研究』78

4二本松文雄「千葉・相馬の羽衣伝説と妙見信仰」『原町市立博物館研究紀要』6

5村上春樹「岩井の将門伝説」『千葉県立関宿城博物館研究報告』8

6八巻実「撃ち勝てるを以て君と為す」『歴史研究』512

7村上春樹『真福寺本・楊守敬本　将門記新解』汲古書院

8山下登志美「将門記」『平安文学研究ハンドブック』和泉書院

9栃木孝惟「軍兵の陵辱行為」『解釈と鑑賞』69―12

H17（二〇〇五）

1日本近代史研究会「かならず勝をもって君となる　将門・純友」『画報古代史』日本図書センター

2村上春樹『平将門伝説ハンドブック』公孫樹舎
3二本松文雄「七に関する将門伝説と妙見信仰」『原町市立博物館研究紀要』7
4池田勝宣「将門記にみる裏切り者」『歴史研究』527
5佐倉由泰「将門記を読む」『国語と国文学』978
6NHK取材班「もう一つの日本を創った男」『その時歴史が動いた』6　KTC中央出版
7清水由美子「将門を射た神の名」『国語と国文学』981
8樋口州男「平将門」『日本中世の伝承世界』校倉書房
9村上春樹「津軽の将門伝説」『茨城の民俗』44
10中嶋繁雄「関東独立国の王者平将門の末裔」『戦国の雄と末裔たち』平凡社
11村上春樹「将門記注釈補訂」『古典遺産』55

ここまで、明治から今日まで、平将門に関する研究文献を提示し、適宜、説明などを加えて来た。最後に、この研究史の最初に、星野氏（「M23．1」）が示した問題点について私の思うところをを簡単に示しておきたい。

（1）原『将門記』の成立は、「天慶三年六月中記文」ということ。これは、その記述どおりとせざるを得ないのではないか。外に資料が見当たらない現状では、内部徴証から推定することは難しく、納得出来る根拠が見あたらない。（否定する明確な理由がないことから）これを認めないわけにはいかないというのが現状であろう。

（2）作者は東国在住の仏徒で文筆に熟達する者とすること。作者が東国の人か都の人かという問題は、森田氏の「当時、都鄙相互に対してアクセスを有した官人貴族」（「H3．4」）説に引かれる。ただ、作者が官人貴族であれば、朱雀天皇の元服と改元を取り違えることなどはあり得ないであろう。したがって、官人貴族とするには、なお疑問もあり、やや納得がいかないこともある。一方、仏徒とすることにも賛同しがたい。『将門記』中の仏教語などは、当時の貴族ならば、十分心得ていたろうと思われる。作者を仏徒とする積極的な理由は見当たらない。

（3）見聞する所を筆せしものということ。これは単なる見聞録ではないように思う。当時の政治状況を批判的な目で見、平将門の行動をある程度理解した人物が民衆（や兵士）の苦難に同情する気持ちに動かされて、将門の動乱を（創作をも交えて）著した作品と見られよう。

三、『将門記』注釈略史

『将門記』は、先述のように平将門の乱の重要な資料であり、軍記文学の始発となる作品でもある。今日まで、古写本が二本伝えられている。名古屋の真福寺に伝えられた真福寺本と明治の初期に清国より来日した楊守敬が所蔵した楊守敬本である。真福寺本は、承徳三年書写、楊守敬本が発見されるまで、唯一の古写本とされていた。残念ながら、冒頭が欠けているが、正格な書風、達筆で丁寧に書かれ、はな書き（襷と呼ばれている。）も見えて清書本といわれる。一方、楊守敬本は、清国の人、楊守敬によって発見されたが、明治以前の相伝や楊守敬自身の入手経路も不明の謎の古写本である。前後がかなり欠けていて真福寺本の約5／8しか存在しない。脱字や誤字が多く、奔放な筆使いであり、草稿本の趣がある。両本ともに、返り点、送り仮名、傍訓など訓点が施されていて、当時の貴重な国語資料ともなっている。

この『将門記』は、かつて、奇異な文体と見なされ、難解な語句も多いことから、なかなか正しい解釈が進まなかった。昭和三十年代を迎えて、漸く、本格的な注釈書が現れるようになるのである。
明治以降、今日まで刊行された『将門記』の注釈書は、およそ、以下のとおりとなる。

①国宝将門記伝　織田完之　明治三十八年　会通社
②将門記　大森金五郎　『房総叢書』第一輯所収　大正元年　房総叢書刊行会
③将門記　本文の解釈　大森金五郎　『武家時代之研究』所収　大正十二年　冨山房
④将門記通読　倉持清治　昭和十二年　岩井尋常高等小学校
⑤現代語訳将門記　岡村務・渡辺藤吉　昭和三十年　つくばね会
⑥将門記本文と注釈　梶原正昭・佐藤陸　古典遺産の会『将門記――研究と資料』所収　昭和三十五年　孔版
⑦全訳将門記　池田忠好　自筆本　昭和三十八年　千葉県立図書館所蔵
⑧将門記本文と注釈　梶原正昭・佐藤陸・村上春樹　古典遺産の会『将門記――研究と資料』所収　昭和三十八年　新読書社（⑥の新版）
⑨将門記評釈　赤城宗徳　昭和三十九年　サンケイ新聞社
⑩将門記　飯田瑞穂　『茨城県史　史料古代編』所収　昭和四十三年　茨城県史編纂会
⑪将門記　林陸朗　昭和五十年　現代思潮社
⑫将門記１・２　梶原正昭　昭和五十・五十一年　平凡社
⑬口訳・将門記　伊藤晃　昭和五十一年　崙書房
⑭（校注）将門記　竹内理三　『古代政治社会思想』所収　昭和五十四年　岩波書店
⑮新訂将門記　林陸朗　昭和五十七年　現代思潮社（⑪の新訂版）

⑯影印本将門記　中田祝夫　昭和六十年　勉誠社文庫
⑰MASAKADOKI　G．STRAMIGIOLI　昭和五十六年～六十二年　『古典遺産』連載
⑱将門記注釈　福田豊彦　『平将門資料集』所収　平成八年　岩井市編集委員会
⑲将門記　松林靖明・矢代和夫　『将門記・陸奥話記・保元物語・平治物語』所収　平成十四年　小学館
⑳真福寺本・楊守敬本将門記新解　村上春樹　平成十六年　汲古書院
（ここに、冠した〇数字は、これから引用する際に用いることとする。）

それでは、ここに掲げた注釈書を①～⑳の順番に顧みて、『将門記』の注釈の歴史をひとわたり考察してみよう。

① 著者の織田完之は、真福寺本『将門記』の本文を紹介し、天覧にも供し、普及を目指したといわれる。本文に忠実にではないが、訓み下しも行い、解説を行っている。その目的は、平将門の雪冤にあったことから、解説には問題がないわけではなく、伝説なども混入しているが、初めての試みとしては評価されている。

② 大森金五郎が真福寺本『将門記』の群書類従本の原文に訓点を施し、頭註を付けて校定し、『房総叢書』に載せている。かなり正確な訓みがなされていて、後の解釈に影響を及ぼしたと思われる。訓点は、返り点（一・二点、上・下点）、送り仮名、振り仮名を用いて、読みやすくなっており、評価したい。当時としては、群書類従本を用いたのは、無理からぬことであったと思われる。

ただし、群書類従本を用いたことから、将門が筑波山麓に良兼と戦った際に、真福寺本の原文に「于時津中孟冬日臨黄昏」とある文中の「津」が「律」となっている。このためか、長い間、『将門記』の注釈書が誤って、「律」として解釈してしまうこととなっている。

③　大森金五郎『武家時代の研究』は、平将門研究に画期的な意義をもっと評されている。その中に、『将門記』本文の解釈が載っている。大森は、すでに大正元年、『房総叢書』に『将門記』を校訂しており、ここには、さらに考証を進めた解釈が示されている。まず、訓読文を大きな活字で載せる。これに関して、著者は次のように述べている。「将門記は軍記物の先駆ともいふべく、陸奥話記や保元平治物語なども此後に出たのである。全篇漢文で書き、記述は甚だ詳細で中々面白い読物であるが、行文が往々難渋で通読し難い所があるから、今は全文を仮名交り文に書き改めた。これ読者の閲読の便を計ったに外ならぬが、畢竟するに意義を明瞭ならしめる為である。」著者は、まず訓読をして文意をはっきりさせたのである。すなわち、『将門記』は、正規の漢文ではなく和化漢文であることに思いを致して、訓読文をまず掲げたことが分かるのである。次いで語句の解説を行い、本文を後にまとめている。「将門乱要地図」もあり、本格的な注釈と言うことが出来る。これは、昭和三十年代まで、基本的な本文解釈として認められていたのである。例えば、将門の妻が葦津江の辺に良兼軍に襲われて、「妻子同共討取即以廿日渡於上総国爰将門妻去夫留忿怨不少」と記されているのを「将門の妻は捕虜にされて、夫を去って留められて哀んだ」と解釈している。ここは、普通に読むと、「妻は捕らえられて殺され、将門は妻と別れて哀しむ」と解釈しがちなところである。この場面の解釈は諸説があるが、先の著者の解釈は、今日でも成り立つと思われる。このような著者の卓見は随所に見出すことが出来るのである。

＊大正十三年　古典保存会より真福寺本将門記の複製が出された。これによって、『将門記』の原本を把握出来るようになったのである。山田孝雄の解説が付いており、それは頗る詳細であって、現在、注釈に関わる際には、必ず参照する資料となっている。

④　平将門の本拠、岩井の地では、明治四十年に織田完之が将門の講演会を行っており、その後、本拠を自覚して平

将門の研究が行われていた。それは、稲葉賢介を中心とした岩井小学校における将門研究会であった。そうした成果が当時の校長倉持清治『将門記通読』として刊行された。『将門記』を訓読して、所々に言葉を補って読みやすくしたもので、二十ページの単行本（定価二十七銭）である。この書の訓読は今でこそ問題となる箇所もあるが、当時としては、よくまとめられたと評価できよう。

戦後を迎え、平将門の研究も盛んになり、昭和三十年には、楊守敬本『将門記』が復刻された。山田忠雄の解説によれば、この本は真福寺本よりも古い書写であるという。これまで、真福寺本のみで解釈が行われていたが、楊守敬本の影印本が出され、これを参照出来るようになったのである。例えば、良兼の襲来の場面では、真福寺本にない「爰敵介等替焼代亦焼政報返政附亙火煙負風覆面将門何励兵士何戦」という記述があり、いかに、すさまじい戦闘であったかが分かるのである。また、真福寺本の「承平七年十一月五日の官符」は、良兼らに将門を討たせるものと解していたが、楊守敬本では「常陸国の敵」という語が見え、むしろ、将門に良兼ら常陸の敵を討たせる官符と解釈する説が強まることとなった。このように、楊守敬本の復刻によって、『将門記』の注釈は大いに進むことになるのである。

⑤　郷土史団体つくばね会によって、孔版印刷で刊行された。『将門記』を分かりやすく現代語に訳し、その後に、将門の関係図、地名考証、本文を付けている。訳者は岡村務であり、後の地名考などは、著者渡辺藤吉とある。書き出しは「野本村には、源護の子扶等が陣を張って将門の来攻を待ちうけています。はるかにそれを望めば、獣毛をつけた武器をおごそかに戴き、旗をなびかせて兵鼓を打つ様子です。」と記している。以下、このように分かりやすく意訳した現代文が続いていく。これを読んで、興味を持てば、さらに、地図、詳しい地名の解説、本文が用意されている。戦後、初めての注釈の試みであったが、地方での営みであったためか、広く流布しなかったらしく残念であった。

⑥　この注釈は、古典遺産の会の六人による共同研究『将門記――研究と資料』に収められている。まず、真福寺本の原文を適宜、段落に分けて載せ、訓読、校異（楊守敬本及び蓬左文庫本との校合）、訳註が整い、本格的な注釈が行われている。当時の印刷事情から、ガリ版刷りであるが、『将門記』研究史上、画期的な注釈書であったと言えよう。ただ、訓み下し文については、訓点を重視しなかったことに問題がある。これは、小林芳規「『将門記』――研究と資料を読む（『国語学』四十二）」で注意を受けている。さらに、この書評は、きわめて好意的に、いくつかの語句の訓みや意味を丁寧に教示している。また、「父を害するの罪」のように、連体形の下に「の」を加える訓み方を全体に行った誤りも指摘されている。

⑦　本書は千葉県立図書館が所蔵している。最初に「訳解にあたりて」と序文を記して、その下に「南総、加茂、池田忠好」と著者名がある。便箋にペン書きで、訓読した文を書き、所々に訳文を傍書している。訓読文の上段に語句の詳しい解説を載せる。著者は、『将門記』の詳しい注釈書がないので、「本記の全訳を思ひたち」苦労して書き終わり、「いくらかでも参考になれば幸ひなり」と序文を結ぶ。たしかに、語句の解説の中には参考にするべきものも散見する。

⑧　先の⑥の改訂増補版である。「あとがき」に「本書は旧稿に手を入れたものだが、その後の共同研究の結果、ほとんど全面的といってよいほどの訂正増補を行っている。ことに本文および註釈は、あらたに省略諸本による校異を加え、その訓みも真福寺本・楊守敬本の附訓をもとに大幅に改め、訳註にも郷土史・国語学の成果を多くとり入れた。」とあり、内容が大きく変わっている。とくに、訓読には、先に示した『国語学』書評の教示をいただいて、ほとんど改訂を行っている。

『将門記』研究史（J）には、「『将門記』の注釈にとって画期的な意味を持った。」とあり、「真福寺本本文についての書き下し文はもとより、楊守敬旧蔵本、抄録本との対校、出典等を示す訳註を行っている点できわめて重要である。」と評価されている。

⑨　この書の特色は、真福寺本の原文の写真をそのまま分割して本文としていることである。当時、著者の立場によっては、このように写真版の本文を用いることが出来たのは羨ましいことであり、読者にとってはありがたいことである。この本文の後に訓み下し文を載せて、解説が行われているが、本文の傍訓などが訓読に生かされていない。これでは影印本の意味をなさず、まことに残念である。

著者は常総地方の地理に詳しいことから、その伝承を用いた説明が多くなっている。地名などの解説には大いに参考になることが多い。しかし、明治時代の『杉山私記』や『真壁郡郷土史』などの記述を直接『将門記』の説明に用いるのはいかがなものであろうか。例えば、将門の妻を君の御前と断定し、その妾を後に秩父に逃れた桔梗の前と考えられると説明しているあたりは、注釈書とは言い難く伝説物語となろう。

⑩　これは、『将門記』の本文のみを校訂した資料であるが、校訂が優れているので載せることとした。これまで、『将門記』の本文を校訂する際には、旧字の正字体を用いていた。本書では、正字体ないし通行の字体を用いることを原則とするが、例外として以下の（イ）（ロ）がある。

（イ）当用漢字の字体の方がもとの字形に近い場合にはそれを用いる。

たしかに、本文に、「将門」に近い字で書かれているのに、「將門」とするのは違和感がある。「万」、「為」、「総」など六十数字が用いられている。

（ロ）字形が通行の字体とやや著しく異なる文字についてはもとの字体に従う。例えば、弃を棄、弥を彌にとは改めない。十八字を原文のまま用いている。当時、優れた本文と認められており、このような本文を示したことは評価されよう。

⑪　体裁は、見開きを一セットとし、左右を対照させてある。右に読み下し文、左に原文を掲げる。頭注を付けて語句の説明をする。後に補注として、詳しい説明が付いている。とくに、「伴類」など歴史用語には詳細な解説があり、たいへん参考になる。この後に、かなり詳しい校異も続く。さらに、承平六年から天慶五年までの都の記録がまとめられている。次に、将門説話として、大鏡から成田名所図会まで資料が並ぶ。最後に、付録として地図、系図、関係文献目録が付く。この書は、将門当時の歴史に詳しい本格的な注釈書と言えよう。「研究史」（J）には、次の⑫と共に「『将門記』注釈の今日までの業績の頂点」と評されている。

⑫　本書は、注釈だけで、1が三二九ページ、2が三六八ページ計六九七ページの大著である。これまでの『将門記』研究の到達点を示す注釈と言えよう。本文、訓読文（漢字片仮名まじり文）、口訳と並べて、その後に註として、詳細な語句解説がある。この註は、今までになかったように、ほとんどの語句を抜き出して、まさに微に入り細をうがつように説明されている。さらに、補説の項を設けて、本文解読の上でとくに留意すべき問題点を指摘して明らかにしている。校異も詳しく、しかも分かりやすく示されている。

ただ、最も優れた注釈書ではあるが、訓読が⑧よりも後退したのは気がかりである。⑥に示した書評の教示にも背くことになる。この訓読については、小泉道『将門記』訓読稿（「S52．23」）にも批判がある。

⑬　房総叢書所収の真福寺本を底本とする。著者が「口訳の方法は、いわゆる意訳に類するもので、正確な逐語訳などではない。」と述べているように、読物とするための独自の解釈が行われている。そこで、読者が『将門記』の内容をおおづかみしようとする場合には、適当な書ということが出来よう。

⑭　日本思想体系（八）の『古代政治社會思想』の中に、二十余の文献と共に載っている。『将門記』は、「底本には、

真福寺本を用い、訓みについて楊守敬本を参考にした。」とある。訓読文の上段に、頭注があり、後に原文を他資料と共にまとめる。さらに、補注の項を用意し、ここの説明は、かなり詳しい。さすがに歴史学の大家の注釈であるから、歴史に関わる語、仏教語や漢籍についての解説は他書の追随を許さないものがある。さらに、楊守敬本を参考にしたという訓みは、なかなか工夫が凝らされていて注目される。ただ、楊守敬本の訓みを参考にしたことから、真福寺本の訓みがあまり顧みられていないために矛盾も生じている。とくに、楊守敬本の訓点については、「院政初期加点とされているが、それほど古いものではなく、むしろ、真福寺本よりもさらに時代を下らせるべきである。」（「S48．7」）という論があり、読む者が混乱をきたす恐れもあり、問題であろう。

⑮　本書は、⑪が昭和五十七年に、新訂将門記として改訂再刊されたものである。著者は「先の訓読文を大きく改変する必要は認められなかったので、これを基本とし、誤植の訂正、傍訓の増加、送り仮名などの改訂など若干の個所に手を加えるにとどめた。」と述べている。

⑯　勉誠社文庫の一冊で、中田祝夫解説の真福寺本『将門記』の影印本である。模刻版本の影印本も載り、真福寺本の薄れた字を確認出来るのは有難い。注釈書ではないが、著者の優れた解説は学ぶべきことが多く、『将門記』解読に役立つ。真福寺本の太字を配した文様にも言及し「太字で菱形をつくるのを襷と呼ばれているようである」と説明する。しかし、これは、菱形だけではなく、拙稿（「H17．11」）に示すような図形となっている。（真福寺の文庫の職員は、「はな書き」と呼んでいる。）

⑰　ローマ大学のジュリアナ・ストラミジョーリ氏が当地の学術誌に英語訳の『将門記』を発表した。それを『古典遺産』32号（S56）から38号（S62）まで、七回にわたって連載したのである。私の貧弱な英語力では、とても論評など出来ないので、紹介するに止めておく。

⑱　岩井市史編纂委員会編『平将門資料集』に収められている。この資料集は、初めて、蓬左文庫本『将門略記』、真福寺・楊守敬本『将門記』の三本の影印本を一書に収めており、画期的な研究資料といえる。『将門記』注釈は、「読者の便宜を考えて読みと簡単な補注をつけた」と説明があり、真福寺本に楊守敬本を参照した本文の訓読文（現代仮名遣い）に見出しを付けた段落に分け、かなり詳しい脚注を施している。この注は、歴史に関わる用語の解説が斬新であり学ぶことが多い。訓読でも、最後の或本の箇所「人々心々有戦不戦」を「人々心々に戦いあるも戦わざれ」と②に示された命令形に訓むなど、注目される。

⑲　新編日本古典文学全集四一『将門記・陸奥話記・保元物語・平治物語』に収められている。この全集の編集方法に則り、上段に頭注、中段に訓み下し文と原文、下段に現代語訳が載る。原文を訓読文の後に回したのは、一般読者を考えてのことと思われる。訓読文を段落に分け、色を変えた見出しを付けて読みやすさを目指したのであろう。これまでの注釈書の中では、最も親しみやすい形態となっている。頭注には、最近の研究の成果を取り入れて新しさが感じられる。ただ、訓読については、⑫の訓みに影響を受けたようで、いくつか問題がある。その中で、先に示した楊守敬本の復刻のところで例示した問題の「承平七年の官符」の訓みを「介良兼、掾源護、幷に掾平貞盛、公雅、公連、秦清文凡そ常陸国の敵等を将門に追捕せしむべき官符」と初めて使役形に訓んだのは卓見と思われる。

⑳　本書で「新解」と題したのは、真福寺本では、いくつか新たな訓み方を提言し、楊守敬本はこれまでは注釈がなされていず、初の注釈であったからである。本文の訓読に、傍訓を重視して新解釈を目指したのである。これについては、批評（「H17．5」）をいただいて感謝している。なお、表記などに不統一などがあり、遺憾に思っている。

以上述べたように、『将門記』の注釈は、平将門の研究の発展と共に進められて来た。昭和三十年代を迎えて、漸く本格的な注釈書が現われるようになり、やがて、⑫が刊行されるに至った。この書は、さまざまな研究の成果を取り入れて考証し、それまでの研究の到達点を示す大著と言えよう。これ以降の注釈書は、その影響を多かれ少なかれ受けており、その上で、新しい見解を加えている。ただし、いずれも訓読に関しては、国語学の成果が取り込まれず、あまり進展が見られなかった。今後は、まず訓読に力を注ぎ、確かな訓みを定めた上に、さらに未解明の事項を明らかにするよう努めなければならないと思われる。そのためには、歴史学・国文学・国語学・漢文学等の研究者の共同作業が必要であり、その実現を大いに期待したいと思う。

四、平将門伝説に関わる文献

伝説は口碑と呼ばれていたように、本来、口伝えによって伝播されるものである。そこで、私は、伝説の踏査に際して、現地の方々と直に交流して、土地の伝えを伺おうと努めて来た。そうしたことから、かなり貴重な話を聞くことも出来た。しかし、今日では、伝承を受け継ぐ人たちは、ほとんど姿を消しかかっている。かろうじて、伝説の断片を聞き出す場合もあるが、そこに残されていた文献で補わざるを得なかった。こうしたことから、地方へ出掛けた際には、必ず、伝説の文献を調査して、保存することにしていた。ここでは、それらを整理して公開することにした。

そこで、平将門の伝説にまつわる文献は、先の研究文献とは別にし、以下のように分類してまとめてみた。主に、平将門伝説を探求するのに必要と思われる文献を中心にして示すこととする。（なお、先に掲げた研究文献と重複するものもある。）

凡　例

1、まず、伝説全体に関する文献（ア）、次いで各地域の文献（イ〜リ）を挙げる。
2、地域は、関東、東北、東海以西の順に、以下のとおり示す。
関東　イ、茨城県・ウ、千葉県・エ、埼玉県・オ、東京都・カ、栃木県・キ、群馬県・ク、山梨県・ケ、神奈川県
東北　コ、青森県・サ、岩手県・シ、秋田県・ス、宮城県・セ、山形県・ソ、福島県
東海以西　タ、静岡県・チ、長野県・ツ、愛知県・テ、岐阜県・ト、福井県・ナ、富山県・ニ、石川県・ヌ、新潟県・ネ、滋賀県・ノ、京都府・ハ、奈良県・ヒ、大阪府・フ、兵庫県・ヘ、三重県・ホ、和歌山県・マ、岡山県・ミ、広島県・ム、鳥取県・メ、島根県・モ、香川県・ヤ、徳島県・ユ、大分県・ヨ、佐賀県・ラ、長崎県・リ、熊本県
3、都府内は、区、市、郡の順に、五十音順で示し、県内は、市郡の順に、五十音順で示すこととした。（現在、平成の大合併が進行中である。この文献をまとめた平成十六年の末頃の地名による。）
4、伝説全般の文献（ア）は、原則として、成立年順に示した。
5、地域の文献（イ〜リ）では、まず、その地域の全体に関わるものを挙げ、次いで、だいたい市・郡・町・村の順に、成立年順を加えて示した。
6、文献は、文献名、発行年、著者（編者）、発刊所や所蔵者の順に示す。また、文献が研究書や雑誌（新聞）に所収されている場合は、その書名（誌名）を発刊所と同じ位置に示した。（伝説の文献は、私家版や成立不明なものが多い。その場合、発刊所や発行年を記述していない。）
7、明治以後の発行年は、以下のように略す。明治（M）、大正（T）、昭和（S）、平成（H）

8、各文献は、それぞれ記号を付して示す。（例えば、イ28とあれば、茨城県の28番の文献を指す。）なお、文献が多く、番号に冠する数字が三桁となる場合は、全体を二つに分け、ⅠとⅡと分けて、それぞれ1から始める。

ア、地誌・伝説類文献

（一般）

1、日本名勝地誌	M27	野崎左文	
2、大日本地名辞書	M40〜43	吉田東伍	富山房
3、日本伝説研究	T13	藤沢衛彦	大鐙閣
4、日本民俗学	S6	中山太郎	大岡山書店
5、日本伝説名彙	S46		日本放送出版協会
6、日本民族伝説全集	S30〜31		河出書房
7、姓氏家系大辞典	S38	太田亮	角川書店
8、日本の伝説	S51〜S55		角川書店
9、英雄と伝説	S51	豊田武	塙書房
10、角川日本地名大辞典	S53〜H2		角川書店
11、日本歴史地名大系	S54〜H17		平凡社
12、日本伝説大系	S57〜H2		みずうみ書房
13、日本伝奇伝説大事典	S61		角川書店

14、日本架空伝承人名事典　S61　平凡社
15、昔話・伝説小事典　S62　みずうみ書房
16、中世の史実と伝承　H3　樋口州男　東京堂
17、日本「神話伝説」総覧　H4　新人物往来社

（平将門関係）

18、平将門論　M27　広瀬渉　千葉県東葛飾郡誌所収
19、平将門故蹟考　M40　織田完之　碑文協会
20、将門関係書類　祭魚洞文庫（流通経済大学図書館蔵）
21、平将門事跡考　T12　大森金五郎　『武家時代の研究』
22、平将門論　T12　荒井庸夫　大同館書店
23、平将門及其時代　S12　卯木菊之助
24、桔梗姫の唱導　S36　徳江元正　「国学院雑誌」62―11
25、将門伝説　S41　梶原正昭・矢代和夫　新読書社
26、平将門　S46　山崎謙　三省堂
27、将門地誌　S47　赤城宗徳　毎日新聞社（新編　S62）
28、将門伝説の旅　S50　中村ときを　朝日ソノラマ
29、将門の空と大地　S51　芦原修二　鷹書房

30、史跡紀行平将門　S51　加藤蕙　新人物往来社
31、将門風土記　S51　柴田弘武　たいまつ社
32、関東中心平将門故蹟写真資料集　S51　山内一雄　日本教育文化協会
33、平将門　その史実と伝説　S56　伊藤晃　崙書房
34、私の平将門　S58　赤城宗徳　崙書房
35、関東中心平将門伝説の旅上・下　S62、H5　稲葉嶽男　私家版
36、怨念の将門　H1　神山弘　エンタプライズ株式会社
37、歴史誕生2　H2　NHK歴史誕生取材班　角川書店
38、将門伝説の形成　H5　福田豊彦　『鎌倉時代文化伝播の研究』
39、平将門伝説　H13　村上春樹　汲古書院
40、英雄・怨霊 平将門（企画展図録）　H15　千葉県立関宿城博物館
41、平将門伝説ハンドブック　H17　村上春樹　公孫樹舎
42、伝説に生きる平将門（企画展図録）　H18　取手市埋蔵文化財センター

イ、茨城県

Ⅰ、（下総・常陸）

1、下総国名勝図絵　天保～嘉永年間　宮負定雄
2、下総旧事考　弘化二年　清宮秀堅
3、日本伝説叢書「下総ノ巻」　T8　藤沢衛彦　日本伝説叢書刊行会
4、下総の習俗と迷信　S58　伊藤晃　崙書房
5、利根川図志　安政二年　赤松宗旦
6、新編常陸国誌　M26　中山信名（修）　栗田寛（補）
7、杉山私記　M27　杉山三右衛門
8、下総岩井附近に散在する新皇の遺跡に関する伝説　M34　稲葉賢介　「歴史地理」3―10
9、北下総地方史　S49　今井隆助　崙書房

（茨城県関係）

10、茨城名勝志　M33　小野直喜　川又銀蔵
11、茨城百景めぐり　S31　鈴木彰　日立制作所
12、日本民族伝説全集（茨城）　S30　藤沢衛彦　河出書房
13、茨城県市町村沿革誌　M30　細見益見

14、茨城県市町村総覧　S32　茨城県市長会町村会
15、茨城県神社誌　S48　神社誌編纂委員会　茨城県神社庁
16、茨城県の歴史　S48　瀬谷義彦　山川出版社
17、茨城の将門　S51　志田諄一、瀬谷義彦、江原忠昭　茨城新聞社
18、茨城の郷土史　S55　大野慎　日月書店
19、茨城の地名　S57　平凡社
20、茨城県（角川地名大辞典）　S58　角川書店
21、茨城県史　原始古代編　S60　茨城県
22、茨城県史　中世編　S61　茨城県
23、茨城の史跡と伝説　S61　茨城新聞社
24、茨城の民俗（禁忌）　H3　茨城民俗会
25、茨城県史研究72　H6　茨城県立歴史館

（茨城県内広域）

26、常陸大掾家臣帳　延喜五年（この年は当文献の記述による。）
27、常陸大掾幕臣簿役帳　延長五年（同前）
28、将門遺跡を訪ねて　S51　西上総文化会

29、将門遺跡探訪	S51		（同前）
30、将門の史跡	S51		筑東史談会
31、将門の史跡	S52		（同前）
32、平将門遺跡案内	H4		常総歴史研究会
（旧郡・村）			
33、稲敷郡志	T5	野口卯月	茨城新聞社
34、稲敷郡郷土史	T15	塙泉嶺	宗教新聞社
35、北相馬郡志	T7	野口如月	北相馬郡志刊行会
36、相馬伝説集	T11	寺田狂雨	
37、猿島郡郷土誌	M33	稲葉賢介	猿島郡教育会
38、猿島郡郷土大観	S2	黒沢常葉	郷土顕彰会
39、さしまの民俗	S52	木塚治雄	崙書房
40、落民帳写（忍田氏所蔵）	H1		「さしま」2
41、新治郡郷土史	T14	塙泉嶺	宗教新聞社
42、真壁郡案内	T2		真壁郡産業組合聯合研究会
43、真壁郡案内	T9		真壁郡物産共進会協賛会
44、真壁郡郷土史	T13	塙泉嶺	宗教新聞社

45、紫尾村誌	S29		紫尾村誌編纂委員会
46、結城郡案内	T2		結城郡物産共進会協賛会
47、結城郡郷土大観	T15	黒沢常葉	郷土顕彰会
48、千妙寺	S55	渡辺荘仁	筑波書林

（石岡、岩井、笠間、鹿島、北茨城、古河、下館、つくば、土浦、取手）

49、常府総覧記	天明四年	山口仙英	
50、府中雑記	江戸後期	矢口数馬	
51、石岡市史	S60		石岡市史編纂委員会
52、石岡市史　通史篇	H2		（同前）
53、常府石岡の歴史	H9	糸賀茂男	石岡市教育委員会
54、国王大明神縁起演書	元文三年		国王神社所蔵
55、岩井郷土誌	S36	海老原藤吉	
56、岩井町郷土誌	S37		岩井町教育委員会
57、岩井郷土大観	S36	石山寛信	
58、岩井における将門研究史料			稲葉家所蔵
59、北山合戦	S50	中山全寿	
60、水神宮縁起			（長谷）香取神社所蔵

61、多治経明の墓について　S52　染谷洌　「東葛歴史研究」8
62、岩井地方における平将門の遺跡　S51　山崎正巳　国王神社奉賛会
63、岩井の将門まつり　岩井市
64、岩井市　S51　「神奈川新聞」2月13日
民俗
65、岩井市民俗調査報告1　水辺の　H3　岩井市史編纂委員会
66、岩井市民俗調査報告2　台地の　H5　（同前）
民俗
67、郷土史研究会会報6　H5　岩井市郷土史研究会
68、岩井市史　資料近世編Ⅱ　H7　岩井市史編纂委員会
69、岩井の将門伝説　H16　村上春樹　「千葉県立関宿城博物館研究報告」8
70、笠間郷土史　S30　笠間史談会
71、笠間市史　H5　笠間市史編纂委員会
72、笠間市史　地誌編　H16　（同前）
73、大野村史　S54　大野村史編纂委員会
74、鹿島神宮遷宮祝詞（写）　『友部町史』
75、北茨城市史　S62　北茨城市史編纂委員会
76、松岡地理誌　文化七年　寺門義周

77、	古河志	文政十三年	小出重固	
78、	猿島小谷系図			小谷家所蔵
79、	下館市史	S43		下館市史編纂委員会
80、	下館のむかし話	S53	舘野義久	
81、	屠龍江随筆	安永七年	小栗百万	
82、	千勝神社縁起略記			千勝神社所蔵
83、	桜村の民俗	S60		桜村の民俗編集委員会
84、	筑波町史	H1		筑波町史編纂専門委員会
85、	稲敷郡茎崎村史	S48		茎崎村教育委員会
86、	茎崎町史	H6		茎崎町史編纂委員会
87、	土浦市史	S50		土浦市史編纂委員会
88、	土浦の歴史	S57	永山正寿	東洋書院
89、	桔梗墓の由緒	M28		龍禅寺文書
90、	取手町郷土資料（1）（2）	S44、45		取手町教育委員会
91、	取手市郷土史料　写真集	S47		取手市教育委員会
92、	取手市史民俗篇	S60		取手市史編纂委員会
93、	取手市史民俗編Ⅱ	S60		(同前)
94、	取手市史（古代中世史料編）	S61		(同前)

95、取手市史 石造物資料　S62　(同前)
96、取手市史　別巻本陣交通史料集　S62　取手市教育委員会
97、取手市史 (社寺編)　S63　取手市史編纂委員会
98、取手市史　通史篇Ⅰ　H3　(同前)
99、取手市史 通史篇Ⅱ　H4　(同前)

Ⅱ

(取手、日立、常陸太田、水海道、水戸、守谷、結城、龍ヶ崎)
1、取手市余録2　取手人将門考　S53　取手市史編纂委員会
2、取手市余録2　相馬御厨と相馬氏　S53　(同前)
3、取手市余録3　大鹿の四季、鎌倉時代の相馬氏　S54　(同前)
4、取手市余録5　南北朝期の相馬氏　S54　(同前)
5、取手市余録6　桔梗御前について　S59　(同前)
6、小田軍記　巻五(国史叢書)　崙書房

7、相馬当家系図　（旧高井）相馬家所蔵
8、高井故城記　H4　山田芳雄
9、常総戦国誌　H14　川嶋健　崙書房
10、新修日立市史　H6　日立市史編纂委員会
11、常陸太田の史跡と伝説　S62　森田弘道　筑波書林
12、水海道史　S58　水海道市史編纂委員会
13、水海道郷土史談　S10　富村登
14、大生郷天満宮由緒記　T9　飯島六石
15、水戸市史　S51　水戸市史編纂委員会
16、水府志料　文化四年　小宮山楓軒
17、関八州古戦録　享保十一年　槙島昭武
18、武徳編年集成　元文五序　木村高敦
19、相馬日記　文政元年　高田与清
20、総常日記　文化十二年　清水浜臣
21、東国戦記実録　T15　小菅与四郎
22、毛利家文書抄（相馬）　天正十八年頃　『房総叢書』
23、守谷志・史郷守谷　M33（H2再刊）斉藤隆三　守谷町
24、守谷の花無し桔梗　S31　石松夢人　茨城新聞社

25、郷州原遺跡　S56　守谷町

26、守谷町史　S60　守谷町史編纂委員会

27、沼崎山略縁起　沼崎山永泉寺所蔵

28、沼崎山永泉寺発掘調査　H10　守谷市教育委員会

29、霞ヶ浦湖賊　S47　山崎謙　新人物往来社

30、結城の郷土史　S48　石島滴水　崙書房

31、結城市史（古代中世通史）　S55　結城市史編纂委員会

32、結城廃寺は法城寺　H4　「朝日新聞」3月6日

33、山川不動尊　大栄寺所蔵

34、龍ヶ崎郷土史　S45　鈴木秀雄　龍ヶ崎市

35、龍ヶ崎市史民俗調査　S60　龍ヶ崎市教育委員会

（稲敷、北相馬、猿島、多賀、新治、西茨城、東茨城、真壁、結城）

36、東町史民俗篇　H9　東町史編纂委員会

37、常総戦蹟「浮島」　M42　東清次郎　山田末男　刊

38、青野氏由緒記　青野家古文書

39、信田小太郎覚書　S61　川崎吉男　「美浦村史研究」1

40、美浦村の寺社　H5　美浦村史編纂委員会

41、土の薫　H6　ふるさと文庫編集室
42、美浦村史　H7　美浦村史編纂委員会
43、将門にまつわる伝承　藤代町史編纂委員会
44、藤代町史　H2　(同前)
45、平将門及其時代　S12　卯木菊之助
46、境町小字　境町民俗資料館
47、境町の歴史散歩　S60　椎名仁
48、猿島町史　資料篇　H5　猿島町史編纂会
49、猿島町史　通史篇　H10　(同前)
50、幸島氏　H1、6　赤澤亨　「さしま」1、6
51、幸島の道　H12　金子哲男　「さしま」12
52、三和町史　H8　三和町史刊行会
53、三和町史　通史編　H8　三和町史編纂委員会
54、そうわの伝説　S59　総和町教育委員会
55、多賀郡史　S47　多賀郡
56、玉里村史　歴史編　S50　玉里村教育委員会
57、玉里村史　史料編　S50　(同前)
58、岩瀬町史　S62　岩瀬町史編纂委員会

59、岩瀬町史　史料篇　S58　（同前）
60、岩瀬町江戸期寺社　S37　前川康司　「岩瀬町史研究」5
61、西茨城郡郷土史　S3　塙泉嶺　宗教新聞社
62、櫻川誌　M39　石倉重継　関勝閣
63、桜川磯部稲村神社　稲村神社資料
64、友部町史　H2　友部町史編纂委員会
65、東茨城郡誌　T5　東茨城郡教育会
66、小栗照手譚の生成　S40　福田晃　「国学院雑誌」66—11
67、ふるさとの歴史と伝説　S61　小川町広報
68、小川町史　S57　小川町史編纂委員会
69、美野里町史　H1　美野里町史編纂委員会
70、常澄村史　H1　常澄村
71、常澄村史　地誌篇　H6　水戸市教育委員会
72、真壁町の民俗　S61　茨城民俗学会
73、嵯峨源氏渡辺氏考　H4　渡辺昇
74、平将門の故蹟と織田完之　H5　「郷土文化」34
75、明野町史　S60　明野町史編纂委員会
76、上野村誌　S29　上野村郷土誌研究会

77、将門記　真福寺本評釈	S39	赤城宗徳	サンケイ新聞出版局
78、協和町史	H5		協和町史編纂委員会
79、きょうわの伝説	S56		協和町寿大学
80、時頼廻国と将門伝承	H13	村上春樹	「茨城の民俗」40
81、偽宮の石礎	M15		「茨城日々新聞」3月27日
82、関城町史	S62		関城町史編纂委員会
83、大和村史	S49	飯島光弘	大和村役場
84、大和村史余稿	H8	飯島光弘	大和村役場
85、石下町史	S63		石下町史編纂委員会
86、平将門と将門踊	S61		『武蔵大学調査報告』
87、将門の石下	S51	関井修	新新堂
88、きっかぶ祭	S56		『茨城県大百科事典』
89、将門ゆかりの里	S51		「読売新聞」3月25日
90、神子女古墳群調査	S55	関井修	石下町
91、平将門公と石下町			石下町郷土史研究会
92、八千代町史	S62		八千代町史編纂委員会
93、将門の首	S62		『八千代町史』民俗
94、尾崎前山遺跡	H7		八千代町教育委員会

95、資料館だより　H10　八千代町資料館
96、相馬郡の将門伝説　H9　村上春樹　「茨城の民俗」36

ウ、千葉県

I
（房総、千葉、下総）

1、房総叢書　T1　『房総叢書』刊行会
2、千葉実録　江戸期　（同前）
3、千葉伝考記　（同前）　（同前）
4、千学集抄　（同前）　（同前）
5、千葉家盛衰記　（同前）　（同前）
6、妙見実録千集記　（同前）　（同前）
7、千葉白井家譜　（同前）　（同前）
8、国郡図　（同前）　（同前）
9、下総荘園考　（同前）　邨岡良弼　（同前）
10、浪淘集　（同前）　梁川星巌　（同前）
11、房総里見誌　（同前）　岡島衣茂　（同前）
12、甲寅紀行　延宝二年　水戸光圀　（同前）

13、総葉概録	正徳五年	磯辺昌言	（同前）
14、房総志料	宝暦十九年	中村国香	（同前）
15、北総詩誌	弘化四年	清宮秀賢	（同前）
16、房総遊覧誌	弘化年間	堀江是建	（同前）
17、上総志総論	嘉永四年	立野良造	（同前）
18、房総三州漫録	安政三年	小林某	（同前）
19、北総詩史	M22	邨岡良弼	（同前）
20、房総の伝説	S49		暁書房
21、房総の伝説	S51		角川書店
22、房総の伝説	S51	平野馨	第一法規
23、房総の秘められた話	S58	大衆文学研究会	崙書房
（千葉県）			
24、千葉県誌	T8		千葉県
25、千葉家の元祖良文	S8	奥山市松	「房総郷土研究」1―1
26、千葉県の歴史	S46	小笠原長和・川村優	山川出版社
27、妙見信仰の千葉氏	S48	土屋賢泰	『房総地方史の研究』
28、千葉妙見をめぐる問題	S56	土屋賢泰	『千葉県史』

29、	千學集抄をめぐる問題	S57		『論集房総史研究』
30、	千葉氏と将門伝説	S61	小笠原長和	「千葉史学」10
31、	千葉県神社名鑑	S62		千葉県神社庁
32、	平将門とその時代	H4	石渡芳樹	「千葉史学」22
33、	妙見信仰調査報告書	H4		千葉市立郷土博物館
34、	千葉氏ゆかりの武将たち	H5		(同前)
35、	千葉妙見大縁起絵巻	H7		(同前)
36、	千葉県の歴史　資料編　古代	H8		千葉県史料研究財団
37、	千葉県の歴史　通史編　古代	H13		(同前)
38、	千葉氏探訪	H14	鈴木佐	千葉日報社出版局
	(旧郡)			
39、	千葉上総国誌	M10	安川惟礼	
40、	上総国町村誌	M22	小沢次郎左衛門	
41、	安房・上総・下総	M36		『日本地理志料』
42、	山武郡郷土誌	T5		山武郡教育会
43、	千葉県市原郡誌	T5		市原郡役所
44、	千葉県香取郡誌	T10		香取郡役所

45、千葉県東葛飾郡誌　T12　東葛飾郡役所
46、千葉県夷隅郡誌　T12　夷隅郡役所
47、山武郡地方誌　S30　山武郡町村事務局
48、東荘志　S60　東庄町史編纂委員会

（我孫子、市川、市原、印西、柏、鎌ヶ谷、鴨川、木更津、君津、野田）

49、あびこむかしむかし　S42　古谷治　湖畔情報社
50、東葛いまとむかし　S46　東葛地方研究所
51、ふるさとあびこ　S48　中村脩　湖畔情報社
52、我孫子市史研究3　S53　我孫子市教育委員会
53、我孫子市史研究4　S54　（同前）
54、郷土あびこ2　S55　我孫子市史研究センター
55、郷土あびこ3　S56　（同前）
56、我孫子の史跡を訪ねる　S58　我孫子市教育委員会
57、我孫子市史　H2　我孫子市編纂委員会
58、我孫子市史　民俗文化篇　H2　（同前）
59、観音寺だより　H3　慈愍山観音寺
60、我孫子市史研究6　H4　我孫子市教育委員会

61、葛飾記　寛延二年　青山某　『房総叢書』
62、葛飾誌略　文化七年
63、八幡不知森は平良将の墳墓か　S4　石井正義　「武蔵野」14—1
64、市川市勢総覧　S9　市川市勢調査会
65、下総の惣鎮守　葛飾八幡宮　S52　川戸彰　『千葉県の歴史』
66、ながれ5号　S52　歴史同好会
67、葛飾を歩く　S62　中津攸子　NTT出版
68、郷土読本市川の歴史を尋ねて　S63　市川市教育委員会
69、市川市の伝承民話　H4　(同前)
70、葛飾八幡宮　H5　葛飾八幡神社
71、市原のあゆみ　S48　市原市
72、市原市歴史年表　S50　市原市教育委員会
73、市原市史（別巻）　S54　(同前)
74、上総市原　創刊号　S51　市原市文化財研究会
75、私たちの郷土　市東村　S26　市原中学社会クラブ
76、市津の民話　S36　市東村
77、印幡沼経緯記　外篇　M26　織田完之　金原明善刊
78、千葉県印旛郡誌　T2　千葉県印旛郡役所

79、小宰相供養塔	S50年代	榎本正三	
80、弥陀堂考	S60	鈴木元臣	
81、柏の歴史	S31	山野辺薫	郷土史研究会
82、柏市史　資料編	S44		柏市史編纂委員会
83、柏のむかしばなし	S60		柏市教育委員会
84、柏の歴史よまやま話	H6		「柏市民新聞」
85、柏市史　近世編	H7		柏市史編纂委員会
86、暁斎画談 外篇	M20	河鍋暁斎	
87、田中村誌	S28	田中朝吉	田中村役場
88、鎌ヶ谷市史資料篇	H5		鎌ヶ谷市編纂委員会
89、鎌ヶ谷市研究六号	H5		(同前)
90、鴨川沿革史	S39	野村みのる	鴨川市立図書館
91、道元伝説の虚構	H3	君塚金蔵	(同前)
92、笹子落草紙	天正年間		『房総叢書』
93、木更津地名散歩	S51	高橋繁雄	
94、苦戦場	S54		『木更津市土地宝典』
95、千葉県君津郡誌	S2		君津郡教育会
96、久留里軍記	江戸初期		『房総叢書』

97、君津市久留里の歴史と民俗　H9　千葉県立房総のむら刊
98、古今佐倉真佐子　宝暦の頃　渡辺守由
99、佐倉風土記　享保七年　磯辺昌言

Ⅱ

（佐倉、佐原、袖ヶ浦、館山、千葉、銚子、東金、流山、成田、野田、）

1、新撰佐倉風土記　M16　続篇
2、将門山の不咲桔梗　T2　香取秀真　「郷土研究」1―7
3、不咲桔梗と轡ヶ原　T2　松川碧水　「郷土研究」2―10
4、平将門と佐倉惣五郎　S38　「九十九里史」2
5、忍夜恋曲者　S50　三田村鳶魚全集　中央公論社
6、疑問の佐倉宗吾　（同前）　（同前）　（同前）
7、佐倉文庫第五集　S55　佐倉市教育委員会
8、佐倉市史（歴史編）　S54　佐倉市編纂委員会
9、佐倉市史（民俗編）　S62　（同前）
10、史説佐倉惣五郎　H4　青柳嘉忠
11、古城村史　S18　古城村教育会
12、佐原市史　通史編　S41　佐原市役所

13、	源満仲伝承地（佐原市）	H4		佐原市教育委員会
14、	中川・富岡地区の民俗	H1		袖ヶ浦町民俗文化財調査会
15、	平岡地区の民俗	H3		（同前）
16、	大日本国誌（安房）	M19		内務省地理局
17、	安房史	M41	斎藤一夫	
18、	館山市史	S46		館山市史編纂委員会
19、	斎部宿弥本系帳		安房国神社志料	『改訂房総叢書』
20、	千葉市の民話・伝説	S52	安藤操	千秋社
21、	銚子市史	S31	篠崎四郎	銚子市史編纂委員会
22、	東金市史　史料編二	S51		東金市史編纂委員会
23、	東金市史　史料編一	S53		（同前）
24、	東金市史　総集編	S62		（同前）
25、	東金市史　歴史年表	H5		（同前）
26、	東金市史　通史編	H5		（同前）
27、	将門伝説			郷土歴史学習会
28、	東金昔ばなし	H1		東金市教育委員会
29、	妙善寺由来記	S39	小網喜作	帝立山妙善寺
30、	三門村布留川縁起			布留川家所蔵

31、小金牧の歴史・絵巻			流山市立博物館
32、流山のむかし	H6	おのつよし	崙書房
33、流山市研究13号	H8	薄水俊明	流山市立博物館
34、成田の道の記	江戸期		『房総叢書』
35、成田山略縁起（『略縁起集成』）	元禄十六年		勉誠社
36、成田参詣記	安政五年	中路定俊	
37、成田不動の歴史	S43	村上重良	東通社出版
38、新修成田山史	S43	神崎照恵	成田山新勝寺
39、将門伝説と成田山信仰	S55	小倉博	「歴史手帖」8—5
40、成田——寺と町まちの歴史	S63	小倉博	聚海書林
41、関宿伝記	安永九年	今泉政隣	
42、加藤家系譜と事蹟		中村正巳	
43、吉春十王堂縁起	S44		野田市史編纂委員会
44、木間ヶ瀬村誌	S46	岩田慶順	野田地方文化研究会
45、野田地方口碑伝説歌謡資料	S49		野田市
46、木間ヶ瀬の歴史	S51		関宿町教育委員会
47、利根川をゆくⅢ	S54	片山正和	崙書房
48、せきやど昔話	H1	金子勝一	

49、関宿附近の将門伝説　H15　村上春樹　「関宿博物館研究報告」7

（船橋、富津、松戸、茂原、八日市場）

50、将門遺事伝聞　石井新吾　祭魚洞文庫所蔵

51、船橋市史　S34　船橋市役所

52、船橋漁業史　S49　『海岸古地図』

53、船橋旧市街地周辺の将門伝説　H2　長谷川芳夫　『船橋市研究』

54、富津市史　S57　富津市史編纂委員会

55、松戸の歴史案内　S46　松下邦夫

56、茂原市史　S41　茂原市史編纂委員会

57、八日市場の歴史と民俗　S51　八日市場市史編纂委員会

（香取、山武、匝瑳、長生、東葛飾）

58、小見川町史　H3　小見川町史編纂委員会

59、夕顔観音大菩薩縁起　樹林寺所蔵

60、青葉の笛　S47　東庄町

61、房総の古城址めぐり　S52　府馬清　有峰書店

62、山田町史　S61　山田町史編纂委員会

63、山倉相馬氏	H8	府馬新太郎	
64、府馬一族	H9	府馬新太郎	
65、郷土史だより（山田町）	H9		山田町郷土史研究会
66、成東町史	S61		成東町史編纂委員会
67、将門と頼朝の軌跡	H9	金田源衛・金田弘之	ユキ出版
68、横芝町史	S50		横芝町史編纂委員会
69、長柄町の民俗	S48		東洋大学民俗研究会
70、長柄町史	S52		長柄町史編纂委員会
71、干潟町史	S50		干潟町史編纂委員会
72、沼南町史	S54		沼南町史編纂委員会
73、沼南町風土記	S56		沼南町役場
74、沼南町史史料目録	S61		沼南町史編纂委員会
75、沼南町風土記	H1		沼南町教育委員会
76、福蔵院の本尊不動明王	H2	椎名宏雄	沼南町史研究
77、沼南町史　金石文	H4		沼南町史編纂委員会
78、しもうさむかし話集	S59	岡崎柾男	単独堂
79、歴史探訪 平将門伝説	H15	上条彰	
80、湖北村誌	T9	中野治房	湖北村役場

エ、埼玉県

Ⅰ

（武蔵、埼玉県）

1、	武乾記	安永元年	根岸義弘	
2、	武蔵演路	安永九年	大橋方長	
3、	武蔵志	享和二以前	福島東雄	
4、	武蔵野話	文化十二年	斎藤鶴磯	
5、	新編武蔵風土記稿	文政十一年	間宮士信ら	
6、	北武蔵名跡志	嘉永六年	富田永世	
7、	武蔵国郡村誌	M9		埼玉県
8、	平将門と武蔵	S15	金澤文麿	「埼玉史談」12―1
9、	埼玉県伝説集成	S48	韮塚一三郎編	北辰図書
10、	埼玉の寺	S55	敏蔭英三	埼玉新聞社
11、	埼玉のお寺	H13	埼玉県仏教会	千秋社
12、	埼玉の神社	S61	埼玉県神社庁神社調査団	
13、	新編埼玉県史　資料10	S54		埼玉県
14、	新編埼玉県史　資料4	S58		（同前）

15、新編埼玉県史　別巻2　S61　（同前）
16、新編埼玉県史　通史編　S62　（同前）
17、埼玉県の歴史　H2　小野文雄　山川出版社
18、埼玉の館城跡　S43　埼玉県教育委員会
19、武蔵野の民話と伝説　S50　原田重久　有峰書店
20、将門伝説をめぐって　S52　宮田登　「あしなか」200
21、埼玉県の民俗と伝説　S57　韮塚一三郎　千秋社
（加須、川口、川越、行田、鴻巣、さいたま、幸手、所沢）
22、加須市の郷土史　S44　加須市郷土史編纂委員会
23、加須市史　通史篇　S56　（同前）
24、安行原供養塔碑文　S14　宥存薫沐
25、蜜蔵院小史　海寿山満福寺密蔵院
26、川口市安行レポート　S58　住持山口純隆（談）
27、谷古田八幡宮略縁起　弘化四年　『埼玉叢書』
28、古尾谷灌頂院縁由　慶応三年　（同前）
29、行田市史　S38　行田市史編纂委員会
30、武州足立郡大宮氷川大明神縁起　宝暦九年　『埼玉叢書』

31、足立郡箕田郷遺跡来由	元治元年		(同前)
32、箕田郷綱八幡来由	元治元年		(同前)
33、大間氷川大明神縁起	慶長五年		(同前)
34、鴻巣の歴史と物言地蔵	S43	中村耕広	「埼玉史談」15—3
35、鴻巣史話	S44		鴻巣市郷土研究会
36、氷川大明神縁起之書	至徳二年		『埼玉叢書』
37、古代東国の風景　氷川神社	H2	原島礼二	吉川弘文館
38、調宮縁起	寛文八年		『埼玉叢書』
39、大宮市史（2巻）	S46		大宮市
40、大宮市史（5巻）	S44		(同前)
41、武芝系譜	H1	西角井正次	『武蔵国と氷川神社』
42、坂戸市史民俗資料篇	S63		坂戸市教育委員会
43、通光山略縁起			『埼玉の寺』
44、幸手町歴史散歩	S57		幸手町
45、将門の首塚	S52	峯喜代子	「埼玉地方史」4
46、浄誓寺の資料	S58	峰喜代子（レポート）	
47、宝聖寺略年記			宝聖寺
48、所沢市史	H3		所沢市史編纂委員会

49、千門大明神由緒　江戸末期　杉本立志　『狭山栞』

（羽入、飯能、東松山、本庄、三郷）

50、羽入市史　S46　羽生市史編纂委員会

51、ものがたり奥武蔵　S59　神山弘　岳書房

52、南高麗の歴史　H8　南高麗の歴史編集委員会

53、東松山の歴史　S60　東松山市史編纂委員会

54、平安時代の武蔵　H12　上福岡市教育委員会

55、本庄市史　S61　本庄市史編纂委員会

56、三郷町文化財調査報告（二）　S46　三郷町教育委員会

57、三郷町文化財のしおり　S47　（同前）

58、三郷市史民俗篇　H3　三郷市史編纂委員会

（入間、大里、北葛飾、児玉、秩父）

59、入間郡誌　T1　安部立郎　謙受堂書店

60、日高町史文化財篇　H2　日高町史編纂委員会

61、黒山史話　S31　三滝保勝会

62、修験大先達山本坊の研究　S41～44　宮原逓　「埼玉史談」13—15

63、武州本山派大先達山本坊	S54	羽塚孝和	『日光山と関東の修験道』
64、黒山三滝	S57		越生町教育委員会
65、山本坊相馬家系譜			相馬家資料
66、武蔵越生山本坊文書	S60	宇高良哲	東洋文化出版
67、法恩寺年譜の研究	S61	佐藤源作	さきたま出版会
68、越生の歴史　古代中世資料	H3		越生町教育委員会
69、越生の歴史　原始・古代・中世	H9		越生町
70、諸家文書目録（相馬）	S56		埼玉県立文書館
71、聖天について	S56	高田清純	『郷土のあゆみ』
72、大里郡藤田聖天宮縁起	慶安元年		『埼玉叢書』
73、鉢形城の由来	慶長五年	天叟	
74、龍燈山伝燈紀	正保四年		『埼玉叢書』
75、武蔵国鷲宮神社由緒記	S54	相沢正直	鷲宮神社
76、神泉の郷	H5	貫井清秀	まやま書房
77、郷土の歩み	S55		郷土学習資料編集委員会
78、児玉町史　民俗篇	H7		児玉町史編纂委員会
79、県北の伝承と民俗	S51	柳進	
80、ながとろ風土記	S49		長瀞町教育委員会

（秩父）

81、武州秩父郡寺尾村矢之堂観世音縁起　慶長三年　『埼玉叢書』

82、安戸上品寺縁起　明暦三年　（同前）

83、将平と覚範落人考　S56　加藤英男

84、幸嶋覚範入道とその時代　S63　香森與　「房総の郷土史」16

85、中津川風土記全　S42　幸島敬一（写）

86、秩父三十四所観音堂霊験円通伝　明和三年　『埼玉叢書』

87、増補秩父風土記　明和年間　北畠伊勢　（同前）

88、秩父志　M20　大野満穂　（同前）

89、埼玉県秩父郡誌　T14　秩父郡教育会

90、伝説の秩父　S31　高野邦雄　秩父図書館

91、秩父史談　S35（S59新版）近藤通泰　秩父新聞社

92、秩父に残る将門の伝説　S35　「埼玉史談」7—3

93、郷土史研究資料　S35　秩父第一中学校

94、秩父の伝説と方言　S37　秩父市教育委員会

95、秩父市誌　S37　秩父市誌編纂委員会

96、奥武蔵の将門伝説と秩父氏三田氏

S42　稲村坦元　「埼玉史談」14—3
97、将門、普寛様　S51　「秩父民俗」11
98、秩父地方に伝わる将門伝説　S52　(同前) 12
99、秩父の民話と伝説　S51　坂本時次郎　有峰書店

Ⅱ

(秩父、比企)

1、秩父に生きる将門　S51　久下正司、町田広司
2、武州秩父にのこる将門伝説　S51　大野鴻風　「歴史読本」21—2
3、秩父よもやま話　S53　新井武信　文献出版
4、秩父地方史研究必携　S54　埼玉新聞社
5、秩父路の古城址　S57　中田正光　有峰書店新社
6、秩父歴史散歩　S58　山田英二　(同前)
7、山と伝説の旅　S60　神山弘　金曜堂
8、秩父地方歴史資料所在調査報告　H2　埼玉県立博物館
9、秩父平家物語　H4　町田広司　荒川村教育委員会
10、秩父民話集　H5　坂本時次　秩父プリント社
11、秩父の将門伝説　H9　町田包治　叢文社

12、村社若御子神社取調書　M29　（社掌）守屋森重
13、若御子神社と上田野地区　S63　鈴木武雄　神社総代会
14、荒川村誌　資料編　S54　荒川村
15、荒川村誌　S58　（同前）
16、浦山の歴史　S57　浅見清　浦山地区総合調査会
17、秩父大滝村円通寺縁起　文化十三年　『埼玉叢書』
18、奥秩父物語　S57　町田良平　まつやま書房
19、奥秩父の伝説と史話　S58　太田巌　さきたま出版
20、大滝村誌　資料編二、七、九、十一　S47〜62　大滝村
21、平将門と猿島氏の伝承　H12　村上春樹　「常総の歴史」25
22、円福寺旧来記　享保九年　『埼玉叢書』
23、畠山井椋神社縁起　享保十五年　（同前）
24、日野沢村誌　S30　日野沢村教育委員会
25、城峰山の歴史について　S33　小林栄一　『秩父盆地』
26、皆野町誌　民俗篇　S61　皆野町誌編集委員会
27、皆野町誌　通史篇　S63　（同前）
28、椋五所大明神由来　享保十年　『埼玉叢書』

29、城峰山の吏跡			新井家古文書
30、星の神話、伝説の集成	S46	野尻抱影	恒星社
31、田中千弥日記	S52		埼玉新聞社
32、吉田の伝説	S53	竹内弥太郎	
33、城峰山	S56		『埼玉郷土辞典』
34、神社明細帳「城峰神社」			小杉保治所蔵
35、吉田町史	S57		吉田町史編纂委員会
36、秩父往還	S41		「埼玉新聞」4月11日
37、平将門像？　秩父で発見	S51		（同前）6月24日
38、秩父の将門伝説を追う	H15		（同前）6月10日
39、都幾川村の史跡と文化財	S58		都幾川村文化財調査委員会
40、吉見町史	S53		吉見町史編纂委員会
41、吉見岩殿山略縁起	文化以後	観秀	『埼玉叢書』
42、将門記の比企郡狭服山	S8	遠山荒次	「埼玉史談」5—1
43、将門記の狭服山について	H12	木村茂光	「東村山市研究」9

オ、東京

I

（江戸、区、市）

1、北条五代記		
2、永享記		
3、前大平記	藤元元	
4、慶長見聞集	慶長十九年	三浦浄心
5、本朝神社考	寛永頃	林羅山
6、東海道名所記	万治元年	浅井了意
7、江戸名所記	寛文二年	浅井了意
8、江戸雀	延宝五年	近行遠通
9、紫のひともと	天和三年	戸田茂睡
10、江戸惣鹿子	元禄三年	藤田理兵衛
11、増補江戸咄	元禄七年	
12、江府神社略記	享保十三年	荒井嘉敦
13、江戸内めぐり	享保十三年	芝蘭室主人
14、江戸砂子温故名跡誌	享保十七年	菊岡涼
15、江府名勝志	享保十八年	藤原之廉

16、南向茶話追考	寛延四年	酒井忠昌
17、事跡合考	明和九年	永以具元
18、武蔵演路	安永九年	大橋方長
19、異本武江披砂	寛政頃	大田南畝
20、江戸往古図説	（同前）	大橋方長
21、江戸名所図会	（同前）	斎藤幸雄
22、四神地名録	寛政六年	吉川辰
23、江戸砂子補正		加賀美遠懐
24、吾妻名所図会	文化五年	竹林堂正岡
25、耳嚢	文化十一年	根岸鎮衛
26、武蔵名勝図会	文政三年	植田孟縉
27、御府内備考	文政九〜十二年	三島政行
28、江戸名花暦	文政十年	岡山鳥
29、砂子の残月	天保九年	
30、江都近郊名勝一覧	弘化三年	中村保定
31、玉川辺寺社取調記		宮川近江
32、碩鼠漫筆	安政頃	黒川春村

33、宮川舎漫筆　文久二年　宮川政運

（東京都区内）

34、江戸から東京へ　T10　矢田挿雲　金桜堂書店
35、東京市史稿　S7　東京市
36、武家編年事典　S43　稲垣史生　青蛙房
37、東京都の歴史　S44　児玉幸多　山川出版社
38、江戸幕府旗本人名事典　H1　小川恭一　原書房
39、明治神社誌料　M45　明治神社誌料編纂所
40、東京都神社名鑑　S61　東京都神社庁
41、神田明神ニ将門ヲ合祀シタル事　M23　「江戸会誌」2―8
42、神田明神誌　附平将門論賛　S6　小松悦二　神田明神誌刊行会
43、平将門と説話　S10　別所光一　武蔵野叢書「神田」
44、神田明神と平将門　S10　服部清五郎　（同前）
45、神田明神雑記　S10　三輪善之助　（同前）
46、大蔵省内将門塚と日輪寺　S10　佐々木皎堂　（同前）
47、大蔵省内にあった将門塚　S10　川村真一　（同前）
48、将門塚の記　S43　将門塚保存会

49、将門復権	S62		「朝日新聞」5月9日
50、神田明神史考	H4	主筆　遠藤達蔵	神田明神史考刊行会
51、平田篤胤	S62		「中外日報」6月22日
52、平田神社案内			平田神社
53、気吹舎日記	文化十四～天保十三年	平田銕胤	
54、麻布区史	S16		東京市麻布区
55、大田区の文化財7集	S45		大田区教育委員会
56、中央区史跡散歩	S54	金山正好	学生社
57、兜神社の由来			兜神社世話人会
58、豊多摩郡誌	T5		豊多摩郡役所
59、葛西志	文政四年	三島政行	
60、牛込津久戸大明神略縁起	宝永五年		国会図書館所蔵
61、東京都神社史料（伝将門首桶）	S31		東京都神社庁
62、円照寺の由緒と沿革			円照寺
63、新宿史跡散歩	H4	高橋庄助	学生社
64、港区の歴史	S54	俵元昭	名著出版
65、中野町誌	S8		中野町教育会

（西多摩）

66、西多摩名勝誌　T12　　西多摩役所
67、多摩川渓谷の将門伝説小考　S12　岩科小一郎　山と渓谷社
68、多摩周辺奇談と伝説　S40　小沢確次　大多摩新報社
69、続多摩　S47　米光秀雄　武蔵書房
70、多摩歴史散歩　S54　佐藤孝太郎　有峰書店
71、西多摩神社誌　S58　　東京都神社庁
72、多摩丘陵の古城址　S60　田中祥彦　有峰書店
73、将門の伝説　H4　　「多摩のあゆみ」67
74、五日市町史　S51　　五日市町史編纂会
75、秋川市史　S58　　秋川市史編纂委員会
76、青梅郷土誌　S16　　青梅小学校
77、定本市史青梅　S41　　青梅市史編纂委員会
78、青梅物語　S43　大森光章　ふえみなあ社
79、青梅市の民俗　S47　　青梅市教育委員会
80、青梅と平将門　S61　小村孝治　「歴史研究」295
81、青梅歴史物語　H1　　青梅市教育委員会
82、青梅を歩く本　H3　　（同前）

83、青梅市史　H7　青梅市史編纂委員会
84、三田村誌　T2　福田勝　三田村
85、稿本三田村史　S19　清水利　(同前)
86、三田村小史　S30　三田村役場
87、武蔵文化と三田氏　T14　稲村坦元　「武蔵野」5—1
88、三田氏考　S4　斎藤宗志郎　「武蔵野」14—5
89、三田氏の研究（1）～（3）　S26・27　清水利　「多摩郷土研究」1～3
90、武州古文書　上・下　S50　角川書店
91、小田原衆所領役帳(永禄二年)　S44　(校訂) 杉山博　近藤出版社
92、清戸三番衆の武士たち　S45　野島厚之　「多摩郷土研究」38
93、小さな軍記物語　S45　斎藤慎一　(同前) 41
94、新稿三田氏の研究　S50　須崎完彦　(同前) 46
95、御岳神社大鎧偶感　S50　斎藤慎一　(同前) 47
96、小河内とその領主大蔵少輔信教　S51　野島厚之　(同前) 49
97、武州御嶽の成立と展開　S52　西海賢二　(同前) 50
98、山岳信仰と奥多摩の山　S52　原島貞一　(同前) 51
99、辛垣城合戦と三田氏の没落　S54　加藤哲　「多摩のあゆみ」17

Ⅱ

（市、武蔵野、南多摩、奥多摩）

1、武蔵野の武将と領国　S56　加藤哲　「武蔵野」59

2、三田氏再考　S59　斎藤慎一　「多摩郷土研究」58

3、三田氏と杣の保　S60　斎藤慎一　「歴史手帖」12

4、八王子物語　S54　佐藤孝太郎　武蔵野歴史刊行会

5、八王子市史　S55　八王子市史編纂委員会

6、夕焼けの里　H2　植松森一　文成社

7、草木家古文書　江戸初期　草木家所蔵

8、上恩方村明細差出帳　享保五、文政四年　『八王子市史』

9、恩方村の伝説　S29　塩田眞八

10、字地書上恩方村　S46　「多摩文化」22

11、南多摩郡上恩方村誌　（同前）　（同前）

12、多摩史談上恩方見学　（同前）　（同前）

13、恩方の歴史年表　S49　恩方郷土研究会

14、武州八王子城の落城　S54　羽島英一　「多摩のあゆみ」17

15、明治五年数目調書下書　S55　『八王子市史附編』

16、藤九郎屋敷と上恩方の歴史　S59　楢本要助　揺藍社

17、	羽村町史	S49		羽村町史編纂会
18、	羽村誌	S50復刊		『皇国地誌』
19、	阿蘇神社棟札	正保・延宝の二枚		
20、	福生村誌	S50復刊		『皇国地誌』
21、	町田市史	S49		町田市史編纂会
22、	武蔵国府名蹟誌	T4		府中町青年会
23、	武蔵府中物語	S38	猿渡盛厚	大国魂神社
24、	府中風土誌	S42		府中市
25、	わが町の歴史府中	S60	遠藤吉次	文一総会
26、	高安寺もの語り	H2		高安寺
27、	武蔵野歴史地理（6）　奥多摩	S3	高橋源一郎	武蔵野歴史地理学会
28、	奥多摩	S19	宮内敏雄	百水社
29、	多摩の歴史6	S50	松岡六郎	武蔵野郷土史刊行会
30、	平将門	S51～52	小峰春光	民有新聞社
31、	奥多摩風土記	S55	大館勇吉	武蔵野郷土史刊行会
32、	奥多摩町の民俗	S56		奥多摩町教育委員会
33、	多摩源流を行く	S56	瓜生卓造	東京書籍
34、	皇国地誌　氷川村誌	S59復刊		奥多摩町教育委員会

35、(同前)棚沢村誌　(同前)　(同前)
36、(同前)日原村誌　(同前)　(同前)
37、(同前)小河内村誌　(同前)　(同前)
38、(同前)川井村誌　(同前)　(同前)
39、(同前)境村誌　(同前)　(同前)
40、(同前)白丸村誌　(同前)　(同前)
41、(同前)二俣尾村誌　(同前)　(同前)
42、(同前)境村誌　(同前)　(同前)
43、(同前)白丸誌　(同前)　(同前)
44、奥多摩町異聞　S57　瓜生卓造　東京書籍
45、奥多摩町誌（歴史編）3部　S60　奥多摩町誌編纂会
46、奥多摩町誌（民俗編）2部　S60　(同前)
47、奥多摩の風土と歴史　S60　清水利
48、奥多摩歴史物語　H5　安藤精一　星雲社
49、武州杣の保の研究　H10　安藤精一　奥多摩考古歴史研究所
50、将門神社　峰畑将門神社
51、棚沢村地誌草稿　明治初（S35印刷）　奥多摩町教育委員会
52、小丹波村地誌草稿　明治初（S35印刷）　(同前)

53、三田家系図			三田家文書
54、将門神社配札帳	弘化二年		棚沢将門神社旧神官家所蔵
55、穴沢神社碑	文政十一年		三田家文書
56、寄進　穴沢神社	天正十九年		（同前）
57、将門神社と注連木	H2	村木正三	郷土研究一
58、御幸姫観音に寄せて	H3	清水つじ	（同前）二
59、杣の保	H3	安藤精一	（同前）
60、覚え書き	H4	清水利三郎	（同前）三
61、棚沢村の氏神と氏子	H5	清水利三郎	（同前）四
62、峰畑の将門神社	H5	木村六之助	（同前）
63、杣の保四	H6	安藤精一	（同前）五
64、杣の保六	H8	安藤精一	（同前）七
65、杣の保八	H10	安藤精一	（同前）八
66、日原風土記	S49		奥多摩町第六地区
67、平井村誌	（同前）		『皇国地誌』
68、大久野村誌	（同前）		（同前）
69、日の出町の歴史	S40	宮田正作	日の出町教育委員会
70、日の出町史　文化財篇	H1		日の出町史編纂委員会

71、日の出町史　通史篇	H4		(同前)
72、日の出町の昔ばなし	H6		(同前)
73、檜原村史	S56		檜原村

カ、栃木県

1、下野国誌	嘉永三年	河野守弘	
2、下野の伝説	S49	尾島利雄	第一法規
3、下野の古代史	S50	前沢輝政	有峰書店
4、栃木縣誌	M37	船橋一也	両毛文庫
5、栃木県市町村誌	S30		栃木県町村会
6、栃木県神社誌	S39		栃木県神社庁
7、栃木県の歴史	S49	大町雅美	山川出版社
8、栃木県史通史篇	S55		栃木県史編纂委員会

(藤原秀郷)

9、藤原秀郷事実考	M24～25	野中準	東明社
10、藤原秀郷について	T14	大森金五郎	「下野史談」2―5
11、田原藤太藤原秀郷公の墳墓に就	S24	田所一朗	「下野史談」26―3

ての考察
12、藤原秀郷　S40〜44　山中弘　「小山郷土文化研究」8〜12
13、秀郷流藤原氏の基礎的考察　S52　野口実　「古代文化」29―7
14、伝説の将軍　藤原秀郷　H13　野口実　吉川弘文館

（市町村）
15、足利市史　S3　足利市
16、足利の伝説（続々まで）　S46〜53　台一雄　岩下書店
17、宇都宮の民話　S58　宇都宮市教育委員会
18、宇都宮城　H1　「宇都宮の旧跡案内」
19、小山市史　民俗篇　S53　小山市史編纂委員会
20、小山市史　史料篇中世　S55　（同前）
21、小山市史　通史篇　S59　（同前）
22、小山の伝説　H4　小山郷土文化研究会
23、鹿沼市史　S43　鹿沼市史編纂委員会
24、佐野市史（資料）　S50　佐野市史編纂委員会
25、佐野市史（民俗）　S50　（同前）
26、佐野市史（通史）　S53　（同前）

27、河内郡誌	T6		河内郡誌編纂委員会
28、上三川町の伝説と民話	S46		上三川文化財研究会
29、上三川町史	S56		上三川町史編纂委員会
30、秘境湯西川温泉（パンフレット）			平家落人資料館
31、村檜神社（解説）			村檜神社
32、いわふね案内			岩舟観光協会
33、大平町誌	S57		大平町教育委員会
34、藤岡町史	S50		藤岡町史編纂委員会
35、那須郡誌	T13		那須郡教育会
36、芳賀郡南部郷土誌	S11	佐藤行哉	芳賀郡第一小学校組合会
37、今市旧町村郷土誌	H13		今市市歴史民俗資料館

キ、群馬県

1、上野国誌	安永三年	林義郷	
2、上野名跡志	文化七年	富田永世	
3、上野国郡村誌	M15		郡村誌編集掛
4、群馬県史料集2	S42	山田武麿	群馬県文化事業振興会
5、群馬県の歴史	S49	山田武麿	山川出版社

6、群馬県史　資料編民俗2、3	S55・57		群馬県史編纂委員会
7、群馬県収集複製資料目録	H7		群馬県文書館
8、猟奇の上毛	S6	柳芳太郎	煥乎堂
9、上野の伝説	S49	都丸十九一	第一法規
10、上州の史話と伝説二	S49		上毛新聞社
11、上州の史話と伝説三	S49		上毛新聞社
12、上州の伝説	S53	都丸十九一	角川書店
13、伝説の上州	S53	中島吉太郎	歴史図書社
（市町村）			
14、上之宮の民俗	S60		伊勢崎市史編纂委員会
15、只上鎮守八幡	享保十八年		神社文書
16、山田郡誌	S14		山田郡教育会
17、太田市史（通史）近世	S59		太田市史編纂委員会
18、太田市史（民俗）	S60		太田市史編纂委員会
19、寺院名鑑	H6		高野山真言宗群馬支所
20、只上に伝えられている伝説	S58	一ノ瀬輝一	「太田市老人クラブ誌」
21、只上神社	H2	竹政一夫	上毛新聞社

22、	只上から見た歴史	H6	板橋明治	
23、	将門と桔梗	H6	板橋明治	
24、	ふるさとの伝説	S51	矢島力	「サンケイ新聞」12月20日
25、	桐生地方史	S3	岡部福蔵	桐生倶楽部
26、	渋川市誌（民俗）	S49		渋川市
27、	高崎市東部地区の民俗	S53		『群馬県民俗調査報告書』
28、	群馬県北甘楽郡史	S3	本多亀三	三光出版社
29、	藤岡市史民俗資料篇	H7		藤岡市史編纂委員会
30、	前橋市域　城南地区の民俗	S50		『群馬県民俗調査報告書』
31、	邑楽町誌	S58		邑楽町
32、	榛東村の民俗	S39		群馬県民俗調査報告書
33、	榛東村誌	S63		榛東村誌編纂会
34、	カケス通信	S61		カケスの会
35、	室田町誌	S41		室田町誌編集委員会
36、	国府村誌（歴史）	S43		国府村誌編纂委員会
37、	群馬町史	H13		群馬町史編纂委員会
38、	赤掘村誌	S53		赤堀村誌編纂委員会
39、	玉村町のあれこれ	S57		玉村町誌編纂資料

40、粕川村史　S47　粕川村
41、群馬県多野郡誌　S2　多野郡教育会
42、鬼石町誌　S59　鬼石町教育委員会
43、下久保ダム水没地の民俗　S40　『群馬県民俗調査報告書』
44、奥多野地方の将門伝説　H2　「朝日新聞」8月24日
45、目で見る鬼石町の郷土史　S44　鬼石町
46、奥多野残照　S50　三沢義信　煥乎堂
47、神川村ニ於ケル伝説　S21　松田たまき
48、南毛伝説　S21　松田たまき
49、わが郷土「奥多野」　S61　三沢義信　上毛新聞社
50、桔梗屋敷（まんばのむかしばなし）　S55　万場民話研究会
51、万場町誌　H6　万場町誌編纂委員会
52、山里の洒落た将門伝説　S54　北条秀司　「サンケイ新聞」3月8日

ク、山梨県

1、甲斐名勝志　天明七年　萩原元克
2、甲斐国志　文化十一年　松平定能
3、山梨市郡村誌　M25　山梨市郡村誌出版所

4、北都留郡誌　T14　北都留郡誌編纂会
5、大月市史　通史篇　S53　大月市史編纂室
6、大月市史　史料篇　(同前)　(同前)
7、名城岩殿山と小山田氏　S61　鈴木美良
8、上野原町誌　S50　上野原町誌編纂委員会
9、小菅村郷土小誌　S58　守重保作　小菅村
10、丹波山村誌　S56　丹波山村誌編纂委員会
11、たばやまの創作民話と将門伝説　H7　酒井学　丹波山村商工会
12、奥秩父　続篇　S10　原全教　朋文堂
13、勝沼町誌　S37　勝沼町誌刊行委員会
14、ふるさとの民話と伝説　S53　勝沼町

ケ、神奈川県

1、新編相模風土記稿　天保十二年　間宮士信
2、神奈川の歴史　S49　中丸和伯　山川出版社
3、神奈川の歴史百話　S55　石塚利雄　県高校社会科歴史部会
4、郷土事典神奈川県　S57　稲葉博　昌平社
5、神奈川県内の将門伝説　H13　村上春樹　「神奈川YOU楽帖」54

6、	厚木の伝承と地名	H11		タウンニュース社
7、	小田原史料	S41		小田原市役所
8、	小田原市史　近世1	H7		(同前)
9、	小田原藩	S56	内田哲夫	有隣堂
10、	小田原駅前	S27	立木望隆	『話のきき書帖』
11、	小余綾城址市街略図	M26		小田原会議所
12、	現代図に複合させた小田原城郭図	S49	中村静夫	
13、	小田原史談　162号	H7		小田原史談会
14、	相馬胤昭家文書			同家所蔵
15、	相馬天王社・相馬師常の墓	H3		『鎌倉志料』
16、	川崎市史	S6	藤田鎌吉	『京浜工業史』
17、	川崎史話	S37	小塚光治	多摩史談会
18、	三田家古文書			神奈川文書館
19、	中郡勢誌	S28		中地方事務所
20、	平親王を名乗った平将門	S47	池田多喜蔵	『波多野のあゆみ』
21、	相模国府と国分寺の変遷	S48	中村兵吉	新人物往来社
22、	秦野の伝説	S54	岩田達治	

23、秦野地方の地名探訪　S55　石塚利雄　創史社
24、宝蓮寺　S59　稲葉博　『かながわの寺と社』
25、秦野市史　S60　秦野市
26、藤沢史跡めぐり　S60　藤沢文庫刊行会
27、平良文伝「村岡五郎を追う」　S51　鈴木信雄
28、村岡城跡と平良文の塚　S62　湯山学　「神奈川風土記」124
29、秦野市史　民俗篇　S62　秦野市
30、南足柄の昔話　S41　加藤誠夫　「史談足柄」5
31、平将門の家臣足柄山中へ逃避　S51　磯崎藤子　「史談足柄」15
32、相模八菅山の信仰史と伝承の発展　S61　高橋一　「多摩のあゆみ」42
33、相模大山　H7　原田哲夫　近代文芸社
34、筥根山別当　S10　箱根神社社務所

東北

コ、青森県

1、津軽俗説選　天明六年　練屋藤兵衛　新編青森県叢書刊行会
2、外浜奇勝　寛政七年　菅江真澄　秋田叢書刊行会

番号	書名	年	著者	発行
3、	松橋系図と社司由緒の覚			松橋家古文書
4、	新撰陸奥国誌	M9	岸俊武	青森県
5、	津軽旧事談	T14	中道等	郷土研究社
6、	善知鳥大納言安方の伝説研究	S8	種市有隣	「郷土誌うとう」1
7、	睦奥の伝説	S51	森山泰太郎	第一法規
8、	津軽の人物伝承	S63	太田文雄	青森県文芸協会
9、	伝承文学論と北奥羽の伝承文学	H2	佐々木孝二	北方新社
10、	東津軽郡史	S52	西田源蔵	東津軽郡教育会
11、	深郷田八幡宮	S40	成田末五郎	中里町
12、	蓬田村史	S48	肴倉弥八	蓬田村
13、	車力村誌	S4	黒滝信隆	
14、	車力村史	S48		車力村史編纂委員会
15、	柾子舘跡古実見聞記	S50	工藤達	
16、	相馬村誌	S57		相馬村誌編纂委員会
17、	木村家　木村家の伝承		赤城宗徳	「郷土文化」14
18、	相馬家にまつわる歴史	S61	相馬利忠	

サ、岩手県

1、岩手県史	S36		岩手県
2、岩手民話伝説大事典	S63		岩手出版
3、雫石町史	S54		雫石町史編集委員会
4、心のふるさと雫石の旧家	S57		雫石町教育委員会
5、雫石町小史			雫石町歴史民俗資料館
6、南部藩参考諸家系図	S60	前沢隆重ほか	国書刊行会

シ、秋田県

1、秋田風土記	文化十二年	淀川盛品	
2、雪の出羽路	文政六年	菅江真澄	
3、月の出羽路	文政十二年	菅江真澄	
4、安部合戦の次第			伊藤家所蔵
5、秋田沿革史大成	M29	橋本宗彦	
6、羽陰温故誌	M36	近藤源八	
7、秋田の伝説	S52	野添憲治	角川書店
8、明治大正秋田編年記	S52		新秋田叢書編集委員会
9、秋田郷土物語	S60	和泉竜一	県南民報社

10、天慶の乱と平将門　H5　本郷洋治　秋田文花出版
11、秋田物部文書伝承　S59　進藤孝一　無明舎出版
12、田口家先祖代々日記　田口茂勝家所蔵
13、姫塚　T11　「生保内時報」23
14、生保内町のあゆみ　S28　田口秀吉
15、田沢湖町史　S41　田沢湖町史編纂委員会
16、中仙町民間伝承　井上金市
17、六郷町史　H3　六郷町編纂委員会
18、西仙北町史　H7　西仙北町史編纂委員会
19、平将門と秋田　S51　佐藤久治　「秋田魁新報」2月28日

ス、宮城県

1、今昔物語　十二世紀前半
2、新撰陸奥風土記　万延十年　保田光則
3、宮城郡誌　S3　宮城郡教育会
4、宮城県史　S32　宮城県史編纂委員会
5、宮城県史　資料編2部　東光寺書出
6、仙台市史3　S25　仙台市史編纂委員会

7、	仙台市史5	S28		(同前)
8、	仙台市史7	S50		(同前)
9、	仙台地名考	S46	菊地勝之助	宝文堂
10、	仙台領内の将門伝承	H10	岡田清一	「仙台郷土研究」257
11、	岩切の歴史ものがたり	S56		岩切の歴史を研究する会
12、	綺堂むかし語り	S53	岡本綺堂	旺文社
13、	燕沢・小鶴	H3		宮城野区役所
14、	田尻町史	S35		田尻町史編纂委員会
15、	小松寺跡	S37		宮城県教育委員会
16、	亘理町史	S50		亘理町史編纂委員会
17、	亘理小史	H2		(同前)
18、	山元町誌	S46		山元町誌編纂委員会
19、	坂元神社の由緒	大正年間		坂元神社
20、	滅び行く伝説口碑を索ねて	T15	富田広重	富田文庫
21、	軍記文学と民間伝承	S47	福田　晃	岩崎美術社
22、	妙見大菩薩縁起	M15		越路家文書

セ、山形県

1、山形県地誌	S48	長井政太郎	
2、山形県史　資料編	S52	柏倉亮吉	山形県
3、新山形風土記	S57		新山形風土記刊行社
4、羽黒山年代記		宥永	
5、三山雅集	宝永七年	東永	
6、筆濃余里	慶応二年	安部親任	
7、出羽三山史	S16	阿部正巳	
8、出羽三山史	S29		出羽三山神社
9、出羽三山と東北修験の研究	S50	戸川安章	名著出版
10、龍沢山善宝寺略縁起	S15		善宝寺
11、羽黒町史	H3	戸川安章	羽黒町
12、羽黒山	H9	芳賀正長（出羽三山神社山伏）	
13、西川町史	H7		西川町史編纂委員会
14、金色山大日寺	H9	志田章一	
15、大井澤の発生への考察		佐藤善太郎	
16、朝日岳の歴史をたずねて	S60	長岡幸月	
17、大井沢の石仏といしぶみ	H10	志田章一	
18、大井沢史料年表	H13	志田章一	

19、黄金の物語　S52　　鶴岡市黄金公民館

ソ、福島県

1、元亨釈書　元亨二年　虎関師錬
2、福島県史　民俗2　S42　　福島県史編纂会議
3、福島県の歴史　S45　小林清治　山川出版社
4、福島市史　S56　　福島市史編纂委員会
5、奥羽観跡聞老志補修篇　享保四年序　佐久間義和
6、白河風土記　文化年間　廣瀬典
7、石城郡誌　T11　　石城郡
8、石城郷土大観　S3　黒沢常葉　郷土顕彰会
9、石城郡誌　S43　　福島県資料叢書
10、本邦小祠の研究　S38　岩崎敏夫　名著出版
11、いわき市史　S61　　いわき市史編纂委員会
12、いわき北部史　S61　本多徳治　四倉郷土史資料集成
13、石城郡町村史　S61　諸根樟一　国書刊行会
14、恵日寺と滝夜叉姫　S53　　いわき地方研究会
15、滝夜叉姫の鏡井戸　S61　　「いわき民報」2月10日

16、四倉恵日寺の地蔵像盗難　H1　「福島民友」6月20日
17、滝夜叉姫の地蔵信仰　H5　「いわき民報」4月15日
18、相馬藩世紀　H11から刊行　続群書類従完成会
19、奥相茶話記　寛文七年　岡田重胤
20、東奥標葉記　元禄十三年　藤橋隆重
21、奥相秘鑑　元文元年　富田高詮
22、奥相志　安政4〜明治4　斎藤完隆
23、相馬の歴史　S55　松本敬信　美成社
24、相馬野馬追史　S56　相馬野馬追保存会
25、鉄と馬と将門そして相馬氏　H4　岡田清一　「相馬郷土」7
26、相馬野馬追祭　H5　「福島民報」1月27日
27、相馬地方の妙見信仰　H15　原町市立博物館
28、相馬郷土史　全巻　S4
29、相馬郷土　神社とその由緒　S17　斉藤笹舟　相馬郷土史研究会
30、岩崎文庫『衆臣系譜』　相馬市立図書館蔵
31、北向明神『福島の民俗』Ⅱ　S55　福島市教育委員会
32、岩城政氏　安寿・厨子王（同前）　S55　（同前）

33、桔梗姫（同前）	S55		（同前）
34、信達一統志	天保十二年	志田正樹	
35、信達民潭集	S3	近藤喜一	郷土研究社
36、福島の伝説	S55	石川純一郎	角川書店
37、磐城・岩代の伝説	S51	岩崎敏夫	第一法規出版
38、石川風土記	文政六年以前		
39、白沢の文化財第2集	S52		白沢村文化財調査委員会
40、白沢の文化財第16集	H3		白沢村教育委員会
41、玉川村史	S55		玉川村
42、湯本郷土誌	M45		『湯本山郷史』
43、湯本山郷史	S48	星勝晴	
44、天栄村の民話と伝説	S56		天栄村教育委員会
45、天栄村史	H2		天栄村史編纂委員会
46、神社と由緒	S17	斎藤笹舟	相馬郷土史研究会
47、大字小高史	H10		小高町小高行政区
48、日鷲神社誌	H8		小高町史談会
49、大熊町史	S60		大熊町史編纂委員会
50、浪江町史	S49		浪江町史編纂委員会

51、川添物語　S58　鈴木実　北国詩の会
52、標葉神社　H3　井瀬信彦　標葉神社
53、伊南郷土史　S25　河原田徳作　伊南郷土研究会
54、檜枝岐村史　S45　檜枝岐村
55、妙見神社　M28　「古社取調報告」
56、磐梯史談　S12〜13　岩磐郷土研究会
57、猪苗代のかみやしろ　S61　「猪苗代地方史会報」19
58、猪苗代の小祠　H1　(同前)22
59、会津風土記　文化六年序　松平容衆
60、福島県耶麻郡誌　T8　耶麻郡役所
61、平将門と如蔵尼　S51　桑原啓
62、地志扁集　享和三年
63、吾妻山磐梯山信仰と恵日寺　S52　山口弥一郎　東北霊山と修験道
64、吾妻山の修験道　S52　中地茂男
65、磐梯町史　S60　磐梯町教育委員会
66、徳一と恵日寺　S50　高橋富雄　ふくしま文庫
67、福島考古25　S59　福島県考古学会
68、乗丹坊と城氏　S61　伊藤光子　会津史談会

69、如蔵尼について	H1	伊藤光子	「歴史春秋」30
70、如蔵尼	H4	小島一男	『会津の歴史伝説』
71、歴史をつむいだ人々	H15		磐梯山恵日寺資料館
72、相双と常陸	H9	堀辺武	
73、仏教説話集成	H2	西田耕三	国書刊行会

タ、静岡県

1、静岡県史	S47		静岡県
2、古代史上の足柄峠	S62	川島茂裕	『小山町の歴史』2
3、古代中世駿東紀行	S62	川島茂裕	(同前)
4、駿河国における平将門の乱	H5	川島茂裕	「地方史静岡」20
5、嶽南史	S48	鈴木覚馬	平文社
6、清水市史	S51		清水市史編纂委員会
7、静岡市史	S56		静岡市役所
8、掛川誌稿	文政年間	斎田茂先	
9、掛川市誌	S43		掛川市誌編纂委員会
10、大池村沿革誌	T5		大池村役場
11、八幡宮宝物黒白双狗両軸由来記	元禄四年	秀同	

12、遠江古蹟図絵	享和三年序	舘長庚	
13、十九首八幡宮由来纂録私記	S30	木野竜井	東光寺
14、東光寺沿革誌	S34	木野竜井	東光寺
15、江談抄	天永二年以前	大江匡房	
16、おきつ史跡案内	長田敏夫		興津地区まちづくり推進委員会
17、函南町誌上	S49		函南町誌編集委員会
18、函南町の文化財	S57		函南町教育委員会
19、函南町誌　中	S59		函南町誌編集委員会
20、函南町誌　下	S60		(同前)

チ、長野県

1、長野県史	S61		長野県史刊行会
2、上田市史	S15	藤沢直枝	信濃毎日新聞社
3、上田小県誌	S55		小県上田教育会
4、美濃御坂越記		原旧富	
5、伊那古道記		中村元恒	
6、滋野親王外伝	寛政二年	富岡知明	
7、丸子町誌　歴史篇	H4		丸子町誌刊行会

8、丸子町誌　民俗篇　H4　（同前）
9、古代東山道の研究　H5　一志茂樹　信毎書籍出版

ツ、愛知県

1、尾張名所図会　天保十二年　岡田啓
2、将門首塚　S46　日本放送出版
3、熱田神楽　H6　「中日新聞」4月30日
「朝日新聞」12月8日
4、郷土のしらべ愛知伝説集　S49　福田祥男　泰文堂
5、南区今昔物語　S41　山田寂雀
6、郷土史　S58　石川丹八郎
7、南区の歴史　S61　三渡俊一郎　愛知県郷土資料刊行会
8、熱田旧記　享和二年
9、厚覧草　堀亡斎
10、熱田之記　江戸末期
11、熱田にまつわる民話　S51　名古屋短大上原ゼミ
12、熱田神宮の平将門調伏伝承　H8　辻村全弘　「国学院雑誌」97―10
13、熱田神宮の平将門御霊伝承　H9　辻村全弘　（同前）98―6

テ、岐阜県

1、扶桑略記　寛治八年（一〇九四）〜嘉承（一一〇七）頃　皇円
2、新選美濃志　天保年間　岡田啓　一信社
3、岐阜県史　S46　岐阜県
4、不破郡史上　T15　不破郡教育会
5、不破郡史下　S2　（同前）
6、大垣藩地方雑記　S19　小野武夫　日本農民史料聚粋九巻
7、新修大垣市史　S43　大垣市
8、大垣市史—青墓篇—　S52　（同前）
9、美山の民話　H6　美山町教育委員会
10、ふるさとやわた　H2　池田町公民館
11、将門伝承を追う　H5　堤正樹　「美濃民俗」316
12、御首さんと矢落ちさん　H12　堤正樹　（同前）396
13、可児町郷土史　S35　窪田敬一　郷土史刊行会
14、可児町史　通史篇　S53　可児町
15、歴史のまち垂井の文化財　S51　垂井文化財保護協会
16、垂井のむかし話　S59　垂井町教育委員会

17、木曾路名所図　文化十二年　秋里籬島
18、岐蘇古今沿革志　T3　武井正次郎　発光堂
19、八百津町史　S47　八百津町史編纂委員会
20、高鷲村史　S35　高鷲村史編集委員会
21、穴洞白山神社縁起　高鷲村古文書

ト、福井県

1、越前往来　S48　越前若狭地誌叢書
2、相馬伊左衛門家先祖代々之墓石碑文（写）　相馬家所蔵
3、今立町誌　S57　今立町教育委員会
4、平将門は今立にいた　H3　「福井新聞」11月21日
5、西谷村誌　S33　羽田光義　西谷村誌編纂委員会
6、越前若狭の伝説　S51　杉原丈夫　安田書店
7、有馬家世譜　H2　有馬家文書刊行会

ナ、富山県

1、越中伝説集　S12　小柴直矩　富山郷土研究会

2、富山の伝説　H5　石黒洋子　桂書房
3、大門町史　S56　大門町教育委員会
4、大門町歴史の道調査報告書　H6　烏帽子清　大門町
5、仏谷山誓光寺史　S63　棚元理一　誓光寺
6、小矢部市史　S46　小矢部市史編集委員会
7、高岡の伝承　S54　高岡市児童文化協会

二、石川県

1、廻国雑記　文明十八年～十九年　道興准后
2、加賀江沼志稿　弘化元年　小塚秀得
3、亀の尾の記　柴野美啓
4、加賀志徴　S11　森田柿園　石川県図書館協会
5、金石町誌　S16　金石町役場
6、能登名跡志　安永六年　太田頼資
7、能登志徴　S13　森田柿園　石川県図書館協会
8、石川県鳳至郡誌　T2　日置謙　鳳至郡役所
9、腰掛石文献　沖崎家蔵

10、沖崎家神明社棟札控　（同前）

ヌ、新潟県

1、ふるさと散歩　高橋亀司郎　「広報なかじょう」

ネ、滋賀県

1、近江国輿地志略　享保十九年　寒川辰清
2、伊勢参宮名所図会　寛政九年　蔀関月
3、俳諧歳時記栞草　嘉永四年　曲亭馬琴
4、近江愛智郡誌　S4　愛智郡教育会
5、近江栗太郡志　S1　栗太郡役所
6、東海道名所図会　寛政九年　秋里籬島
7、堅田物語　天和三年　中村重吉
8、淡海温故録　貞享年間　木村源四郎
9、大日本国法華験記（光空法師）　長久年間　鎮源
10、今昔中山道独案内　H6　今井金吾　日本交通公社

ノ、京都府

1、古事談　健暦～健保年間　源顕兼
2、京雀　寛文五年　松雲（浅井了意）
3、山城名勝志　宝永二年　貝原篤信
4、重編応仁記　宝永八年　小林正甫
5、拾遺都名所図会　天明五年　竹原信繁
6、将門首塚の発掘　「京都日出新聞」（祭魚洞文庫蔵）
7、京華要誌　M28　京都参事会
8、京都坊目誌　T4　碓井小三郎
9、真言伝　正中二年　栄海
10、醍醐寺縁起　『大日本史料』一之六・七
11、本朝高僧伝　（同前）
12、比叡山名勝記　M41　渋谷慈鎧　芝金声堂
13、新京都めぐり　T4　浅井虎夫　緑猗軒
14、空也堂の念仏聖　H4　福田晃　京都新聞社
15、滋野氏系図　『続群書類従』

八、奈良県

1、七大寺巡礼私記　保延六年　大江親通

2、法華堂　執金剛神　延宝三年　太田叙親　南都名所集
3、執金剛神像縁起　東大寺所蔵
4、五條市史　S33　五條市史刊行会

ヒ、大阪府

1、吉記　『大日本史料』一之六・七
2、東寺長者補任　(同前)
3、華頂要略　享和三年　藤原為善
4、朝日神明社　S8　大阪府神社史資料

フ、兵庫県

1、兵庫県神社誌　S12　兵庫県神職会
2、近畿民俗48号　S44　近畿民俗学会
3、鬼伝説の研究　S56　若尾五雄　大和書房

ヘ、三重県

1、伊勢太神宮神異記　寛文六年　度会延桂
2、伊勢神宮の古代文字　伊勢神宮「かみのみたから」

3、有久寺温泉縁起　文化八年　加藤九兵衛
4、紀伊国北牟婁郡地誌　M22　野地義智　名著出版
5、伊勢路のはなし　S56　玉村禎祥　三重県郷土研究会
6、有久寺の湯　S57　三重県企画調整広報外事課
7、紀伊長島町　S60　紀伊長島町
8、伊勢志摩52号　H1　伊勢志摩編集室

ホ、和歌山県

1、紀伊続風土記　M43　仁井田好古　帝国地方行政学会
2、橋本市史　S49　橋本市役所
3、紀見村郷土誌　S8　紀見村小学校編
4、贄川氏の系譜　S58　贄川俊一
5、和歌山県那賀郡誌　T2　那賀郡共進会

マ、岡山県

1、東作誌　文化十二年　正木輝雄
2、系図纂要　江戸末期　内閣文庫蔵
3、苫田郡誌　S2　苫田郡教育会

4、加茂町史　S50　加茂町史編纂委員会
5、倉敷市史　H11　倉敷市

ミ、広島県

1、芸藩通志　文政八年　頼杏坪
2、神田神社（吉田町多治比）　H5　『文化散策シリーズ』

ム、鳥取県

1、伯耆民談記　寛保二年　松岡布政
2、勝見名跡誌　宝暦四年　上野忠親
3、三徳古文書　米原豊十郎写
4、三朝町誌　S40　山崎勉　三朝町役場
5、続三朝町誌　S43　（同前）　（同前）
6、伯耆国中津の平家伝説について　S51　野津龍　鳥取大学教育学部研究報告
7、名勝小鹿渓と伝説の中津　H1　米原克巳
8、江府町誌　S50　江府町誌編纂委員会
9、滝夜叉姫（『因幡伯耆の伝説』）　S50　野津龍　第一法規出版
10、河原町誌　S34　河原町誌編纂委員会

メ、島根県

1、大祭天石門彦神社　M27　野崎左文　日本名勝地誌
2、わが家系を語る　H4　田村紘一　「歴史と旅」19―6

モ、香川県

1、西讃府志　天保十年〜嘉永五年　秋山惟恭
2、香川県神社誌　S13　香川県神職会
3、金毘羅参詣名所図会　弘化四年　暁鐘成
4、三豊郡史　T10　三豊郡役所
5、純友と将門―東西の兵乱　H10　愛媛県歴史文化博物館

ヤ、徳島県

1、一宇村史　S47　一宇村史編集委員会
2、阿波の伝説　S52　武田明　角川書店

ユ、大分県

1、宇佐八幡文書　S35　大分県史料刊行会

2、八幡宇佐宮御託宣集　S61　重松明久　訓訳　現代思潮社

ヨ、佐賀県

1、肥前古跡縁起　寛文五年　大木惣右衛門
2、神社明細書　若宮神社所蔵
3、肥前官社記　M26　若宮神社
4、神社明細帳　M43　六所神社
5、佐賀県神社誌要　T15　佐賀県神職会
6、東川副村誌　S14　東川副小学・青年学校
7、千代田町誌　S49　広江大元　千代田町教育委員会
8、諸富町史　S59　諸富町史編纂委員会
9、背振村誌　S33　背振村役場

ラ、長崎県

1、島津家記　文明十四年　山田聖栄
2、北肥戦史「有馬家」　享保年間
3、肥前有馬一族　H9　外山幹夫　新人物往来社

リ、熊本県

1、熊本市史　S7　熊本市役所

2、藤崎八幡宮　S38　『熊本県史料集』

第二章　『将門記』の叙述

『将門記』は和化漢文で書かれている。このことから、内容を理解するためには、その訓読に拠らなければならない。ところが、「注釈略史」で見たように、今日まで多くの注釈が行われては来たが、必ずしも、正確な訓読文が示されていたわけではなかった。『将門記』を正しく訓読して、その叙述をしっかり把握しなければ、明確な平将門論を築くことは不可能であろうと思われる。まずは、正確な訓読文を作ることが必要となるのである。すでに、私は、『将門記』の注釈を行っており、自分なりの訓読文を作っていた。この度は、それを見直して、誤りなどを正して改訂を加えることにした。

ここでは、前述のように『将門記』を出来るだけ正しく訓読し、さらに解釈に努めて、その叙述の内容を確かに捉えたいと思う。そのために、以下のような方法によって『将門記』の叙述の考察を行ってみたい。

1、底本は、真福寺本は古典保存会複製本（大正13年）、楊守敬本は貴重古典籍刊行会複製本（昭和30年）による、まず、真福寺本の訓読文を示し、楊守敬本が存在するところでは、その訓読文を並列する。（これ以降、真福寺本を**真本**、楊守敬本を**楊本**と略して示すこととする。なお、植松有信の模刻版本によって、不明の箇所を確かめた。模刻版本と略す。）

2、訓読文は、その内容によって、段落に区切って番号を付けて示した。分かり易くするため、句読点を付すことにした。

3、訓読文は、漢字・平仮名交じり文とする。漢字の字体は、分かりやすく正字体とし、その中で新字に近いものは新字体を用いるのを原則とした。（辞書類にない独特の文字だけは、活字化した。）いわゆる置き字は（　）で囲み明示した。底本中の小字の割注は読みにくいので、【　】で示した。仮名遣いは、底本の訓点を参照して、可能なかぎり当代の訓み方に近づくように努めた。また、難読語句の訓みは（　）内に片仮名（現代仮名遣い）で示すことにする。

4、解釈を明確にするため、訓読文の後に註解の項を設け、＊印を付けて、底本から語句を抜き出し、その訓み方や意味などの説明を行った。（真本で説明したことは、楊本の方では繰り返さず、省くことにした。）底本の異体字は、訓読文ではほとんど正字を用いたが、とくに注目される異体字は註解の見出しなどに示してその正字を記した。これまでの注釈書を参照する場合は、Ｐ82の記号○印の数字で提示した。

5、『将門記』の叙述の考察は、［考察］として以下のような順序で記述する。（Ⅰ）大意　真本と楊本の訓読文の大意を示す。真本と楊本で大きな異なりがあれば、楊本の方を〔　〕印で注記する。（Ⅱ）解釈にかかわる問題点　解釈する際に、問題となることを取り上げて、さまざまな角度から検討する。（Ⅲ）文飾　主として、対句を主に取り上げた。（『作文大躰』によって、対句の形式を示した。）なお、訓読文（1）では、対句の全てを取り上げたが、以降は、注目される対句だけを記して、解説を加えることにする。（その中で、『尾張国郡司百姓等解』中の対句との比較も行った。）（Ⅳ）資料　『将門記』には、いくつかの資料があったと推察されている。仮に、作者が資料を基に記述したとすれば、その段落の部分がいかなる資料によっているか、これまでの研究を参考にして想定してみた。

6、これまでの研究成果を引用する際には、（　）印をつけて、本書の「研究史」の資料の記号で示す。（例、S35．1↓昭和35年の番号1の文献）

7、なお、注釈ではないので、詳細な現代語訳は行なっていない。注釈書（拙著）の方を参照していただきたい。

8、しばしば引用する古辞書は、次のように略して記した。『倭名類聚鈔』→倭名抄　『色葉字類抄』→字類抄　『類聚名義抄』→名義抄

一、『将門記』の書き出しについて

最初に『将門記』の書き出しを取り上げる。真本は、第一紙（あるいは複数紙）が欠落していると想定される。（「S60・4）」）そのため、書き出しが不明である。しかし、抄略本の『将門略記』には、次のような書き出しがあるので触れておきたい。（訓読文で示す。）

夫れ聞く、彼の将門は、昔、天国押撥御宇柏原の天皇五代の苗裔、三世高望王の孫なり。其の父は陸奥鎮守府将軍平朝臣良持なり。舎弟、下総介平良兼朝臣は将門が伯父なり。而るに、良兼は去る延長九年を以て、聊か女論に依りて、舅甥の中既に相違ふ。

*天国押撥御宇柏原天皇（あめくにおしはるきあめのしたしろしめす柏原天皇）　桓武天皇のことを指す。「あめくにおしはるき」は、天国排開広庭天皇（欽明天皇）の諡号と混同したか。（「天国排開」を「阿米久爾於志波留支」と読む。）「はるく」は「開く」の意。

*女論　むすめの問題の争い。良兼の娘が将門の妻となっている。この結婚の際にトラブルがあったと推定される。かつては、良兼と将門が女を争ったという説もあったが、現在は、娘の問題とする説が定まっているようである。

この『将門略記』は、どちらかといえば、楊本の系統と考えられているので、楊本の書き出しもこうした書き出し

であったろうかと考えられる。そうなると、真本にも同様な表現があった可能性があることも想定されよう。ただ、最初に記したように、第一紙が欠落しているとしたら、(後の各紙は全て二十三行であるから)、実際には、もう少し長い文章があったかとも思われる。

二、『将門記』（真本・楊本）訓読文（1～23）、註解、考察Ⅰ～Ⅳ

真本　訓読文（1）

裏等野本□扶等陣を張り、将門を相待つ。遙に彼の軍の體を見るに、所謂纛崛の神に向ひて旗を靡け鉦を撃つ。【纛崛は兵具也。獣毛を以てこれを作る。鉦は兵鼓也。諺に云く、ふりつづみ也。】爰に、将門罷めむと欲ふに能はず、進まむと擬（ス）るに由なし。然れども、身を勵し抛を勧め、刃を交へて合戦す(矣)。将門幸に順風を得て、矢を射ること流るるが如く、中る所案の如し。扶等勵むと雖も終に以て負くるなり。仍て亡ぶる者数多し。存する者已に少し。其の四日を以て、野本・石田・大串・取木等の宅より始めて、与力の人々の小宅に至る迄、皆悉く焼き巡る。

□火を遁れて出づる者は、矢に驚きて還り、火中に入りて叫喚す。

□に□の中、千年の貯一時の炎に伴ふ。又、筑波・真壁・新治三箇郡の伴類の舎宅、五百餘家員の如くに焼き掃ふ。哀しき哉、男女は火の為に薪と成り、珍財は他の為に分つところと成りぬ。三界の火宅の財に五主有り。去来不定なりといふは、若しくはこれを謂ふか。其の日の火の聲は雷を論じて響を施し、其の時の煙の色は雲と争ひて空を覆ふ。山王は煙に交りて巖の後に隠る。人の宅は灰の如くして風の前に散ず。国吏万姓、これを視て哀慟す。遠近の親疎、これを聞きて歎息す。箭に中りて死せる者は意はざるに父子の中を別つ。楯を棄てて遁るる者は圖らざるに夫婦の間を離れぬ。

＊裏　裏の字は消えかかっていて読みにくい。これまでの注釈書は、いずれも裏とするが、「裹」という可能性があろう。裹ならば、「つつむ」と読め、人名と考えられる。後に見える源護一族と関わる人物と考えられよう。

＊野本　数行後に、石田・大串と並べて書かれており、地名であろう。茨城県旧真壁郡明野町の旧上野、または結城郡八千代町などの地名が比定されるが確定されていない。今のところ、野本を地名と見て、解釈せざるを得ない。

＊扶（タスク）　前常陸大掾源護（マモル）の子。護以下、いずれも一字名であり、嵯峨源氏の一系かといわれる。

＊彼軍之軆　底本「軆」は体。「彼軍」は、扶等の軍。扶らの軍の様子。

＊纛崛（トウクツ）之神　難解な語であるが、猿田知之『『将門記』の表現』（「H12．5」）によって解明された。高く聳える纛神のこと。纛神は、はたぼこの神の意。将軍が出陣する際の祭儀（戦勝祈願）を行ったことを意味するという。

＊靡　この「靡（ナビ）く」は下二段活用。後の軍記物語に「草を靡け発向す」などと用いる。

＊旗　これは特異な字体であるが、「群書類従本」により旗のこととされる。

＊【割注】　ここの小文字の割注には、纛崛の神と鉦について解説がある。こうした割注は、原本の成立当初から添えられていたという説（S49、小林芳規「将門記における漢字の用法」）と後人による注釈的、衒学的のものとする説（H5、船城俊太郎「変体漢文はよめるか」）の二説がある。これらの割注は、後の場面では、楊本の割注とほぼ一致していることから、原本の作者が付けたと考えられようか。

＊之　コレと訓む。分かりやすく「これ」と記したが、次の例からは、「之」とする。

＊鉦　普通は、軍隊で用いるどらをいう。ここでは、鉦は兵鼓で俗にいうふりつづみであると注記する。『名義抄』にも、「鉦」フリツツミとある。『倭名抄』には、「鼗、和名不利豆々美」とある。

＊諺　俗語、俚言を指す。

＊欲罷不能、擬進無由　「欲」は、後に見える傍訓により、オモフと読む。罷めようと欲っても出来ず、進もうとしても手段が

ない。「擬」は、ス（サ変動詞）と読む。
＊勧拠　「拠を勧む」と読む。拠り所（陣形）を勧告する意。従来「勧め拠る」と訓むのには疑問である。
＊順風　追い風。矢を射る際、矢が勢いよく飛ぶ。
＊如案　思うとおりのこと。
＊亡者數多　死亡者の数は多いの意。底本の「數」の旁は、「攴」である。「散」「致」なども同様である。当時、こうした字体は一般的であった。時代が下るにつれて、攵の使用も広く認められるようになるという。（H８「続・漢字字体一隅」）
＊其四日　承平五年二月四日とされているが、これまでの注釈書には、説明が行われていない。後代の資料であるが、洞院公賢『歴代皇紀』には「将門合戦状云、始伯父平良兼与将門合戦次被語平真樹承平五年二月与平国香幷源護合戦」とある。また『和漢合図抜粋』にも「承平五年二月二日於常州石田舘常陸大掾平国香与相馬小次郎将門合戦于時国香被討畢」とある。時代が下ることから、疑いがないでもないが、この次の良正との川曲村合戦には、承平五年十月廿一日とあるので、齟齬は感じられない。
＊野本・石田・大串・取木　それぞれ地名であろう。野本は、先述のように不明であるが、石田は旧明野町東石田の辺り、大串は下妻市大串辺りとされる。取木については、明確ではないが、旧大和村本木とする説がある（M27『杉山私記』）。
＊宅　住居のこと。
＊与力　加担する者。小宅とあるから、あるいは、後出の伴類ほどの力を有する者ではなく、従類などと同程度の宅に住む者たちであったかと思われる。
＊遁火出者驚矢而還　この前に、本文が欠けているが、『扶桑略記』には、「蟄屋焼者迷烟不去」とある。これを補えば、「屋に蟄れて焼くる者は、烟に迷ひて去らず、火を遁れて出る者は矢に驚きて還る。」と対句表現になる。この『扶桑略記』に見える語句があったことも想定されよう。
＊叫喚　大声でわめき叫ぶこと。この後が欠文となっているから、ここで切れるか不明。そこで、前文と続けないことも考えられる。その場合は、「矢に驚きて火中に還り入る」と訓むことも可能であろう。
＊筑波・真壁・新治　『倭名抄』に見える常陸国の三つの郡。「筑波」は「筑破」とあるが、改めた。

＊伴類　同盟する土豪、有力農民。「（後に見える）従類が領主と密接な関係があるのに対して、自立性が強い一般民衆をいう。」（「H８．10」）
＊舎宅　住居。大きな屋敷を指したという。
＊如員　数のとおり。あるもの全てということ。
＊男女為火成薪　男も女も火のために薪となった。薪のように焼かれたことを表している。
＊珍財為他成分　珍しい財宝も他の者たちに分けられた。この語句は、これまで、内容から考えて「分かつところとなる。」と受身に読んでいる。「分たれぬ。」と同じ意味。
＊三界火宅　三界は、欲界・色界・無色界、すなわち苦悩が絶えない衆生の世界。それを火に包まれた家屋に例えて言う語。「妙法華」（譬喩品）に、「三界無安猶如火宅」とある。
＊財有五主　世の中の財物は王と盗賊と火と水と悪子の五家の共有物（五家所共）であって、一人だけが独占することができないことをいう。（「大智度論」）
＊去来不定　どこから来てどこへ去るか分からない。
＊火聲　火勢の音。
＊論雷施響　大きな音をたてて雷のように響きわたる。
＊煙色　黒々とした煙の色。
＊争雲覆空　雲と競い合うように空を覆う。
＊山王　日枝神社を指す。筑波山を望む、旧騰波の江のほとりの赤浜に山王二十一社権現があったという。（「S39．８」）
＊交煙隠於巌後　煙にまかれて焼け落ち、巌の後に姿を隠した。
＊国吏万姓　国衙の役人と一般民衆。
＊遠近親疎　これは底本では見えにくい。模刻版本で補う。遠方や近隣の親しい人とそうでない他人（親類と他人）。ここは、対句の文が続いている。

*歎息　歎いて溜息をもらす。
*不圖　図らないのに。底本では、この前の字句は読みにくい。模刻版本を参照した。
*父子　これ以下「遁」までは、底本は文字が消えかかっている。模刻版本によって訓む。

［考察］

（Ⅰ）真本の最初が欠落しているため、事情が分からないものの、源扶らが（野本の辺に）陣を張って、将門らを待ち構えていた。将門は進退に窮したが、自身を鼓舞し、兵に陣固めを督励して戦い、扶の軍に勝利した。この書き出しを見ると、まず、「扶らが陣を張って将門を待つ」とあり、次いで「彼の軍の体を見る」と記していて、将門側からの叙述となっている。それに続き、将門が主体となって、合戦する描写となる。将門が合戦を制し、源一族及び平国香の根拠地を焼き払うことになる。（底本に欠損したところがあり、解釈が難しい。）これによって、多くの人々が死亡した。さらに、筑波・真壁・新治の三郡の伴類の住居、五百余家も焼き払った。男女は焼かれ、珍財は散逸してしまった。煙と雲が空を覆い、山王社は焼失し、人宅は灰となって消え失せた。国吏も民衆も嘆き悲しみ、父子も夫婦も別れ別れとなったのである。

（Ⅱ）ここの合戦の記述は、それほど詳しくなく、「幸いに順風を得て」とあり、合戦の勝敗は、運の良し悪しで決まるような記し方である。それに対して、戦後の記述は、文飾を大いに加えて感情を込めている。

（Ⅲ）合戦中の対句は、「射矢如流　所中如案」「亡者數多　存者已少」など四字句の単句対（緊句）が見えるが、「哀しき哉」以下の戦後の記述では、以下のように対句を続けて、其の惨状を示している。

「男女為火成薪　珍財為他成分」（単句対、長句）

「其日火聲論雷施響　其時煙色争雲覆空」（単句対、長句）

「山王交煙　隠於巖後　人宅如灰　散於風前」（隔句対、平隔句）

「国吏万姓　視之哀慟　遠近親疎　聞之嘆息」（隔句対、平隔句）

「中箭死者　不意別父子之中　棄楯遁者　不図離夫婦之間」（隔句対、雑隔句）

このように、作者は戦後の記述に対句を連ねて、大いに文飾を施して、自らの感情をこめているのである。これ以後の合戦の場面でも、同様に、合戦の記述よりも戦後の記述の方が文章の密度が濃い。作者は、戦後の状況に比重をおいて描いているのである。このことから、作者の意図を考えることが出来るようにも思われる。これ以後の合戦描写では、この点に大いに注目して行きたいと思う。

（Ⅳ）この段落は、山中論文（「S12．6」）では「将門の解」とする。たしかに、合戦は将門方から記しているように見える。野本以下の地を焼いたところは、後の源護の訴状なども参照されたかもしれない。

真本　訓読文（2）

就中に、貞盛身を公に進（タテマツ）って、事發る以前に花の城に参上し、経廻する（之）程に、具（ツブサ）に由を京都にして聞く。仍て、彼君物情を案ずるに、貞盛は、寔（マコト）に彼の前の大掾源護幷に其の諸子等とは、皆同黨なる（之）者也。然れども、未だ躬（ミズカラ）与力せざるも偏に其の縁坐に編まる。嚴父国香（クニカ）が舎宅は、皆悉く殄び滅しぬ。其身は死去しぬる者なり。迥（ハルカ）に此由を聆きて心中に嗟嘆す。財に於ては、五主あれば何ぞ之を憂へ吟（ニヨ）ばむ。但し、哀しきは、亡父は空しく泉路の別を告げ、存母は獨り山野の迷を傳ふ。朝には居て之を聞けば、涙以て面を洗ふ。夕には臥して之を思へば、愁以て胸を焼く。貞盛哀慕の至（イタリ）に任（タ）へずして、暇を公に申して舊郷に歸る。僅に私門に着きて、亡父を煙中に求め、遺母を巌隈に問ふ。幸に司馬の級に預ると雖も、還りて別鶴（ベッカク）の傳（フ）に吟ぶ。方に今、人の口を以て偕老の友を尋ね得たり。傳言を以て連理の徒を問ひ取れり。烏呼、哀しき哉。布の冠を緑の髪に着けて、菅の帯を藤の衣に結ふ。冬去り、春来たり、漸く定省の日を失へり。歳變じ節改りて、僅に、周忌の願を遂ぐ。貞盛、倩（ツラツラ）、案内を撿するに、凡そ将門は本意の敵に非ず。斯れ、源氏の縁坐也。【諺に曰く、賤しき者は貴きに随ひ、弱き者は強きに資る。敬順するに如かず。】苟くも、貞盛、守器の職に在り。須く官都に歸りて、官勇を増すべし。而るに、孀母堂に在り。子に非ずは誰か養はむ。田地數有り。我に非ずは誰か領せむ。将門に睦びて、芳操を花夷（カイ）に通じ、比翼を国家に流（ツタ）へむと。仍て、具に此由を擧ぐるに、慇に、斯れ可ならむ者（テヘリ）。

＊就中　「中に就くに」から「なかんづくに」となった語句。「その中に」、「特に」の意。

＊貞盛　国香の長男、将門の従兄弟。

＊進身於公　進の傍訓タテマテ。公に身を奉っての意味。当時、貞盛は左馬允として、官職に就いて都にいたようである。

＊事發以前　この事件が起こる以前。

＊花城　花の都。京都を指す。

＊経廻する（之）程　連体形＋之＋体言の場合、「之」字は読まない。（この「之」は置き字とする。）「花を見るの記」のような表現は時代が降るのである。（昭和34年、小林芳規「花を見るの記の言い方の成立追考」『文学論藻』14）これまでの注釈書の多くは、「経廻するの程」のように、全般に「の」を訓んでいるが改めるべきであろう。「経廻」を名詞ととれば、「経廻の程」と訓むことになる。

＊彼君　貞盛を指す。

＊具　ツブサニ。詳しくの意。

＊案物情　「実情を考える」という意の常套句。

＊大掾　底本の「掾」は掾と同字、国司の三等官。大国では、大掾と小掾が置かれていた。
＊等　底本は、この字を「䓁」として用いている。他にも、「符」、「答」、「節」など竹冠の字が草冠で記されているが、これは、当時としては一般的なことである。（前掲、「H８．４」）
＊同黨之者　親戚関係の者。
＊躬　みずから。
＊縁坐　親族の縁によって巻き添えとなること。
＊嚴父国香　国香は高望王の長男。将門の伯父。
＊殄滅　ほろび尽きる。
＊其身死去者　傍訓に「ナリ」とあり「死去しぬるものなり」と訓む。「者」はテヘリとも訓める。
＊迥　はるかに。
＊嗟嘆　悲しみ嘆く。
＊吟　「によぶ」と読む。歎くの意。
＊泉路之別　黄泉（冥土）の路への別れ、すなわち、死別すること。
＊獨傳山野之迷　底本「傳」は傳。名義抄によれば「傳」と「傳」は同字である。ひとり山野に迷っていると伝える。「傳」（フ）と混同されたことがあり、注意したい。
＊朝居聞之涙以洗面　次の「夕臥」以下と対句になっている。朝に居てこれを聞くと、涙が顔を洗う。（涙が顔中に溢れ出る。）「居る」は「臥す」に対して起きている状態を指す。坐るとも取れよう。
＊夕臥思之愁以焼胸　底本「卧」は臥。底本「胷」は胸。「愁」うれへ。（当時は下二段活用、後に上二段活用。）夕に臥してこれを思うと、愁いが胸を焼く。（愁いが心を苦しめる。）
＊哀慕之至　哀れみ慕う気持ちが極まること。
＊申暇於公　休暇を朝廷に申し出る。

＊帰舊卿　底本「帰」は帰の古字。底本「卿」は郷。故郷に帰る。
＊僅　「ようやく」という意味。
＊私門　私宅。ここでは国香の住居。茨城県旧真壁郡明野町東石田にあったと推定されている。
＊亡父　死んだ父。（国香）
＊遺母　遺された母。
＊巌隈　巌のかたすみ。
＊司馬之級　司馬とは、中国では軍務に従事した官名である。しかし、左馬允を司馬という例はないという。一方、我国では、諸国の掾の唐名でもある。後に、貞盛が常陸の掾となるので、ここでは、それと混用したのかともいわれている。
＊別鶴之傅　別鶴は、中国古代の楽府琴曲中の曲名「別鶴操」を指す。夫と別れ行く哀れな妻を主題とする。『白氏文集』にも、「和微之聴妻弾別鶴操」とある。そこで、別鶴とは、夫の国香と死別した貞盛の母を例えていると思われる。傅（傍訓フ）は守り役。夫と死別した妻、すなわち母の守り役（世話役）の意味。これまでの注釈では、この「傅（フ）」を「傳（デン）」と取り違えていたが、誤りであろう。
＊人口　世人の噂。
＊傳言　伝える言葉。
＊偕老之友　夫婦が仲よく連れ添う意味の偕老に友が付いている。ここでは、この「友」を「伴」と解して、貞盛の妻を指すと思われる。
＊連理之徒　木の幹や枝が連なることから、夫婦または男女の深い契りを表す語である。ただ、ここでは「徒」（『名義抄』トモ、トモガラ）という語が付いている。妻を表す偕老の友に対する語であるから、兄弟あるいは一族の人々を表すのではなかろうかと推定できよう。
＊着布冠於緑髪、結菅帯於藤衣　布の冠は布製の冠、菅の帯は菅を編んだ帯、藤衣は、藤の皮の繊維で織った衣、いずれも喪中など凶事に用いる。布の冠を黒髪に着け、菅の帯で藤の衣を結んだ。

＊失定省之日　底本は不明瞭、模刻版本による。定省の日は、『礼記』(曲礼上)の「昏定晨省」から出た語。子が日夜よく親に仕えて孝養をつくすこと。その日数が終わった。

＊歳變節改　底本「歳」は歳。当時、底本の「莭」は「節」と併用(草冠と竹冠の混用)。歳が変わり、季節が改まる。

＊周忌之願　服忌一年の願い。これを遂げたとあるから、貞盛は、一年間(承平五年二月から六年二月か)喪に服していたのである。とすれば、この次に記される良正と将門の戦い(承平五年十月廿一日)の方が先の事件となる。(「S55．7」)このように、『将門記』の叙述のあり方は、およそ、時の流れに従っているが、一つの事柄(ここでは、貞盛の動向)を、ある程度、結末となる時まで記してから、次いで時を遡って、他のことを記す傾向がある。そこで、時間との関係を厳密に注意して読むことが必要である。

＊倩　つらつら、よくよく。

＊撿案内　実情を調べることで、常套句である。

＊非本意之敵、斯源氏之縁座也　貞盛は、将門を本来の敵と見ず、源氏との姻戚関係によって、争いに巻きこまれたと記述される。

＊源氏之縁坐　源氏との姻戚関係によるまきぞえ。

＊賤者随貴弱者資強　底本「䓍」は『字類抄』、『名義抄』ヨハシ、「弱」と同字。賤しい者は貴い者に従い、弱い者は強い者に資る。「資」は、「たよる」という意味。

＊不如敬順　うやまい、したがうのに越したことはない。

＊守器之職　底本「軄」は職。器は兵甲(甲、冑、兜等)の意味で、それを守る職。すなわち、武官としての左馬允を指すと考えられよう。

＊増官勇　官職に励んで進級する。

＊孀母　やもめとなった母。

＊堂　堂にいることから、母親は出家したと解釈されている。

＊芳操　美しく、固い節操。
＊花夷　都と地方。
＊比翼　比翼は、二羽の鳥が翼を並べることから、男女の深い契りを表す語。しかし、ここでは、貞盛と将門が協力し合うことを指す。
＊具擧此由　底本の「擧」は挙。この挙の傍訓ニ。詳しく、（貞盛が）事由を申し出て将門と誼みを通じようとしたと解釈する。
＊慇斯可者　「慇」の傍訓ニ。親密に、丁重にの意味。「可」（よろしい）の内容から「可ナラム」と読む。（将門が）丁重に、これ（二人が協力すること）はよかろうと言っている。「者」これは「トイヘリ」の略で「テヘリ」と読む。「と言っている」の意味。記録類などに、よく用いられる語である。この語句は、貞盛の方から誼みを通じようと持ちかけたのに、将門が丁重に承諾したと解釈するべきである。これまでの注釈は、明確に捉えてはいなかった。

［考察］

（Ⅰ）とくに、貞盛は都に於いて官職に就いていたが、（故郷の）事件を聞くこととなった。父の国香が舎宅を焼かれ、死去したという事を聞き、朝に夕に嘆き悲しんだ。ついに、貞盛は、両親を哀れみ慕う気持ちに耐えられず、公に暇を申し出て故郷に帰国した。私門に着いて、母や妻、一族を探し集め、亡父を弔い、一年の喪に服すこととなった。喪中を表す布の冠を黒髪に着け、菅の帯で藤の衣を結んだ。やがて、冬が去り春が来て、漸く、親に孝養を尽くした日数も過ぎ去った。

貞盛は思案をして、将門とは本意の敵ではなく、源氏との姻戚関係によって自分は巻き添えを食うことになっていたと考えた。そこで、将門とは誼みを通じて協力し、自身は都で官職に励んで進級を果たそうと決心した。この趣旨を将門に申し出たところ、将門は、丁重に「よかろう」と合意したのである。

（Ⅱ）こうした叙述の中で、とくに、重要なことは、貞盛が一年の喪に服していたことと、貞盛と将門とが和解しようとしたことである。服喪のことは、先述のように栃木氏の論文に詳しい。将門の受諾の表現の方は、後にも、他の問答の際に「甚だ以て可なり」と答える例が見られる。これまでの注釈書では、一書を除いて、「貞盛が申し出て、将門が応じた。」というような解釈をしていない。

（Ⅲ）注目するべき対句は以下のとおりである。

「幸雖預司馬之級　還吟別鶴之傳」（単句対、長句）

この句は、対句の形式として乱れがあるが、「司馬の級」と「別鶴之傳」とは相対する句である。「別鶴」（中国古代の楽府琴曲にある。）は夫と別れる哀れな妻を意味する。「傳」は「守り役」のこと。この句は「都では司馬の官職についていたが、故郷に帰ると夫と死別した母の守り役となって嘆いている。」ということを表している。これまでは、「傳（フ）」と「傳（デン）」が混同されて解釈していた。

「以人口尋得偕老之友　以傳言問取連理之徒」（単句対、長句）

ここに見える「偕老」、「連理」は、男女の関係を表す語であるが（「偕老の友」は妻）、後に、貞盛と将門の関係に「比翼」が用いられているから、「連理の徒」は、兄弟や一族を表すと解釈したい。

「着布冠於緑髪　結菅帯於藤衣」（単句対、長句）

この対句の「菅帯」や「藤衣」は漢語ではなく無理があろうと非難されている。（「S32・7」）こうした和語の対句は、『将門記』には類例が多く、対句の修辞上、未熟な点があるとされる。

「冬去春来　漸失定省之日　歳変節改　僅遂周忌之願」（隔句対、軽隔句）

四字句六字句の隔句対で、四・六の美文調で表そうとしたのであろう。「定省之日」は『礼記』から出たとされ、典拠のある語句といえよう。作者がかなりの工夫を凝らして作り出した対句であろう。

「孀母在堂　非子誰養　田地有数　非我誰領」（隔句対、平隔句）

「通芳操於花夷　流比翼於国家」（単句対、長句）

この二句は、貞盛が将門と和解して互いに協力しようとして、考えたことを対句の形式で表している。作者は、力を込めて記そうとする際には、こうした対句仕立ての文章を作るのである。これに関して、『将門記』の対句は、「漢字だけを形式的に四六文らしくならべようとしたものである。」（「S34．4」）という批判もある。

（Ⅳ）この段落は、貞盛の動向を書いており、山中氏の論文（「S12．6」）も貞盛の奏状としている。貞盛方からの資料であろう。渥美氏は「実は京都での加筆であって、貞盛の将門誅戮の功を称賛する都人の手によったのではないかと思われる。」という独自の説を述べている。（「S39．10」）

真本　訓読文（3）

乃ち對面せむと擬る（之）間に、故上総介高望王の妾の子平良正も亦、将門の次の伯父也。而して介良兼朝臣と良正とは兄弟の上に、兩（フタリ）乍ら彼の常陸前掾源護の因縁也。護常に息子、扶、隆、繁等が将門の為に害せらるる（之）由を嘆く。然れども、介良兼は上総国に居て未だ此事を執らず。良正獨り因縁を追慕して、車の如くに常陸の地に舞ひ廻る。爰に、良正偏に外縁の愁に就きて、卒に内親の道を忘れぬ。仍て干戈の計を企て、将門の身を誅せむとす。時に、良正の因縁其の威猛の勵むことを見て、未だ勝負の由を知らずと雖も、兼ねて莧尓とほほえみ、熙怡とよろこぶらくのみ。【字書に曰く、莧尓は倭に言くつはゑむ也。上の音は官の反、下の音は志の反。熙怡は倭に言くよろこふ也。上の音は伎、下の音は伊の反。】理に任せて楯を負ひ、實に依りて立ち出づ。将門傳《ツタエ》にこの言を聞きて、承平五年十月廿一日を以て、忽ち、かの国新治郡川曲村に向かふ。則ち、良将聲を揚げ案の如く討ち合ひ、命を棄てて各合戦す。然れども、将門は運有りて既に勝ちぬ。良正は運無くして遂に負くる也。射取る者六十餘人、逃げ隠るる者其の数を知らず。然して、其の廿二日を以て将門は本郷に歸る。爰に、良正幷に因縁伴類は兵の恥を他堺に下し、敵の名を自然に上ぐ。慧くも寂雲の心を動かし、暗に疾風の影を追ふ。【書に曰く、慧はあちきなく。】

＊對面せむと擬る間　この「間」は次の文には繋がらない。この「間」は後の語句と全く無関係に接続されている形式語とされる。(「S57．3」) 先述のように、貞盛は一年喪に服していたから、対面しようとしたのは、後に良兼が参戦する前頃であろう。
＊平良正　ここでは、将門の次の伯父とある。『尊卑分脈』では、国香の末弟の子となっている。
＊乍兩　二人ながら。
＊因縁　仏教語ではなく、姻戚のこと（妻の父母兄弟）を指す。良兼も良正も源護の娘を娶っていたとされる。
＊介良兼　底本の兼の異体字はやや変形している。良兼は、「上総国に居て」とあるので上総介かと思われる。しかし、後の将門の書状には、前の下総国介平良兼とあり、書き出しのところで示した『将門略記』には、下総介平良兼とある。また、『尊卑分脈』でも、下総介となっている。
＊未執此事　まだ、この事件に関わっていなかった。
＊如車舞廻　車のように、ぐるぐる親戚を訪ね回ったことを指す。
＊外縁　外戚。母方、妻の親類。
＊内親　内戚。父方の親類。
＊干戈之計　戦いを行う計画。
＊威猛之勵　威勢よく励むこと。
＊莧介　にっこりほほえむさま。この語の右側にクワンジトと傍訓があり、左側にホホエミとある。これは文選読みである。現

在は、莞爾と書く。
＊熙怡　さかんに喜ぶこと。キイト、ヨロコフと傍訓があり、文選読みである。文選読みの形式は、「字音語＋と＋和語（用言）」「字音語＋の＋和語（体言）」である。（ここは前者）後の『平家物語』にも「千草にすだく蟋蟀（しっしゅつ）のきりぎりす」という有名な文選読みが見える。
＊倭言　倭に言く。「我国では…という」の意。
＊字書　「倭に言く」として説明があるので、我国の辞書を指すか。
＊都波恵牟　「つはゑむ」は、ほほえむの意味の古語といわれるが、他に実例があるのか不明である。「つは」が「つば」ならば、唇（九州方言）の意味があり、『日葡辞書』にも見えている。唇、すなわち口で笑うことか。
＊反　反切のこと。ただし、ここでは、一字の音を示しただけで、本来の反切とはいえない。
＊任理、依實　「任理」道理に従っての意味。「理」コトハリ。「依實」真実に依っての意味。「實」は実。『字類抄』マコト。「理」と「実」は、相対する語として用いられている。おそらく、良正は、姻戚の扶らが殺害されたため、将門を討つことが当然の理であり、それが姻戚の護に実を尽くすことであるとして戦いに出立したのであろう。
＊新治郡川曲村　現茨城県結城郡八千代町内の旧川西村の地域付近かというが、推定の域を出ていない。八千代町内の旧川西村の地域であるから、注釈書などで八千代町川西とするのは、正しくない。
＊良将　良正のことであろう。原文には、「良正と将門」の名前があった可能性があるとする⑱。たしかに、良将以下は、両者を主語とすると理解はしやすいが、こうした書き方があったかは定かではない。
＊揚聲如案討合　声を揚げて思いどおりに討ち合う。
＊各合戰　各（オノオノ）この訓みは、この後しばしば現れる。
＊有運既勝　ここでも、運が勝敗を左右している。『将門記』は、前述のように、合戦の戦法などよりは、運によって勝敗が決まるような記し方をしている。
＊迯　「逃」と同字。

＊本郷　本拠地。将門の本拠地は、鎌輪（現茨城県結城郡旧千代川村鎌庭）と石井（旧岩井市）とされる。
＊下兵恥於他堺　底本は不鮮明。模刻版本による。兵としての恥を他の地域にまで知られてしまって、評判を下げたこと。
＊他堺　他の地域（他国）
＊自然　おのずからそうなること。ひとりでに。
＊蔕　『名義抄』［蔕］アチキナシとある。この字と同様の字であろう。「あぢきなし」無意味、無用、無益で、やるせない。つまらない。『枕草子』に「あぢきなきもの」として、無意味でどうしようもない例が記されている。
＊寂雲之心　静かで動かない雲のような心。良正に例える。
＊暗に　そらにと読む。むなしく。
＊疾風之影　（一瞬に通り過ぎる）疾風のような光。将門を指す。
＊書　先の字書などを指す。

［考察］

（Ⅰ）　将門の伯父、良正は、岳父の源護が息子たちを殺されて嘆いているのを察して、常陸国を駆け廻って味方を募り将門を討とうと企てた。護は、その勇猛な姿を見て、大いに喜んでいた。こうして、良正は将門討伐を目指して出立した。将門は、これを伝え聞いて出兵し、川曲村で戦うこととなり、運にも恵まれて勝利した。良正は兵の恥を被り、かえって、敵の将門の名を高めることになってしまった。これは、あたかも寂雲が疾風のような光を追うが如き無益な行為であった。

（Ⅱ）　ここには、まず、「間」の（後の文に繫がらない）形式語の用法がある。貞盛と将門が対面しようとしたのは、この戦いの後のことになる。この良正の事件は、時を遡った記述となる。このことをしっかり確認する必要がある。さらに、ここには、文選読みや反切の語が見られ表現上からも注目される。

（Ⅲ）「偏就外縁愁　卒忘内親之道」（単句対、長句）

「外縁」の後に「之」が落ちている。こうした不備な形はかなり見られる。あるいは、書写の際に抜けたこともあったかもしれない。「内親」を「肉親」とした注釈もあった。「内親」は内戚で、父方の親類のこと。外戚と対をなす。

「慧動寂雲之心　暗追疾風之影」（単句対、長句）

この対句は、正しく解釈されていなかったと思う。寂雲を良正と考え、疾風を将門と考えれば解釈出来ると思われる。「つまらないことに、しずかな雲のような心を動かして、むなしく疾風のような光を追う結果となってしまった。」という解釈になろう。「あぢきなく」とあることから、良正の行動を非難するような内容となっている。

（Ⅳ）ここは、良正を非難するような内容から、将門側からの資料があったかと思われる。ただ、後に、源護が将門を訴えているので、その訴状も資料となった可能性もあろう。

真本　訓読文（４）

然れども、會稽の深きに依り、尚、敵對の心を發す。仍て不足の由を勒し、大兄の介に擧ぐ。其の状に云く、雷電響きを起すこと、是、風雨の助けに由る。鴻鶴雲を凌ぐこと、只、羽翔之用に資る也。羨くは合力を被り、将門の乱悪を鎮めむ。然らば則ち、国内の騒ぎ自ら停り、上下の動き必ず鎮らむ者。彼介良兼朝臣、吻（サキラ）を開きて云く、昔の悪王は尚し父を害する（之）罪を犯しき。今の世俗何ぞ甥を強むる（之）過を忍ばむ。舎弟陳る所、尤も然るべからざる也。其の由何者、因縁の護の掾、頃年、触れ愁ふる所有り。苟も、良兼彼の姻婭（インア）の長と為りたり。豈に与力の心无からむや。早く戎具を整へて密に相待つべし者。

良正、水を得たる（之）龍心を勵し、李陵の昔の勵を成す。之を聞きて、先に軍に射らるる者は痕を治して向ひ来たる。其の戰に遁るる者は楯を繕って會ひ集る。而る間に、介良兼は兵を調へ陣を張り、承平六年六月廿六日を以て常陸国を指して、雲の如くに上下の国【上総下総を言ふ也】に湧き出づ。禁遏を加ふと雖も、因縁を問ふことを稱して、遁るるが如くに飛ぶ者。所々の關に就かず、上総国武射郡の少道より下総国香取郡の神前に到り着く。その渡より常陸国信太郡䒻前津に着く。其の明日の早朝を以て同国水守の營所に着く。

斯の鶏鳴に、良正参向して不審を述ぶ。其の次に、貞盛は疇昔の志あるに依り彼介に對面して、（之）相語りて云く、聞くが如くは、我寄人と将門等は慰懃なる也者。斯れ其の兵に非ず者ば兵は名を以て尤も先と為す。何ぞ若干の財物を虜領せしめ、若干の親類を殺害せしめて、其の敵に媚ぶべきや。今須く与に合力せらるべし。将に是非を定めむとすと云ふ。貞盛は人口の甘きにより本意に非ずと雖も暗に同類と為りて下毛野国を指して地を動かし草を靡け一列に発り向ふ。

＊會嵇　底本は「會嵇」とし、『字類抄』十巻本にも「會嵇」とある。普通は「會稽」「会稽」と書く。中国の春秋時代に、越王勾践が会稽の山に於いて呉王夫差に敗れた後、苦心の末、復讐をとげ「会稽の恥」をすすいだ故事による語。（『史記』）ここは、会稽だけで、（恥をすすぐ）復讐の（思い）の意味となっている。
＊勒不足之由　勒は文章に記すの意味。兵力が不足であることを記す。
＊大兄之介　大兄は兄の尊称。介の良兼を指す。
＊雷電　雷と稲妻。これ以下は『帝範』を引用した語句。
＊依風雨之助　風や雨の助けがあるからだ。
＊鴻鶴　おおとり（白鳥など）と鶴。
＊資羽翔之用也　羽を用いて飛ぶことによるのである。

＊羨　傍訓ハ。「ねがはくは」と読む。
＊上下の動　身分の上、下の人々の動揺。なお、この上下を国内（常陸）の対語と見て、上総、下総の国の人々とすることにも引かれるが、後に、上下之国の語があって、割注でわざわざ説明しているから、ここは、普通に貴賤の人々としておく。（上下が上総・下総ならば、ここで注を付けるはずである。）
＊吻　傍訓サキラ。『倭名抄』、『字類抄』、『名義抄』にクチサキラとある。口の端の意味。
＊昔悪王尚犯害父之罪　古代インドの摩掲陀国の王子阿闍世が父王を七重の獄に降して、これを殺し王位についたこと（『大涅槃経』）を示す。
＊強甥　底本の返り点と送り仮名によって、「甥を強むる」と読む。
＊不可然也　これは、「不」を除いて、良正の述べることは「然るべし」と訓むように考えられてきた。しかし、簡単に本文に誤りがあるとするのもどうかと思われる。ここでは、良正が述べた将門の行動が「然るべからず」とする注釈書⑭説に賛同したい。
＊何者　漢文訓読語で、ナントナラバとナントナレバの両方の訓み方があった。「どういうことかといえば（いうと）」という意味である。ナントはイカントと訓むこともある。
＊護掾　常陸前大掾、源護。
＊頃年　近ごろ。
＊觸愁　将門に害せられた事について愁え訴える。底本には「夆」（㑁）とあるが、これは觸の古体とされる。
＊姻婭之長　「姻婭」姻は姻戚、婭は相聟。（姉妹の聟相互の関係。）その長であるということ。
＊豈无与力之心哉　どうして、助力する気持ちがないはずがあろうか。
＊戎具　武具。
＊密　底本はやや変形しているが、密と捉える。この字体は『字類抄』、『名義抄』にも見える。
＊得水之龍心　龍が水を得たように、勢い盛んな心。

＊李淩　底本「淩」と陵は通じる。李陵のことである。李陵は、『史記』によれば、「李陵既壮、選為建章監、監諸騎、善射愛士卒。」とあり、騎射に優れ、士卒を愛して匈奴を撃ち、軍功をたてた。しかし、後には、匈奴に捕らわれの身となった。ここでは、昔励とあり、龍心に対する語なので、匈奴に捕らえられる以前に、勇猛な活躍をしたことを指すのであろう。水を得た龍と李陵の昔の奮励を勢い盛んなものとして、対句の文に仕立てている。

＊調兵張陣　兵をととのえ、陣の配置を行う。

＊如雲湧出上下之国　ここは、「上下の国」に返り点があるのを生かして「上下之国に湧き出づ」と読む。

＊禁遏　傍訓キンカツ。『字類抄』キンアツ。『名義抄』では両方に読める。禁じて止めるの意味。ここでは、通行を禁止したこと。

＊稱問因縁　縁者を尋ねると称する。

＊如遁飛　「如」の傍訓ニ。ここでは、ニと「遁」に付いた返り点を生かして訓んだ。「遁れ飛ぶが如くに」と読むと「者」に続かない。

＊上総国武射郡　『倭名抄』に見える上総国の郡。上総国の北端に位置する。現在は山武郡に含まれている。

＊少道　間道のこと。

＊閞　この底本の文字は『名義抄』に「關の俗字」とある。関所。

＊下総国香取郡之神前　「前」の傍訓ヘニ。傍訓はマヘと読ませたいらしいが、神前はカムザキか。現香取郡の神崎町と考えられる。ここの低地は、かつて榎浦流海と呼ばれた内海の水域である。これに突出する岬島の先端部が神崎森で、対岸の信太方面への渡津地点と推定されている。

＊渡　「わたり」が古い読み方、「わたし」は時代が降る。

＊信太郡𦾔前津　𦾔の傍訓ェ。現稲敷郡江戸崎町、同郡東村市崎、幸田などの諸説があるが、明らかではない。

＊水守　現つくば市水守とされ、良正の営所かといわれる。

＊營所　一般に、兵営・軍営の意味であるが、当時はどのようなものであったか諸説がある。

・軍事的な拠点で、舎宅的な部分があり、田畠が付属していたという北山茂夫説に従う（⑭）。
・豪族の住居であると共に堀や土塁をめぐらした軍事上の拠点、農業経営や交易の事務所も兼ねるとする（⑮）。
・軍事的な施設という側面を強調した館の呼称とする（⑱）。
なお、営所は宿と呼ばれたともいう。（「宿」の傍訓リ。ヤドリと読む。）

＊鶏鳴　夜明け、明け方。

＊不審　『字類抄』イフカシ・フシン。疑問に思うこと。ここは貞盛への疑惑であろう。「不審」には、相手の近況や健康を尋ねる御機嫌伺いの意味があり、こちらを採用する注釈書もある。しかし、貞盛が将門と提携しようとしていることへの不審と解釈するのが自然であろう。

＊疇昔之志　往昔から厚意を受けていたこと。

＊（之）　この「之」は不明。あるいは踊り字で、前にある介を表すか。それならば、介相語となり意味が通じる。

＊寄人　身寄り。

＊慰懃　傍訓ナル。「慰懃なるなり」かばい合い親しい仲である。

＊非其兵　兵は、『字類抄』に兵ヘイ・ツハモノとある。それ（貞盛の態度）は、兵のものではない。

＊者　傍訓ハ　テヘレバ。というのは、というのでの意。

＊兵者以名為先　兵は、何よりもその名を第一とする。ここには、「すでに坂東の地に、いわば、兵の道とも呼ぶべき兵の価値規範、兵の独特の倫理が生まれ始めていたことをうかがわせる。」という論がある。（「S56．6」）

＊若干　『字類抄』には、若干ソコハクとある。いくらかの意味から、かなりの数量を表す場合もある。ここでは、かなり多いの意。

＊令虜領、令殺害　（受身ではなく「しむ」と）使役の表現になっているのは、兵にふさわしい表現といえよう。後世の『平家物語』では、「射られ」と受身で表すところを「うち甲を射させてひるむ」と使役に表している。ここは、奪い取らせる、殺害させるの意。

＊須　再読文字「すべからく…べし」。当然…すべきである。
＊将　再読文字「まさに…むとす」。きっと…しようとする。
＊人口之甘　人の言葉の巧みさ。
＊地動草靡　地面を動かし、草を靡かせる。勇ましく進軍する際に、よく用いられる表現である。
＊發向　［發向す］と音読するのが普通。傍訓を重視して、発り（オコリ）向ふと読む。出発して向かう。

［考察］

（Ⅰ）良正は、将門に敗れたが、なお敵対の心を有して、兄の良兼に書状を送って合力を請うた。良兼は、将門の乱悪を看過できないと応え、姻娅の長として与力することを伝えた。良正は勇んで、軍備を整えて良兼の来援を待った。承平六年六月廿六日、良兼は兵を調え大軍を率い、国司の制止を振り切って、間道を通り上総から下総を経て常陸を目指した。その明朝、良兼軍は常陸の水守の営所に到着した。良正は、兄に貞盛が将門と通じている疑いがあると述べた。そこで、貞盛が良兼に対面すると、良兼は「将門と親しくしていると聞いた。それは、兵ではないということだ。兵は、その名を第一とする。財物を奪わせ、親類を殺させて、相手に媚びることがあろうか。今こそ我らに合力せよ。」と説いた。貞盛は、この言葉の巧みさによって、本意ではないが、同類となって下野国へ発向することとなった。

（Ⅱ）こうして、貞盛は、（自らが申し出て結んだ）将門との提携の約を破り、良兼軍に同行することになった。これ以降、将門は貞盛に激しい敵意を持つに至るのである。このことをしっかり把握しておかなくてはならない。

（Ⅲ）

「雷電起響　是由風雨之助　鴻鶴凌雲　只資羽翔之用」（隔句対、軽隔句）

この対句は、『帝範』の「舟航之絶海也　必仮橈楫之功　鴻鶴之凌雲也　必因羽翮之用」（六字隔句対）を参照して、前半を巧みに作り変えたと思われる。作者は、『帝範』から多くを引用しており、その学識が注目される。

「昔之悪王　尚犯害父之罪　今之世俗　何忍強甥之過」（隔句対、軽隔句）

これも、上の句は、『大涅槃経』の内容（阿闍世王子のこと）を引用している。

「励得水之龍心　成李陵之昔励」（単句対、長句）

この対句は、対を為さないと批判される（Ｓ32．７）が、「得水の龍心」と「李陵之昔励」をそれぞれ勇猛なものの対と捉えることも出来よう。

「地動草靡」（当句対）

この句は、後の軍記物語では、行軍の際などに慣用句のように用いられる。

（Ⅳ）ここの資料としては、良兼・良正側から出たと思われる。渥美氏は、良正の戦いから良兼の戦いは、常陸側で作られた話と推考すると述べている。（「Ｓ39．10」）ただし、貞盛が不本意で従ったという記述からも、貞盛側の資料とも考えられよう。山中氏は、貞盛の解としている。（「Ｓ12．６」）

真本・楊本　訓読文（５）

真本

爰に、将門機急あるに依り、實否を見むがため、只百余騎を率ゐ、同年十月廿六日を以て、下毛野国の堺に打ち向ふ。實に依りて件の敵數有りて千許なり。略、気色を見るに、敢て敵對すべからず。その由何者、彼介未だ合戰の遑に費えずして、人馬膏つき肥えて、干戈皆具せり。将門は度々の敵に擢かれ兵の具已に乏し。人勢厚からず。敵、これを見て垣の如くに楯を築き、切るが如くに攻め向ふ（矣）。将門は未だ到らざるに、先づ歩兵を寄せ、略して合戰せしめ且つ射取る人馬八十余人也。彼介、大に驚き怖ぢて皆楯を挽きて逃げ還る。

将門鞭を揚げ名を稱へて追討する（之）時に、敵為方（セムカタ）を失ひて府下に偪り仄る。【傳に曰く、偪仄は倭に言く、いりこまる也。】斯に於て、将門思惟す。允に常夜の敵にあらずと雖も、脉（チノミチ）を尋ぬれば疎からず、氏を建つれば骨肉なり者。所云、夫婦は親しくして、瓦に等し。親戚は疎くして、葦に喩ふ。若し終に殺害を致さば、若しくは物の譏り遠近に在らむか。仍て、彼の介獨りの身を逃さむと欲ひて、便ち国廳の西方の陣を開き、彼の介を出ださしむる（之）次に、千餘人の兵皆鷹の前の雉の命を免れて、急に籠を出づる（之）鳥の羽を成す。厥の日、件の介無道の合戰の由を在地の国に觸れ、日記し已に了りぬ。其の明日を以て本堵に歸りぬ。茲（コレ）より以来、更に殊なる事なし。

＊機急　緊急の事態。
＊實否　『字類抄』にジッフとある。事実か否か。
＊同年十月十六日　良兼が行動を起こしたのが六月廿六日であるから、この将門との戦いは時間がたち過ぎている。しかも、後に、将門は、十月十七日に上京している。何らかの齟齬があったと思われる。『将門略記』の同月廿六日を採る説と、他に七月廿六日の誤記とする説がある。
＊依實　まことに依り。ここは、「実際に」の意味。
＊件敵有數千許　普通に読めば、「件の敵数千ばかり有り。」となる。しかし、⑱にも指摘があるように、「数」に返り点がある。それを生かすと、【訓読文】のようになる。まず、数千というのは人数が多すぎること。将門がすばやく八十余人を討ち取ると、敵は国庁に逃げ込む。将門がそれを解放した際、千余人の兵が助かったとある。おそらく、加点者（訓点を付けた人）は、こう

した数字も考えて、返り点を付けたのではなかろうか。これに従うことにしたい。
＊氣色　様子。
＊何者　後に見える傍訓から、ナントナラバと読む。どういうわけかというと。
＊合戰之遑　合戦がなくゆとりがあること。
＊費　消耗する。
＊人馬膏肥　「肥」の傍訓テ。「膏」は動詞に読む。『字類抄』、『名義抄』ともに、「アブラック」の訓がある。「あぶらつきこえて」と読む。
＊干戈　武器。
＊擢　くじく、ひしぐ。
＊如垣築楯如切政向　多くの楯を隙なく横に並べ、大軍が一気に切り裂くように攻め向かう。底本では、「政」を「攻」の意味で用いている。
＊寄歩兵　徒立ちの兵を寄せる。
＊略　傍訓シテがあるので、副詞ホボではなく、動詞ととる。「略す」攻めとる、かすめとるの意味。大軍が迫って来る前に、先手をとって歩兵で急襲して、攻略したのであろう。
＊挽楯　築楯と相対する語。築いた楯を引きあげる。
＊揚鞭稱名　馬に鞭打ち、馬を走らせながら名乗りをあげる。
＊失為方　「せむ方を失ひ」と読む。なす術がない、どうしようもない。
＊府下　下野国府の内。下野国府は現栃木市にあった。
＊偪皮　底本に「偪庂」、傍訓イリコマルとある。偪は名義抄シリソク、イル。庂はお灸のことで意味がとれず、『字類抄』の「庂コモル」であろうか。そうならば、入り籠るの意味。なお、『字類抄』には逼庂とある。
＊傳　先の字書や書などと同様の意味であろう。

*思惟　深く考え思うこと。
*常夜之敵　「常夜」は、終わることなく夜が続くこと。『俚言集覧』では、不断の意とする。永遠の宿敵という意味か。これまで、「不在常夜之敵」の「不」は誤りとして、『将門略記』の「在常夜之敵」を正しいとする。しかし、疑問がないわけではないので、ここでは、「不」を除かないで解釈しようと努めた。訓読文の読みでも意味は通ると思う。
この段階では、良兼と将門は敵対しているものの、未だ永遠の宿敵とはいえないと思われる。「永遠の宿敵とまではいかないが、（敵対する）良兼は血筋をたどれば疎遠ではなく血族である。」この後、両者は合戦を続けて、終に常夜の敵になるのである。
*尋脉不疎逹氏骨肉　「脉」傍訓チノミチ。血すじの意味。血筋をたどれば疎遠ではない。底本の「逹」字は、『字類抄』にも見え建と同字である。家系を挙げれば血族である。
*夫婦者親而等瓦、親戚者疎而喩葦　「而」を順接、または、逆接とする両説がある。（1）夫婦は、親しくて（すき間のない）瓦に等しい。親戚は、疎くて（すき間の多い）葦に喩える。（2）夫婦は、親しいけれども（壊れやすい）瓦に等しい。親戚は、疎いけれども（根が繋がる）葦に喩える。なお、『新撰字鏡』には、男瓦・女瓦という語が見える。瓦は夫婦の譬えになりやすい語である。（1）説をとりたい。以下のⅢを参照いただきたい。
*物識　訓み「モノノソシリ」。非難があること。
*国廳　国の役所。
*皆免鷹前之雉命　皆が鷹の前の雉が命を免れたかのように、死を免れて遁れ出たの意。楊本は、これ以前は欠けていて、ここの「雉」のところから始まる。
*急成出籠之鳥羽　急に、籠から出た鳥の羽のような歓びを表した。「鳥の羽」は、楊本では「鳥の歓び」となっていて理解しやすい。
*觸扵在地国日記　在地は、ここでは下野国、常陸国、下総国などであろう。その国々に觸れ廻って、国庁の日記（記録）に事の顚末を記して、後日の証拠としたのであろう。
*日記　事発日記のこととされる。将門は、一国の介、良兼を殺せば、いかなる罰を受けるか知っていて介を見逃したが、その

無道の合戦の事実を後日の証拠として、下野国府の日記に記録させたのであろうとされる。一説には、良兼が国府に逃げ込み、将門の無道を記録したという。しかし、ここは、将門が主語であるから、将門の側が記録したと理解したい。

＊自茲以来　これより「以来」コノカタと読む。

＊无殊事　とくに変わった事はない

楊本（楊本は、ここから始まる。）

　雉命。急に籠を出でたる（之）鳥の歓を成す。厥の明日に件の介無道に合戦する（之）由を在地の国に觸れて日記し已に了んぬ。其の明日を以て本堵に歸りぬ。これより以来更に殊なる事無し。

＊雉命　雉の傍訓キシノ。命の横に傍訓ヲ。楊本は前後がかなり欠けており、ここ、真本の底本八十四行から始まることになる。将門が良兼を下野国府に追い詰めたが、一方を開いて逃してやるところである。この前に、真本「皆免鷹前之鴙命」のような文があったかと思われる。

＊籠を出でたる鳥の歓　籠を出た鳥の歓喜。真本よりも分かりやすい。

＊了　原本の傍訓ハヌ。ヲハンヌと撥音便に読む。真本の方は先学の訓み（⑯）により、ヲハリヌと訓んだ。

＊以来　底本の傍訓コノカタ。

＊楊本には、衍字が多く、ここでも「畏」「明」「旦」「歸」などがあり、ミセケチの印が付いている。（以下、いちいち提示しない。）

［考察］

（Ⅰ）将門は、この緊急の事態により、実否を確かめようと、百余騎を率いて下野の国境に向かった。（この日を同年十月二十六日とあるが、先述のように疑問がある。）はたして、敵は千人ばかり、人馬共に威勢があって武器も整っていた。将門の方は、兵具が乏しく人数も劣っている。敵はこれを見て、垣のように楯を築き、一気に切るように攻め向かった。将門は、歩兵を近寄せて矢を放ち八十余人を射取った。敵は驚き楯を引いて逃げ去った。将門は名乗りを上げて追討すると、敵は下野国府に逃げ込んだ。将門は、伯父の良兼を殺してはまずいと考え、国庁の西側を開けて逃がしてやる。それに伴って、千人ほどの兵の命が助かった。将門は、良兼の無道の合戦の事実を在地に触れ回り、日記に記録し終わって本拠に引き上げた。この後、とくに変わったことはなかった。

（Ⅱ）先の二度の合戦では、運の良し悪しによって勝敗が決まったように記していたのに対して、ここでは、戦法についての記述がある。良兼軍が大軍を恃んでか、正々堂々と正面から攻めて来るのに、将門は歩兵を近づけて一斉に射撃する先制攻撃をおこなった。いわば、奇襲戦法に出たのであろう。良兼は、不意を突かれ驚いて逃げ去り、将門は、鞭を揚げ名を称えて追撃し追い詰めて行く。まさに、将門の勇猛果敢な戦いぶりが描かれているのである。

　こうして、将門は良兼を包囲しながら、自身の骨肉であることから、（加えて、介の地位にある者を憚ってか）「物の譏り遠近に在らむか」と、逃げ道を開いてやるのである。将門の情け深さ、思慮の深さが見られるところでもある。

（Ⅲ）「夫婦者親而等瓦　親戚者疎而喩葦」（単句対、長句）この対句は、当時言い慣わされていた諺語を対句にしたと思われる。この解釈は、先に触れたように二つにわかれている。これは、「而」を①順接②逆接のどちらに取るかによるのである。①「夫婦は親しくて瓦のように、しっかりと結びつき水ももらさない仲であり、親戚は疎くなっていて、葦のように間隙がある。」②「夫婦は親しい仲でも、瓦解することがあり、親戚は疎いけれども葦のように根が繋がっている。」ここでは、以下の説に賛同して、①を取ることにした。「水ももらさぬ夫婦の中を瓦ぶきに、あつくふいても雨のもる葦ぶきを近いようでも離れ安い親戚にたとえてみればこの比喩もわからないではありません。それどころか、そうみることで、まだ葦ぶきの竪穴住居がたちならび、国衙・郡衙や官寺ばかりがそびえている十世紀の関東平野がうかんでくるではありませんか。」（「S35．１」）

（Ⅳ）将門は、この合戦が良兼の無道と下野国府の日記に記したという。こうしたことから、将門側からの資料となろうが、日記への記載が事実であれば、下野国の資料とも捉えられよう。

真本・楊本　訓読文（６）

真本

然る間に、前大掾源護の告状に依り、件の護并に犯人平将門及び真樹等を召し進むべき（之）由の官府、去りし承平五季十二月廿九日の府、同六年九月七日に到来す。左近衛の番長正六位の上英保純行、同姓氏立、宇字加支興等を差して、常陸、下毛、下総等の国に下さる。仍て将門、告人以前に、同年十月十七日、火急に上道す。便ち公庭に参じて具に事の由を奏す。

幸に、天判を検非違使の所に蒙りて、略問せらるるに允に理務に堪へずと雖も、佛神感有りて相ひ論ずるに理の如し。何ぞ況や、一天の恤（メグミ）の上に百官の顧（カエリミ）有り。犯す所軽きに准じて罪過重からず。兵の名を畿内に振ひ、面目を京中に施す。経廻する（之）程に、乾徳詔を降し鳳暦已に改る。【言ふこころは、帝王の御冠服の年、承平八年を以て、天慶元年と改む。故に此の句有る也。】

故に松の色千年の緑を含み、蓮の糸十善の蔓を結ぶ。方に今万姓の重き荷は大赦に軽し。八虐の大なる過ちは犯人に浅し。将門幸に此の仁風に遇ひて承平七季四月七日の恩詔に依りて、罪に軽重无く、悦の靨を春花に含み、還向を仲夏に賜はる。忝くも燕丹の遑を辞して、終に嶋子の墟に帰る。【傳に言く、昔、燕丹秦皇に事りて遙に久年を経（フ）。然して後、燕丹暇を請ひ古郷に帰らむとす。即ち秦皇仰せに曰く。縦ひ烏首白く馬角を生ずる時に、汝の還るを聴さん者。燕丹歎きて天を仰ぐに、烏之が為に首白く、地に俯すに、馬之が為に角を生ず。秦皇大に驚き、乃ち歸るを許す。又嶋子は幸に常楽の国に入ると雖も更に本郷の墟に還る。故に此句有る也。子細本文に見ゆる也。】所謂、馬に北風の愁有り。鳥に南枝の悲しび有り。何ぞ況や、人倫思ひに於て何か懐土の情无からむや。仍て同年五月十一日を以て早く都洛を辞して弊宅に着く。

＊告状　告発状。

＊真樹　『歴代皇紀』に「将門合戰状云、始伯父平良兼與将門合戰、次被語平真樹承平五年二月與平國香幷源護合戰」とある。これによると、平真樹が将門を語らって、国香と源護と合戦したことになる。

＊可召進（之）由　公に召喚させること。「可…之由」は記録語としてしばしば用いられる。

＊官府　官符のこと。底本では、この「符」を「府」と記した例が４カ所ある。これまでは、この「府」は誤字とされていたが、古代においては、誤字とする感覚はなかったかもしれないという論がある。（「H６．８」）そこで、「府」を「符」に訂正することをしなかった。

＊承平五季　「季」は年のこと。

＊同六年九月七日　承平五年十二月廿九日から、承平六年九月七日までは、時間がかかりすぎる。何らかの齟齬があったのであろうか。

＊左近衛番長　番長は「ばんちょう」又は、「つがひのをさ」と読む。兵杖を帯して、禁中の警衛に当たる近衛から選任する。

＊英保純行　底本では、「あなをのともゆき」と読ませたいのであろう。『姓氏家系大辞典』（ア７）によれば、「莫保、アナホ」の項に『将門記』の英保純行を挙げ、「出自を詳かにせず。恐らく東国穴太部の裔なるべし。」とある。また、「阿保、アホ」の項に、「英保アホ、『倭名抄』に播磨國銹磨郡に英保郷を収め安母と註す。此地より起る。」と見える。このように、東国穴太部の末裔の英保氏とする説と阿保、安保と同じ英保氏説があり、いずれとも決め難い。

＊宇自加支興　孝霊天皇の皇子、彦狭島命の後裔、宇自可臣から出た宇自可氏という。

＊告人　告訴した人。ここでは、源護を指す。

＊火急　訓みクワキウ。急なこと。

＊公庭　訓みクテイ。朝廷を指す。

＊天判　天皇の判定。裁定。

＊検非違使所　底本の訓点を検討して「天判を検非違使の所に蒙りて略問せらるるに」と訓むことになる。従来、検非違使所は検非違使庁の誤りとする解説もあった。（検非違使所は、地方の役所で、時代も降る。）

＊略問　細部を省いたあらましを問うこと。

＊理務　理詰めの務め。将門は、こうしたことが苦手であったようである。

＊佛神有感相論如理　将門の理にかなった論述は、仏神の感応によるとされている。

＊一天恤　一天は天皇、恤（メグミ）は情けをかけること。天皇の同情。

＊乾徳　天皇の徳。ここでは、天皇のこと。

＊鳳暦　暦の美称。

＊言　『字類抄』に「イフココロハ」という訓み方がある。「言う意味は」の意。

＊帝王御冠服之年　朱雀天皇の御元服の年。

＊松色含千年之緑　ここの「含む」は、様子を表すの意。松の色は千年も続くような深い緑を表す。これは、朝家を松寿に例えて、千年も繁栄する意味を表している。

＊蓮糸結十善之蔓　「蓮糸」は、その葉や茎の繊維で作った糸で、極楽往生の縁を結ぶといわれる。そこで、蓮の糸で袈裟や曼茶羅を織ったという。「十善」は、仏教でいう十種の善行で、これを前世に修めた者が現世において天子に生まれるとされる。ここの「十善」は十善の君の意味で、天皇を表している。蔓には、すじ、系統が繋るという意味がある。「十善之蔓」は天皇の系統すなわち皇統の繁栄と捉えられる。そこで、蓮の糸が極楽と縁を結ぶように、皇統を無上の繁栄に結び付けると解せよう。

＊万姓重荷　万姓は多くの民。多くの民（万民）が担う重い負担。
＊軽捻大赦　底本「捻」は「於」である。大赦は律に定められた赦の一つ。大赦によって軽い。
＊八虐大過　八虐は律に定められた八つの大罪。
＊浅捻犯人　犯人にとっては（罪が）浅い。（微罪となる。）
＊承平七季四月七日恩詔　承平七年正月七日に、朱雀天皇の元服の賀による赦免の宣命が下された。それが四月七日に、将門に行われたと考えられている。これを対句に表したのが次の「含悦靨…」以下の句であろう。
＊含悦靨捻春花　悦びの靨（笑顔）を花咲く春に表す。
＊賜還向捻仲夏　「仲夏」陰暦五月。故郷に還り向かうことを仲夏にいただく。
＊嶋子　傍訓タウ、「たうし」と読む。浦島子のことで、後の浦島太郎。
＊傳　『燕丹子伝』『浦島子伝』などの伝を指す。
＊燕丹　燕は中国の春秋戦国時代の七雄の一つ。この国の皇太子丹の略称。秦の国に囚われの身となったが、許されて帰郷することができた。ここの燕丹の話は、『史記』に見える。この話は、後世の『平家物語』などに烏頭馬角の変と記されている。
＊事　傍訓ツカムマテ。つかうまつりて（お仕えして）の意。
＊秦皇　秦の始皇帝。
＊縦　タトヒと読み、順接仮定条件にも用いられた。たとえるならばの意。
＊烏首白馬生角　燕丹が故郷に帰りたいと申し出た際、秦皇が烏の首が白くなり、馬に角が生えたら許そうと難題を出した。燕丹が天を仰ぎ、地に伏して嘆願したところ、はたしてそうなって、帰還を許されたという。
＊常楽之国　浦島子が行ったとされる蓬萊宮で、常に安楽な仙郷のこと。
＊本郷之墟　「墟」旧跡。故郷の旧居。
＊本文　本文とは典拠のある古典をいう。後の『軍記物語』では、「本文に曰く」とか、「本文にあり」などと、しばしば現れる。
＊馬有北風之愁　鳥有南枝之悲　『文選』の「古詩十九首」にある詩句「胡馬依北風　越鳥巣南枝」に拠る語句である。北方の

胡国産の馬は北風に嘶き、南方の越から渡って来た鳥は南側の枝に巣を作るという内容で、何人も故郷を忘れ難い心情を例えた詩句である。

＊哉　この一字は破損して読めない。摸刻版本により補う。

＊弊宅　粗末な家。鄙の自宅を謙遜していう。

楊本

然る間に、前大掾源護が告状に依りて、件の護幷に犯人平将門及び真樹等を召し進むべき（之）由の官符去りし承平五年十二月廿九日の符同六年九月七日に到来す。使者左近衛番長正六位上英保純行、同姓氏立、宇自加支興等を差して常陸下野下総等の国に下されたり。爰に、将門は告げし人の以前に同年十月十七日に火急に上道して、便ち公庭に参じて具に事の由を奏す。

幸に天判を蒙りて、検非違使の所に略問せらるるに允に理務に堪へずと雖も佛神の感有りて相ひ論ずるに理の如し。何ぞ況や一天の恤の上に百官の顧有りて、犯し軽きに准へ罪過重からず。兵の名を畿内に振ひ面目を京中に施す。経廻の程に乾徳詔を降し鳳暦既に改る。【言ふこころは帝皇御冠服、天慶元年に承平八年を以てす。故に此の句有り。】

故に松の色千年の緑を含み、蓮の糸は十善の蔓を結ぶ。方に今、万姓の重き荷は大赦に軽む。八虐の大きなる過は犯人よりも浅くなりぬ。幸に将門此の仁風に遇ひて、承平七年四月七日の恩詔に依りて、罪の軽重無くして悦びの鬠を春花に含みて還向を仲夏に賜る。忝くも燕丹の遑を辞して終に嶋子の墟堺に歸りぬ。【傳に曰く、昔の燕丹は秦皇に事って遙に久年を送る。然して後に、燕丹古郷に歸らむと暇を請ふ。即ち秦皇仰せに云く、縱ひ、烏の首白くなり馬の角の生ひむ時に汝をば廳し還さむといへり。時に、燕丹跪きて天を仰ぎしかば（而）烏之が為に首白くなりにき。地を府しかば馬之（コレ）が為に角生ひたり。秦皇驚きて乃ち許し歸すを賜ふ。又嶋子は幸に常楽の国に入れりといへども、更に本郷の墟に還る。故に此句有り。子細は本文をみるべし（而巳）。】所謂馬は北風の愁有り。鳥は南枝の悲有り。況や人倫の思に於いて何ぞ壊土の心無からむ。仍て、同年五月十一日を以て、早く都洛を辞して弊宅に着きぬ。

＊純行　「純」に傍訓トモ、モトユキカとある。
＊支興　傍訓トモヲキ、ヨシ。
＊告人　「告」に傍訓ツケシ。この訓みは「つげし人」と和語になっている。
＊以落　「落」らしき字に傍訓センニ。「前」のことであろう。この後にも見られる。
＊蒙天判　真本の訓みと異なり、訓読文のように読む。
＊検非違使所　傍訓により、検非違使ノトコロニと読む。
＊犯　傍訓ヲカシとある。真本のように「所犯」ではないので、「犯」一字で名詞に読む。
＊千年之緑　「之」の字が右に出ている。底本の挿入符により入れる。
＊蔓　傍訓ハナカツラ。花鬘ならば、花に糸を通して髪飾りにしたもの。この意味にとる注釈書があるが従い難い。花葛ならば、茎がツル状の多年草の植物の名。どちらかと言えばこちらになるが、ここも真本と同様に蔓（ツル）と解するのが適切であろう。
＊万姓重荷輕於大赦　「輕」の傍訓カロム。軽くなるの意。
＊八虐大過淺犯人　「淺」の傍訓サシ、クナリヌ。加点者は「淺」を形容詞と捉えている。
＊修　傍訓ツヒニ。「終」の字ともとれる。
＊傳口　「口」の傍訓ク。「曰く」であろう。
＊事於秦王　「事」の傍訓ツカウマテ。秦王に仕（ツカマツッ）ての意味。

＊首　傍訓カシラ。
＊聽還　「聽」傍訓ユシ、「ゆるし」の意味。「還」傍訓サムトイヘリ。
＊府　傍訓フシカハ、ここの「府」は俯と同じ意味。
＊入　この字の傍訓レリトイヘトモ。
＊已而　底本に転倒符があり、而已である。割註の文字、語順は乱れており、傍訓で補っている。かなり読みにくくなっている。
＊南枝悲　「悲」の傍訓アハレビ。
＊壊土之心　「壊」は懐であろう。故地を懐かしむ心。

［考察］

（Ⅰ）ここからは、真本と楊本の大意をまとめて書くことになる。ここは、両本の大きな異なりはない。

その間、源護の告発状により、（原告）護と（被告）将門・真樹らの召喚を命じる官符が発せられた。その承平五年十二月二十九日付の官符が承平六年九月、英保純行・氏立・宇自加支興らにより、常陸・下野・下総の国に下された。同年十月十七日、将門は原告よりも先に上洛して、事件のいきさつを詳しく奏上した。将門は、検非違使に略問されたが、理に適った論述を行って面目を施し、都で兵の名を上げることとなった。これに関して、「双方が京都の朝廷に自己の正当性を認めさせせんがためにいくつかの対策がなされ、京都の権威が健在であったことが推定される。検非違使庁（当時の検非違使別当は将門と私的な関係があったといわれる藤原忠平の長子実頼）の勘問を受けた結果、将門は正当性を認められ、広く中央に兵名を振るい面目を施す。」（「S55．6」）という論述がある。

こうして、滞在している間に改元となり、承平八年が天慶元年と改まることとなった。皇統の無窮の繁栄が称えられた。幸いに、将門もその仁風に遇って罪を許された。承平七年四月七日の恩赦により、仲夏に帰国の許可をいただいた。伝によると、昔、燕の丹は秦皇に願い出て許され帰郷した。又、嶋子も故郷に帰ったといわれる。将門も、同年五月十一日に都を辞して自宅に着いた。

（Ⅱ）　ここの記述には、「帝王の御冠服の年、承平八年を以て、天慶元年と改む。」と割注がある。作者は、朱雀天皇の元服を改元の年と混同したらしい。そのため、承平七年四月七日の恩赦は、朱雀天皇の元服のものであるのに、それを改元の恩赦としてしまったのである。（改元は承平八年の五月二十二日）これまでも、こうした年月の記述に誤りがあると思われる箇所が見受けられた。ここで整理して少しばかり検証を加えておきたい。

承平五年二月二日　将門が野本付近で源扶らと戦い勝利する。
承平五年二月四日　将門が源護の本拠を焼き、源護・隆・繁、平国香ら死去する。
（以上の年月日は、『和漢合図抜粋』『歴代皇紀』など後代の資料による。）
承平五年十月廿一日　将門が良正と戦い勝利する。
承平五年十二月廿九日　源護の告状により、将門らを召喚する官符が発せられる。
承平六年六月廿六日　良兼が常陸に進出し、水守で良正・貞盛と合流する。
承平六年九月七日　源護の告状による官符が到来した。
承平六年十月十七日　官符に応じて、将門が上洛する。
承平六年十月廿六日　将門は下野国境で良兼軍と戦い勝利したが、良兼を逃がしてやる。
承平七年正月四日　朱雀天皇元服の日。（『日本紀略』）
承平七年四月七日　将門がその元服の恩赦を受けた。
承平七年五月十一日　将門が都を辞して自宅に着いた。

承平八年五月廿二日　改元して天慶元年となる。（『日本紀略』）

最初の野本合戦は、『将門記』には明確に年月日が書かれていないが、「其の四日」とある。これが先の資料などから、承平五年二月とされたのであろう。承平五年十二月二十九日に官符が発給され、承平六年九月七日に到来したことには疑念があろう。さらに、先述のとおり、承平六年十月二十六日の戦闘は誤記と思われる。この時、将門は官符によって、都に上っていたからである。朱雀天皇の元服と改元については、先に記述したとおり作者の勘違いであろう。

（Ⅲ）ここには、以下のような工夫を凝らしたと思える対句見られる。

「松色含千年之緑　蓮糸結十善之蔓」（単句対、長句）

ここの「含む」は「様子を表わす」の意味。「松の色」は千年も続くような深い緑を表す。これは、朝家を松寿に例えて、千年も繁栄する意味を表している。「蓮の糸」はその葉や茎の繊維で作った糸で、極楽往生の縁を結ぶといわれる。そこで、蓮の糸で袈裟や曼荼羅を織ったという。「十善」は、仏教でいう十種の善行で、これを前世に修めた者が現世において天子に生まれるとされる。ここの「十善」は十善の君の意味で、天皇を表している。蔓には、すじ、系統が繋るという意味がある。「十善之蔓」は天皇の系統すなわち皇統の繁栄と捉えられる。そこで、蓮の糸が極楽と縁を結ぶように、皇統を無上の繁栄に結び付けると解せよう。この場に、ふさわしい対句である。

「万姓重荷　軽於大赦　八虐大過　浅扵犯人」（隔句対、平隔句）

恩赦が出され、多くの人々がそれに浴した状況を対句に仕立てている。

「含悦罽扵春花　賜還向扵仲夏」（単句対、長句）

将門が春に赦免を受け、夏に帰国したことを対句にまとめた。

「忝辞燕丹之遑　終帰嶋子之墟」（単句対、長句）

中国の故事と我国の伝承を対句に取りこむ。燕丹が秦王から遑をもらい帰国することと、嶋子が故郷に帰ったことを相対する語句としている。この対句の後に、割注を入れて「傳にいわく」として、中国の燕丹の故事と嶋子の伝承が（注としては長く）引用されている。この故事挿入は、文飾として大いに注目するべきである。後世の軍記文学には、しばしば故事挿入説話が見られる。『将門記』の故事挿入が故事挿入説話へと発展していったことが分かるのである。

「馬有北風之愁　鳥有南枝之悲」（単句対、長句）

『文選』の「古詩十九首」にある詩句「胡馬依北風　越鳥巣南枝」に拠って作り変えた対句。

（Ⅳ）　都における裁判の記述であるから、公家の資料であろうか。渥美氏は官符について、「京都の記録によっている部分であろうか。」と記している。（前掲「S39．10」）なお、将門が都で兵の名を揚げたとあることから、将門方の資料とも見られよう。

真本・楊本　訓読文（7）

ここの段落は、楊本に、真本には記述がない文が入っている。（楊本の訓読文に【　】印で示した。）

真本

未だ旅の脚を休めずして、未だに旬月を歴ざるに、件の介良兼本意の怨を忘れずして、尚し會稽の心を遂げむと欲ふ。頃年、構へたる所の兵革、其勢常よりは殊なり。便ち八月六日を以て、常陸、下総兩国の堺子飼（コカイ）の渡に圍み来たる（也）。其の日の儀式は霊像を請ひて前の陣に張れり。【霊像と言ふは故上総介高茂王の形幷に故陸奥将軍平良茂の形也。】精兵を整へて、将門を襲ひ政む。其の日、明神忿（イカリ）有りて慥に事を行ふに非ず。随兵少なきが上、用意皆下りて、只楯を負ひて還る。

爰に、彼の介、下総国豊田郡栗栖院常羽（イクハ）御厩及び百姓の舎宅を焼き掃ふ。時に、晝は人の宅の榴を収めて、而も奇しき灰毎門に満てり。夜は民烟に煙を絶ちて、漆の柱毎家に峙つ。煙は遐に空を掩へる（之）雲の如し。炬は迩く地に散る（之）星に似たり。同七日を以て、所謂敵は猛き名を奪ひて、而も早く去り、将門は酷き怨を懐きて、暫く隠る（矣）。

将門偏に兵の名を後代に揚げむと欲ふ。亦合戰を一兩日の間に變じて、構へたる所の鉾・楯三百七十枚、兵士一倍なり。同月十七日を以て同郡の下大方の郷の崛越の渡に陣を固めて相待つ。件の敵は期に叶ひて雲の如くに立ち出でて電の如くに響きを致す。其の日、将門急に脚病を労りて事毎に朦朦たり。未だ幾ばくも合戦せざるに、伴類算の如くに打ち散りぬ。遺る所の民家仇の為に皆悉く焼亡しぬ。郡の中に、稼穡人馬共に損害せられぬ。いわゆる千人屯れぬる処には草木倶に彫むとは只（於）斯を云ふか。

登時に以て、将門、身の病を労らむが為に、妻子を隠して共に辛（幸）嶋郡葦津の江の邊に宿る。非常の疑有るに依り、妻子を船に載せて廣河の江に泛べたり。将門は山を帯して陸閑の岸に居り、一兩日を経る間に件の敵十八日を以て各分散しぬ。十九日を以て敵の介辛（幸）嶋の道を取りて上総国に渡る。其の日将門が婦を船に乗せて彼方の岸に寄す。時に、彼敵等媒人の約を得て件の船を尋ね取れり。七、八艘が内に、虜掠せらるる所の雑物資具三千余端なり。妻子同じく共に討ち取られぬ。即ち廿日を以て上総国に渡る。爰に、将門が妻は夫を去りて留りて、忿り怨つこと少なからず。其の身生き乍ら、其の魂死せるが如し。旅の宿りに習はずと雖も、慷慨して仮に寝る。豈何の益有らむや。

妾は恒に真婦の心を存して、幹明に与ひて死せむと欲ふ。夫は則ち漢王の勵を成して将に楊家を尋ねむと欲ふ。謀を廻す（之）間に、数旬相隔りぬ。尚し懐戀の処に相逢ふ（之）期无し。然る間に、妾が舎弟等謀を成して、九月十日を以て、竊に、豊田郡に還向せしむ。既に同気の中を背きて本夫の家に属く。譬へば、遼東の女の夫に随ひて、父が国を討たしむるが若し。件妻は同気の中を背きて夫の家に迯げ歸る。

＊旬月　十日または一ヵ月。転じて、わずかの月日。

＊本意之怨　もとから心にいだく怨み。

＊頃年　しばらくの間。

＊殊自常　いつもとは全く違っている。

＊子飼之渡　子飼川（小貝川）の渡場。現つくば市吉沼辺りから、現結城郡千代川村方面へ渡る地点の辺と考えられている。

＊其日儀式請霊像而前陣張　その日の戦いの儀式は神霊の像を勧請して陣の前に掲げていた。（先の野本の合戦においては、纛神を掲げて戦勝を期していた。）

＊故上総介高茂王形故陸奥将軍平良茂形　高茂王は、将門の祖父の高望王。良茂は、伯父国香の前名の良望と将門の父の良持の二説があるが、良持説が有力である。この二人の肖像画を前面に押し立てて威圧し、将門方の気勢をそごうとしたと考えられる。このことについて「良兼は代々の族長の像を陣頭に掲げて、一族の長という立場を鮮明にしたもの」とし、さらに、「高望王の流れを汲む坂東平氏の族長に変質し、将門の立場は平氏一門から除者となった。このため将門は対決を避けて兵を引いたのであろう。」という解説がある⑱。

＊明神有忿　将門に神の忿が有ったという意味。この神は、霊像との関連があるとすれば、将門の父祖の神ということになろう。

＊慥非行事　たしかに事を行うのを否定する。父祖の神の忿があって、将門はたしかに事（戦い）を行うというわけにはいかなかった。

＊豊田郡栗栖院　現結城郡八千代町栗山には、栗栖院弁寿山仏性寺があり、九世紀に作られたという木心乾漆像を蔵する。この近くに、旧栗栖院があったという。

＊常羽御廐（イクハノミマヤ）　これは、現八千代町大間木にあったという官牧、大結馬牧の官廐とされる。将門の重要な基地

でもあったと推定されている。

＊橧（コシキ）　米を蒸すのに用いる道具。後の蒸籠のこと。

＊民烟　「民烟」は民家の意味で、「烟」をカマドとするのは後世の人の読みで、原作者にとって「烟」は「民烟・宅烟」といった漢語あるいは和製漢語の構成要素として理解していたという。（「H６．８」）

＊漆柱峙於毎家　焼けて漆を塗ったようになった真っ黒な柱が家ごとに林立する情景を表している。黒こげの柱を漆に例えるのは、『尾張国郡司百姓等解』にも、野火の後に「見立如塗漆之柱」という表現がある。

＊炬迩似散地之星　炬は、ちかく地に散在する星に似ている。「炬」は『字類抄』、『名義抄』にタチアカシとある。あちこちの、燃え残りの柱から炎がちろちろと出ているさまを「地に散在する星」と例えたのであろう。この炬を野営する良兼軍のものとする説もあるが、合戦後の惨状を描くことからすれば、燃え残りの火と捉えたい。また、「炬」の傍訓ヒの位置から、ヒではなくトモシビとも読めようかという見解もある。（「H５．８」）

＊敵者奪猛名　敵が勇猛の名を奪いとるようにすること。

＊揚兵名　兵としての名を後代まで高める。

＊變合戰於一両日之間　「變」は変。合戦の状況を一、二日の間に変えようとした。

＊鉾楯　傍訓ムジュン。鉾と楯のこと。

＊兵士一倍　兵士が二倍であるということ。

＊下大方郷崛越渡　『倭名抄』の豊田郡に大方が見える。下大方郷は、大方郷の南部を称していたといわれる。崛越渡は現茨城県結城郡八千代町仁江戸にあったと推定されている。この地の五所神社は、将門を祀ると伝えており、その北方の山川水路がかっての鬼怒川があった所で、堀戸渡があった。この堀戸渡が崛越渡であろうという。「渡」の傍訓ミチ。

＊勞脚病　脚気にかかること。足がむくみ全身がだるく疲れやすくなる病。

＊如算打散　底本「笇」（サン）は算。算木の意で、計算用具として用いる。算木が散乱するように、ばらばらになって逃げ散ること。

＊朦々　精神がぼんやりとしたさま。
＊未幾合戦　まだ、いくらも合戦しないうちに。
＊稼穫　農業、農作物。ここでは農作物の意味。
＊千人屯処草木倶彫　「屯」に「むらかれぬ」と附訓がある。「むらがる」は古くは下二段活用。その連用形に完了の助動詞が付いて、処（体言）に続くので「むらがれぬる」と訓むことになる。意味は、兵を集めてとどまること。「彫」はしぼむ意。全体の意味は、「千人の兵が駐屯する処では、草や木もともに弱り衰える。」となる。所謂とあるから、諺か典拠のある語句かもしれない。
＊云矣　「矣」の傍訓カ。
＊登時　即時。
＊辛嶋郡葦津江　辛嶋にはカラシマと読み仮名がある。これは、幸島（サシマ）郡の誤りといわれる。『倭名抄』の猿島郡に、葦津が見える。葦津江は、現茨城県結城郡八千代町芦ケ谷、猿島郡猿島町山から沓掛に至る辺りが推定されているが、詳細は不明である。
＊非常の疑　思いもよらない（非常事態）が起こる疑い。
＊戴妻子於船　底本は「戴妻子」とあるが、意味がとれない。楊本により「載」として解釈した。
＊廣河之江　かつて、現結城郡石下町西部から水海道市中央にかけて、飯沼という広大な沼があった。これを広河と称したという。葦津江もその一つの入江である。
＊陸閑岸　傍訓ムスキ。むすきの岸か。結城郡八千代町六軒などの諸説があるが未詳である。
＊辛嶋道　幸嶋の道のことで、猿島郡を南北に縦断する道のことという。
＊将門婦　ほかに、妻・妾と書くが、いずれも、将門の妻を表すと考えられる。
＊媒人之約　媒人は手引をする人。約は取り決め。あらかじめ妻子の情報を知らせる取り決めをしていたのであろう。それならば、先の非常の疑いもこのことを指していたのかもしれない。

＊雑物資具三千余端　「雑物」種々雑多の物。「資具」日用の道具。「端」は布帛の大きさの単位でもあるが、ここでは、ただ数の単位を指すか。
＊妻子同共討取　「取」にレヌと傍訓があり、受身に読む。妻子が討ち取られたことになるが、後の文から、この「討ち取られぬ」は、文字どおり攻撃されて捕らえられた意味にとる。妻は、命を奪われたわけではなく、捕らえられ拉致されたことになるが、子については、全く不明である。
＊虜掠　人を虜にし、物を奪うこと　但し、これ以後、子についての記述がないから不明であるが、あるいは、子の方は命を取られたことも考えられよう。
＊将門妻去夫留　ここの読みは二通り考えられる。「将門が妻は夫を去りて留り」と「将門が妻は去り夫は留り」である。ここでは、後者の読みの方が分かりやすいが、訓点にしたがって前者の読みに従うことにした。その場合、「留る」は、『源氏物語』などに見える「滞在する」「宿泊する」の意味にとりたい。
＊忿怨　傍訓イカリハラタツコト。この主語も、前文に続いて将門の妻となる。「その魂死せるが如し」の主語も将門の妻である。
＊慷慨　憂い嘆くこと。
＊假寐　「寐」の傍訓ネフル。寝るの意。
＊豈有何益哉　どうして、何の利益があるのだろうか。ここで、良兼による将門の妻の拉致事件をもう少し詳しく考えておく。この妻は、上総へ抑留されたのであるが、最後の「豈有何益哉」という語句が気にかかる。これについては、注釈書⑫に「どうして何の利益があろうか。仮眠をとろうとしても寝ることができず、まったくその甲斐がないことをいったものか。」と解説している以外、他の注釈書では触れられていない。この最後の語句は、将門の妻が生ける屍のようになって、悶々として眠るにも眠られず、上総へ抑留されていることを受けていると思われる。楊本でも、「草枕假寝豈有何益哉」とあって、「旅の仮寝をすることがどうして…」という内容になっている。すなわち、将門の妻を上総に連行した旅が無益のことだと理解されるのである。そもそも、良兼が将門の本拠付近を襲撃した目的の一つには、将門の妻となっている娘を奪還することも含まれていたのではな

かろうか。それを思わせるのは、媒人の約という言葉である。あらかじめ、将門の妻の動向を察知して、これを捕らえるという密約があったことを想わせるのである。このように見て来ると、「豈有何益哉」という語句には、略記に記された女論（P172）以来、自分の娘に関わる良兼の行動を非難する口吻が感じられるのである。

＊真婦　ほんとうの妻の意味。

＊幹明　幹明は、楊本では幹朋とあり、その方が正しい。この幹朋は、中国戦国時代の宋の大夫、韓憑の異称である。『捜神記』によると、韓憑は美人の妻を王に奪われて自殺する。この妻もまた、夫の後を追って、自殺するという悲話である。この故事から、「与幹明欲死」の文が作られたといわれる⑿。

＊成漢王之勵将欲尋楊家　漢王は、白居易『長恨歌』の「漢皇重色思傾国」の漢皇を指す。漢皇が楊貴妃を寵愛した故事を引用して、将門がその妻を思慕する様子を記述したのである。「尋楊家」というのは、漢皇が楊貴妃の魂の行方を捜させたように、将門が妻の在所を捜そうとしたという意味にとれる。

＊懐戀　この語構成は動詞＋名詞であり、語順は中国的である。『文選』に「懐恋反側如何如何」とある。（「H12．5」「将門記の表現」前掲）恋しく思うこと。

＊妾之舎弟等　将門の妻は良兼の娘と推定されている。『尊卑分脈』によれば、良兼の子には、公雅、公連、公元がいる。

＊同氣之中　兄弟の中。同気は、『千字文』の「同気連枝」（兄弟は同じ気から生まれ、同じ木から枝が連なって出ているようなもの）に拠ったか。ここでは、親しい兄弟の関係を指していよう。後の『太平記』巻29にも、「親にも超えてむつまじきは、同気兄弟の愛なり。」という表現が見える。

＊本夫　これまで、「本夫の家に属す。」と読んでいたが、「夫の家に属本す。」とも読めるという。（「H12．5」前掲）この説にも引かれるが、本文の傍訓を重視して、これまでの読みに従った。「属」の傍訓ツク、（属すの意味でツクと読む。）

＊遼東之女　出典不明。このような内容の話が知られていたのであろう。

＊件妻背同気之中迯帰夫家　同じ文の繰り返しであり、楊本にも存在しない。あるいは、衍文であるかもしれないが、遼東の女の話の中に、このような内容があったのかもしれない。

楊本

未だ旅の脚を休めず、亦幾ばくの程を歴ざるに件の介良兼本意の怨を忘れずして會稽の心を遂げむと欲ふ。頃年構へたる所の兵革具る。其の勢常よりも殊也。便ち八月六日を以て、常陸・下総両国の境、子飼の渡に圍み來たる。其の日の儀式霊像を請じて陣の前に張れり。【霊像を請じといふは故上総介高望の像幷故陸奥将軍平良持の者也。】精兵を整へて将門を襲ひ政む。其の日、将門が為に明神忿有りて専ら行事せず。随兵少き上、用意皆滅れり。只、立ち乍ら負けて本土に還りぬ。

〔爰に、敵の介等替りに焼ける代りに亦焼き政む。報ひに返して政めて火を附け亙す。煙は風を負って面に覆ふ。将門何（イカガ）勵み、兵士何（イカガ）戦はむ。（楊本だけの文）〕其の度、下総国豊田郡栗栖の院常羽御廐及び百姓の舎宅を焼き掃ふ。時に、民の烟に煙絶えて而も漆の柱家毎に峙ち、人の宅に橊を収めて奇しき灰門毎に満てり。晝の煙は遐に天を匿せる（之）雲の如し。夜の炬は迩くして地に散ぜる（之）星に似たり。同七日を以て、敵は猛き名を奪って而も早く去りぬ。将門は酷き怨を懐いて暫く隠れぬ。

将門偏に兵の名を後代に遺さむと欲ふ。合戦を生前に致さむと欲ふ。一兩日の間に構へたる所の鉾、楯三百七十枚なり。兵士一倍なり。同月十七日を以て同郡下大方郷堀津渡に陣を固めて相待つ。件の敵は期に叶って雲の如くに立ち出でて、雷の如くに響き到る。其の日、将門急に脚の病を労りて事毎に矇々たり。未だ幾くも合戦せざるに算の如くに打ち散らされたり。遺る所の民家仇の為に皆悉く焼亡せられぬ。又郡中の稼穡人馬共に損害せられたる也。所謂千人屯る処には草木倶に彫むとは啻だ之を謂ふか。

登時を以て、将門身の病を労らむが為に、妻子共に辛嶋郡葦津の江の邊に隠し宿す。非常の疑有るに依りて、妻子を船に載せて、広大の江に泛ぶ。将門は山を帯して陸閑の奥の岸に居て、一両日を経て（之）後に、件の敵十八日を以て各分散する（之）比に、十九日を以て、敵の介辛嶋の道を取りて上総国へ渡る。其の日、将門婦を船に乗せて彼の方の岸に指し寄せたり。時に、彼の敵等注人の約を得て、件の船七八の艘を尋ね取りて、之の内に、虜領せられたる所の雑物・資具三千餘端、妻子同じく共に討ち取られぬ。（也）即ち廿日を以て上総国に渡る。爰に、将門が妻は去り夫は留りて忿怨すること少なからず。其の身生き乍ら其の魂死したるが如し。妾は旅の宿にして慷慨とたのみ心肝惆悵といたむ。草の枕に假に寝る。豈に何の益か有らむや。

妾は恒に貞婦の心を存して幹朋と死なむと欲ふ。夫は亦漢王の勵を成して将に楊家を尋ねむと思ふ。謀を廻す（之）間に数旬を相隔てて恋懐の処に相逢ふ期無し。而る間に妾が舎兄等謀を成して、九月十五日を以て竊に豊田郡に還向（出）せしむ。既に同氣の中を背いて本夫の家に属きぬ。譬へば遼東の女の夫に事ひ随ひて、父が国を討たしめたるが若し。

＊其藝　底本「藝」傍訓イキヲイとある。「勢」のことであろう。
＊子飼之渡　「渡」に傍訓リがある。前述のとおり「わたり」の方が「わたし」より古い読み方である。
＊請霊像者　「者」イハ。「霊像を請じといふは」と読む。
＊上総介高望、陸奥将軍平良持　真本では、高茂、良茂とあったが、こちらは、高望、良持となっている。
＊襲政　真本で指摘したように、「政」を「攻」の意に用いる。
＊忿　傍訓ウラミとイカリ。名義抄、イカル、ウラム。ここは神の怒り。
＊専　傍訓モムハラ。「もっぱら」（促音便）のこと。
＊行事　傍訓により行事すと読む。事を行うの意味。ここの文を訓点のとおりに訓むと、以下のようになる。「明神忿有りて専ら行事し、随兵少なからず、已に用意滅れり。」おそらく、「明神の忿りが有り、もっぱら（それを鎮める）行事をして、随兵も

かなりの人数が関わり、已に用意がおとっていて（敗戦した。）」と付訓をした人は解釈したようである。しかし、真本などを参照すると、ここの訓読文のようにならざるを得ない。今後、さらに検討するべきである。

＊滅　傍訓ヲトレリ。この字は、さんずいが変形している。「滅」の尽きるの意味から、ヲトルと訓んだか。「減」ならば、オトルと訓むことが出来る。

＊乍立負　立ったまま負けて。すなわち呆然となすすべもなく負けるの意。

＊敵介　真本の彼介に対して、ここでは、はっきり敵と記している。これ以下、「何戦」までは真本には見えない。ミセケチなどによって、本文を定めるのに苦労する。傍訓についても加点者の意図が理解できないものもある。ひとまず、この訓読文のように読むこととした。

＊替焼代亦焼政　良兼軍が将門方の居宅をかわるがわるに次々と焼きながら攻めたという意味であろう。このように、楊本には、真本には見えない良兼軍のすさまじい攻撃が記されている。

＊報返政　報の傍訓ムクヒニ（本来はムクイニ）。これまでの仕返しの報復に攻撃をする意味。

＊附亙火　火を一面につける。

＊煙負風覆面　煙は、風を受けて勢いよく顔面を覆う。

＊何　傍訓イカガ

＊民烟　傍訓タミノカマドとあり、そのままの意味にとれるが、真本と同様に意味は民家とも捉えられよう。

＊炬　傍訓ホノホハとトホシヒハと二通りある。「炬」の意味と、この場の状況を考えると、（立ち明かしのような）燃え残りの炎と解したい。

＊奪猛名　「奪」傍訓フルムテとハレテとフルンテと三通りある。「奪」と「奮」（フルフ）の混同による付訓のように思える。「うばって」と読むことにした。

＊月同十七日　「月同」は転倒符により同月であるが、むりに「月の同じ」とも読める。

＊大方郷　このやゝ斜め上に「下カ」と小さく書かれている。下大方郷とした。

＊堀津渡　真本では、堀越渡となっている。
＊叶期　傍訓どおり読むと、期ニカナムテ。「カナムテ」は、かなって（促音便）。
＊響到　「到」傍訓イタルカ。他のところのように、致とも捉えられよう。
＊打散　傍訓ウチチラサレタリ。
＊焼亡　傍訓セウマウセラレヌ。
＊郡中稼穡　「穡」は『名義抄』に、穯の俗字でアキオサメとある。稼穡は、植えつけと取り入れのことで、農作物を表す。
＊千人屯処　傍訓ノアツマル、タナヒク、ムラカルニハとある。（「むらがる」は、四段と下二段に活用した。真本の「むらがれ」は下二段活用である。）ここは、傍訓により屯る処と読む。
＊廣大之江　広大は広河を指すと思われる。
＊陸閑　傍訓クカカ。地名であろうが不明。
＊注人　手引きをする者。
＊妻去夫留　傍訓により、「妻は去り、夫は留って」と読める。真本よりも理解しやすい訓みといえる。
＊慷慨　傍訓カウガいとたのみ。文選読み。ただし、「慷慨」は憤り嘆くことの意であるから、タノミでは意味が通じにくいが、妻が嘆き訴えて、夫の元へ帰るのを願う気持ちを表したものであろう。
＊惆悵　傍訓チウチャウトイタム。文選読み。「惆悵」は嘆き恨むことの意。
＊草枕　旅のこと。
＊垣　傍訓ツネニ。恒の誤りか。
＊舎兄　真本は舎弟とする。
＊九月十五日　真本は九月十日とする。
＊還向（出）「出」を衍字として、豊田郡に還向せしむと読んだ。「出」を読めば、還向して豊田郡に出さしむ。
＊遼東之女　女の傍訓ムスメノ。

＊随夫事　「事」はつかふ。「事の」傍訓ヒ。「つかふ」は下二段活用であるから、本来なら、「つかへ」となるべきであろう。訓点から、「夫に事ひ随ひて」とも訓む。

［**考察**］

（Ⅰ）　将門が帰国して間もなく、介の良兼は本意の怨みを忘れず、復讐をしようと思った。準備した軍備は、その勢いが全く違っていた。（承平七年）八月六日に、常陸、下総の堺、子飼の渡しに囲んで来た。（良兼方の）その日の儀式は、高望王と陸奥将軍良兼の霊像を勧請して前陣に掲げていた。将門方は、神の忿りを受けて、軍備も劣っていたので逃げ去ったのである。〔良兼軍は、民家をかわるがわる焼き、攻撃しては、さらに一面に火を放った。将門方は煙に顔面を覆われて、なす術がなかった。（楊本）〕良兼は、栗栖院、常羽御厩、百姓の舎宅を焼き払った。民家は焼けて灰にうずまり、黒い柱が立ち並んでいた。煙は空を掩う雲のようで、炬は地に散る星に似ていた。同七日良兼軍が去り、将門は怨みを懐いて暫く隠れた。将門は、兵の名を揚げようと軍備を増して、同月十七日、下大方郷崛越渡〔崛津渡（楊本）〕に陣固めをした。予期したように、良兼の大軍が現れた。その際、将門は脚病にかかり、意識が薄れ、味方は逃げ散ってしまった。さらに民家が焼かれ、人・作物・（馬）が損害を受けた。将門は、病を癒すため、妻子を隠して辛（幸）島郡葦津の江に宿った。非常の疑いがあり、妻子を船に乗せ、広河の江に浮かべ、自身は山を帯して陸閑の岸にいた。敵は十八日に分散し、良兼も、十九日には辛（幸）島の道を通って上総国に至った。その日、将門の妻の船を彼方の岸へ近寄せたところ、敵は手引きをする者の約によりその船七、八艘を襲って、さまざまな物資・用具など三千余りを奪い、妻子をも捕らえた。そのまま、廿日には上総国に連行した。将門の妻は、夫と別れて滞在し、怒り恨んだ。身は生きながら、魂は死んだも同然であり〔将門の妻は去って、夫は留まって怒り怨んだ。その身は生きながらその心は死んだも同然であった。（楊本）〕、嘆きのうちに仮寝をする有様である。こんな仕打ちをして、何か得があるのだろうか。妻は貞婦の心があり、『幹朋賦』に見えるように死のうと思った。夫は（『長恨歌』に漢皇が楊家を訪れたように）、妻の家を訪ねたいと考えた。数旬が過ぎ、なお、互いに慕っていたが会う機会がなかった。そのうち、妻の弟たち〔兄たち（楊本）〕が謀を行って、妻を九月十日〔九月十五日（楊本）〕に豊田郡に帰らせたのである。

（Ⅱ）良兼がこの復讐の戦いに万全を期していたようである。まず、高望王と良持の霊像を掲げ、自らが平氏一族の正統であると威嚇した。軍備は、今までにない威容を誇っていた。将門は、父祖の神の怒りを受けたかのごとく恐れて敗退した。〔良兼軍は容赦なく、すさまじいばかりの焦土作戦を展開した。将門は、なす術もなく立ちつくした。（楊本）〕百姓の舎宅、栗栖院、常羽御厩などが焼き掃われた。現在の推定では、子飼の渡から旧栗栖院方向には、将門の本拠、鎌輪の宿も在ったことになる。この宿が焼かれたと思われるが、不明である。将門は、戦法を変えて再起するものの、脚病のために、またしても敗れて葦津の江に隠れた。これまで、将門は連勝していたから、ここで、初めて完敗したことになる。作者は、その敗戦の原因を神の忿りと脚病と記し、不可抗力としたかったようである。（後の最後の戦いにおいても、将門は神の鏑で滅びている。）良兼軍は分散し、良兼は上総国へ向かったが、策謀がなされていた。将門の妻の船が襲われ、物資が略奪され、妻は上総へ拉致された。（ここの傍訓は、真本と楊本では異なっている。大意の〔　〕印参照）将門も妻も怒り怨んでいたが、お互いに恋を懐いていた。このあたり、平安朝の「恋物語」が想起されよう。それと共に、『将門記』の書き出しで指摘した「女論」がどのようなものかが想定されるのである。最後に、「遼東の女」の一節があり、故事かと思われるが未詳である。なお、ここの合戦では、月日が細かく記述されている。次の段落とで、併せて検討してみたい。

（Ⅲ）良兼が焼き討ちを行った後の状況が対句で描写されており、優れた内容の句となっている。真本と楊本とで、少し表現が異なっているので並べて考察しよう。

真本「晝人宅櫓収而奇灰満於毎門　夜民烟絶煙漆柱峙於毎家」（単句対、長句）

「煙遐如掩空之雲　炬迩似散地之星」（単句対、長句）

楊本「民烟煙絶而漆柱峙於毎家　人宅櫓収而奇灰満於毎門」（単句対、長句）

「晝煙遐如匿天之雲　夜炬迩似散地之星」（単句対、長句）

真本と楊本では、上の句と下の句が逆になっている。いずれにしても、良兼がすさまじい攻撃をした後の惨状がよく表されている。

「妾恒存真婦之心　与幹明欲死　夫則成漢王之励　将欲尋楊家」（隔句対、雑隔句）

この対句は、単句対かとも思われるが、一句が長いので、分けて隔句対とした。下句は、幹明と楊家で対をなす内容ではあるが、形式がとれていない。

「欲遺兵名於後代　欲致合戦於生前」（単句対、長句）

ここは、真本では対句にしていないが、楊本では対句として認めたい。

（Ⅳ）良兼を敵と明記しているから、将門方からの資料となろう。後の将門書状に、「具注下総国之解文言上於官」とあり、下総国の解文が公家に言上されたと考えられよう。

真本・楊本　訓読文（８）

真本

然れども、将門は尚し伯父と宿世の讎に為りたり。かれこれ、相揖する時に、介良兼は因縁有るに依りて常陸国に到り着く。（也）将門、僅に此由を聞きて、亦征伐せむと欲ふ。備へたる所の兵士千八百余人、草木共に靡く。十九日を以て、常陸国真壁郡に發向す。乃ち、彼の介の服織の宿より始めて与力の伴類の舎宅、員の如くに掃ひ焼く。一両日の間に件の敵を追ひ尋ぬ。皆高山に隠れて有り乍ら相ず。

逗留の程に、筑波山に有りと聞く。廿三日を以て員の如く立ち出づ。實に依りて、件の敵、弓袋の山の南の谿より遙に千余人の聲聞ゆ。山響き草動きて軯諹（ヘイキク）とののしり、諠譁（ケンカ）とかまびすし。将門、陣を固め楯を築きて、且つは簡牒を送り、且は兵士を寄す。于時、津の中に孟冬の日黄昏に臨めり。茲に因りて、各々楯を挽きて陣々に身を守る。昔より今に迄りて、敵の人の苦しぶ所なり。晝は則ち箭を掛けはげて以て人の矢の中る所を眄る。夜は則ち弓を枕して以て敵の心の勵む所を危む。風雨の節には、蓑笠を家と為す。草露の身には蚊虻を仇と為す。然れども、各敵を恨みむかが為に寒温を憚らずして合戰するのみ。

其の度軍行きて頗る秋の遺有り。稲穀を深き泥に敷きて、人馬を自然に渉す。秣に飽きて斃しぬる牛は十頭、酒に酔ひて討たれぬる者は七人。【真樹が陣の人其の命死せず。】之を謂ふに口惜しき哉、幾千の舎宅を焼く。之を想ふに哀しぶべし、何万の稲穀を滅す。終にその敵に逢はずして、空しく本邑に歸りぬ。

厥の後、同年十一月五日を以て、介良兼、掾源護、幷に掾平貞盛、公雅、公連、秦清文、凡そ常陸国等を将門に追捕せしむべき官符、武蔵、安房、上総、常陸、下毛野等の国に下されぬ（也）。是に、将門頗る気を述べて力に附く。而るを、諸国の宰、官符を抱り乍ら、慥に張り行はず、好みて掘り求めず。而るを、介良兼尚し忿怒の毒を銜むで未だに殺害の意を停めず、便を求め隙を伺ひて、終に将門を討たむと欲（ス）

＊為宿世之讎　「為」傍訓ナリタリ。将門と良兼とは、ついに、宿命の仇敵となった。（以前には、「常夜の敵に非ず」と記していた。）

＊彼此相揖　「相損」ソウイウ。底本の「揖」は、『名義抄』にアヤツル、フネノカチとある。この「アヤツル」から、相手を自らの思いどおりに動かそうとする意味に捉えられよう。将門と良兼が「策を廻らし合う」「牽制し合う」などと解釈出来よう。

＊所備兵士　「備」の傍訓カマヘタル。

＊征伐　攻めて討ちやぶる。

＊十九日　楊本十月九日。

＊服織の宿　現茨城県真壁郡真壁町羽鳥の地にあった良兼の根拠地。伝承ではあるが、羽鳥には良兼の墓もあり、地元の篤い供養も伝えられている。「宿」は、傍訓リから「やどり」と読む。宿は営所とは同じとされる説と、それぞれが別で、同一の場所に宿と営所の表現があれば、両者が在るとする説がある。

＊如員　「かずのごとし」と読み、そこにある数の全ての意味。

＊高山乍有不相　筑波山、足尾山、加波山などは、標高がそう高くはないが、この地方では高山とされる。「相」は、「あふ」と読んでいたが「みる」の方がよいと思われる

＊逗留之程　滞在するうちに。

＊筑波山　古来から詩歌などに詠まれた常陸国の名山。

＊廿三日　楊本では十三日。

＊弓袋之山　筑波山の東の麓に連なる峠。

＊南谿　谿は溪と同字。糸がつながるように水が注ぎこむ谷を表す。

＊軒詾諠譁　傍訓により、「ヘイキクとののしり、ケンカとかまびすし。」（文選読み）と訓む。「軒」は雷が響いたり、車馬の騒音。「詾」は罪を調べる大声。「諠譁」やかましく騒ぐこと。かなり殺気立って、言い合うような場面に用いるという。

＊簡牒　合戦を始める前に、敵に送りつける挑戦の書状。

＊津中孟冬日臨黄昏　「津」は、水の湧き出る水辺の地。孟冬は冬の始め、陰暦十月の異称でもある。水辺の地は、初冬のたそがれを迎え、戦いの続行が困難になったことを表す。これまで、この「津」は、群書類従本の「律」が用いられて、律暦として

解釈が行われていた。真本、楊本、模刻版本ともに「津」となっている。弓袋峠の南側の谷は、沢の多い所で、古来、水辺の地といってもおかしくない。

＊自昔迄今　「昔から今まで」の一句を入れて、一旦、ここの戦いから離れて、以下、一般に、戦う兵士たちの苦難を対句で記述する。この語句は、文意不明とか、ないほうがよいと言われていた。作者は、将門と良兼の戦いから離れて、合戦一般の苦難を指摘しておきたかったのではなかろうか。そのように考えれば、この一句があることが認められよう。

＊危敵心所勵　敵が心を奮い立たせて（攻めて来るのを）恐れる。

＊掛箭　「掛」の傍訓カケハケテ。弓に矢をつがえる。

＊眄人矢所中　「眄」は目を見はるの意味。箭をつがえて、人の放つ矢が中るのに目を見はる。

＊風雨之節蓑笠為家　風雨の季節には蓑と笠を家とする。

＊草露之身蚊虻為仇　「蚊虻」にアブハヘヲ、「仇」にトモと傍訓がある。蚊虻はカ、アブの方がよいと思うが、トモは『名義抄』に見える読み方である。露営の際には、兵士たちは、「蚊や虻までも仲間とする」ほど、悲惨な状況におかれることを表わしたとりたい。これまでは、「アダ」と訓んでいたが、「トモ」と訓みたいと思う。

＊其度軍頗有秋遺　軍の傍訓ノキミ。（イクサノキミと訓む。）「軍」は「いくさのきみ」一軍を統率する将軍のこと。「遺」訓みノコリ。その時の将軍の行軍では、たいそう秋の収穫の残りがあった。

＊自然　ジネンと訓む。そのままに。

＊飽秣斃牛　「斃」の傍訓シヌル。秣を食べるにまかせて斃した牛。これらの牛は、物資の運搬など、輜重用の牛であったのかもしれない。

＊酔酒被討者　底本では「酒」「酔」の文字の旁の酉が百となっている。『名義抄』では、百と酉は同字とされている。ここの内容は、酒に酔ったために敵に討たれたか、同士討ちであったか明確ではない。いずれにしろ、作物や食料、飼料が多かったことを言おうとしたようである。ここに見える「敷稲穀」「飽秣斃牛」「酔酒被討」などは、合戦における愚行であって、その惨状を具体的に記したものと解せよう。これらを実例として、「謂之口惜」以下の批判が述べられることになる。

＊真樹陣人其命不死　こうした文が割註で入っている。真樹とは、前出の平真樹のことか。この割注だけでは、これが何を指しているか分からない。強いて推測すれば、合戦の愚行が記されている中で、真樹の陣は、とくに統率が取れていたことを強調したのであろうか。

＊幾千之舎宅　この語句の横に以下の傍書がある。「想像可哀何万之稲米散滅」。

＊何万　傍訓ソコハク。前の幾千と同様に読むか。きわめて多いという意味であろう。

＊公雅、公連　いずれも良兼の息子。

＊秦清文　どういう人物か未詳。常陸の秦氏は「常陸国那珂郡に幡田郷ありて『和名抄』に見ゆ。この氏と関係あるべし。」という。（前掲、太田亮『姓氏家系大辞典』）

＊常陸国　楊本には「常陸国の敵」とあり、理解しやすい。

＊官府　介平良兼、椽源護、椽平貞盛、公雅、公連、秦清文等を平将門に追捕させる官符が武蔵、安房、上総、常陸、下野国等に下ったと解釈する。（無理な訓み方のようであるが、先学の研究によって、ほぼ定説となっている。）なお、楊本の方は、少し理解しやすい表現となっている。又、後に見える将門の書状にも「諸国合勢可追捕良兼等官符」と記されている。

＊述氣　意気ごみを述べる。

＊附力　力とする。

＊諸国之宰　「宰」傍訓ツカサ。諸国の国司。

＊抱　傍訓ニキリ。にぎりと読む。手に入れる。

＊慥張行　きちんと執行する。

＊掘求　追求すること。

＊銜忿怒毒　「銜」フフムと読み、心に留める意。怒り腹立つ憎悪の心を留めている。

楊本

将門尚伯父と宿世の讎と為て彼此相挑む。時に、介良兼因縁有るに依りて常陸国に到着す（也）。将門僅に此由を聞きて亦征いて伐たむと欲ふ。備へたる所の精兵千八百余人なり。草木倶に靡いて十月九日を以て常陸国真壁郡に発向す。乃ち彼の介の服織の宿より始めて、与力の伴類の舎宅員の如くに焚燒掃ふ。一兩日の間に、件の敵を追ひ尋ぬるに皆高き山に隠れて在り乍ら逢はず。

逗留の程に、筑波山に在りと聞きて十三日を以て波の如くに立ち出づ。實に依りて、件の敵弓袋山の南の谿従り遙に千餘人聲を揚ぐ。山響き草動じて軯訇ととよみ諠譁とかまびすし（也）。将門陣を固めて、楯を築いて且つ牒状を送り且つは兵士を寄す。時に、津中、孟冬の日黄昏に臨む。茲に因りて、各々楯を挽いて陣々に身を守る。晝は則ち箭を掛けはげて以て人の矢の中る所を眄る。夜は則ち弓を枕として以て敵の心の勵む所を危む。風雨の節には蓑笠を家として冬の日の寒きを晩（クラ）す。草露の時には蚊虻を仇として夏の夜の熱きを暁（アカ）す。然れども、各、敵を恨みむが為に寒温を憚からず合戦する而已（矣）

其の度の軍の行くに頗る秋遺有りて稲穀を深き泥に敷いて、人馬を自然に渉す。秣に飽いて斃れたる死牛は十頭。酒に酔って討たれたる者は七人。【真樹が陣の人其の命死せず。】之を謂へば口惜し。幾千之舎宅を焼く。之を想ふに哀むべし。何万の稲穀を滅す。遂に其の敵に逢はずして空しく本邑に帰りぬ。

厥の後に、同年十一月五日を以て介良兼、掾源護幷に掾平貞盛、公雅、公連、秦清文凡そ常陸国敵等を将門に追捕せしむべき官符、武蔵、上総、常陸、下野等の国に下されたり（也）。是に、将門頗る氣力を述べつ。而るに、諸国の掌官符を抱き乍ら、慥に張り行はず。亦好く掘り求めず。而るを介良兼尚しも忿怨の毒を銜むで、未だ殺害の意を停めず、便を求め隙を伺ふ。終に将門を討たむと欲ふ。

＊相挑　「挑」の傍訓、ソムキヌ、イトム、タカフ。「いどむ」と訓む。
＊証代　傍訓ユイテウタムト。「征伐」として訓む。
＊十月九日　真本は十九日。
＊服織之宿　傍訓キヌオリ。旧真壁町羽鳥とされる。
＊掃焚焼　「焚」「焼」ともに「やく、もやす」の意味。この二字は連結の印がある。訓点と併せて、「やきはらふ」と訓む。
＊十三日　十月十三日であろう。真本は廿三日。
＊如波立出　波が寄せるように一斉に立ち出た。
＊津　傍訓リン。このリンの意味は不明。これをリツと見て、津を律とした本文（群書類従本）が現れたのであろうか。
＊供　傍訓マホル、カヘリミル。
＊蚊虻　傍訓モンマウ、カ、アブ。
＊而已　傍訓ナラクノミ。「…ということだ」の意で強い断定を表す。（合戦すならくのみ。）
＊軍行　傍訓ノユクニ。軍（いくさ）の行くに（あるいは、真本のように「軍」は「いくさのきみ」であろうか）。
＊秋遺　傍訓シウユイ。秋の収穫の残り。
＊謂之　「謂」傍訓オモヘハ。「これをおもへば」。
＊幾千　傍訓ソコハク。
＊幾万　傍訓イクソハク。
＊邑　傍訓オフ。
＊常陸国敵等　「敵」という字が入っていることによって、真本よりは理解しやすい。
＊好　傍訓ヨク。しっかり、とくに。
＊欲討　傍訓ムト、フ。討たむと欲ふ。

〔考察〕

（Ⅰ）将門と良兼は、宿世の讎となり、牽制し〔挑み（楊）〕あっていた。その頃、良兼が常陸国に姻戚を尋ねて来た。将門は、これを聞き、十九日〔十月九日〕に兵士千八百余人を率いて常陸国真壁郡に向かい、良兼の服織の宿から、伴類の家宅を焼き払った。良兼らは高山に身を隠した。将門は、廿三日〔十三日〕に筑波山に向かい、その弓袋山南谿に敵勢を見出した。両軍が戦おうとしたところ、渓谷では初冬の夕刻を迎えていた。このため、各々が楯を引き、それぞれの陣に身を守っていた。昔から今までに、兵士たちには苦しみがあった。昼は矢戦をし、夜も、敵方の勢いを恐れていた。風雨の節には、蓑笠を家とし、〔冬の日の寒さの中で夜となり、〕草露の節には蚊虻までも仲間とする。〔夏の夜の熱さを明かす。〕しかし、敵を怨むために寒温を憚らず、合戦するのである。その度の行軍の際、秋の収穫の残りがあった。稲穀を深い泥に敷いて人馬を渡した。秣を食いすぎて死んだ牛、酒に酔って討たれた者もいた。口惜しくも哀しいのは、幾千の舎宅を焼き、何万の稲穀を滅したことだ。遂に、両軍は遭遇せず、むなしく引き上げることとなった。同年十一月五日、良兼以下、常陸国の敵らを将門に追捕させる官符が武蔵・安房・上総・常陸・下野の国らに下された。将門は大いに気力を述べた。しかし、諸国の国司らは官符を手にしながら、しっかりと執行しなかった。ところが、介良兼は、なおも怒りの憎悪を有して、隙をうかがい将門を討とうとした。

（Ⅱ）良兼が襲来してから後は、細かく月日を記して、合戦の状況を書いている。それを分かりやすく整理して検証しておこう。

承平七年八月六日　　良兼が子飼の渡に襲来する。
八月七日　　良兼軍が火攻めで勝利する。
八月十七日　　将門は再起するが、再び敗れる。

八月十八日　　良兼軍が分散する。

八月十九日　　良兼が上総国へ向かう。将門の妻子が拉致される。

八月二十日　　将門の妻が上総国に着く。

九月十日（真本）・九月十五日（楊本）　将門の妻が豊田郡に帰る。

十九日（真本）・十月九日（楊本）　将門が常陸国真壁郡へ発向する。

ここの十九日は九月であろうか。そうなると、次の廿三日も九月となる。これまでの注釈書は、初冬ということから楊本が正しいとしている。

廿三日（真本）・十三日（楊本）　将門が筑波山に向かう。

十一月五日　　良兼らを追捕する官符が下る。

このように、良兼の襲撃の叙述は、きわめて細かく、詳しくなっているのである。実際に、このような記録が存したのであろうか。

（Ⅲ）ここにも、真本と楊本とでは異なった表し方で注目される対句が見られる。
真本「風雨之節　蓑笠爲家　草露之身　蚊虻爲仇」（隔句対、平隔句）
これに比べて楊本の方は、以下のように、長隅対という、さらに複雑な形式である。
「風雨節　蓑笠為家　晩冬日之寒　草露之時　蚊虻為仇　暁夏夜之熱」（長隅対）
この対句の内容は、「風や雨の時節には、蓑や笠を家として、冬の日の寒さの中で夜を迎える。草に露を置く頃には、蚊や虻までも仲間として、夏の夜の熱さを明かす。」ということである。

（Ⅳ）かつて、星野氏は、「（東国在住の者が）その見聞する所を筆せし者に似たり」と述べている。（「Ｍ23．１」）ここの詳細な叙述に接すると、こうした思いになることも理解出来よう。もし資料があったとすれば、将門方のものであろう。

先に、承平七年十一月五日に、平良兼、源護、平貞盛らを将門に追捕せしめる官符が下ったと解釈した。そうであれば、将門の帰国後に、良兼らが来襲して常羽御厩などを焼き払うなどの暴挙を行ったことが公家に伝えられて、公家が将門に「良兼らを追捕する官符」を下したことになろう。公家には、そうした良兼らの行動を記した資料が達していたことが想定されよう。

真本・楊本訓読文（9）

真本

時に、将門が駈使丈部（ハセツカベ）子春丸、因縁有るに依り、屢常陸国石田の庄邊の田屋に融ふ。時に、彼介、心中に以為【字書に曰く、以為はおもみらく】讒釼は巌を破り、属請は山を傾く。盍ぞ子春丸が注を得て、豈に、将門等が身を殺害せざらむ。即ち子春丸を召し取りて、案内を問ひて、申して云く、甚だ以て可也。今須く此方の田夫一人を賜るべし。将て罷りて漸々彼方の気色を見せ令めむと、云々。彼介、愛興すること餘り有りて、東絹一疋を恵み賜ぶて語りて云く。若し、汝、實に依りて、将門を謀りて害せ令めたらば汝が荷夫の苦しき役を省きて、必ず乗馬の郎頭と為む。何ぞ況や穀米を積みて以て勇みを増し、之に衣服を分かちて以て賞と擬む者。

子春丸、忽ちに駿馬の宍を食ひて、未だ彼の死なむことを知らず。偏に鴆毒の甘きに随ひて喜悦極りなし。件の田夫を率ゐて私宅の豊田郡岡崎之村に歸る。其の明日の早朝を以て、子春丸、彼の使者と各炭を荷なひて将門が石井の營所に到る。一兩日宿衛する（之）間に、使者を麾き率ゐて其の兵具の置所、将門が夜の遁所、及び、東西の馬打、南北の出入、悉く見知ら令む。爰に、使者還り参じて、具に此由を擧ぐ。

彼の介良兼、兼て夜討の兵を構へて同年十二月十四日の夕、石井營所に発遣す。其の兵類は、所謂一人當千の限り八十余騎、既に養由の弓を張れり。【漢書に曰く、養由は弓を執れば、則ち空の鳥自ら落ち百を射るに百に中る也。】弥解烏の靭を負へり。【淮南子に曰く、弓師有り名は夷羿と曰ふ。堯皇の時の人也。時、十介の日、此人即ち射しかば、九介の日を地に射落しき。その日に金烏有り。故に解烏を名とす。仍て上兵なる者に喩ふる也。】駿馬の蹄を催し、【郭璞が曰く、駿馬生れて三日にしてその母を超ゆ。仍て一日に百里を行く也。故に駿馬に喩ふるのみ。】李陵の鞭を揚げて、風の如くに徹り征き、鳥の如くに飛び着く。即ち、亥剋を以て結城郡法城寺の當りの路に出でて打ち着く（之）程に、将門が一人當千の兵有りて暗に夜討の気色を知り、後陣の従類にに交りて徐に行く。更に誰の人と知らず。便ち、鵝鴨の橋上より竊に打ち前に立ちて石井の宿に馳せ来りて具に事の由を陳ぶ。主従惣忙男女共に囂ぐ。

爰に、敵等、卯の剋を以て押し圍む也。斯に於て、将門が兵十人に足らず。聲を揚げて告げて云く、昔聞きしかば、由弓【人名】は爪を楯として以て數万の軍に勝ちき。子柱【人名】は針を立てて、千交の鉾を奪ひき。況や李陵王の心有り。慎んで汝等（而）面を歸すこと勿れ。将門、眼を張り歯を嚼んで進みて以て擊ち合ふ。時に、件の敵等楯を棄てて雲の如くに逃げ散る。将門馬に羅って風の如くに追ひ政む（矣）之を遁るる者は、宛も猫に遇へる（之）鼠の穴を失ふが如し。之を追ふ者は、譬へば雉を政むる（之）鷹の鞲を離るるが如し。第一の箭に上兵多治良利を射取る。その遺りの者は九牛の一毛に當らず。その日、戮害せらるる者の卌余人、猶遺る者は天命を存して以て遁げ散る。【但し、注人子春丸、天罰有りて事顕れ、承平八年正月三日捕へ殺され已に了りぬ。】
＊駈使　傍訓クシ。走り使い。官庁では駈使丁、民間では、豪族や社寺の雑役に使われた者。⒁

＊丈部子春丸　丈部（ハセツカベ）氏は常総地方に多い。子春丸は、将門の駈使を務めていて、妻のいる石田辺りの田屋に通っていたのであろう。

＊石田庄　旧茨城県真壁郡明野町東石田付近にあったといわれる。もともと、将門の伯父、国香の根拠地であったといわれる。

＊田屋（タヤ）　田の耕作に関わる小屋。歴史用語としての説明を見よう。「農繁期の一時的な住居とは異なり、さらに規模の大きい恒常的なもので、人間の住むべき「屋」と農具・収穫物の貯蔵所たる「倉」とからなる若干の建物であった。」（「S21．1」）

＊於牟美良久　「以為」の読みとして、割註に「於牟美良久」と示されている。これを「おむみらく」と訓むのが普通であるが、底本では、他の箇所で「牟」を「モ」とも訓んでいるから、「おもみらく」であろう。それなら、「おもひみる」で「よくよく考えてみる」の意味となる。

＊讒剱破巖屬請傾山　「讒剱」は、人を悪く言っておとしめる言葉を人を傷つける剱に例えた。「屬請」は、無理やりに頼み込むこと。この内容は、「人を悪くいう鋭い言葉の剣は巌をも破り、無理やり頼み込む言葉は山も傾ける」ということか。すなわち、良兼が子春丸に対して、将門を悪しざまに言い、強引に頼みこんで、将門にうち勝って大きく局面を変えようとしたと解釈したい。『仲文章』には、「讒言剣破巖、非法鉾傾山」とある。こうした諺語が当時あったと思われる。

＊盍　傍訓イカマソ。「なんぞ（いかんぞ）…ざる」と読む再読文字。

＊注　注進、手引き。

＊案内　実状、内情。「問案内」の「問」に傍訓テとあり、「案内を問ひて」と読むが、楊本のように「問ふに」と読む方が次に続きやすい。

＊甚以可也　たいへんけっこうである。（子春丸の応諾の言葉）

＊将罷　傍訓キテカエテ。連れ帰っての意。

＊彼方の氣色　将門方の様子。

＊愛興有餘　喜びめでる感情があふれている。

＊東絹　東国より産出する絹。品質がよくないという。

＊賜ぶて　「賜びて」とあるところだが、傍訓によってこう訓む。こういう訓みもあるという。「呼ぶて」という例がある。
＊荷夫之苦役　荷を背負って運搬する人夫の苦しい仕事。
＊乗馬之郎頭　馬に乗る上級の従者。
＊駿馬之宍　駿馬の肉を食った後に酒を飲まないと病になる恐れがあるという故事がある。これは『呂氏春秋』『淮南子』などに見える。
＊未知彼死　駿馬の肉を食らって、死ぬことを知らない。子春丸がうまい話に乗って、やがて死に至ることが分からないさまを例えている。
＊鴆毒之甘　鴆は猛毒を持つ鳥で、その毒は甘く口当たりがよいという。出典『淮南子』「易随鴆毒甘口也」、『帝範』にも見える。
＊豊田郡岡﨑村　現結城郡八千代町尾崎といわれるが明確ではない。
＊炭　この炭は鍛冶用という。
＊石井之營所　現坂東市岩井付近にあったとされる将門の本拠地の営所。現在、島広山の遺跡や石井（井戸跡）をはじめ、伝説が多く残されているが、営所の確かな場所は不明である。石井の訓は現代仮名遣いでイワイでよいと思う。『倭名抄』安房国平群郡の石井には伊波井とある。（ただし、下総海上郡と猨島郡の石井には訓みが示されていない。）
＊宿衛　宿直して護衛する。子春丸が宿衛を勤めたことについて、以下の解説がある。「伴類である子春丸が宿営を勤めていたことが重要で、平時の宿営は戦闘の際の合戦への動員と表裏の関係にある。伴類である子春丸は、軍事的な性格を持つ宿営と炭を納める貢納の二種の負担を負っていた。」⑱
＊摩　傍訓にマネクとあるから「麾」の誤りであろう。楊本は麾である。
＊夜遁所　夜に姿を隠す所、寝所か。
＊東西之馬打　「馬打」は馬に鞭を打つこと。営所の東西にある馬場のことであろうか。あるいは、馬を出す場所ともいう。
＊南北之出入　営所の南北の出入口。

＊夜討　夜、不意に敵を襲い撃つこと。夜攻め、夜駆けという表現もある。
＊発遣　出向かわす。良兼は、本拠にいて、兵を出動させたようである。
＊一人當千　一人で千人にも当たれる強者。
＊養由之弓　養由は、養由基のことで、戦国時代の楚の人、弓の名手として知られている。割注に、「漢書曰」とあるが、『漢書』にはこうした記述はないという。ただし、『千字文注』には「養由基亦善射。射甲透徹九重。挙弓雁自落」と見えている。
＊漢書　後漢の班固が書いた前漢の歴史書。
＊淮南子　漢の淮南王、王劉が学者に作らせた書。
＊夷翌　「翌」は羿が正しい。中国、戦国時代末の屈原が「天帝は夷羿をこの世に降らせて、夏の民の禍いを革めさせた。」と詠じている。ここでは、中国古代の伝説的な弓の名手の意。
＊解烏之靭　割注に記述があるように、堯の時代に、十の太陽が現れ、弓の名手、夷羿がその九つを射落とした。太陽の中にいた烏も射落とされたことから、解烏という。「靱」の傍訓ツボヤナクヰ。筒形をしたやなぐい（矢を入れて携帯する容器）のこと。そこで、弓の名手夷羿が身に着けていた靭を解烏の靭と称えたのである。これは、『淮南子』に、「堯の時代に、十の太陽が出て、草木が焼けて枯れたので、羿に命じて十の太陽を射させたところ、九の太陽を射落とした。」という内容の記述がある。後漢の王逸がこの記述を引用して、「九の太陽の中にいた九烏は、皆、死んでその羽翼を落とした。」と注を付している。この解羽を解烏と称したのである。また藤原明衡の『新猿楽記』には「具揚由之弓能、有解烏之靭徳、寔可謂一人当千」と見えるように、「養由の弓」と「解烏の靫」が一人当千の優れた兵を表す成句となっている。ここは「まるで、養由が弓を張り、解烏の靭を身に着けているような、優れた兵士」をいう。
＊上兵　武芸（ここでは弓術）に優れた上級の兵。
＊催駿馬之蹄　優れた馬が蹄の音を起こしての意味。
＊郭璞　晉の人、字は景純。東晉に仕えて著作郎となる。
＊駿馬生三日而超其母　駿馬は、生まれて三日でその母を超える。この出典について、以下の説がある。『文選』の「上林賦」

には、上林苑に棲む獣の中に駃騠が記されている。駃騠は牡馬と牝驢の子という。これに郭璞の注があり「駃騠生三日而超其母」とする。この駃騠は『広雅』では「駿馬」と解している。（「S63．6」）

＊楊李陵之鞭　李陵は前出。勇将李陵のように、勢いよく鞭を揚げての意味。ここは、良兼の夜討ちの出陣の様子を故事を交えて記し、ものものしい表現となっている。

＊結城郡法城寺　現結城市矢畑と上山川にまたがる地域にあった大寺。ここは結城寺廃寺跡といわれていたが、結城市教委の発掘調査によって、法城寺と判明した。市教委の発表によれば、「発掘された法城寺とヘラで書かれた文字瓦から、将門記の結城郡法城寺が結城廃寺であることが裏付けられた。」（平成4年3月6日『毎日新聞』）という。なお、この瓦片は、結城市公民館に保存されている。

＊従類　一般には一族・家来をいう。伴類とともに歴史用語である。「伴類が私宅を別に持つ一般庶民であったのに対し、従類は経済的にも主人と密接な関係にあり、居住形態としては伴類の家々が広く郡内に散在していたのに対し、従類は与力の小宅といわれるように、主人の館（宅）の周辺に住む者が多かった。しかし、戦闘ではこの従類が騎兵隊になり、主人と共に活躍している。」（⑱）

＊鵜鴨橋　現結城市山川新宿の釜橋、結城市大木の八坂下橋の二説があるが、想像の域に止どまる。

＊惚　『名義抄』に、サハカシとある。

＊囂　傍訓サワグ。騒ぐ、騒がしい。

＊夘尅　午前六時頃。夜明けに攻撃したか。

＊告云　主語は将門。

＊由弓、子柱　ともに人名、未詳。爪や針を武器として戦ったとある。このような典拠がありそうだが未詳である。

＊千交　刃を交えた千本の鉾か。

＊勿面帰　後を見てはならない。（敵に後を見せるなの意。）

＊張眼嚼歯進以撃合　睨みつけ歯噛みをして、突き進み討ち合う。すさまじい将門の戦いぶりを表現する。

*宛如遇猫（之）鼠失穴　あたかも、猫に遇った鼠が逃げ場の穴を見失ったような救いがたい惨めな状況をいう。
*譬如政鴩（之）鷹離鞲　「鞲」『字類抄』にタカタヌキとあり、鷹匠の籠手のこと。譬えれば、雉を攻める鷹が鷹匠の籠手から飛び立つような勇ましい勢いをいう。猫と鼠、鷹と雉は、『新猿楽記』に「譬如鼠会猫雉相鷹」とあるように、諺の類であろう。
*多治良利　多治氏は丹比、多治比とも書く上古以来の名族。下総・常陸にも多治氏が存在した。この人物は未詳。
*九牛一毛　司馬遷『報任少卿書』中の「仮令僕伏法受誅若九牛亡一毛」による語句。九頭の牛の中の一毛。多数の中の僅かな一部で、取るに足らないこと。

楊本

時に、将門が駈使丈部の子春丸因縁有るに依りて、屢常陸国の石田の庄邊の田屋に融ふ。時に、彼の介心中に以爲【字書以爲は、おもひみらく】讒劔は巌を破り、属請には山を傾く。盍ぞ、子春丸の注を得て豈に将門等が身を殺害せざらむ。即ち、子春丸を召し取りて案内を問ふに申して云く甚だ以て可也。今、須く此の方の田夫一人を賜らむ。将て罷て彼方の氣色を見せ令めむと云々。彼の介の愛興に餘り有りて練絹一疋を恩賜して語へて云く。若し汝實に依りて、将門を謀ち殺害せ令めたらば、汝が荷夫の苦役を省いて必ず乗馬の郎頭と為む。何ぞ況や穀米を積みて以てますます勇せて、衣服を分ちて以て賞と擬むと者（イヘリ）。

子春丸急に駿馬の宍を食らって未だ後に死なむことを知らず。偏に鴆毒の甘きに随ひて喜悦極り罔し。件の田夫を率ゐて私宅豊田郡岡埼村に歸る。其の明日の早朝を以て、子春丸と彼使者と各炭を荷ひて将門が石井の營所に到る。一両日宿衛の間に、使者を麾き率て其兵具の置き所、将門が夜の遁れ所、及び東西の馬打、南北の出入を悉く見せ知らしむ。爰に、使者還り参じて具に此の由を挙ぐ。

彼の介良兼、兼て夜討の兵を構へて、同年十二月十四日夕を以て、石井の營所に発遣す。其の兵類、所謂一人當千の限り、八千余騎なり。既に養由が弓を張り、【漢書に曰く、養由は弓を執れば、則ち空の鳥自ら落つ。百たび討つに百中す。故に云々。】弥解烏の靫を負ひたり。【淮南子が曰く、弓の師有り。名を夷羿と曰ふ。尭皇の時の人也。十介が日有り。此人即ち九介の日を射て地に落す。其の日の内に金烏有り。故に解烏と名づく。仍て上兵に喩ふる者也。】駿馬の蹄を催し、【郭漢が曰く、駿馬は生れて三日あって（而）其の母を超ゆ。一日の内に百里を行く也。仍て駿馬に喩ふる也。】李陵の鞭を揚げて風の如くに徹り征くこと鳥の飛び着くが如し。即ち亥尅を以て、結城郡法城寺の當りの路に打ち着く（之）程に将門が一人當千の兵有りて、暗に夜討ちの気色を知りて、後陣の従類に交はって徐く行くに更に誰人とを知らず。便ち鵝鴨の橋の上より打ちて、竊に前に立ちて石井の宿に馳せ来たって、具に事の由を陳ぶ。主従は惚忰とあはてて男女共に囂し。

爰に、敵等卯尅を以て押し圍む也。斯に将門が兵の千人に足らず。聲を揚げて告げて云く。昔聞きしかば、由弓といひし人は【人の名也】爪を楯として以て数万の軍に勝てり。子柱といひし人は【人の名也】針を立て以て千刃の鉾を奪ひき。況や李陵王の心有り。慎しんで、汝等、面を歸すこと勿れ。将門は眼を張り歯を嚼んで進みて以て撃ち合ひぬ。時に、件の敵等雲の如く逃散しぬ。将門馬に羅て而も風の如く追ひ攻む。（矣）之に逃ぐる者は宛も猫に遇へる（之）鼠の穴を失へるが如し。之を追ふ者は譬へば雉を攻むる（之）鷹の韝を離るるが如し。第一の箭に上兵多治良利を射取る。其の遺りの者は九牛之一毛にも當らず。其の度戮害せられたるは四十余人。猶し遺れる者は天命を存して逃げ散りぬ。【但し、注人の子春丸天罰有りて事顕れぬ。正月三日を以て取らへられて殺害せられ已に了んぬ（也）。】

＊以為　傍訓オモヘラク。割注にはオモヒミラク。

＊牟　「も」と訓む。

＊讒劔破巖　「讒」傍訓ワツカニ、タトヰと「釼」ツルキとあるが、これでは読みが不明である。真本の訓みの音読「ザンケン」に従う。

＊賜　傍訓タマハラム。

＊将罷　傍訓ヰテマカテ。

＊令見　傍訓ミセシメム。

＊語云　傍訓コシラヘテイハク。言葉巧みにさそう意。

＊謀　傍訓ハカリゴチ。「謀リゴツ」という動詞。「謀りごち将門を殺害せ令めたらば」と訓む。

＊令　傍訓タラハ。「しめたらば」と読む。

＊省　傍訓ハフイテ。

＊増　傍訓マスマス。

＊勇　傍訓イサマセテ。

＊賞　傍訓タマヒモノ。

＊者　傍訓イヘリ。

＊食　傍訓クランテ。食らってか。

＊松宅　私宅の誤りか。

＊石井の營所　営所の傍訓タチ、ヤトリロ（宿り所）。

＊麾　まねく。

＊八千餘騎　ここの状況から、八千は真本の八十が正しいかと思われる。

＊駿馬の蹄　割註の中の二文字は、複雑で読みにくかったり、極端に崩しているが、いずれも「駿」馬の意味にとれよう。

＊如風徹征如鳥飛着　訓点どおりに訓むと「風の如くに徹り征くこと鳥の飛び着くが如し」となる。真本の「風の如くに徹り征

き、鳥の如くに飛び著く」と対句に読む方がよいと思われる。
＊郭漠　郭璞のこと。
＊結城郡　傍訓ユキマノ郡。
＊後陣　後陣のこと。
＊徐行　「徐」の傍訓ヤウヤクユクニ。
＊鵝鴨橋　傍訓カモカモ。「かもの橋」のことか。
＊上打　「上」傍訓ウヘヨリ。「打」傍訓ウチ。傍らに「前（傍訓サキ）立テ」と小さく添えている。「打ち前立ちて」と読めるが、次の「落打」とダブるので前の打を除去した。
＊落立　「落」の傍訓サキ。先にも前を落と書いていた。前の字と混同したか。
＊惚怦　「惚」傍訓ソウ。「怦」傍訓アハテテ、トイソキ。これから文撰読みと捉えて、「そうすいとあわてて、（いそぎ）」と読まそうとしたようである。
＊囂　傍訓カマビス。かまびすし。
＊不足千人　「千」は十人（真本）の誤りであろう。
＊由弓　人名であるが不明。これ以下、割注にかけて、傍訓イシヒトノナナリ
＊子柱　同じく不明。割注にかけて、チウトイシヒトハと続けている。ここは、割注があるのに、加点者は傍訓を本文と直接つなげている。「といひし人」という傍訓からは、加点者にも、この人物が分からなかったようにも思われる。
＊李凌　李陵のこと。
＊遇猫　底本には、過猫とあり、遇猫と傍書する。後者を採った。
＊四十余人　真本とは兵士の数が一ケタ違ったが、被害者の方は四十余人と同じである。おそらく、先の千は十の誤りであろう。
＊正月三日被取殺害　「トラヘラレテ」と、三日と殺害の間に傍書されている。

［考察］

（Ⅰ）介良兼は、憎悪の心を有し、将門を殺害する気持ちを止めず、将門を討とうとしていた。その時、将門の駆使、丈部子春丸がしばしば常陸国石田の庄辺りの田屋に通っていた。良兼は、将門方の実情を知らせるよう言葉巧みに子春丸に働き掛けた。子春丸は結構ですと答えた。良兼は、大いに喜び、東絹を与えて「乗馬の郎頭としよう。」と言い、米穀を積み、衣服を与えて褒賞とした。子春丸は、悦び勇んで、良兼方の田夫一人を連れて、豊田郡岡崎村に帰った。翌朝、子春丸は田夫と石井の営所に行き、営所の悉くを見知らせた。良兼は、承平七年十二月十四日の夕方、夜討ちの兵を構えて石井営所へ向かわせた。その兵たちは、一人当千、八十余騎が勢い盛んで、風のように進軍した。亥の刻に、法城寺の辺りの道に出た。そこに、将門の一人当千の兵が居て、夜討ちの気配を知り、良兼の兵たちの後陣に交じって察知されずに行く。その兵は鵝鴨橋から、一団の前に立ち、石井営所に馳せて来て通報した。そこで、営所は大騒ぎとなった。卯の刻に、敵たちが囲んで来た。将門の兵は十人に足らなかったが、将門は、大声で激励し、「敵に後ろを見せてはならない。」と、目を張り歯を噛んで自ら進んで撃ち合った。その時、敵らは楯を棄てて逃げ去った。逃れる者は、猫に追われる鼠、追う者は、雉を襲う鷹のようであった。第一の矢に、多治良利を射取った。その他の者は取るに足らない者でしかなかった。殺害された良兼の兵は、四十余人であった。

（Ⅱ）良兼が子春丸を籠絡して、石井営所に夜討ちをかけた。この戦いでは、良兼が兵を発遣する際、その兵士らを一騎当千として、養由の弓、解烏の靫、駿馬の蹄、李陵之鞭などと大げさに誇張しているのである。しかし、こうした強力な兵たちが十人にも足りない将門軍に無残にも敗退してしまうのである。それも、将門一人に、九牛の一毛にも当たらない哀れな状況にされるように記されている。まず、良兼軍を大いに称えておくことによって、一層、効果的に、将門の強さが浮き上がるのである。ここでは、まさに将門は一代の英雄の感がある。これは、将門の強さを称えるための創作ではなかったかとも考えられなくもない。

ただ、この夜討ちが全て創作されたのものと思えないのは、良兼軍が石井の営所へ向かって、法城寺の辺を通っていることである。当時、結城郡に法城寺が存在したことは、近頃の発掘の成果によって事実であろう。やはり、良兼が石井営所を襲ったことは、実際にあったかもしれないと考えられよう。作者は、将門側に立って、いかにその強さを示そうかと考え、工夫して文飾を重ねて、この戦いを記したように思われるのである。

（Ⅲ）

「讒釼破巌　属請傾山」（単句対、緊句）

上の句は、幼学書『仲文章』に見え、それを引いて、下の句を工夫して付けたように思える。

「既張養由之弓　弥負解烏之靫」（単句対、長句）

この対句は、養由と解烏について、わざわざ割注を付けて詳しい解説を行っている。養由と夷羿（羿）という、中国古代の弓矢の名手を引用して、語釈に書いたように、兵士たちが一人当千の兵であることを強調している。

「催駿馬之蹄　揚李陵之鞭」（単句対、長句）

これも、駿馬に詳しい割注がついている。良兼が選りすぐった、優れた兵士が夜討ちに出立つ様を記している。

「由弓楯爪〔以〕　勝數万之軍　子柱立針〔以〕　奪千交之鉾」（隔句対、雑隔句）

真本は、「勝」字の前に「於」字を入れ、楊本は、由弓の下に「者」字を入れ、さらに、〔　〕印の字がある。由弓と子柱は、割注で人名とあるが、出典を示していない。

「宛如遇猫之鼠失穴　譬如政鴙之鷹離韝」（単句対、長句）

これは、猫と鼠、雉と鷹など当時の諺語を取り入れている。

(Ⅳ)　将門が都から帰った後、ずっと良兼との戦いが続く。その叙述は、月日をかなり詳しく書き、場所も明記されている。いかにも、常総の地をよく知っている人物によって記されているように思われる。

渥美氏は、ここらあたりを「将門側の物語」とされ、「将門記は作者によって創作されたというよりは、むしろ編者によって編集されたという性格を持っている。その素材とされたものは、常陸下総地方に伝承された種々な物語を第一とし、その他武蔵などにもわたり、また記録類も多く使用している。」と述べている。(「S39．10」)春田氏は、「将門の合戦に関する記録」とも称すべき記録が存在した(「S45．5」)とされるが、おそらく、ここらの記述などから立論されたと思われる。また、永積氏が「『将門記』という作品にとって、在地的視点は必須かつ根源的な要素であり、例え『将門記』に言われているような増補がほどこされたと仮定しても、この観点は、きわめて屈折した形をとりながらも、けっきょく作品の構想を貫徹していると認められる。」(「S54．2」)と説かれたのは、ここの合戦の記述なども意識されていたと思われる。

真本・楊本訓読文(10)

真本

此の後、掾貞盛、三たび己の身を顧みて、身を立て徳を修むるには忠行に過ぐるは莫し。名を損じ利を失ふは邪悪より甚しきは無し。清廉の比、蚫室に宿りて、羶奎の名を同烈に取れり。然るに、本文に云く、前生の貧報を憂へずして、但し、悪名の後流を吟ぶ者。遂に濫悪の地に巡りて、必ず不善の名有るべし。如かじ。花門に出て、以て遂に花城に上り、以て身を達せんには。加之、一生は只隙の如し。千歳誰か榮えむ。猶し直生を争ひて盗跡を辞すべし。苟も貞盛身を公に奉り、幸に司馬の烈に預る。況や労を朝家に積みて弥朱紫の衣を拝すべし。其の次に、快く身の愁等を奏し畢らむ。承平八年春二月中旬を以て山道より京に上る。

　将門具に此の言を聞きて、伴類に告げて云く。讒人の行は忠人の己の上に在ることを憎む。邪悪の心は富貴の我身に先だつことを嫐む。所謂、蘭花茂からむと欲ふも、秋風之を敗る。賢人明ならむと欲ふも讒人之を隠す。今、件の貞盛、将門が會稽未だ遂げず。報いむと欲ひて忘れ難し。若し、官都に上らしめば、将門が身を讒せむか。如かじ。貞盛を追ひ停めて、之を蹂躙してむには。啻に、百餘騎の兵を率して、火急に追ひ征かしむ。

　二月廿九日を以て、信濃国小縣郡国分寺の邊に追ひ着く。便ち千阿川を帯して、彼此合戰する間に、勝負有ること無し。厥の内に、彼方の上兵、他田真樹矢に中りて死ぬ。此方の上兵、文室好立、矢に中るも生くる也。貞盛、幸に天命有りて呂布の鏑を免れて山の中に遁れ隠れぬ。将門、千般首を掻いて、空しく堵邑に還りぬ。

　爰に、貞盛、千里の粮を一時に奪はれて、旅空の涙を草目に灑く。疲れたる馬は薄雪を舐ぶりて堺を越え、飢えたる従は寒風を含みて憂へ上る。然れども、生分、天に有りて僅に京洛に届る。便ち度々の愁の由を録して太政官に奏す。糺し行ふべき（之）天判を在地の国に賜ふ。去りぬる天慶元年六月中旬を以て、京を下る（之）後、官符を懐きて相糺すと雖も、而も件の将門弥逆心を施して、倍暴悪を為す。厥の内に、介良兼朝臣六月上旬を以て逝去す。

　沈吟する（之）間に、陸奥守平維扶朝臣、同年冬十月を以て、任国に就かむと擬る（之）次に、山道より下野の府に到り着く。貞盛と彼太守とは知音の心有るに依り、相共に彼の奥州に入らむと欲て、事の由を聞かしむるに、甚だ以て可也。乃ち首途せむと擬る（之）間に、亦将門隙を伺ひて、追ひ来りて前後の陣を固めて山を狩って身を尋ぬ。野を踏んで蹤を求む。貞盛、天力有りて風の如くに徹り、雲の如くに隠る。太守、思ひ煩ひて弃てて任国に入りぬ（也）。

厥の後、朝は山を以て家と為し、夕は石を以て枕と為す。兇賊の恐尚し深く、非常の疑弥倍る。榮々として国の輪を離れず。匿々として山の懐を避けず。天を仰ぎて、世間の安からざることを観じ、地に伏して一身の保ち難きことを吟ず。一は哀しび二は傷む。身を厭ふも廃れ難し。厥れ、鳥の喧びすしきを聞けば、則ち例の敵の囈くかと疑ひ、草の動くを見ては則ち注人の来たるかと驚く。嗟き乍ら多月を運び、憂へ乍ら數日を送る。然れども、頃日、合戰の音无くして、漸く旦慕（暮）の心を慰む。

＊掾貞盛　この掾は常陸の掾と考えられる。

＊三顧己身　何度も自分を顧みる。

＊立身修徳　自己の地位を確立し、仁徳を修める。

＊忠行　忠義の行い。

＊清廉之比　清く潔白である頃。

＊宿於蚫室　蚫など干魚を貯蔵する室に宿る。『孔子家語』の「与不善人居如入鮑魚之肆久而不聞其臭亦与之化矣」などによる表現であろう。

＊羶奎之名　「羶」なまぐさい「奎」股ぐらのこと。なまぐさく汚いことを表すか。なまぐさく汚れた名前。

＊同烈　「烈」は同系統の「列」に通じることから、同列の意味であろう。

＊不憂前生貧報但吟悪名之後流　前に「本文云」とあるが、この出典は不明。「前生貧報」は、前生の行いによる今生の貧しい報いをいう。『日本霊異記』中十四に、「我先世殖貧窮之因今受窮報」（我先世に貧窮の因を殖え、今窮報を受く）とある。ここは「前生からの因縁によって、乏しい報いを受けるのは憂えないが、自分の悪名が後世につたわるのを嘆く」という内容である。

＊濫悪之地　乱悪の地のことで、ここでは常総の地を指す。貞盛は、この地を乱悪の地と見たのである。

＊花門　立派な門から、朝廷の美称といわれる。都を表すと捉えたい。

＊花城　宮中。
＊加之　訓み「シカノミナラズ」。その上さらに。
＊一生只如隙　人の一生は、ほんの隙間のように短いものである。『史記』や『十八史略』の「如白駒過隙」に拠る語句といわれる。
＊猶争直生可辞盗跡　「直生」正しくまっとうな生き方。「盗跡」ラムセキと傍訓がある。「盗について、濫などの類推からこう読んだ。」という。⑯盗みの経歴の意味。なおも、まっとうな生き方を競い合い、盗みなど（乱悪）の経歴を残すようなことはやめるべきだ。
＊司馬烈　先の「同烈」と同様に、「司馬の列」と考えられよう。
＊可拝朱紫之衣　朱色、紫色の衣服。朱は五位、紫は三位以上の上級貴族の官服。きっと、上級の衣をいただくようになるだろう。（昇進するだろう。）
＊畢　傍訓テがあるが、ここは推量または意志でないと意味が通じない。「畢らむ」と読むこととした。
＊山道　東山道。
＊此言　前の貞盛の言葉。
＊讒人之行憎忠人之在己上「憎」傍訓ソネム。他人を悪く言って陥れる行為（をする人）は、忠節な人が自分の上にいることを嫉む。これは、将門が貞盛を批判した言葉として記されているが、『帝範』上の「去讒」に拠った章句である。「夫讒佞之徒」で始まり、少し離れて「以其諂諛之姿悪忠賢之在己上」とある。
＊耶悪之心嫐富貴之先我身　「耶」は、邪と同字通用で邪の誤りではない。（「H12．5」前掲）「嫐」傍訓ナヤム。邪悪な心を持つ人は、自分より富貴な人を妬む。これは、前述と同様『帝範』上「去讒」の「懐其奸邪之志怨富貴之不我先」に拠る。
＊蘭花欲茂秋風敗之　蘭の花が茂ろうとすると、秋風がこれを妨げてだめにする。前述と同様『帝範』の「叢蘭欲茂　秋風敗之」に拠る。
＊賢人欲明讒人隠之　賢人が明晰であろうとしても、讒言をする人がこれを隠蔽する。前述と同様『帝範』の「王者欲明　讒人

蔽之」に拠る。
＊件貞盛将門會嵆未遂　例の貞盛に、将門は報復をまだ果たしていない。
＊不如追停貞盛蹂躙之　「不如」しかじ。倒置法で先に訓む。打消推量と採る。「蹂躙」の傍訓リンシテムニハ。「越したことはなかろう。貞盛を追い停め、踏みにじってしまうのに。」
＊啻　傍訓マサニ。
＊火急　非常に急に。
＊信濃国少懸郡国分寺　少懸郡は小縣郡である。国分寺は、現長野県上田市にあった。発掘によって、その遺跡が明らかにされている。
＊千阿川　千曲川。国分寺の傍らを流れている。
＊彼方　貞盛方。
＊此方　将門方。
＊他田真樹　他田氏は、大和国城上郡他田より出たといわれる。この他田真樹は、地元ではこの地の土豪、他田一族の勇者で、貞盛に味方したと伝えるが、未詳である。
＊上兵　上級の兵。
＊文室好立　文室氏は、天武天皇から出た名族と関わる一族であるが、伝未詳である。将門の重要な従者であったと見え、後の将門の除目では安房守に叙せられている。
＊天命　天から与えられた命運。
＊呂布之鏑　呂布は中国の後漢末の武将、弓の名手であった。呂布のような弓の名手の鋭い鏑を逃れたという意味。
＊山中　山中は未詳であるが、地元の伝承では、この山を国分寺側から見て、千曲川の対岸の尾野山（現小県郡丸子町）という。後の付会であろうが、その山中の孫代の地が将門と貞盛の古戦場という伝承もある。
＊千般搔首　何度も何度も首をかく。残念がる様子を表す。なお、「搔いて」とイ音便の傍訓がある。

＊堵邑　堵は垣に囲まれた住居。邑は村里。将門の本拠であろう。

＊千里の粮　長旅に携行する食糧。

＊灑草目　「灑」は「そそく」と読む。注ぐこと。「草目」は草の芽とされるが、目（もく）は、木と同系統の字であるから、草木の意味にも取れよう。

＊疲馬舐薄雪　「舐」ネブテ。疲れた馬は薄雪を舐める。

＊飢従含寒風　飢えた従は寒風に身をさらす。

＊生分有天　「生分」『漢書地理志』に「親子兄弟が仲違いして争うこと」の意味で用いられている。その意味で、ここを考えると、「従兄弟の将門との争いに天運があって」と解することが出来る。なお、この語は、菅原道真の詩にも用いられている。（『菅家文草』「宿舟中」に、「生分竟浮生」とある。）

＊届　傍訓イタル。

＊度々愁由奏太政官　「大政官」は太政官。たびたび、（将門の暴挙による）愁いの次第を太政官に申しあげた。（これが認められて、天皇の裁許が出された。）なお「太政官」は、「だいじょうかん」と読む。律令制で、八省諸司および諸国を総管し、国政を総括する最高機関。

＊可糺行（之）天判　罪悪の糺明を行わせる天皇の裁定。これまで、貞盛は追捕される対象であったのに、逆転して将門を追捕する立場に変わったわけで、将門の怒りを買うことになる。（後の書状に示されている。）

＊在地之国　所在地の国。常陸の国庁とする説がある⑫。下総も関わるか。

＊去天慶元年六月中旬　これまでの注釈書では、天慶元年は二年の誤記とする説が優勢である。研究者は、ほぼ二分する状況である。私は、以下のように考えて、ここの天慶元年はそのままでよいと思っている。「去る天慶元年六月中旬に、平貞盛が下京した後、将門を糾明しようとした。しかし、将門は暴悪をなしていて、果たすことが出来なかった。そうして時が経過して、その内に（すなわち翌年の天慶二年の六月上旬に）良兼が死去し、沈吟の間、十月に維扶が下野国に着いた。」と理解できよう。事実は別として、本文は、貞盛の下京は天慶元年となっていて、その周りの記述とは矛盾はしていないとして差し支えないと思

う。（後の書状では、天慶二年となり、本文と異なる。実際は二年か。）

＊弥施逆心倍為暴悪　「弥」訓みイヨイヨ。いよいよ、逆心を表わし、ますます暴悪を行う。「倍」『名義抄』マスマス。将門がこのように記されるのはここが始めてである。

＊良兼朝臣以六月上旬逝去　良兼の逝去の記事は、後にもう一度あり、それは天慶二年六月上旬のことである。ここには、六月上旬とのみあって天慶元年か二年か明らかではない。しかし、ここの記述を検討すると、良兼の死は、やはり天慶二年と見てよいと思われる。

＊沈吟　憂え嘆くこと。

＊平維扶朝臣　系譜未詳だが、『本朝世紀』には左馬頭とある。

＊同年冬十月　『貞信公記抄』の記述から、天慶二年冬十月とする。

＊任国　ここでは陸奥国。

＊太守　太守は上総・常陸、上野三カ国（親王任国）の守の称。ここは陸奥守であるから、守を敬ってこう呼んだらしい。

＊知音之心　お互い心をよく知り合った人。左馬允の貞盛は、維扶と旧知の仲であったのであろう。知音の出典は、『列子』とされるが、『蒙求』にも「痛知音之永絶」と見えている。

＊奥州　貞盛は、平維扶と共に奥州に逃れようとした。

＊甚以可也　大いに結構である。

＊首途　門出。

＊伺　機会を伺う。

＊踏野　野に分け入る。

＊蹤　足跡、行方。

＊以山為家以石為枕　山を家とし、石を枕として。野宿して逃避行を続けること。

＊兇賊の恐　兇悪な賊が襲来する恐れ。賊は将門方を指す。

＊非常之疑　将門の急襲など思いも寄らない事態が起こる疑い。
＊縈々不離国輪　「縈」音はエイ、ヨウ。名義抄メグル。廻りに廻って常陸国の周りから離れない。
＊倍　『名義抄』マサル。
＊匿々不避山懐　「匿」の傍訓チョク。隠れに隠れて山の懐から去らない。
＊世間之不安　世間が安らかでない。（不安に満ちている様）
＊一身之難保　自分一人を保ち難いこと。
＊例敵之嘁　「嘁」傍訓ウソブク。例の敵が声をあげる。
＊厭身難廃　我が身を厭うても棄てるわけにはいかない。
＊注人　手引きをする者。
＊頃日　この頃。
＊合戰之音　合戦のうわさ。
＊慰旦慕之心　底本「慕」とあるが暮か。（楊本は「暮」）朝夕の心を慰めた。

楊本

此の後に、掾貞盛三たび思して、身を立て徳を修むることは忠行より尚（サキ）なるは莫し。名を損じ利を失ふことは邪悪より甚だしきは無し。清廉の比なれども鮑室に宿りぬれば蟺蚕の名を同烈に取る。然も本文に云く、前生の貧報を憂へず、但し倶に名悪の後に流ることを吟く者。若し貞盛久しく監悪の地に巡らば必ず不善の名有るべし。花門に出でて、以て官を遂げ花城に上りて以て身を達せんにはしかず。加之、一生は隙の如し。千歳誰か栄えむ。猶、争で直しく生きて盜跡を辭すべし。苟も貞盛身を公庭に奉へて幸に司馬の例に預れり。況や勞を朝家に積みて弥朱紫の衣を拝すべし。其の次に憶ひ身の愁等を奏し畢りぬべし。去りし承平八年春二月中旬を以て山道より京に上る。

将門具に此言を聞きて伴類に告げて云く。讒人の行は忠人の己が上に在ることを憎び、邪悪の心には富貴の我身に先だたむことを嫉む。所謂蘭花は茂せむと欲れとも秋風之を敗る。賢人明ならむと欲とも讒人之を隠す。今件の貞盛會嵇を未だ遂げず。報いむと欲らむこと忘れ難し。若し官都に上りなば将門が身を讒せむか。不如、貞盛を追ひ停めて蹂躪せむと云ふ。啻し百餘騎の兵を率して、火急に追ひ証く。

二月廿九日を以て、信濃國小懸（縣）郡の國分寺の邊に追ひ着きぬ。便ち千隈川を帯して彼此合戦す。勝負有ること無し。厥の内に彼の方の上兵他田真樹箭に中って死ぬ。又此の方の上兵文室の好立矢に中って而も生きたり（也）。貞盛幸に天命有りて呂布の敵の鏑を免れ、山中に遁れ隠れぬ。将門千般首を掻いて空しく堵邑に還る。

爰に、貞盛千里の粮を一時に奪はれて、旅の空の涙を草の目に灑く。疲れたる馬は薄き雪を舐って而も坂を越ゆ。飢えたる従は寒風を含みて憂へ上る。然れども、生分天に有りて僅に京洛に届く。便ち度々の愁の由を録して太政官に奏す。糺し行ふべき（之）天判を在地国に賜り、貞盛去りし天慶元年夏六月中旬を以て、京下の後に、官符を懐きて相糺すと雖も、而も件の将門弥逆心を施して倍暴悪を為す。厥の内に、介良兼朝臣、六月上旬を以て逝去す。

沈吟する（之）間に陸奥守平維扶朝臣同年冬十月を以て任国に就かむと擬る（之）次に山道より下野の府に到着す。貞盛と彼の太守と知音の心有りて相共に彼の奥州に入らむと欲ふ。事の由を聞こえ令るに返報して云く甚だ以て可也者。乃ち首途せむと擬る（之）間に、亦将門隙を伺ひて追ひ来りて、前後の陣を固めて山を狩って而も身を尋ね、野を践んで而も蹤を求む。貞盛天力有って風の如くに徹り行き雲の如くに隠れ散ず。太守思ひ煩って弃てて而も任国に入りぬ。（也）

厥の後、朝には山を以て家と為、夕には石を以て枕と為。兇賊の恐れなり。尚し深く、非常の疑ひ弥々倍すなり。縈々として国の輪を離れず、匿々として山の懐を避ず。天に仰ぎては世間の不安なることを観じ、地に伏しては一身の保れ難きことを吟く。一つは哀しび二には傷む。身を厭ふとも瘠れ叵し。鳥の喧びすしきことを聞きては則ち例の敵の噦くかと疑ひ、草の動くを見ては則ち注人の來るかと驚む。嗟き乍ら多月を運び、憂へ乍ら数日を送る。然れ而、頃日、合戦の音無くして漸く旦暮の心を慰む。

＊此後　後ニと傍書。
＊三思　幾度も自身を顧みて思案すること。
＊清廉之比　傍訓ナレトモ。清廉の比なれども。
＊尚　傍訓サキナルハ。
＊名悪　悪名と同じ。
＊不出花菜門　この語句は意味不明である。まず「花桑門」という語が不明である。桑門は僧侶の意であるから、「桑」は、あるいは衍字かもしれない。さらに、右下に花の字が小さく書かれているから花門とするのが一案となる。真本では、「不如出花門」とある。そこで、「不出」は「不如出」の誤として、「不如出花門」として解釈することは可能である。
　もう一つの訓み方は、やはり「桑」の右横に書かれた「華」の字を生かすことである。この場合は、花は無視せざるを得ない。華門は、そまつな門となる。やはり、「不如」を加えて、「そまつな坂東の自宅の門を出て、都へ上り…にこしたことはない」という解釈になろうか。
＊争直生　傍訓によると、「いかで、うるわしく生きて」と訓める。
＊奉　傍訓ツカヘテ。
＊司馬之例　この「例」は列のことであろう。
＊朱紫衣　朱の左側に傍書「五井」、紫には「四井」とある。五位と四位の官位の衣の色を指している。朱紫の衣と訓む。

＊憶　傍訓オモヒ。心の中の思い。
＊畢　この傍訓ヌ。ここは、ベシを補い、ヌベシとすれば意味がとりやすい。
＊自山道京上　山道の傍訓ヤマミチ。東山道から上京した。
＊増　傍訓ソネヒとある。「憎」（そねぶ）のことであろう。
＊嫐　傍訓ネタム。
＊茂　傍訓モクセムト、サカエムト。「茂す」と捉えた。
＊不知　傍訓シカジ。「知」は「如」であろう。
＊証　「征」ユクであろう。前出。
＊小懸郡　『和名抄』小縣郡のこと。傍訓チヰサカタ。
＊他田真樹　傍訓ヲサソタノサタムラ。
＊夂室好立　傍訓フヤノヨシタチ。「夂」字は「文」文室のこと。
＊千隈川　現千曲川を指す。
＊敵鏑　傍訓カフラヲ、ヤサキヲ。訓みにくいが「敵の鏑」とするか、一語として（「敵」が衍字」）「カブラ」と訓むか。
＊千般　傍訓チタヒ。
＊播　傍訓カイテ（い音便）。
＊涙　この語にはナムタと付訓して、小さく傍書している。
＊届　傍訓トドク、イタル。
＊録　傍訓シルシテ。
＊去天慶元年夏六月中旬　ここは、真本のところで詳述したとおり、問題のある年月である。わざわざ夏と記しているのが注目される。
＊逝去　逝水とあり、その横に逝去と傍書する。

＊狩山　「狩」の傍訓カッテ。促音便の表記がある。
＊兇賊之恐尚深　底本「恐」は「恐」、傍訓ナリ。「恐なり」で切ると後へ続かないので、ナリは採らない。
＊縈々　傍訓ニクレトモ、ツクツクトシテ。訓みを決めにくく、真本のように音読することにする。とくに、これ以後の数語は、傍訓の訓みが特殊で難しい。
＊匿々　傍訓カクルレトモ。これも音読する。
＊難保　「保」の傍訓マヌカレ。免れ難いの意。
＊叵　難しの意味。
＊癈　傍訓ワスレ。自身を捨てて滅する意。
＊噦　傍訓シハフクカト。
＊驚　傍訓アヤフム。
＊慰　傍訓ヤスム。

［考察］

（Ⅰ）この後、掾貞盛は自身を顧みて、自立し徳を修めるには忠義以上のものはないと思った。自分が正しくても、乱悪の地に巡っていると必ずよからぬ評判を受けるだろう。上洛して、朝廷に参上し、自身を達成するのに越したことはない。自分は司馬の官職を拝命している。功労をさらに積んで、朱紫の衣の地位を頂こうと、承平八年春、二月中旬に東山道より都に上った。将門は、この言葉を聞いて伴類に言った。讒人の行いは、忠人が己の上にいることを憎む。自分はまだ、貞盛に報復を果たしていない。もし、貞盛を上洛させれば、自分を讒するだろうと。そこで、百余騎の兵を率して追いかけた。二月廿九日、信濃国小県郡、国分寺の辺りに追い着いた。千阿〔隈〕川を帯して合戦した。その内に、貞盛方の上兵が矢を受けて死に、此方の上兵は矢を受けても死ななかった。貞盛は天命があり、山中に逃れた。将門は空しく本拠に帰った。貞盛は、長旅の食料を奪われ、寒風に身をさらして苦しみながら上京した。それから、度々、愁訴を太政官に奏上した。これにより、将門の糾明を行うべしという官符が在地の国に下された。去る天慶元年六月中旬、貞盛は京を下った後、官符を手にして糾明した。しかし、将門はいよいよ暴悪を行っていた。そのうち（＝将門が暴悪を行っていた時期に）、良兼が死去した。貞盛が嘆いている間に、陸奥守平維扶が（天慶二年）冬十月に東山道より下野国府に到着した。貞盛は知り合いであったので、一緒に奥州に入ろうと許諾を得ていたが、また、将門が追って来て隠れざるを得なかった。その後、貞盛は、山を家とし、石を枕とする逃亡生活を送ることとなった。天を仰ぎ、地に伏して憂えていた。鳥の声に、草の動きに敵の来襲かと疑い、怯えていた。やがて、合戦の噂もなく、やっと朝夕の心を慰めた。

（Ⅱ）貞盛が坂東の地を見限って上京する。この際、貞盛は、坂東を乱悪の地と述べているが、良兼らに従っていると、自らが悪評を得ると感じられるような言葉ともとれよう。貞盛は、自分から申し出て、将門と誼みを通じようとしたのに、良兼に説得された経緯がある。そこで、将門に負い目を感じていたことも想定されよう。また、承平七年十一月五日に、官符を受けて追捕される立場でもあったから、都に出て弁明し、自身の望みを達成しようとしたのは当然の判断であったのであろう。しかし、将門は許さず、千曲川まで追って行き、戦いに勝つものの、貞盛を逃がしてしまう。貞盛は、苦しみながらも辛くも都に達した。この時点で、両人は真に宿敵と意識したと解釈したい。

その後、貞盛は、官符を得て将門との立場を逆転させて、坂東へ下って来るが、将門の強大な勢力の前に、逃避行を余儀なくされるのである。

（Ⅲ）

「立身修徳　莫過於忠行　損名失利　無甚於邪悪」（隔句対、雑隔句）

貞盛が自身を顧みて考えたことを対句に表している。

「讒人之行　憎忠人之在己上　邪悪之心　嫐富貴之先我身」（隔句対、雑隔句）

次の句と共に将門の言葉の中にある対句である。

「蘭花欲茂　秋風敗之　賢人欲明　讒人隠之」（隔句対、平隔句）

「朝以山為家　夕以石為枕」（単句対、長句）

貞盛の逃避行をこのように対句で記している。その貞盛の動きを次の対句、その怯えている状況を最後の以下の対句で巧みに表現している。

「縈々不離　匿々不避」（単句対、緊句）

「聞鳥喧則　疑例敵之囈　見草動則　驚注人之来」（隔句対、雑隔句）

（Ⅳ）山中氏（「S12．6」）は、貞盛が将門の追及を振り切って上京した際に、「吾人は此の時の奏状に、貞盛と将門の関係が詳細に記されて居たであろうと推定するものである。然る時は貞盛について弁解がましい記述も、此の奏状の記述を将門記の著者がそのまま採ったと考え得られ、決して不自然なものとならない。」と述べている。春田氏（「S45．5」）は貞盛の解と貞盛方からの資料とする。このように、ここの貞盛の記述は、貞盛の方から出た資料と考えられよう。ただし、千曲川で、将門が貞盛と戦った場面は、将門方を此方、貞盛方を彼方と記述しており、将門の方からの資料とも考えられる。

真本・楊本訓読文（11）

真本

然る間に、去りし承平八年春二月中を以て武蔵守興世王・介源経基と足立郡司判官代武蔵武芝とは共に各不治の由を争ふ。聞くが如くは、国司は无道を宗と為（シ）、郡司は正理を力と為（ス）。其の由何とならば、縦ひ、郡司武芝、年来公務に恪勤して、誉有りて謗无し。苟も、武芝、郡を治る（之）名、頗る国内に聴ゆ。撫育之方、普く民家に在り。代々の国宰、郡中の欠負を求めず。往々の刺吏、更に違期の譴責无し。

而るに、件の権守正任未だ到らざる（之）間に、推して入部せむと擬者。武芝は案内を検するに、此の国承前の例と為て、正任以前に輙く入部する（之）色あらず者。国司は偏に郡司の无礼を稱して恣に兵杖を發して押して入部す（矣）武芝、公事を恐るるが為に暫く山野に匿る。案の如くに、武芝が所々の舎宅、縁辺の民家に襲ひ来たりて、底を掃ひて捜し取り、遺る所の舎宅を検封して弃て去る也。

凡そ件の守介の行事を見るに、主としては則ち仲和之行を挟む。【花陽国志に曰く、仲和は大守と為て賦を重くし財を貪りて国内に漁る之也。】従としては則ち草竊の心を懐けり。箸の如くある（之）主は、眼を合せて骨を破りて膏を出だす（之）計を成す。蟻の如くある（之）従は、手を分ちて財を盗みて隠し運ぶ（之）思ひを勵す。粗ら（アララ）、国内の彫み弊ゆることを見るに平民を損ふべし。仍て国の書生等、越後国の風を尋ねて新に不治悔過一巻を造り廰の前に落す。事皆、此の国郡に分明也。

武芝已に郡司の職を帯ぶと雖も本より公損の聆無し。虜掠せらるる所の私物を返請すべき（之）由を屢覧擧せしむ。而れども曾て弁糺の政无し。頻に合戰の構を致す。時に将門急に此の由を聞き、従類に告げて云く、彼の武芝等は我近親の中に非ず。又彼の守・介、我兄弟の胤に非ず。然れども、彼此が乱を鎮めむが為に武蔵国に向ひ相むと欲者。即ち自分の兵杖を率して武芝が當の野に就く。武芝申して云く、件の権守幷に介等は一向に兵革を整へて皆妻子を率して比企郡狭服山に登る者。将門と武芝は相共に府を指して發向す。時に、権守興世王先立ちて、府衙に出づ。介経基未だ山の陰を離れず。将門、且た興世王と武芝と此の事を和せしむる（之）間に、各數杯を傾けて迭に榮花を披く。

而る間に、武芝の後陣等、故无くして彼の経基の營所に圍む。介経基未だ兵の道に練せずして驚き愕いで分散すと云ふ。忽ちに府下に聞ゆ。時に、将門、監悪を鎮むる（之）本意既に以て相違しぬ。興世王は国衙に留り将門等は本郷に歸りぬ。

爰に、経基が懐く所は、権守と将門とは郡司武芝に催されて、経基を誅せむと擬るかと（之）疑ひを抱きて、即ち乍（ニワカニ）に深き恨を含みて京都に遁れ上る。仍て、興世王、将門等が會稽を報いむが為に虚言を心中に巧へて、謀叛の由を太官に奏す。之に因りて、京中大きに驚き城邑併しながら囂し。

爰に将門の私の君大政大臣家に實否を擧ぐ可き（之）由の御教書、天慶二年三月廿五日を以て中宮少進多治真人助真（縄）が所に寄せて下さるる（之）状、同月廿八日に到来すと云々。仍て将門、常陸下総下毛野武蔵上毛野五箇国の解文を取りて謀叛无實之由を同年五月二日を以て言上す。而る間に介良兼朝臣六月上旬を以て病の床に臥し乍ら鬢髪を剃除して卒去し已に了りぬ。尓（ソレ）よりの後更に殊なる事无し。

而る比に、武蔵権守興世王と新司百濟貞連と彼此不知（和）なり。姻婭の中に有り乍ら更に廰坐せしめず（矣）。興世王は世を恨みて下総国に寄宿す。抑、諸国の善状に依り、将門の為に功課有るべき（之）由宮中に議からる。幸に恩渙を海内に沐みて、須く威勢を外国に満たすべし。

＊承平八年春二月中　この時期は、将門が上京する貞盛を追って戦った頃に当たる。時を溯った記述となる。

＊武蔵守興世王　後の記述から、権守であることが分かる。楊本は権守となっている。「王」の傍訓オオキミ。興世王は王族であろうが、系譜が明らかでないという。従来、桓武天皇――伊予親王――継枝王――三隈王――村田王――興世王の系譜が示されていたが、根拠は明らかでない。

＊源経基　『尊卑分脈』には、清和天皇の皇子、貞純親王の子に経基王とあり、源氏の始祖とされて六孫王と呼ばれた。『貞信公記抄』天慶二年三月三日に、「源経基告言武蔵事」とある。また、『尊卑分脈』には、経基は天徳五年（九六一）に源姓を賜ったと記されている。

＊足立郡司判官代武蔵武芝　武蔵氏は、武蔵国造の後裔とされ、氷川神社の祭事を司る大豪族である。『西角井系図』によれば、武芝は郡司判官代従五位下で、「承平八年二月与国守興世王介源経基不和争論依此事郡家退不預氷川祭事。」とある。「判官代」三等官、掾の目代。

＊縦　「たとひ」は、順接または逆説の仮定の他に、「たとへば」と同じような意味の用法がある。ここは、その例である。

＊国司者无道為宗　国司は、無道を宗とする。「為」傍訓シ。

＊郡司者正理為力　郡司は、正理を力とする。「為」傍訓ス。

＊不治之由　よい政治が行われないこと、すなわち、失政を意味する。

＊公務恪懂　「懂」は「勤」。『字類抄』「恪勤」ツッシム、ツトム。公務を忠実に勤める意。

＊撫育之方　民を慈しみ、育むやり方。

＊国宰　国司。

＊郡中之欠負　郡内の租税が所定の数・量に満たないこと。⑭によれば、「国司は欠負した郡に対して、欠負を充たすことを要求するわけである。しかし、この頃には、欠負の充填が不可能であるので、この欠負を求めない方が却って良吏とされた。」という。

＊往々之刺史　「往々」時々。刺史が「刺史」ならば国司の唐名。

＊違期之譴責　「違期」は、納期が（守られず）違うこと。「譴責」に読み仮名セメがある。（過失を）咎め責めることの意。

＊正任未到（之）間　正任の守がまだ着任していない際。
＊入部　国司が管轄する郡内に入ること。
＊承前の例　従前からの慣例。
＊輙不入部（之）色　「入部」前述のように郡内に入る。「色」様子、気配。たやすくは入部する様子はなかった。
＊發兵杖　「兵杖」は武器。「発兵杖」で兵力を用いること。
＊公事　裁判沙汰。
＊匿山野　当時、国司から調・庸を追求された場合、山野に身を隠すのが農民側の対抗手段であったという⑭。
＊縁邊之民家　「縁邊」縁続きの意。武芝と縁続きの民家。
＊掃底　底をさらう、残らずの意。
＊主　傍訓シテ、「主として」と読むか。
＊主則挟仲和之行　「挟」傍訓ワキハサム。（武蔵国の）主として、仲和のような悪業を身に着けていた。割注によると、仲和は太守となり、税を重くし財を貪る悪政を行った。
＊花陽国志　晉の常璩の撰の史書。
＊重賦　租税を重くする。
＊漁国内之也　「漁」は、渙に似た字にも見えるが、傍訓スナトルにより「漁」とした。楊本は漁。国内を搾取すること。「之也」傍訓モノナリ。
＊従則懐草竊之心　「草窃」は草賊の意。従者としては、盗賊の心を懐いていた。
＊如箸（之）主合眼而成破骨出膏（之）計、如蟻（之）従分手而勵盗財隱運（之）思　箸のような主は（興世王と経基を例える）、二本の箸が眼くばせをして、民衆の骨を破り膏を取り出すような計略を図り、蟻のような従者たちは、まるで蟻がたかるように手分けをして、人民の財物を盗み隠し運ぶことに励む有様を対句で表したのである。
＊粗　「あらあら」と読み、「およそ」「大略」の意味。

＊彫弊　つかれ、衰えること。
＊平民　字類抄ヘイミム。人民。
＊損　『字類抄』ソコナフ、ソンス。
＊国書生等尋越後国之風　「書生」は、国庁に仕えて、国解や牒状などの書類をしたためる任務を行った。「越後国之風」越後国の事件に於けるやり方。国の書生らが越後国に於けるやり方を尋ねた。実際に、越後国で何があったかは不明。政治がよく行われていないことを記録して明らかにしたのであろうか。
＊不治悔過　「不治」政治がよくないこと。失政。「悔過」ケカと読む。罪を悔いること。失政を悔い改めること。
＊公損之聆　公職にあって、私腹を肥やすなど公物を損耗させるような風聞。
＊屢令覧擧　「覧挙」文書で上申すること。しばしば文書で上申させる。
＊弁糺之政　弁別して糺す行政。ここでは、武芝の私物を弁別し、返却する行政措置を指す。
＊比企郡狭服山　狭服山の傍訓サヤキノ山、楊本はサフクノ山。この狭服山については、伝承によって、現鴻巣市馬宮のサブ山、東松山市古凍の松山台地、比企郡嵐山町杉山、所沢市久米町の八国山、などが挙げられている。いずれも確証があるわけではない。最近、「狭服山を比企郡大蔵館に推定することができる可能性がある」という説が出されている。(「H12．３」)
＊胤　血筋。
＊兵杖　配下の兵。
＊兵革　武器。
＊府　武蔵国府。現東京都府中市にあった。
＊府衙　国の役所。
＊且　傍訓マタ。
＊各傾數坏　おのおの酒盃を交わす。
＊迭披榮花　互いに花が開くように栄えることを祝したこと。

＊経基之營所　現鴻巣市大間に伝源経基館跡が伝えられている。ここが経基の営所といわれるが、伝承の域を出ていない。ただし、ここの場面は、前に「山陰」とあったから、経基が狭服山に構えた営所を指すか。
＊未練兵道　「練」傍訓はレン。「れんず」と読む。『字類抄』に練レンスとある。「慣れる」、「熟練する」の意味。「経基が兵の道に未だ連せず」という表現から、『将門記』成立の時代が下るとする説（「Ｓ47．６」）があった。（これは、最近では言われていない。）
＊分散云　「分散」にシテ、「云」にクと傍訓があるので、「分散して云く」と読めるが、これでは文意が通じない。楊本を参考にして「分散すと云ふ」と読む。
＊忽聞於府下　すぐに武蔵国府内に伝わった。
＊監悪　「監」は「濫」の誤りとされるが、すでに、疑問が出されていた。（「Ｓ43．７」）また、『名義抄』には、「監ミタリカハシ」の意味が見られる。監悪は、濫悪すなわち乱悪と同様の意と解されよう。
＊擬誅経基　ここの「基」は碁の字に見える。
＊乍含深恨遁上京都　「乍」の傍訓ニカハニとあるが、ニハカニであろう。この傍訓により「にはかに」と読んだが、「含みながら」とも読めよう。「含」を「ふふむ」とする注釈もあるが、「ふくむ」も訓読語として用いられている。急に深い恨みを心に抱いて都に上った。
＊巧虚言於心中奏謀叛之由於太官　太官は、楊本では太政官。うその申告を心中にたくらみ、謀叛のことを太政官に奏上した。経基によって、誣告が行われたのである。
＊城邑併囂　「併」は「しかしながら」、「囂」は「かまびすし」と読む。宮中も都中もすべて騒がしかった。
＊将門之私君　将門は少年の時、藤原忠平家に仕えていた。私的な主君。ここの場面では、藤原忠平は太政大臣であった。
＊可擧實否（之）由御教書　「可」に傍訓シテがあるが、「可…之由」の記録語特有の語法であるから、「可」はベキと読む。謀叛が事実か否かを明らかにして申し上げよという御教書。御教書とは、公卿の家の命令書。家司が主人の命を承けて出すのが普通で奉書形式をとるという。（⑭、⑱）

＊中宮少進多治真人助真　楊本は多治真人助直縄とする。『貞信公記抄』天慶八年正月十二日には「政所事可令觸知中将之状仰助縄真人」とある。この助縄真人は藤原忠平に仕えた家司である。ここは、助真ではなく、助縄が正しいという。⑱

＊同月廿八日　三月二十五日の御教書が同月二十八日到来というのは早すぎよう。何らかの齟齬があったかもしれない。

＊解文　解ともいい、京官・地方官が太政官及び所管に上申する公文書。ここでは、将門が常陸、下総、下野、武蔵、上野の五カ国の解文を取り言上したという。

＊剃除鬢髪卒去　天慶二年六月上旬、いわゆる剃髪をすることで仏門に入り、良兼は死去した。（底本「𠦄」は卒が正しい。）先にも、良兼死去の記事があり重複している。このように、同じ内容が重複するのは、『将門記』の叙述の構造によるものである。ほぼ、年代順に記述されているが、貞盛の上京から下京して天慶二年十月頃までを記し、そこで筆を戻して時間を溯り、武蔵の紛争を承平八年二月から書き始め、天慶二年の夏にまで至ったのである。そこで、将門との関わりが深い良兼の死が繰り返し記述されることになったのである。

＊百済貞連　百済氏は、朝鮮半島から帰化した百済王の後裔。系譜などは明らかでない。天慶二年五月に、武蔵守に任命された、前上総介従五位下百済王貞運のことであるという。（『類聚符宣抄』）

＊不知　互いに不知はおかしく、不和が正しいようである。

＊乍有姻婭之中　「乍」にニ、「有」にテと傍訓があり、「にはかに姻婭の中に有りて」と読ませるようであるが、文意が通じない。「姻婭の中に有り乍ら」と読む。「姻婭」は前出。興世王と貞連は姻戚であったことが分かる。

＊不令廳坐　国庁に席を与えない。国政に参与させないの意味。

＊諸国之善状　善状とは、考課（律令時代の官人の勤務評定）の基準となる「善」を記した文書⑮。ここは先に将門が集めた五カ国の解文のこと。

＊可有功課之由　（将門が武蔵の事件を解決した）功績に対して評価をするべきこと。

＊被議於宮中　宮中で、将門の行為を評価することが議せられた。

＊幸沐恩渙於海内　「沐恩渙」は恵みの流れにうるおうことから、恵みを受けること。幸いに恩恵を国内に受ける意。楊本は「恩

澤」。将門が恩賞を得たように見えるが、実際には不明である。『今昔物語』に、「将門、無実の由を申して、常陸・下総・下野・武蔵・上総五カ国の証判の国解を取りて上ぐ。公、これを聞し召しなほして、将門返りて御感ありけり。」とあるが、このあたりが実情に近いのかもしれない。

＊須満威勢於外国　「外国」は、国外のこと。あるいは、国外とは畿内以外の地方の国を指すか。

楊本

然る間に、去りし承平八年二月中旬を以て、武蔵権守興世王、介源経基と足立郡司判官代武蔵武芝共に各不治の由を争ふ。聞くが如くは國司は無道を宗と為（シ）、郡司は正理を力と為（ス）。其の由何とならば郡司武芝年來公務に恪勤するに誉れ有りて誇り無し。苟も武芝治郡の名を頗る国内に聴え、撫育の方普く民家に在り。代々の国掌は郡中の欠負を求めず。往々の判史は更に違期の譴責無し。

而るに、件の権守正任未だ到らざる間に推して入部せむと擬者。武芝舊例を撿するに、此国の前の例を承けむが為に正任以前に任用輙く入部せざる（之）色なり者。國司は之を偏に郡司の無礼なりと稱して、後に微に兵仗を發して押して而も入部す（矣）。武芝公事を恐るるが為に暫く山野に匿る。便ち、案内の如く武芝が所々の舎宅、縁辺の民家に襲ひ来りて、底を掃ひて捜し取る。遺る所の舎宅に撿對を加へて弃てて去りぬ（也）。

凡そ件の守介の行ふ事を見るに、主は則ち仲和の行を挟み、【花陽国志に曰く、仲和は太守と為り賦を重くし財を貪り國内を漁どる也。】従は則ち草竊の心を懐く。箸の如き（之）主は眼を合はせて而も骨を破りて膏を出す計を成す。蟻の如き従は手を分ちて而も財物を盗み隠し運ぶ（之）思ひを勵む。粗國内の彫弊を見れば平民を損ひぬべし。仍て國の書生等越後の國の風を尋ねて、新たに不治の悔過一巻を造り廰の前に落す。皆比びの國郡に分明なり（也）。

武芝已に郡司の職を帯せりと雖も本より公損の聆無し。虜掠せらるる所の私の物を返請すべき（之）由屢々覧挙せしむ。而るも曾て弁じ紀す（之）政無し。頻に合戦の構を致す。時に、将門忽然に此の由を聞きて従類に告げて云く。彼の武芝等は我近親の中に非ず。又彼の守介は我兄弟の胤に非ず。然れ而、彼此の乱を鎮めむが為に武蔵国に相向はむと欲ふ者。随節、自分の兵杖を率して武芝が當の野に就く。武芝出て申して云く、件権守幷に介等一向に兵革を整へて、皆妻子を率して比企郡の挟服山に登る也者れば、将門と武芝と相共に府を指して發向す。時に、権守興世王先に立ちて府衙に出づ。介経基未だ山の蔭を離れず。将門具興世王と武芝と此の事を和せしむる（之）間に、各数坏を傾けて逓に榮花を披く。

而る間に、武芝が後陣等故無くして彼の経基が營所を圍ふ。介経基未だ兵の道に練せず、驚き愕えて分散すと云々。急に府下に聞こゆ。時に、将門監れたる悪を鎮る大意既に以て相違しぬ。興世王は国衙に留る。将門等は本郷に帰りぬ。爰に、経基が憶ふ所の者は、権守と将門とは郡司武芝に催されて、経基を誅たむといふ（之）疑ひを抱いてす。即ち、深き恨みを含み乍ら、京都に遁れ上る。仍て、興世王将門等が會嵇を報いむが為に虚妄の言を心中に巧へて、謀叛の由を太政官に奏す。之に因りて、京中大きに驚き城邑併ながら囂（カマ）びすし。

爰に、将門が私君大政大臣家實否を挙ぐべき（之）由の御教書を去りし（天）慶二年三月廿五日を以て中宮少進多治真人助直縄に寄せて下さるる所なり。到來せり云々。仍て、将門常陸、下総、下野、武蔵、上毛野五箇國の解文を取りて、謀叛無實の由を申す（之）。同五月二日を以て言上す。然る間に、介良兼朝臣六月上旬を以て病の床に臥し乍ら鬢髪を剃除して卒去し已に了んぬ。尓（ソレ）よりの後に、更に以て殊なる事無し。

而る比、武蔵権守興世王と新司百済貞連とは彼此不和也。姻婭の中に有り乍ら更に廳坐せしめず（矣）。興世王世を恨みて下総国に寄宿す。抑諸国の奏状に依りて、将門が為に功課有るべき（之）由宮中に議かられたり。幸に恩澤を海内に沐みて須く威勢を外國に満つべし。

＊足立郡　傍訓アシタチ。
＊何者　傍訓イカントナラハ。
＊恪勤　「勤」は傍書され、傍訓カクコンスルニ。
＊國掌　国の司の意。
＊欠負　傍訓カフ。
＊撫育之方　「方」の傍訓ホウ。
＊判史　傍訓シリ。刺史（国守の唐名）のことか。
＊違期　傍訓キコ。
＊譴責　傍訓セメ。
＊檢舊例　「案内」の中間に「此」と思われる文字があり、傍に舊例と書く。「檢舊例」（檢「案内」でも意味は通じる。）
＊為羕前之例　傍訓によると、「前の例を承けむが為に」と読む。「前例を引き継ぐために」の意味。ここの訓みは、真本と異なり、違った内容となっている。
＊任用　職務に採用すること。ここは。任用された者を指す。ここは、受領に対置する任用国司を指しているようである。
＊微　傍訓アナカチニ。
＊所々舎宅　「所」の下は破損して見えない。真本を参照して「所々」とした。
＊検對　「對」傍訓フ。真本を参照して検封の意味ととらえた。
＊箸　傍訓ヱトリ。名義抄「屠児」。これは「鷹狩りの鷹の餌とするため、牛馬を屠って、その肉を取る者」のこと。この語は、『今昔物語』などにも見える。ここは、「箸」をえとりと読むのは疑問であり（「箸」と「屠」は似ているので混同したか）、真本では、興世王と経基を二本の箸に例えていることから、箸（ハシ）の意にとっておきたい。しかし、こうした「屠児」とする解

釈も成り立たたないわけではない。
＊出膏成計　底本には「成」が「膏」の後にあるが、前の「成」とダブっている。出膏之計の誤りであろう。「計」の傍訓ハカリコト。
＊分明拎比国郡　「比」の傍訓ナラビノ。あたりのの意。
＊私物　「私」の傍訓クシノ。「わたくしの物」。
＊覧挙　傍訓ケンキョ。この前後、ミセケチや破損が目立つ。
＊弁紀…忽然　「弁」の一部は読めるが、それ以後、忽然までは不明である。字体の一部と傍訓がかすかに見えるのを頼りに、真本も参照して訓むこととなった。ここの「弁紀之政頻致合戦之構于時将門忽然」の本文は推定したものである。
＊相向於武蔵國　ここの「於」の字体は、「拎」ではない。以後、混用されている。
＊随節　その折すぐにの意。
＊兵革　兵草とあるが、傍書の「革」を採った。
＊比企郡　企比郡とあるが、傍書により、比企郡とした。
＊挟服山　傍訓サフクノヤマ。
＊具　傍訓カツカツ　かつがつ（とりあえずの意）と読む。
＊逓　傍訓タカヒニ。逓に。
＊經基　ここには、経基と字体が混用されている。
＊大意　おおよその意志。
＊愕　傍訓ヲヒエテ。
＊监　「监」は監。傍訓ミタレタル。「監」についてはP263参照。
＊抱誅経基之疑　「抱」傍訓ウタイテス。ここは、イダクの意味ととる。その後に「将」その横に「門」を傍書する。すでに、前に将門があるので、ここは衍字として省いた。「誅」傍訓ウタムトイフ。

＊虚妄之言　「言」の傍訓コトハ。うそ、いつわりの言葉。
＊囂　傍訓カマヒスシ。
＊将門之　この後に、「家」の字がある。衍字とした。
＊去慶二年　ここは「天」が抜けている。「去天慶二年」のこと。
＊多治真人　底本はこの後に「助真縄」とある。助真と助縄が考えられるが、助縄が正しいようである。（真本では、⑱の解説を引用した。）上横手氏は、「一般に行われている真福寺本の多治真人助真は、楊守敬本では多治真人助直縄となっている。助直あるいは助縄と書いてスケタダと読むのであろう。多治助縄は『貞信公記抄』では延喜二十年（九二〇）から天暦二年（九四八）にかけて登場する人物であり、真福寺本の助真は助直を誤写したものであろう。」（「S59．７」）と説明する。なお、底本では「縄」の字に、ミセケチの印がある。
＊所被下　「所」傍訓ナリ。「被」傍訓ルル。下さるる所なり。
＊臥病床　「床」の傍訓ユカ。
＊率去　卒去であろう。
＊目尓之後　「目」の傍訓ヨリ、「尓」の傍訓ソレ。それよりの後と読む。「目」は「自」と思われる。
＊彼此不和也　「不和」傍訓フチ、シラズシテ。加点者は不知と誤ったようである。
＊姻娅　傍訓アヒムコ。
＊諸国の奏状　先に、五箇国の解文とあったのを指す。
＊満威勢於外國　「満」の傍訓ミツベシ。「満つ」は四段活用。

〔**考察**〕

この段落では、楊本の底本がきわめて不鮮明であって、本文を定めるのに苦労している。

（Ⅰ）　去る承平八年二月中、武蔵権守興世王・介源経基と足立郡司武蔵武芝とは、互いに政治がうまく行われていないと争った。聞くところでは、国司はもっぱら道理に合わないことを行い、郡司は、正しい理屈を力としていた。郡司武芝は、年来、公務に忠実に励んでおり、誉れがあって謗りはない。もともと、武芝は郡を治める名声がきわめて国内に聞こえていた。民を慈しみ育てる方策が普く行きわたっている。代々の国司は租税の不足や遅れを咎めだてしなかった。しかし、権守は、正式な守がまだ到らない間に、強いて郡内に入部しようとしたという。武芝が実情を調べてみて、この国では、正式の守が着任する前に、入部することはなかったと述べた。国司は郡司を無礼として、武力を用いて入部した。武芝は裁判を恐れて山野に隠れた。国司らは、武芝やその縁者の家宅に襲って来て略奪を行った。この権守、介らの行いは、悪人・盗賊のようである。主は、目くばせをして酷い計略をたて、従は手分けをして財物を盗み運ぼうと思っている。およそ、国内の疲弊した有様は、人民を滅ぼすことになろう。国の書生たちは、越後国のやり方で、失政を悔い改めさす書を作り国庁の前に落としたので、ことが国郡に明らかになった。武芝は、公の物を私物化する風聞はなかった。そこで、奪われた私物を返すよう上申した。しかし、そうした措置は取られず、権守、介は、ひたすら合戦の構えをとっていた。将門は、従者たちに、権守、介、武芝らと縁はないが、乱を鎮めるため、武蔵国に向かうと述べた。自分の兵力を率いて、武芝のいる野に着いた。武芝が言うには、国司らは、妻子も共に、比企郡狭服山に登り、軍備を整えていると。そこで、将門と武芝は国府へ向かった。すると、興世王は、先立ちて、国衙に現れた。経基だけは山に残っていたが、一同は、酒宴を行って和解することとなった。その時、武芝の後陣が経基の陣を囲んだ。経基は兵の道に熟練していず、驚き騒いで分散した。このため、将門は、武蔵の騒動を鎮める本意を達成することが出来ず、本拠に帰ることとなった。経基は、興世王と将門とが武芝に唆されて、自分を討とうとしているのかと疑い、都に逃げ上った。さらに虚言を巧えて、将門が謀叛を起こしたと太政官に奏上した。そこで、京中が大騒ぎとなった。将門の私君、太政大臣家は、謀叛の実否を申せという御教書を天慶二年三月廿五日付けで、中宮少進多治真人助縄の所に託して下された。その御教書が同月廿八日に到来した。将門は常陸、下総、下野、武蔵、上毛野の五ヶ国の解文を取って、謀叛無実を同年五月二日に言上した。六月上旬になり、良兼が死去した。その頃、興世王と新司百済貞連とは不和であった。貞連は、国庁に席を与えず、国政に参与させなかった。興世王は下総国に寄宿した。諸国の善状により、（武蔵の事件を治めた）将門の功績に対して、評価するべきことが宮中に議せられた。将門は、恩恵を受けて威勢を高めた。

（Ⅱ）貞盛が（上京し、下京する）動向と武蔵の紛争は、ほぼ、同時に起きた事柄である。この二つの事件は、将門にとっては極めて重大なものといえる。すなわち、貞盛が上京して、公家に愁訴して、自らが追捕される立場であったのを逆転して、将門を糺す官符を得て下京して来た。この時から、両人は、まさしく本意の敵となるのである。武蔵国の紛争では、将門は、国司と郡司の争いを調停する。これは、公権力への介入と言ってよかろう。その調停は、成功とは言えず、源経基に謀叛と朝廷に訴えられるが、かえって、将門は諸国の善状によって面目を施すことになる。この二つの事件の終わり頃には、宿敵の良兼が死去してしまう。（二つの事件の両方にその死が記されている。）すなわち、平氏一族の私闘は終焉となり、将門の目は公に向かうのである。

なお、郡司が権守・介と対立することから、尾張国の郡司、百姓らが尾張守を弾劾した『尾張国郡司百姓解』と同じ故事や用語がかなり見出される。（対句もまた、類似したものが見られる。）この武蔵の紛争と解文について少しばかり考察しておく。

将門が貞盛を追って信濃で戦っていた頃、武蔵国では、国司と郡司の紛争が起こっていた。当時、こうした国司と郡司クラスの在地有力者との争いごとは、かなり多かったという。その中で、とくに有名なのは、尾張国の郡司・百姓らが尾張守の藤原元命を糾弾した事件である。こうした事件では、郡司・百姓の解文「尾張国郡司百姓等解」（永延二年〈九八八〉）が残されている。これは、藤原元命の苛政を三十一カ条にわたり弾劾したものである。この解文を見ると、ここの註解で説明した語彙と共通するものが多い。例えば、「万民の撫育」、「吏不承前之例」、「難堪弁済」、「依恪勤行者也」、「払底捜取」、「帯兵杖所部横行」などが次々と現れる。横暴な国司が私腹を肥やすための政治を行い、それに郡司らが対抗するのは、ほぼ同じであることから、こうした同様の表現が現れるのは当然ということも出来よう。それと共に、こうした苛政に対して、国の書生らが不治悔過一巻を記したことにも注目しておこう。尾張国の解文の方も「この筆者が国の民政に具体的に携わっているものにしてはじめて可能であるので、国庁の書生あたりが関係しているとも想像される。」（竹内理三「尾張国郡司百姓等解」『古代政治社会思想』岩波書店、昭和54年刊）と書生の関与が考えられている。このような書生の文書の文体が影響していることも考えられよう。

先に、真本『将門記』の対句については、先に、少しばかり解説を行った。ところが「尾張国郡司百姓等解」にも多くの対句表現が行われている。この文章の六十一％が実に対句表現とされている。（西村浩子「真福寺本尾張国解文の対句表現について」『鎌倉時代語研究第十二輯』平成元年刊）この尾張の国の解文も大いに文飾が凝らされているのである。ただし、仏典や漢籍の引用は『将門記』の方がはるかに多く、より文学らしい雰囲気があることは確かである。

次いで、貞盛の上・下京と武蔵の紛争についてまとめておく。この二つの事件は、承平八年二月に起こり、介良兼が天慶二年六月に逝去した後の頃までが記述されている。これらは、ほぼ同時期の出来事と考えられよう。両方が別々に記されているので、ここで要旨を同時にまとめて整理しておきたい。

＊貞盛の動向

1承平八年二月中旬　　貞盛が山道より上京。将門百余騎を率して追征、信濃国分寺に追い着く。

2同二月廿九日　信濃千阿川で合戦。貞盛山中に逃れ、将門本拠に帰る。
3その後　貞盛辛くも都に上り、太政官に愁訴して、将門糾問の官符を賜る。
4天慶元年六月中旬　貞盛下京。その後、官符を手中にして相紏すが、将門は暴悪をなしていて手がつけられない状況であった。
5天慶二年六月上旬　良兼死去。
6天慶二年十月　貞盛は、陸奥に入ろうとして将門に妨げられ、以後、山中に逃れ、嗟き憂え多月を送る。頃日、合戦の音無し。

＊武蔵国紛争

ア承平八年二月　興世王・経基と武芝と不治の由を争う。
イその後　将門兵を率い武蔵国に向かい興世王と武芝を和せしめ、経基は都へ逃れ上る。
ウ天慶二年三月三日　経基上京し興世王と将門を訴える。（『貞信公記抄』による。）
エ天慶二年三月廿八日　私君太政大臣家より、謀反の実否を問う御教書が下された。
オ天慶二年五月二日　将門五ヶ国の解文を取り無実の由を言上。
カ天慶二年六月上旬　良兼死去。その後、更に殊なる事無し。
（承平八年五月に改元、天慶元年となる。承平八年と天慶元年は同じ年である。）

このまとめを見て、少しばかり考察を加えておこう。ここに示した記述では3と4、それにイの箇所に問題がある。
3の貞盛が都に着いた時は不明であるが、官符を手に入れて下京するまで、期間が短かすぎる感じがある。（天慶二年下京説は後に考える。）4の貞盛が官符を手に帰郷した時は、イの記述と、どのような関連になるか不明であるが、将門は、武蔵国の紛争すなわち公権力の争いに介入していたであろう。これは、貞盛側から見れば、武蔵国に越境して武力を誇示して介入したのであるから、「弥施逆心倍為暴悪」という状況でもあろうと理解出来る。

この二つの事件の記述は、（貞盛の方の苦労は続くが）5の良兼の死去でほぼ終結を迎えている。良兼の死去が二度書かれたのは、こうした記述のあり方によるのであろう。これは、私闘の終焉を意味し、以後、将門の眼差しは公に向かうことになる。すなわち、公権力をバックにした貞盛との戦いの始まりでもあったのである。

（Ⅲ）国司と郡司の争いは、次のような対句に記されて始まる。いずれも郡司の政治を称える内容となっている。

「国司者无道為宗　郡司者正理為力」（単句対、長句）

「治郡之名　頗聴国内　撫育之方　普在民家」（隔句対、平隔句）

「代々国宰　不求郡中之欠負　往々刺吏　更无違期之譴責」（隔句対、雑隔句）

一方、国司の行いは、以下の対句で非難されている。

「主則挟仲和之行　従則懐草竊之心」（単句対、長句）

「仲和」には、割注が付き、「花陽国志曰仲和者為太守重賦貪財漁国内」とあり、草竊と対する語としている。

「如箸之主合眼而成破骨出膏之計　如蟻之従分手而勵盗財隠運之思」（単句対、長句）

興世王と経基を二本の箸に例え、その箸が骨を破り膏をつついて取り出すように、物を奪い取ることを述べている。おもしろい例えであるが、楊本では、傍訓ヱトリがある。ヱトリの意味は語釈で記したとおりである。これでも通じそうだが、二人（興世王と経基）の意味がなくなるので、真本の表現を評価したい。下の句でも、従者を蟻に例えたのはおもしろく思う。

「幸沐恩渙於海内　須満威勢於外国」（単句対、長句）
「恩渙」は楊本では「恩澤」。将門が恩賞を得たような記し方であるが、実際にはなかったようである（⑱）。
（Ⅳ）ここの資料は、武芝方から出たと見られる。春田氏（「S45．5」）は武芝の解とする。将門の動向は、将門方からの資料と思われる。都の記録（五ヶ国からの解文など）も加わっていようか。

真本・楊本訓読文（12）

真本

而間に、常陸国に居住する藤原玄明等は、素より国の為の乱人なり。民の為の毒害なり。農節に望みては、則ち町満の歩數を貪り、官物に至りては、則ち束把の弁済无し。動むすれば、国使の來り責むるを凌轢して、兼ねて庸民の弱き身を劫略す。其の行を見るに則ち夷狄より甚だし。其の操を聞けば則ち盗賊に伴へり。時に、長官藤原維幾朝臣、官物を弁済せしめむが為に度々の移牒を送ると雖も、対捍を宗と為て敢て府向せず。公を背きて恣に猛悪を施す。私に居して而も強ちに部内を冤ぐなり。

長官、稍く度々の過を集め、官符の旨に依り、追捕擬むとする（之）間に、急に妻子を提げて下総国豊田郡に遁れ渡る（之）次に、盗み渡る所の行方・河内兩郡の不動倉の穀糒等、其の數郡司の進むる所の日記に在る也。仍て捕へ送るべき（之）由の移牒を下総国幷に将門に送らる。而るに、常に迯亡の由を稱して曾て捕へ渡す（之）心无し。凡そ、国の為に宿世の敵と成り、郡の為に暴悪の行を張る。鎮に往還の物を奪ひて、妻子の稔と為し、恒に人民の財を掠めて従類の榮と為す也。

将門は、素より侘人を済けて氣を述ぶ。便无き者を顧みて力を託く。時に、玄明等は、彼の守維幾朝臣の為に常に狼戻の心を懐きて、深く蛇飲の毒を含めり。或時は身を隠して誅戮せむと欲。或時は力を出だして合戦せむと欲。玄明は試みに此由を将門に聞こゆ。乃ち合力せらるべき（之）様有り。弥跋扈の猛を成して悉く合戦の方を構ふ。内議已に訖りぬ。部内の干戈を集めて堺外の兵類を發す。

天慶二年十一月廿一日を以て、常陸国に渉る。国は兼て警固を備へて将門を相待つ。将門陳べて云く、件の玄明等を国土に住せしめて追捕すべからざる（之）牒を国に奉る。而るに、承引せずして合戦すべき（之）由の返事を示し送る。仍て彼此合戦する（之）程に国軍三千人員の如く討ち取らるる也。将門の随兵僅に千余人府下を押塘んで、便ち東西せしめず。長官既に過契に伏し、詔使復た伏辯敬屈しぬ。

世間の綾羅は雲の如くに下し施し、微妙の珍財は算の如くに分ち散じぬ。万五千の絹布は五主の客に奪はれぬ。三百余の宅烟滅びて一旦の煙と作（ナ）る。屏風の西施は急に形を裸にする（之）媿を取る。府中の道俗も酷く害せらるる（之）危に當る。金銀を彫れる鞍、瑠璃をちりばめたる匣、幾千幾万ぞ。若干の家の貯、若干の珍財誰か採り、誰か領せむ（矣）。

定額の僧尼は頓命を夫兵に請ひ、僅に遺れる士女は酷き愧を生前に見る。憐むべし、別賀は紅の涙を緋襟に押ふ。悲しぶべし、国吏は二膝を泥上に跪く。當に今、濫悪の日、烏景西に傾き、放逸の朝、印鎰を領掌せらる。仍て長官を追ひ立てて、詔使を隨身せしむること既に畢りぬ。廳の衆は哀慟して、館の後に留り、伴類は俳佪して道の前に迷ふ。廿九日を以て豊田郡鎌輪の宿に還る。長官詔使を一家に住せしむるに、愍の労を加ふと雖も寝食穏かならず。

＊藤原玄明　系譜未詳。後に見える、藤原玄茂の同族かとする説もあるが確かでない。「その行動範囲から、常陸の東部、霞ケ

浦あたりを根拠とする在地の富豪層の一人であると推定される」（⑭）。後の将門の書状には、将門の従兵とある。
＊為国乱人　国のためには乱をなす者。
＊為民之毒害　人民ためには毒を及ぼす者。
＊農節　農作の時節。これ以下、その内容から解文などと共通する語が多い。
＊町満　「町」は、土地の面積の単位。一町は十段。令制では、三千六百歩。「十段の一区画が町であり、条里制の位置制の一里にあたる。一里一杯。」（⑭）「一町以上の広い土地」（⑮）「一町のすべてが耕作（満作）されていると見なされた田地を指すようだ。」（⑱）
＊歩數　「歩」は六尺四方の地。一坪のこと。
＊官物　国に収納すべき稲などの官有物。
＊束把之弁済　束は稲一束、把は一握り。「弁済」は税などを納入すること。
＊動　傍訓ヤヤムスレバ。
＊淩轢　あなどって踏みつけにする。
＊庸民　普通の人民。
＊劫略　おびやかして奪いとること。
＊弱身　弱い身の意。
＊夷狄　野蛮な異民族。
＊長官藤原維幾　常陸介であるが、親王任国制の常陸国なので、介を長官と言ったのであろう。維幾は藤原南家の系統で、武蔵守から常陸へ転出した。高望王の娘（将門の叔母になる）を妻とする。
＊移牒　「移」内外諸司の互いに上下関係のない間でやり取りする文書、「牒」は内外官人主典以上が諸司に出す文書。ともに、上下関係のない間で用いる公文書である。ここは、常陸国から玄明に出されているので、⑭では、「玄明の地位は、国司と対等に近いこととなる」とする。⑮では、「これを同様に理解してよいかどうか。移牒という語をそれほど厳格に正式に用いている

のかどうかなお疑問がないではない」と解説する。

＊対捍　『字類抄』「對捍」アヒコハム。「対抗拒捍」の略で、逆らいこばむこと。

＊強に　あながちに。

＊冤　「しへたぐ」と読む。虐待する。

＊度々過　たびたびの罪過。

＊追捕　罪人を追い捕らえる意。

＊提妻子　妻子を連れての意。

＊行方、河内兩郡　それぞれ常陸国の郡名。

＊不動倉　非常用の穀糒を納めた国や郡の倉庫。

＊穀糒　もみとほしいい。ほしいいは米を蒸した後、乾燥させたもの。

＊郡司所進之日記　郡司が注進した記録（事発日記）。

＊送於下総国　「送」傍訓ラル。送らると訓む。

＊為国成宿世之敵、為郡張暴悪之行　国にとっては宿敵となり、郡にとっては、暴悪をさかんに行った。

＊鎮奪往還之物、為妻子之稔　「鎮」傍訓ナヘ。トコシナヘと訓む。いつも街道の荷物を奪い、妻子を豊かにする。

＊恒掠人民之財、為従類之榮　つねに人民の財産を掠めとり、従者等を栄えさせる。

＊済侘人而述氣　「侘」の傍訓ワビ。侘人は世に用いられず失意の人。済の傍訓ケテ。侘人を済けて。「氣を述ぶ」は意気を示すの意。

＊顧无便者而託力　「无便者」よるべのない者。「託」の傍訓ツク。よるべのない者を世話して力をつける。ここの表現は、将門の人柄を描いたと捉えられている。

＊彼守　楊本のように、介とあるべきである。長官と記したことから守としてしまったのかもしれない。

＊常懐狼戻之心　「狼戻」狼のように心がねじけていて道理にそむくこと。こうした心を常に持つ意。

＊深含虵飲之毒　「虵」は蛇のこと。蛇の体内の毒。「蛇飲之毒」は、「蛇毒」という語に、「飲之」を挿入して出来た語か。（「H12．5」前掲）

＊誅戮　「誅」の後の字は剹または勠の一部か。ここでは正字「戮」を宛てた。罪をただして殺すこと。ここでは、介の政治に難癖をつけて誅殺しようとしたことを指すか。

＊此由　介維幾に対決すること。

＊可被合力之様　字類抄「合力」カウリョク。力を貸してくれる様子。

＊弥成跋扈之猛　「跋扈」勝手気ままにふるまうこと。「猛」の傍訓タケミ。勝手気ままに猛々しい振舞いをすること。

＊合戦之方　「方」傍訓ミチ。あらゆる合戦の方法を作りあげる。

＊内議　内々の会議

＊部内之干戈　ここでは、下総国内の兵器。

＊發堺外之兵類　堺外は境界の外で、ここでは下総国外の意。「發」は徴発（強制的に召し出すこと）の意味であろう。国外の兵士までも徴発したと捉える。

＊驚固　警固のこと。敵の襲来に対して守りを固めること。

＊可合戦之由示送返事　傍訓により「合戦すべき由の返事を示しおくる」と読む。

＊押塘　「塘」ツツミの訓を借りた当て字。押し包むの意。

＊府下　常陸国府は現石岡市総社にあったという。平成十四年に、その発掘が行われていた。ちょうど、小学校の校庭がほとんど掘られていた。その際は、将門が襲撃したという痕跡は見受けられないということだった。

＊不令東西　自由に動かせない。「東西す」はサ変動詞、『枕草子』に「ただ袖をとらへて東西せさせず。」とある。

＊伏於過契　「過契」は過状のことという（⑭）。誤った契りということか。将門の主張する、本来国務からみて過りである契約に服従した（⑮）。将門は、玄明から依頼を受け、合力を約して、内議を行なって戦いに臨んでいた。ここでは、将門と玄明とが交わした、過った契りと解したい。

＊詔使　詔書を伝えるために都から来ていた使。

＊伏辯敬屈　「辯」は弁。「伏弁」（裁決の）罪にふくすること。ここでは、将門の処置に服すること。「敬屈」つつしみかしこまる。

＊世間綾羅　「綾羅」は綾絹と薄絹など美しい織物の意。「綾羅錦繡」という熟語がある。

＊如雲　雲のように多くの意味。これまでも、「如雲湧出」「如雲立出」と、おびただしい数の軍兵を表していた。後世の軍記物語にも、「軍兵雲霞の如し」「雲霞の如き大軍」などと頻出する。また、「如雲逃散」「如雲隠」という雲の消え去る様に例えた表現も見える。このように、『将門記』には、雲の特徴を捉えた比喩表現が用いられている。

＊微妙珍財　微妙『字類抄』ミメウ。何ともいえないほど美しくすぐれた珍しい財宝。

＊万五千　実数というより多さを示す。

＊三百余之宅　⑭によれば、常陸国府の戸数で実数を示すものであろうという。

＊宅烟　人宅、民宅。

＊屏風西施　「西施」は楊貴妃と並び称された、越の国の美女。ここでは、屏風の陰にいる美女をいう。

＊裸形之媿　「媿」は愧と同字。「裸」傍訓アラハニスル。

＊府中之道俗　国府の中に居た、僧侶や俗人。

＊為害　「為」の傍訓ラルル。「為」には受身の用法がある。例「皆為戮没（戮没せらる）」（『史記』）

＊金銀彫鞍　「彫」の傍訓エレル。「彫る」は、きざんで模様をほりこむ意。金銀の彫刻で飾った鞍。

＊瑠璃塵匣　「瑠璃」は『倭名抄』に「俗云留利、青色而如玉者也。」とある。「塵」楊本の傍訓チリバメタル（塵は当て字）。瑠璃を鏤めた匣のこと。

＊幾萬　傍訓イクソハクソ。

＊定額僧尼　底本「額」は額。「定額」は定数のこと。官から定数を定められて官から供料を受ける僧尼。ここでは、国府近くの国分寺や国分尼寺の僧尼であろう。

＊頓命　一時の命。

＊夫兵　夫は歩と同音であるからか、ふへい、ふひょうと読み、下級の兵士とするが、他資料に見当たらない語で疑問があった。ところが、「伊賀国黒田荘工夫等解」（竹内理三『平安遺文』昭和49年、東京堂）に以下の三例を見出した。「数千夫兵眷属引率」「三百夫兵眷族」「任夫兵等」さらに、『平安遺文』には、夫馬、夫駄、夫工などの語がかなり見受けられる。「夫」には、「官に徴せられて、勤労に服する」という意味がある。そこで、夫兵は徴集された兵の意であろう。このように、考えていたところ、「夫兵」は「人夫」と「兵士」ではないかという教示を得た。夫馬・夫工が人夫と馬・人夫と工人であれば、人夫と兵士と捉えることになる。

＊士女　身分の高い男女。

＊別賀　楊本には別駕とあり、この方が正しいようである。別駕は諸国の介の唐名として用いた。ここは介藤原惟幾を指す。

＊跪二膝於泥上　両膝を泥の上に跪く。

＊濫悪之日　乱暴、狼藉が行われた日。

＊烏景　「烏」は前出。太陽を表す。「景」は光。太陽の光の意。

＊放逸之朝　（将門軍の侵攻により）乱暴された日の翌朝。

＊印鎰　これまでの注釈書では、国の印と正倉の鍵とし、この印は国の公権力、鍵はその財力、それぞれの象徴であると解説する。しかし、以下のような別説も示されている。「印鎰とは、国印を入れた櫃（そこでこれを印櫃という）を開閉する鎰のことで、その櫃に納められている国印が国守の権限の拠であったことはいうまでもない。」（「H6．9」）同じ著者「H12．13」には、さらに、詳しい解説がある。

＊追立長官　ここの読みは、本文の訓点から【訓読文】のように訓むべきであろう。これまでは、「長官・詔使を追ひ立てて」と訓んでいた。

＊随身　つき従っていく。

＊廳衆　国廳の役人たち。

＊俳佪　さまよい歩くこと。

＊鎌輪之宿　現茨城県結城郡千代川村鎌庭とされる。将門の根拠地。
＊愍労　「愍」傍訓メクミ。傍訓により「メグミノイタワリ」と訓む。慰めいたわること。
＊寝食不穏　「寝」底本の字は複雑な異体字である。「穏」の傍訓ヤス。「寝食ヤスラカナラズ（または、ヤスカラズ）」と訓む。

楊本

而る間に、常陸國に居住する藤原玄明等素より国の乱人為（タリ）、民の為の毒害也。農節に望んでは則ち町段に満ち足る歩数を貪り、官物に至りては則ち束把の弁済無し。動むずれば、國の使の來りて責むるを凌轢して、兼ては庸民の弱き身を劫略す。其の行事を見れば則ち夷狄よりも甚だしく、其の操を聞けば則ち盗賊に伴へり。時に、長官藤原朝臣維幾官物を弁済せしめむが為に度々の移牒を送ると雖も對捍を宗と為て敢て府に向はず。公を背きて而も恣に猛悪を施し、私に居ては妄に部内を冤ぐ。

長官稍く度々の過状を集めて官符の旨に依りて追捕せむと擬る（之）間に、急に妻子を提げて下総國豊田郡に遁れ渡る。其の次に、行方河内に度り下りて両郡の不動倉の穀糒等を盗み用ふ。其の数は郡司の進むる所の日記に在り。即ち将門に服従す。仍て捕らへ送るべき（之）移文を下総国幷に将門に送る。而るに、常に逃亡の由を稱して曾て提へ渡すべき（之）心無し。凡そ國の為に宿世の敵と成り、郡の為に暴悪の行を張る。鎮へに往還の物を奪ばうて妻子の稔ひと為、恒に人民の財を掠めて従類の榮と為る也。

将門は素より侘人を済ひて而も氣を述べ、便り無きを顧みては而も力を託く。時に、玄明等介維幾朝臣の為に、常に狼戻の心を懐きて、深く蛇悪の毒を含みて或る時には身を隠して誅戮せむと欲ふ。或る時には力を出して合戦せむと欲ふ。試みに玄明此の由を将門に問ふ。乃ち合力せらるべき（之）様有り。弥跋扈の猛を好む。心には悉く合戦の方を構へて内議已に訖んぬ。仍て部内の干戈を集めて堺の外の兵類を発す。

去る天慶二年十一月廿一日を以て、常陸國へ渉る。國は兼て警固を備へて将門を相待つ。便ち、将門到りて云く、件の玄明等を國土に住まはしめ追捕すべからざる（之）由の牒を國に奉る。而るを、国は承引せずして、合戦すべき（之）由を返事を示し送る。仍て、彼此合戦する（之）程に、國の軍三千人員の如くに討ち取られたり。（也）将門が随兵僅に千人府下を押し塘んで東西せしめず。長官既に過契に伏し、詔の使復た敬屈に伏す。

世間の綾羅は雲の如くに下し施し、微妙の珍財は算の如くに分散しぬ。万五千の絹布は五主の客に奪はれぬ。三百余の宅烟は一旦の煙に滅しぬ。屛風の西施は忽ちに裸形の媿を取る。府邊の中の道俗は酷く害せらるる（之）危みに當れり。金銀を雕ける鞍、瑠璃を塵ばめたる匣、幾千幾万。誰か採り誰か領せむ（矣）。

定額の僧尼は頓命を夫兵に請ふ。僅かに遺れる士女は媿を生前に見る。憐れぶべし。別駕紅の涙を緋の襟に搚ふ。悲しぶべし。府君二の膝を泥の上に跪く。方に今、監悪の日に、烏景已に傾き、放逸の朝には、印鎰を領掌す。仍て長官幷に詔使を追ひ立てて、随身せしむること既に畢んぬ。廰の衆は哀慟して、館の後に留り、従類は俳佪して道の前にて迷ふ。其の九日を以て、豊田郡鎌輪の宿に還る。長官詔使を一家に住せしむ。愍み労りを加ふと雖も寝食穏からず。

＊乱人為　［為］の傍訓タリ。
＊貪満足町段歩数　町・段に満ち足る歩数を貪りと読む。町・段に満ち足りるほど広大な土地からの収穫物を貪るという意味。
＊束把弁之済　転倒符により「束把之弁済」と読む。「済」の字は変形。
＊劫畧庸弱民之身　底本では、「劫畧庸」がミセケチの横にあり「弱民之身」に続き、「劫略庸弱民之身」となる。「庸」に傍訓ヨウミノとある。そこで、庸民（ようみん）が考えられ、真本を参照して「劫略庸民之弱身」として解釈した。
＊夷狭　傍訓イテキ。夷狄のことであろう。

＊盗　傍訓ホシキママニ。「盗」は真本の「恣」字のことであろう。
＊盗度下用行方河内両郡不動倉穀糒等　ここの訓点は苦心して付けたようである。それらを推測して、「度下行方河内、盗用両郡之不動倉穀糒等」という内容と解釈して読むこととした。
＊下総国　底本では、「國」と「国」と「国」が混用されている。
＊服従於将門　藤原玄明が将門に服従した。これは真本には記述がない。これによって、後の書状で、将門が玄明を従兵と記したことが首肯される。
＊提渡　傍訓トラヘワタスベキ。
＊奪　傍訓バウテ、「うばうて」ウ音便。
＊垣　傍訓ツネニ。「恒」のこと。
＊狼戾　傍訓ラウライ。狼のように心がねじけ、道理にそむくこと。
＊虵悪の毒　底本「虵」は蛇。蛇の体内の毒のような悪意。
＊問此由　「問」傍訓キコユ。問ふと訓む。
＊合戦之方　「方」の傍訓ミチ。合戦の方策。
＊彼此合戦程　底本「彼」は被に見えるが、文意により改めた。
＊國軍三千人　「軍」の傍訓ツハモノ。
＊伏於敬啒　「啒」は屈のこと。首をたれて畏まること。
＊五主之客　「客」傍訓マラト。まらうど。
＊一旦　「旦」は具に見えるが、傍訓タンをとる。
＊雕鞍　傍訓ミカケルクラ。
＊塵　傍訓チリハメタル。「塵」は当て字。
＊幾千幾万　傍訓「幾」カ、「千」チ「万」ツ。幾千幾万、（どのくらいになるものか、）

＊別駕　介の唐名。維幾を指す。
＊緋襟　傍訓ヒアケノコロモ。
＊府君　国府の長官。傍書より採る。
＊其九日　前の記述から廿九日か。
＊不穏　傍訓ヤスカラズ。

［考察］

（Ⅰ）常陸の藤原玄明は、国の乱人、人民の害毒である。農作の時節には、一町もの収穫物を横領して、官納物に至っては一束一杷の納入もない。時には国の使者を辱め、さらに弱い人民からは略奪も行った。そこで、長官の藤原維幾は官納物を納めさせようと、文書を送ったが無視して、さらに、極悪の所業を行った。漸く、長官が追捕しようとすると、妻子を連れて下総国豊田郡に逃れた。〔そのまま、将門に従属したのである。〕その際、行方、河内両郡の不動倉を破った。長官は、下総国と将門に牒を送ったが、将門は逃亡したと述べて、捕える気持ちがなかった。もともと、将門は失意の人を助け、便りない者を顧みて力を付けていた。玄明らは、維幾を殺そうとし、合戦しようとしていた。それを将門に言ったところ、力を貸そうという様子であった。こうして、合戦の準備が進められた。天慶二年十一月廿一日、常陸国へ向かった。国は警備を整えて将門軍を待っていた。将門が「玄明らを常陸に住まわせ、追捕してはならないという牒を差し上げる。」と述べた。しかし、維幾は承知しないで合戦となった。たちまち、国軍三千人は討ち取られ、将門軍千余人は、国府を取り囲み人々が動けないようにしてしまった。長官は降伏し、詔使もかしこまっていた。美しい絹、珍しい財宝は失われ、三百余の民家は焼滅した。美女は凌辱され、僧俗も被害を受けた。その損害はどのくらいになるものか。定額寺の僧尼は兵に命乞いをし、遺った士女は辱めを受けた。維幾は血涙をぬぐい、国吏は泥に跪いた。この狼藉が行われた日が暮れ、翌朝には印鎰が領掌された。国庁の役人は悲しんで留まり、伴類は徘徊していた。将門は、廿九日に鎌輪の宿に戻った。長官、詔使を一家に住まわせて労わったが、その寝食は穏やかではなかった。

（Ⅱ）将門は、乱人、害毒と言われた人物（玄明）を助けて、常陸国府を攻略する。将門が弱い人間を助ける性格であったとしても、やや納得がいかない。ここの叙述は、行方・河内両郡の郡司の日記など常陸国府方の資料によって行われたようである。そこで、将門方には、不利な記述となってしまったのかもしれない。また、国府軍は三千人、将門軍千余人との戦いは、彼此合戦とあるだけで、ほとんど記されていない。戦闘後の描写は、これまでと同じく、対句を多用して詳細になっている。

将門が常陸国を滅ぼすという大事件は、あまりにも簡単で、明確には記述されていないのである。（後の将門の書状では、戦いの状況が全く異なっている。）

（Ⅲ）玄明は、極悪人と記されて、さらに、対句にも以下のように批判されている。

「為国〔之〕乱人　為民之毒害」（単句対、長句）
「見其行則　甚於夷狄　聞其操則　伴於盗賊」（隔句対、平隔句）
「為国成宿世之敵　為郡張暴悪之行」（単句対、長句）
「常懐狼戻之心　深含蛇飲之毒」（単句対、長句）

国府が攻略された場面の惨状は、以下のように、対句で表現されている。

「世間綾羅　如雲下施　微妙珍財　如算分散」（隔句対、平隔句）

「屛風之西施　急取裸形之媿　府中之道俗　酷當為害之危」（隔句対、密隔句）
「金銀彫鞍　瑠璃塵匣」（単句対、緊句）
「定額僧尼　請頓命於夫兵　僅遺士女　見酷媿於生前」（隔句対、軽隔句）

ここの場面について、川口久雄氏は、「みたところまずは整然たる四六駢儷の構文である。しかし仔細にみれば、「金銀」以下の対句のごとき表記はもちろん漢文の正格ではなく、一種の仮名抜きの和文に過ぎない。また、「定額」以下の対句のごとき上四下六の軽隔句も決して本格的な対句構成をもっていない。「定額」に対し「僅かに遺れる」は対せず「夫兵」は生前に対しない。」（「S34．4」）と述べている。

「濫悪之日　鳥景西傾　放逸之朝　領掌印鎰」（隔句対、平隔句）

この対句も、前記と同様なことが言えよう。こうした文体に関して、川口氏は、「中国文学中心の見方から離れ、日本漢文学における作品という見方からすれば、このような本格四六文のくびきを勇敢にかなぐりすてたところに（１）四六駢儷の行きづまりをのりこえようとした大陸中唐における同じ精神の一つのあらわれをみることができ、（２）国語的な表記を自由におりこんで本格四六文との間に奇妙なズレ、デフォルメともいうべきゆがみを生じたところに、一種独特のラップながらにいきいきした生命感にみちた文体を創造したとみることができる。」と結論している。（「S34．4」）

（Ⅳ）春田氏は藤原維幾の解文とする。（「S45．5」）戦いの原因となる玄明の行状の記し方から、常陸国側からの資料によると思われる。ただし、戦いの場面に関しては、将門方のものであろうかとも推測される。

真本・楊本　訓読文（13）

真本

時に、武蔵権守興世王、竊に将門に議りて云く。案内を検せしむるに、一国を討つと雖も公の責め軽からじ。同じくは坂東を虜掠して暫く氣色を聞かむ者。将門報じて答へて云く、将門が念ふ所啻に斯のみ。其由何となら ば、昔、斑足王子は天の位に登らむと欲て、先づ千の王の頸を殺る。或太子は父の位を奪はむと欲て其父を七重の獄に降せり。苟も将門刹帝の苗裔三世の末葉也。同じくは八国より始めて兼て王城を虜領せむと欲ふ。今須く先づ諸国の印鎰を奪ひ、一向に受領の限りを官堵に追ひ上げてむ。然らば則ち、且つは掌を八国に入れ且つは万民を腰に附けむ者。大議已に訖りぬ。

又、数千の兵を帯して、天慶二季二月十一日を以て、先づ下野国に渡る。各龍の如くある（之）馬に騎りて、皆雲の如くある従を率ゐる也。鞭を揚げ蹄を催して将に万里の山を越えむとす。各心勇み神奢りて十万の軍に勝たむと欲。既に国廰に就きて其の儀式を張る。時に新司藤原公雅、前司大中臣全行朝臣等兼て国を奪はむと欲る氣色を見て、先づ将門を再拝して便ち印鎰を擎けて地に跪きて授け奉る。

斯の如き騒動の間に、館内及び府邊悉く虜領せらる。幹了の使に差して長官を官堵に追はしむ。長官唱へて云く、天に五衰有り。人に八苦有り。今日苦に遭ふこと大底いかが為む【字書いかがせむ也】。時改り世變じて天地道を失ふ。善伏し悪起りて佛神験無し。嗚呼哀しき哉。鶏儀未だ舊からずして、西朝に飛ぶ。亀甲新た乍ら東岸に秏びぬ【言ふは任中に此愁有り。故に云ふ所也】。

簾の内の児女は、車の轅を弃てて而も霜の旅に歩み、門の外の従類は馬の鞍を離れて而も雪の坂に向ふ。治政の初には金蘭の罍を開く。任中の盛には歎息の爪を弾く。四度之公文を取られて空しく公家に歸る。一任の公廨を奪はれて徒に旅の暗に疲る。国内の吏民眉を嚬めて（而）涕涙す。堺外の士女は聲を挙げて（而）哀憐す。昨日は他上の愁と聞き、今日は自下の愧を取る。略氣色を見るに、天下の騒動世上の彫弊斯より過ぎたるは莫し。吟々の間に、終に山道より追ひ上ぐること已に了りぬ。

将門同月十五日を以て、上毛野に遷る（之）次に、下（上）毛野介藤原尚範朝臣印鎰を奪はれ、十九日を以て、兼て使を付けて官堵に追ふ。其の後、府を領し廳に入る。四門の陣を固めて、且つ諸国の除目を放つ。

時に一昌伎有り。云へらく、八幡大菩薩の使ぞと憒る。「朕が位を蔭子平将門に授け奉る。其の位記に左大臣の正二位管原朝臣の霊魂表すらく右八幡大菩薩八万の軍を起して朕が位を授け奉らむ。今、須く卅二相の音楽を以て早く之を迎へ奉るべし。」と。爰に将門頂に捧げて再拝す。況や四の陣を挙げて立ちて歓ぶ。數千併ら伏し拝む。又武蔵権守并に常陸掾藤原玄茂等其の時の宰人と為て、喜悦すること譬へば貧人の富を得たるが若し。美咲すること宛ら蓮花の開き敷くが如し。斯に自ら製して謚号を奏す。将門を名づけて新皇と曰ふ。

＊討一国公責不軽　一国を討っても朝廷の咎めは軽くはなかろう。

＊斑足王子　『仁王経』護国品に見える伝説上の人物で、足に斑点があったことからこう呼ぶ。帝位に就こうとして千人の王の首を取ることにしたが、あと一人のところで仁王経の功徳を聞いて仏教に帰依したという。この斑足王子は『妙見菩薩縁起』によると、妙見菩薩の生れ代わりとされる。（「S34．4」）

＊或太子　阿闍世太子のこと。

＊刹帝　「刹」は刹。刹帝利のことか。刹帝利はインドのカーストのクシャトリヤ（王・武士）である。ここでは、桓武天皇を指すのであろう。

＊苗裔　字類抄ベウェイ。子孫の意。「刹帝苗裔三世」は、桓武天皇からは、三世の高望王を指す。

＊末葉　傍訓はハチヨウ。後裔の意。高望王の後裔である将門の意。

＊官堵　堵は都に通じる。官都の意味。（京都）
＊掌　底本の傍訓ツカサヲ。掌すなわち国掌、国司の意となる。後に将門が除目を行って、八国に司を入れたことと符合する。加点者は、八国に司を入れるという意味に読もうとしたと考えられる。ところで、これまでは、楊本の傍訓ロニから、タナゴコロニと読む。「掌に八国を入れ、腰に万民を附く」と対句の文として解釈出来る。つかさと読めば、対句表現はなくなるが、一応、傍訓に従った。
＊腰附　腰につけることから、思いのままにする。
＊大議　重要な共議。
＊天慶二季二月十一日　これまでの記述から、楊本の十二月が正しい。
＊如龍之馬　優れた馬。将門軍の勢い盛んな進撃を示そうと、「越万里之山」「十万之軍」と誇張表現が続く。
＊越万里之山　越の傍訓ユ。将に…すと読むと、このユは読まない。
＊心勇神奢　心は勇み、魂は高ぶる。
＊国廳　下野国府を指す。
＊張其儀式　国庁に入場する大げさな儀式をして、自らの権威を示したのであろう。
＊新司藤原公雅　楊本に藤原弘雅とある。他の資料から見て、こちらが正しいとされる。
＊前司大中臣全行朝臣　これも楊本の大中臣完行が正しいという。ちょうど、国司の交替期で、新司と交替後、まだ下野国庁に留まっていたといわれる。
＊擎印鎰　「擎」傍訓ササケテ。『名義抄』ササク。印鎰は前出↓P281
＊再拝　底本の再は、崩しで「冄」に近い字体となっている。
＊如斯騒動　かくの如き騒動と読む。
＊舘内　国庁の建物の内。
＊府邊　国府の周辺。（の建物など）

＊斡了　「斡」は「幹」と同字。『字類抄』「斡了カンレウ」）。身体が強健で才知に秀でていること。『続日本紀』に「郡司解任更用幹了」とある。

＊長官唱曰云　底本を見ると、「唱」の字が明確でない。「唱」の後に、「曰」「云」とあるようにも見える。これまでの注釈書では触れていないので、「唱」の字がのびた形と解したようである。ここでも、それに従うことにする。いずれにしろ、ここは、長官が大きな声で云った内容が列挙されている。四字の対句を連ねて、その悲しみを述べている。

＊天有五衰　天に住む天人が死ぬ際に現れる五つの忌まわしい衰相をいう。衣服垢穢、頭上華萎、身体臭穢、腋下汗流、不楽本座。

＊人有八苦　人間界にある八つの苦しみ。生・老・病・死の四苦に、愛別離・怨憎会・求不得・五陰盛を加える。

＊大底　『字類抄』に、「大底タイテイ大宗也」とある。おおむね、およそ。

＊時改世變　時代が変わり世の中が変転する。

＊天地失道　天と地に人として生きるべき道が失われる。

＊善伏悪起　善がなくなり悪がはびこる。

＊佛神無験　仏や神の効験がなくなる。（俗にいう御利益がない。）

＊鶏儀未舊、飛扵西朝、亀甲乍新、耗扵東岸　この対句は、国の祭祀に用いられた占い（鶏の骨で占う鶏卜と亀の甲羅で占う亀卜）の道具が四散したことを表している。それぞれの道具は、「未だ旧からず」であったのに、東西に散逸してしまったのである。朝は鶏に、岸は亀にそれぞれ因んで用いたと考えられよう。出典があるか未詳。

＊耗扵東岸　「耗」傍訓ホロヒヌ。耗は耗と同字。

＊簾内之兒女　簾の内の子供や女。ここは、屋敷内の簾というよりは、牛車などの座席に取り付けられた簾を指す。

＊轅　『字類抄』ナカエ。轅のこと。牛車や馬車の前に長く平行に出した二本の棒。（その前端にくびきをつけて牛・馬に引かせる。）

＊歩扵霜旅　霜の道を歩いて旅をする。

＊開金蘭之醬　金蘭は、『易経』の「繫辞上」に「二人同心其利断金同心之言其臭如蘭」に拠る。朋友の固く美しい交りをいう。ここでは、国司が赴任して、国庁の役人たちが結束して国政が行われたことを笑って醬を見せることに譬えた。

＊弾歎息之爪　「爪を弾く」は、爪先を親指で弾いて排斥すること。人民が国司の悪政を嘆いて爪弾きをする。

＊四度之公文　ヨドノクモン。国司が中央政府に提出する、重要な四帳。大計帳、正税帳、調帳、朝集帳。

＊一任之公廨　任期中の国司の俸給。

＊国内吏民　国内の役人や人民。

＊嚬眉而涕涙　「嚬」『名義抄』ヒソム。眉をひそめて涙を流す。「人民嚬眉泣嘆」（『尾張国郡司百姓解』）などと同様な場面で用いられる。

＊挙聲而哀憐　「挙」ここは新字体の方に近い。声に出して哀れみ悲しむ。

＊他上之愁　他人の身の上の嘆き。

＊彫斃　「彫」には、凋と同じ意味がある。衰え疲れるの意味。

＊吟々　何度もうめき苦しむ。

＊山道　東山道。

＊上野国府　『倭名抄』に、在群馬郡とある。前橋市元総社町にあったとされる。

＊下毛野介　ここは、上毛野介の誤り。楊本は上野介。

＊藤原尚範朝臣　藤原北家長良流。『尊卑分脈』に上野・下野介とある。下野介にもなったのであろうか。そこで、本文で下毛野介と誤ったか。また尚範の兄、良範の子は藤原純友である。この伯父との関係から、純友は将門の動向を知っていた可能性があるという（⑱）。

＊其の後　直前に、十九日とあるので、国府占領以下は十九日以後のように思えるが、おそらく十五日の後に繫がるのではなかろうか。後の書状の日付が十五日であるし、上野介追放を待って、国府を占領して国庁に入るのは不自然である。これまでの底本の叙述は、一つの事のおよその結末までを記して、時をある程度溯って他のことを書く場合があった。ここも、上野介の追放

までを記してから、その前、十五日の将門の行動の記述に戻ると解したい。
＊四門之陣　「四門」国庁の東西南北の四方の門。「陣」門の警固の者が詰めている屯所。
＊放諸国之除目　「除目」平安時代以後、諸司・諸国の官を任ずる儀式。春の県召には、主に国司などの地方官を任じ、秋の司召には、主に京官を任ずる。ここでは、坂東諸国の国司の補任を発令した。「放つ」には、「自由にする、思いのままにする。」などの意味がある。⑭では、「官職の任命は天皇の大権に属し、ほしいままに、これを行うのは天皇の大権を侵犯する私僭の行為である。よって「放つ」という。」と解説する。
＊昌伎　遊女の意であるが、楊本の傍訓にカムナキとあり巫女を指すと思われる。
＊云者　傍訓ラク。「いへらく」と読める。云ふ＋完了助動詞り＋準体助詞く。「云うことには」の意。
＊憒　憒の傍訓クチハシル。「くちばしる」すなわち、「正気を失い思わぬことをしゃべる」の意。しかし、この字は辞書などにみえない。『新撰字鏡』には、「誆」久知波志留、久留比天毛乃云とある。
＊八幡大菩薩　八幡神のことで応神天皇を指す。大菩薩は、八幡神に奉った称号。神仏混淆によった称である。八幡神は託宣を下す神としても知られている。とくに、弓削道鏡の事件が有名。
＊朕位　天皇の位。「朕」は天皇の自称。
＊蔭子　律令制には、五位以上の人の子は位階を与えられて官職への機会を得る制度があった。これを蔭位の特権を得る子息、すなわち蔭子という。将門の父、良持は鎮守府将軍で五位以上と考えられ、将門は蔭子であったことになる。
＊位記　位階を授ける際に与える文書。位を授与するのは天皇で、天皇自身の位記はあり得ない。⑱によれば、「天皇にも位記があるとし、その奉者を菅原道真の霊魂とするのが『将門記』の創作。」という。
＊左大臣正二位管原朝臣霊魂　管原は、菅原であろう。楊本には右大臣正二位菅原朝臣道真霊魂とある。道真は、参議従参位式部大輔菅原是善の子、元慶元年文章博士、昌泰二年右大臣となり、死後、正暦四年（九九三）五月左大臣、同年十一月太政大臣を贈られた。右大臣の時、藤原時平の讒言により、太宰権帥に左遷されて配所に没した。その後、さまざまな怪異が現れたため、御霊として北野天満宮に祀られた。

＊表者　「表者」傍訓ヘウスラク。表す＋準体助詞らく。臣から天子に文書を奉る上表を指す。ここでは、天皇の位記を菅原道真の霊魂が将門に上表したということである。
＊卅二相音樂　いわゆる「卅二相楽」で仏教音楽の曲名。仏が備えている卅二のすぐれた特性を列挙した内容。
＊捧頂再拝　「頂」『字類抄』テイ・イタダキ。これまでの解釈は分かれている。ここでは、「朕が位を授け奉ろう。卅二相の音楽で迎えよ」というのに応えて、「（実際には無い）位記を受けとるような動作で、両手を頭上に捧げて再礼した。」と解釈した。
＊藤原玄茂　伝未詳。常陸掾とあるから、介藤原維幾に反抗して、将門方に与したと推察される。姓名より推して、藤原玄明と同族で関わりがあったとも考えられよう。ここで、玄茂が急に現れ、宰人となっていることから、将門とも何らかの関係のあった人物と想定される。
＊宰人　取り仕切る人。
＊諡号　傍訓イミナ。死後に尊んでつけた称号。ここでは称号の意味。
＊新皇　新しい天皇。

榻本

時に、武蔵権守興世王竊に将門に議って云く、今、案内を検するに一国を討てりと雖も公の責め軽からじ。坂東を虜掠して暫く気色を聞かむ者。将門報答して云く、将門念ふ所は啻斯而已。其の由何者、昔斑足王子は天位に登らむと欲ひて、千玉の頸を殺り、或る太子は父が位を奪はむと欲て其の父を七重の獄に降せり。苟も、将門刹帝の苗裔三世の末葉也。同じくは、八国より始めて兼て王城を虜領せむと欲ふ。今、須く先づ諸国の印鎰を奪ひて一向に受領の限を官都に追ひ上げむ。然れば則ち且つは掌に八国を入れ且つは腰に万民を附けむ者。本議已に訖んぬ。

即ち数千の兵を帯して、去りし天慶二年十二月十一日を以て、先づ下野国に渡る。各龍の如くの馬に騎りて、皆雲の如くの従を率せり（也)。鞭を揚げて蹄を催して将に万里の坂を越えむとす。心勇み精奢って十万の軍に勝たむと欲ふ。既に国廰に就き其の儀式を張る。時に、新司藤原弘雅、前司大中臣完行朝臣等兼て国を奪はむと欲る（之）氣色を見て、先づ将門に再拝して、便ち印鎰を擎けて、地に跪ついて授け奉る。

斯の如きの騒動の間に、館の内府邊悉く虜領せられぬ。今、幹了の使を差して長官を官都に追ひ上ぐ。長官唱へて然も歎きて云く、天には五衰有り。人には八苦有り。今日苦に遭へり。大底何為むや。時改り世変じて、天地道を失ひ、善（伏し）悪起き、仏神の験無し。鳴呼哀哉。鶏儀未だに舊りざるに、西朝に飛び、亀甲新し乍ら東岸に託びぬ。【言ふは任中に此愁有り。故に云々。】

簾の内の児女は輿を棄てて霜の旅を歩び、門の外の従類は馬を離れて而も雪の坂に向ふ。治政の初めに開笑の靨を止め、任中の盛りには歎息の爪を弾く。四度の公文を取られて空く公家に還る。一任の公廨を奪はれて徒に旅の暗に疲る。国内の吏民眉を嚬めて涙涕し、堺の外の士女は聲を擧げて哀憐す。昨日は他の上の愁と聞き、今日は自が下の媿を取る。略して氣色を見るに、天下の騒動、世上の彫弊なり云々。之を吟びて終に山道より追ひ上ること已に了んぬ。

次に将門同月十五日を以て、上野国へ遷る次に上野介藤原尚範朝臣印鎰を奪はれて、十九日を以て急に使を付いて官堵に追ひ上ぐ。其の後、府を領して廳に入る。四門の陣を固めて、且つ諸国の除目を放つ。

時に一の昌伎するてふ者有り。八幡大菩薩の使と憘りて、朕が位を蔭子平將門に授け奉る。其の位記に云く、右大臣正二位菅原朝臣道真の霊魂表したまはむ所なり。尚、八幡大菩薩八万の軍を起したまはむを副へて朕が位を授け奉らむ。今、須く卅二相の音楽を以て早く迎へ奉るべし者。爰に将門頂に捧げて再拝す。況や四陣を挙って而も立ちて歓ぶ。數千併ら以て伏し拝す。又武蔵権守幷に常陸掾藤原玄茂等其の時の掌人と為て、喜悦すること譬へば貧人の富を得たるが若く、美咲すること宛も蓮花の開敷せるが如し。斯に自ら諡を製りて奏す。将門を号して名づけて新皇と曰ふ。

＊議　傍訓タバカテ。
＊斯而巳　「而巳」傍訓ナラクノミ。これならくのみ。
＊千玉頸　千王頸のこと。
＊掌　傍訓ロ、たなごころ。真本のツカサとは別の読み方になる。
＊揚催蹄鞭　「揚鞭」に「催蹄」が間に入っている。ここは、「揚鞭催蹄」とあるべきところで、そのように訓む。
＊心勇精奢　「精」傍訓タマシヒ。この下の「兵」は衍字か。
＊大仲臣完行朝臣　「仲」は「中」が正しい。「完」の横に「全」が傍書されている。ここは、真本を参照して全行の方が正しいようである。
＊如斯騒動　「如」の傍訓キノ「斯」の傍訓クノ。かくのごときの騒動と訓む。「かくのごときの」は「鎌倉以前に、活用語の連体形に連体格助詞「の」がついた唯一の語例となる。」（S34小林芳規「花を見るの記の言い方の成立追考『文学論藻』14）
＊何為　傍訓イカカセムヤ。
＊善悪起　善悪起きと読めるが、「善」の後に一字分があいており、真本の「善伏悪起」を参照して、「伏」を補って解釈した。
＊哀哉　傍訓カナシカヤ。「かなしきや」と読む。
＊託　傍訓ホロビヌ。「託」は「耗」であろうか。
＊開笑之靨　笑った際のえくぼ。
＊世上彫弊　傍訓ナリ。続いて云々と文が切られている。「莫甚於斯」と真本と同様な傍書もあるが、ここには採らなかった。
＊印鎰　ここの「印」は「仰」に近い崩し方である。
＊且　傍訓カツガツ。さらに加えての意。

*除目　ここの「除」の字は崩されているが、除と捉える。

*放　傍訓ハナツ。

*一昌伎者　傍訓ヒトツノカナキスルテモノ。さらに、「昌」には左側にカムナキとある。一のかむなぎするてふ者の意か。（一人の巫するという者）

*㦧　傍訓クチハシテ。底本の「㦧」は、辞書に見えて、「心おこたる」の意とある。心が呆然となることを指していると思われる。これは、真本の説明で触れた「久留比天毛乃云」に近い意味であろうが、こうした文字を用いた疑問が残る。真本の「㦧」とは通じる字であろうか。「㦧」「㦧」ともに『名義抄』や『字類抄』には見えない。口走るは、『新撰字鏡』に「誆」、『倭玉篇』に「嗞」と見える。

*右大臣正二位菅原朝臣道真　延喜四年（九〇四）、菅原道真が死去した時は、従二位右大臣で、死後二十年後の延長元年（九二三）正二位右大臣を贈られた。その後、正暦四年（九九三）五月に、左大臣、同十一月に正一位太政大臣を贈られた。楊本の正二位右大臣は、延長元年の追贈により、真本の左大臣は、正暦四年五月の追贈による。（天慶二年の際には、正二位右大臣である。）

*所表旨　「表」傍訓アラハシタマハム。「旨」は者とも考えられるが、ひとまず衍字として除いて読まないことにした。「表したまはむ所なり」

*「起」　傍訓ヲコシタマハム。下に「副」があり、「起したまはむを副へて」と読む。

*掌人　傍訓ヨリト。「よりうど」官衙の職員。ここは、執行者の意か。

*目製　「目」は「自」として読んだが、この前に除らしい字がかすかに見え、除目とも読めるか。そうであれば、「除目を製りて」と読む。

*製奏謚　「製」の傍訓ツクテ、ツクリシテ。訓点によると、「謚を製りて奏す」と読む。

*謚　傍訓イミナ。称号のこと。真本では、謚号で一語とするが、ここは、訓点により、訓読文のように読んだ。

［考察］

（Ⅰ）将門が常陸国を討った際、興世王は「一国を討っとも、公の咎めは軽くない。それならば、坂東を奪い様子を伺おう。」と述べた。将門は、斑足王子の例を引いて、「自分は天皇の血筋であるから、坂東八国より始めて王城を奪おうと望む。まず、諸国の印鎰を奪い、受領を都へ追い上げよう。」と応じた。こうして、大議は終わったのである。天慶二年二月十一日、下野国に向かった。その進撃の威勢により、下野の国守、藤原公雅は、将門に再拝して、印鎰を差し出した。この時の騒動で、国府周辺の建物が全て略奪された。長官は、都へ追放された。身分のある女や子供は車の轅を離れて、霜の旅路を歩み、従類は馬の鞍を放れて雪の坂に向かった。この状況をみると、天下の騒動、世間の疲弊はこれより甚だしいものはなかった。同月十五日、将門は、上野国に遷った。介の藤原尚範は印鎰を奪われ、十九日には都へ追い上げられた。将門は、（十五日）印鎰を奪った後、国府を占領して国庁に入った。四門の陣を固めて、諸国の除目を行うことになる。その際、一昌伎が八幡大菩薩の使いと口ばしり、「天皇の位を将門に授ける。その位記は菅原道真の霊が表すところで、八幡大菩薩が八万の軍を起こして授けるのだ。三十二相の音楽で迎えよ。」と。将門は再拝してこれを受けた。興世王と常陸の掾、藤原玄茂らは、その時の主宰者となり、大いに喜び、諡号を奏上した。将門を新皇と名づけた。

（Ⅱ）ここは、常陸国府を討つという大事件の後、興世王と将門が坂東の諸国を奪う決意をして、実行に移すところである。下野も上野も、抵抗なく将門に降ることになる。合戦の記述はないが、将門軍の略奪が対句を用いて詳しく記している。上野に移った際の叙述には注意を要する。『将門記』の叙述のあり方は、先にも触れたとおり、だいたい、年月日の順に記しているが、ある事項をずっと続けて記して一段落すると、時を遡って他の事項を記すことがある。十五日に、上野国府に着き、国司はすぐに印鎰を捧げて降伏する。その国司は十九日に追放される。この次に、「その後」とあるので、これを十九日以後と考えていた。そのために、書状の日付が十五日とあることに疑問が生じたのである。十九日は国司の処遇について記しているのである。したがって、「その後」は、将門が印鎰を受けた後になるのである。ここも時を遡る記述といえよう。将門は（印鎰を受け取り、）府を領し庁に入り、四門の陣を固めるのである。このように理解しないと、書状の問題を正しく理解できなくなってしまう恐れがある。

ここには、将門が新皇に即位する重要な場面がある。すなわち、将門が新皇に即位する際に、八幡大菩薩の使いと称する巫女が現れ、菅原道真の霊魂が登場する。いかにも、創作されたような記述となっている。明治の頃には、茶番狂言扱いをされたこともあった。これに対して、大森金五郎「将門記考証」（『武家時代の研究』大正十二年刊）は「此時将門は四門の陣を固め、且つ諸国の除目を行うた際であって言はば厳かな式場で決して酒宴乱酔の折柄などではない。託宣は当時としては屢々見受けられる事で決して珍しい例ではない。」と歴史的事実と捉えようとする態度が見られる。この後、将門の即位を取り上げた、多くの論考が出されたが、作者によって創作された可能性が高いとする説が多かった。

近頃、将門の新皇即位の専論として、川尻秋生「平将門の新皇即位と菅原道真・八幡大菩薩――菅原道真・八幡神の託宣をめぐって――」（『千葉県史研究』第九号、平成13年刊）が出されている。これによると、「将門の乱の際、菅原道真の子息の兼茂が常陸介として赴任していたこと、当時、都で八幡信仰が大流行していたことがこの事件の背景にあり、史実の可能性が高いことを論証した。」とある。この説には、首肯出来ることが多く、『将門記』の新皇即位の記述は、必ずしも虚構とは言えないように思われる。

なお、この辺りから将門の死に至るまで、対話体が増えてくる。これについて、大岡昇平は「人物の行動の原因はその心理に求めるほかない。そこで、会話をさせるという歴史小説の手法が用いられるのである。」と述べている。

（「S41．6」）

（Ⅲ）

「斑足王子　欲登天位先殺千王頸　或太子　欲奪父位降其父於七重之獄」

これは、対句としての形式が整っていない。対句を多く取り入れようとしたため、こうした不備な形になっている適例である。

「且掌入八国　且腰附万民」（単句対、長句）

この対句では、「掌」と「腰」、「八」と「万」が相対する語である。ところが、真本では、「掌」に「ツカサヲ」という傍訓がある。対句を主に考えれば、「タナゴコロ」と訓むことになる。（楊本の傍訓は「ロニ」、こちらを採った。）この対句の前の「今須く」から、対句の終わりまでについて、川口久雄氏は「語序といい、措辞といい、漢文を作ろうとするものの発想によっていないで、全く日本語の発想によって、漢字だけを形式的に四六文らしくならべようとしたものである。」と述べている。（「S34．4」）

「鶏儀未舊　飛於西朝　亀甲乍新　秏於東岸」（隔句対、平隔句）

この対句は、鶏卜と亀卜の道具が失なわれたことを示すという。出典がありそうだが未詳である。

「治政之初　開金蘭之靨　任中之盛　弾嘆息之爪」（隔句対、雑隔句）（楊本は、第二句が〔止開笑之靨〕となっている。）

国守が任に就き、国政を始めた時には、結束して笑顔を見せていたのに、任期の最盛期には、人民が嘆息して爪弾きをする状況になっていた。当時の国守の政治の内容を対句にまとめている。これは、『尾張国郡司百姓等解』に見える「奉公之始　開熙怡之靨　任限之中　弾喟然之爪」という対句と同じような内容である。当時の受領の政治状況をよく表している。

「昨日聞他上之愁　今日取自下之媿」（単句対、長句）

これと同様な対句が、前の『尾張国郡司百姓等解』に、「昨聞他州之愁　今当我上之責」と見える。

「喜悦譬若貧人之得富　美咲宛如蓮花之開敷」（単句対、長句）

興世王と玄明は、将門が新皇に即位することを主宰した。その際、思いどおりに事が運んだのを以上のような対句で表現している。

（Ⅳ）将門と興世王の共議、下野攻略、上野での将門の即位等は、将門方からの資料であろう。一方、下野国府攻略は下野国府の資料とも考えられないこともない。春田氏は、この下野出兵を藤原公雅の解文としている。（「S45．５」）将門の即位については、これまで、作者の創作説がいくつか提出されている。

真本・楊本　訓読文（14）

真本

仍て公家に且は事の由を奏する状に云く。将門謹みて言す。貴誨を蒙らずして星霜多く改れり。謁望の至り造次に何をか言さむ。伏して高察を賜はば恩々幸々。然るに、先年の源護等が愁状に将門を召さる。官符を恐るるに依りて急然に上道し祗候する（之）間に、仰せを奉はって云く、将門が事既に恩澤に霑へり。仍て早く返し遣す者れば、舊堵に歸り着くこと已に了りぬ。然して後に、兵の事を忘れて却けて後に絃を緩べて安居しぬ。

而る間に、前の下総国介平良兼數千の兵を興して、将門を襲ひ政む。背走するに能はずして、相防ぐ（之）間に、良兼が為に人物を殺し損じ奪ひ掠られたる（之）由を具に下総国の解文に注し、官に言上す。爰に朝家、諸国合勢して良兼等を追捕すべき官符を下さるること又了りぬ。而るに、更に将門等を召す（之）使を給へり。然れども心安からざるに依りて、遂に上道せずして官使英保純行に付けて具に由を言上すること又了りぬ。

　未だ報裁を蒙らずして欝包の際に、今年の夏、同じき平貞盛、将門を召す（之）官符を挙って常陸国に至れり。仍て国司頻りに牒を将門に送る。件の貞盛は追捕を脱して蹐に上道せる者なり。公家須く捕へ其の由を糺さるべし。而るに還りて理を得る（之）官符を給ふ。是、尤も矯飾せられたり（也）。又右少弁の源相職朝臣仰せの旨を引きて書状を送る詞に云く。武蔵介経基の告状に依りて将門を推問すべき（之）後の符を定むること已に了りぬ者れば、詔使の到来する（之）比を待てり。

　常陸介藤原維幾朝臣の息男、為憲は偏に公の威を假りて、只冤枉を好む。爰に、将門の従兵藤原玄明の愁に依り、将門其の事を聞かむが為に彼の国に發向す。而るに為憲と貞盛等とは同心して、三千余の精兵を率ゐて恣に兵庫の器仗、戎具并に楯等を下して挑み戦ふ。是に将門、士卒を勵し意氣を起し為憲が軍兵を討伏すること已に了りぬ。

　時に、領州する（之）間に滅亡する者其の數いくばくと知らず。況や存命せる黎庶盡く将門の為に虜獲せられたり（也）。介維幾、息男爲憲を教へずして兵乱に及ばしめたる（之）由、伏弁の過状已に了りぬ。将門本意に非ずと雖も一国を討滅せり。罪科軽からず百縣に及ぶべし。

　之に因りて朝議に候ふ（之）間に、且つは坂東の諸国を虜掠すること了りぬ。伏して昭穆を案ずるに、将門は已に柏原帝王の五代の孫也。縦ひ永く半国を領せむとも豈に運に非ずと謂はむや。昔、兵威を振ひて天下を取る者、皆吏（史）書に見る所也。将門天の与へたる所既に武藝に在り。思ひ惟るに等輩誰か将門に比せむ。而るに、公家褒賞の由无くして屢譴責の符を下さる者。身を省るに恥多し。面目何ぞ施さむ。推して之を察せば甚だ以て幸也。

抑、将門は少年の日、名簿を太政の大殿に奉りて数十年、今に至る（矣）。相国摂政の世に意はざるに此の事を擧ぐ。歎念の至り勝げて言ふべからず。将門、国を傾くる（之）謀を萌せりと雖も何ぞ舊主の貴閣を忘れむ。且つ之を察し賜はば甚だ幸ならむ。一以て万を貫す。将門謹みて言す。

天慶二年十二月十五日

謹々上　太政大殿少将閣賀　恩下

＊公家　朝廷。ここでは私君の藤原忠平家。
＊謹言　「謹みてもうす」書状用語。
＊貴誨　「誨」教え。お教え。
＊星霜多改　歳月が多く改まった。多くの年月が過ぎたこと。
＊謁望　「謁」貴人にお目にかかること。拝謁する望み。
＊造次　あわただしいこと。
＊恩々幸々　ありがたく幸せの意。
＊愁状　被害を嘆き訴える訴状。
＊官苻　承平五年十二月二十九日の官符。
＊急然　本文の傍訓タチマチニ。
＊祗候　底本「祇候」は『字類抄』にシコウ、ツツシミツカフとある。『名義抄』ツツシミサフラフ。お側に、参上する（又は仕える）こと。祇候。
＊奉仰　奉の傍訓ウケタハテ。仰せを承りての意。「奉」をウケタマハルと読むのは後にも見える。
＊霑恩澤　恩赦を受けたことをいう。
＊舊堵　旧居。

＊早返遣者　「者」訓みテヘレバ。というのでの意。
＊緩絃　「絃」は「弦」と同じで、ここでは、弓のつるを表す。弓の弦を緩めるの意。
＊襲政将門　良兼が子飼之渡から襲来した戦いのこと。
＊奪掠人物　「掠」傍訓トラレタル。奪いとられた人と物とをいう。
＊殺損　殺傷すること。
＊朝家　朝廷。
＊可追捕良兼等官府　「府」は「符」。承平七年十一月五日の官符。
＊召将門等之使　本文中にはないが、将門への召喚状がもたらされたと思われる。
＊報裁　裁きの報告。
＊鬱包　気分がふさいでこもっていること。
＊今年之夏　貞盛が将門を召す官符を持って、京都から常陸国に下向した。これについては、今年をいつにするのか、天慶元年と二年の両説がある。
＊蹐上道　「蹐」は『名義抄』にヌキアシとある。こっそりと上京する。
＊得理之官符　理を得た官符。（貞盛の訴えが理にかなうとする官符）
＊矯飾　『字類抄』ケフショクとある。うわべを偽り飾るの意。はじめに、追捕される立場にあった貞盛が今度は将門を追捕する官符を受けることになった。この朝廷の裁定を非難してこういう。「尾張国郡司百姓等解」には、矯餝の政（ケウショクノマツリコト）とある。
＊源相職　文徳源氏で、右大臣源能有の孫。
＊可推問之後符　問いただささせる後の官符。
＊召使到来之比　この一文は、多くの注釈書が「詔使の到来を待つ比」と楊本の訓点による読みをして、次の段落の冒頭におく。⑱が本文の訓点に従ってここに入れている。ここでは、「比」にヲと傍訓があるのに従う。ここの詔使は武蔵密告使という。『貞

信公記抄』『本朝世紀』によれば、天慶二年六月七日源俊らを問密告使に任じたという。
＊息男為㥯　「㥯」は憲の異体字。以下、「憲」の字を用いる。常陸介維幾の長子。母は高望王の娘で、貞盛や将門の従兄弟にあたる。後に木工助に任じられ、工藤氏の祖となった。
＊偏假公威　ひとえに公の威光をかさに着る。この藤原玄明の事件に、為憲が関わっていたことがこの書状によって分かる。
＊冤狂　傍訓エンクヰヤウ。「群書類従本」は冤枉、狂は枉の誤りか。冤枉ならば、無実の罪に陥れること。
＊従兵　この書状では、藤原玄明は将門の従兵となっている。これは本文の方に無い記述である。
＊忩　底本には「恐」があり、下欄に線を引いて「忩」がある。これを採った。
＊為憲与貞盛等同心　為憲が貞盛と同心していたことから、将門は許せなかったことが推察される。
＊兵庫　武器庫。
＊器仗　武器。底本では、仗を最初に伏と記し、それを改めたように見える。
＊戎具　兵具。
＊領州　州は国を表す。ここの州は常陸国のこと。常陸国を領有する。
＊不知其數幾許　その数はどのくらいか分からない。
＊黎庶　人民、庶民。
＊虜獲　いけどりとうちくび。
＊不教息男為憲令及兵乱之由　息子の為憲の行為を諭して導かず、兵乱に及ばせたこと。この記述からは、将門が兵乱の首謀者は為憲であり、それを維幾が阻止しなかったと主張したことが分かる。
＊非本意　（国を滅ぼすのは）本意ではないと弁明している。
＊罪科不軽可及百縣　（一国を滅ぼした）罪は軽くはなく、百国を滅ぼすのと同様の重罪である。
＊豈謂非運　どうして天運ではないと言えようか。（天運、すなわち天から与えられたものであると言える。）
＊史書　楊本では史書とする。文意から史書と思われる。

＊天之所与　天から与えられ生まれつき身につけているもの。
＊在武藝　（将門が天から与えられたのは）武芸である。
＊等輩　『字類抄』トウバイ。同輩。同輩の中で比べられる者はいないと将門が自負を示したのである。
＊譴責　過ちを咎め、責める。
＊朝議　朝廷の評議。
＊候　うかがう。様子を見るの意。
＊昭穆　中国で宗廟の霊位の席次。中央を太祖とし、二世、四世、六世は左に列して昭といい、三世、五世七世は右に列して穆という。ここでは、父祖より代々の系譜をいう。
＊柏原帝王　桓武天皇。
＊半国　全国の半分の意であろう。将門は奥羽地方をも支配領域に含めようとしていた可能性がある（「H4．7」）ことから、あるいは、この半国も単なる言葉のあやではないのかもしれない。（将門は、現在の関東と東北の地域を領有しようとしていたのであろうか。）
＊少年之日　将門は少年時代に藤原忠平に仕えていた。
＊奉名薄　「薄」は簿の誤りかもしれない。当時、竹冠の字を草冠の字に書く場合があったが、この簿には当たらないようである。「名簿」家人や弟子となる際、差し出す名札。名札を差し出して主従関係を結ぶ。
＊數十年　この数十年がそのとおりだとすれば、この時の将門は、かなりの高齢となる。底本には、「或余年矣」と傍書している。このことから、十余年と解してか、十数年とする説もある。
＊相国　太政大臣の唐名。
＊攝政　藤原忠平は、延長八年、朱雀天皇の即位の時に摂政に任じられた。
＊不意擧此事　思いがけずこの事件を起こした。
＊嘆念之至　きわめて嘆かわしく思うこと。

＊不可勝言　「あげて言ふべからず」「言ふに勝（タ）ふべからず」の二通りの訓読法がある。「勝」の傍訓テにより、前者の読みをした。言葉に表すことが出来ない。

＊傾国之謀　国を傾け滅ぼすはかりごと。

＊貴閣　貴下、貴台などと同様、書状における二人称。

＊以一貫万　「一貫」は、一つの原理で全てを貫き通す意。「万」は「よろず」の意。「一」は、ここでは、前に述べた「何ぞ舊主の貴閣を忘れむ」を指すと考えられる。この一事を全てに及ぼすということで、たとえ謀反を起こしても、（ありとあらゆると場合に一貫して）忠平家を大事にすることを示したと考えられよう。ここは、将門が何とか自らの行動を理解してほしいと思い、その気持が溢れている表現のように思われる。

これと、同様な表現が『高山寺本古往来』（撰者不詳、院政期写）に見られる。「諸事書上に尽さず。一を以て万を照らせ。」これは、書状の最後にあり、「もろもろの事を手紙の上に書き尽くせない。一つのことで全てを明らかにしてください。」という内容である。このような語で手紙を終えることがあったことが分かる。

＊天慶二年十二月十五日　この書状の日付は、将門が上野国に遷った日である。十九日に追放した国司に付けられた使者がこの書状を持参したとする推定がある⑱。

＊謹々上　書状の宛名書きの上に添える語。『貞丈雑記』九、書札之部よれば、「上所の事」上所と云は状の宛所の人の名字の上に、或は「謹々上」「謹上」「進上」と書くことなり。「進上」は上也、「謹々上」は中也、「謹上」は其次也。「進上」は上輩に書く、「謹々上」は等輩よりも少し敬ふ、謹上は等輩に書くという。また、貴人に奉るに貴人の名に上所書く事なしともある。

＊大政大殿　太政大臣のこと。

＊少将　『九暦逸文』天慶二年十月一日の条に「左近少将藤原師氏」とある。ここの少将は、藤原忠平の第四子、師氏を指すといわれる。「大政大殿の少将閣賀恩下」とあるから、この書状の宛先は、師氏と考えられよう。師氏に宛てて、忠平に取り次いでもらったものであろうか。さらに、前に記したように、「謹々上」の上所から推せば、将門の書状は師氏に宛てたことが補強されよう。ただし、『貞丈雑記』の記述がここに当てはまるかは分からない。

＊閤賀　閤下のことかといわれる。いずれにしろ、敬称であろう。
＊恩下　書状の宛書の下に付ける脇附であろう。「恩下」は『十二月往来』に「足下」などと同様な意味で用いられている。

楊本

仍て公家に且つは事の由を奏す。其の状に云く、将門謹みて言す。貴誨を蒙らず星霜多く改り、謁望の至り、造次に何をか言さむや。伏して高察を賜はば恩幸〳〵。然るも先年に源の護等が愁の状に依りて将門を召さる。官符を恐れむが為に急然に上道し祇候する（之）間に、仰せを奉るに云く、将門が事既に恩澤に霑へり。仍て早く返し遣す者。舊堵に歸り着くこと已に了んぬ。然して後に兵事を忘却して絃を緩べて晏居す。

而る間に、前の下総国の介平良兼数千の兵を興して将門を襲ひ政む。背き走るに能はず、相防ぐ（之）間に、良兼が為に人物を殺損及び奪ひ掠めらるる（之）由を具に下総國の解文に注して官都に言上す。爰に、朝家、諸國勢を合せ良兼等を追捕すべき（之）官符下さること亦了んぬ。而して、将門等を召す（之）使を給ふ。然れ而、心安からざるに依りて遂に上道せず、官の使英保純行に付けて具なる由を言上し又了んぬ。

未だ報裁を蒙らざるに、欝悒の際に、今年の夏、同じき平貞盛、将門を召し問ふべき（之）官符を拳りて常陸國に到来す。仍て國司頻に牒を将門に送る。今件の貞盛は追捕を脱れて蹐に上道する者也。公家には須く捕へ其の由を糺すべきに而も還りて理を得る（之）官符を給ふ。是、尤も矯飾せられたり（也）。又右少弁源相身朝臣仰を被りたる旨を引きて送る所の書状に詞に云く、武蔵介経基の告状に依りて将門を推問すべき（之）後の符を定めて已に了んぬ者。

詔使の到来を待つ（之）比、常陸介藤原維幾朝臣息男為憲偏に公の威を假りて只寃枉を好む。爰に、将門が従兵藤原玄明が愁に依りて、其の事を問はむが為に彼の国に發向す。而るに、為憲と貞盛等とは同心に三千余の精兵を率し、恣に兵庫の器仗、戎具幷に楯等を下し、挑み戦ふ（之）処、是に、将門は士卒を勵し、意氣を起して為憲が軍兵を討ち伏すこと已に了んぬ。

羽を飲むで滅亡せる者其の数幾許と知らず。況や命を存せる黎庶は盡く将門が為に虜獲せられたり（也）介維幾息男爲憲を教へ令めずして、兵乱を及ばしめたる（之）由を伏して弁ずる過状已に了りたり。将門本意に非ずと雖も一国を討ち滅ぼせり。罪科軽からじ百縣に及ぶべし。何ぞ異ならむ。

之に因りて、朝議に候してまつ（之）間に、且つ坂東の諸國を虜領すること了んぬ。又伏して照穆を検するに、将門は柏原帝王五代の孫なり。縦ひ永く半國を領せむに豈に運に非ずと謂はむや。昔兵の名の威を振ひて天下を取る者皆史書に見えたる所也。将門天の与へたる所は既に武藝に在り。推して等輩を思ふに誰か将門に比せむ。而るに公家に褒賞の由无くして屢々譴責の符を下さる。身を省みるに恥多し。面目何かが施さむ。推して之を察せば甚だ以て幸也。

抑、将門少年の日に、名簿を太政大臣殿に奉りて数十年、今に至る（矣）。相国摂政の世に、不意に此の大事を挙ぐ。歎念の至り勝げて言ふべからず。将門邦郡の謀を萠すと雖も何ぞ舊主の貴閣を忘れ奉らむや。且つ高察を賜はば（之）幸ひ也。一を以て之を貫く。将門謹みて言す。

天慶二年二月十五日

謹々上大政大臣殿少将問賀恩下

*之事由　事之由であろう。

*言　傍訓ウス。後に、マウサムヤとある。申すの意。

＊恩幸々々 ありがたく幸せの意。
＊奉仰 「奉」傍訓ウケタハルニ。「奉」には①目上にさし上げる②目上からいただくの両方の意味がある。ここは、傍訓からも②の意となる。
＊祇候 傍訓シ、テイコウ。
＊返遣者 「者」に傍訓ナリとあるが、他と同様にテヘリと訓む。
＊晏居 しずかに落ち着いている。
＊背走 傍訓ソムキハシル。
＊具なる由 つぶさなる由。詳しい事由の意味。
＊殺損 傍訓セツガイ。
＊際 傍訓アヒタ。
＊貞盛拳可召問将門之官苻 「拳」は奉や奏に重ね書きしたようである。この字の前の「可」を衍字とし、後の可を採る。貞盛が将門を召し問う官符を手にするの意。
＊矯餝 底本「餝」は「飾」と同字。
＊源相身朝臣 「相身」傍訓スケモト。この横に、「職」「元」の二字を傍書する。
＊待詔使到来之比 真本とは訓点が異なり、ここの文頭に置く。
＊息男為憲 藤原維幾の息子。
＊寃枉 傍訓シヘタケマケムコトヲ。無実の罪におとすこと。底本は、寃狂を寃枉と直したように見える。
＊器伏 器仗のことであろうか。太刀、弓矢など武器の意。
＊戒具 戎具のこと。戦いの用具、武具。
＊士卒 士卒のこと。
＊飲羽 『字類抄』イムウ、インウ。矢羽まで深々と射るほど強い弓勢のこと。『陸奥話記』に、「所発矢莫不飲羽」とある。こ

こは、傍訓により、「羽を飲むで」と読む。

＊百懸　百縣のこと。

＊候朝議　底本「候」傍訓シテマツ。朝議に候して待つ意味と思われる。

＊照穆　「照」は昭であろう。「昭穆」のこと。

＊帝玉　帝王のこと。「玉」は、古くは「王」につくるという。

＊五代之係　「係」は「孫」のことであろう。

＊振兵名威　兵の名を上げて威力を振るうこと。

＊所見也　「見」の傍訓エタル。「見えたる所也」と読める。

＊何　傍訓カカ、いかが。

＊少年日之　「日」傍訓ニ。下の「之」と順を変える転倒符がある。「少年の日に」。

＊于今矣生　真本は「至于今矣」とあり、ここの「生」は「至」であろうか。「今に至る」と訓むことにする。「相国摂政の世に生れて」とも読めるが、数十年との続きぐあいがわるい。ここらの傍訓は、理解しにくいので、真本を参照せざるを得ない。

＊不意　「不」傍訓フ、「意」傍訓ニ。ふいに。

＊萠　物事を起こす意。

＊邦郡之謀　底本に「郎郡之謀」とあり、「郎」の横に「邦」が記され傍訓ハウがあるので、邦郡之謀と考えられる。国や郡（を奪取）の謀の意であろう。

＊以一貫之　一つの思い（貴閣を忘れないこと）がこの書状を貫き通していると解釈した。

＊天慶二年二月十五日　（十がぬけたか）十二月十五日のこと。

＊大政大臣殿少将問賀恩下　「大」は「太」であろう。太政大臣のこと。「問」は傍書の「閣下」の閣か。閣賀であろう。

［考察］

（I）　将門が太政大臣、藤原忠平の四子、師氏宛に出した書状とされる。これが将門方から出した（真物）という説と本文と同一作者が創作したとする説がある。内部徴証からは、明確な解答は出せず、論争は膠着状況である。

まず、「将門謹みて言す」とある。これは「将門」（差し出し所）に、「謹言」（下付）があり、「某謹言」という当時の書状の書き出しの形式を踏んでいる。次いで、相手への敬意をこめた挨拶を記して、自身の考えに理解を求める書き出しとなっている。ここは、当時の書式を踏襲した整然とした書状の書き出しである。

書状の本文に入り、将門が源護に訴えられて上京した事件から書き始める。結局、恩赦により、将門は許されることとなった。

将門が帰郷した後、伯父良兼に襲撃され、多大な損害を被った。将門はその事を下総国の解文に記して、朝廷に申し上げたところ、「諸国が勢力を合わせて良兼・貞盛ら常陸国の敵を追捕せよ」という官符を得たのである。ところが、突然、朝廷は将門を召喚したのである。将門は気分を害して上京せず、官使に託して事由を朝廷に奏上したとある。その裁定がなされず気分が晴れないでいると、今年の夏に、貞盛が将門を糺す官符を手にして下って来たのである。将門はこれを許し難かったのである。その批判が「矯飾」という語である。その後、源相職（相身）朝臣から、「将門を問い糺せ」という次の官符が出たと知らされ、将門は事の重大さを覚悟して、官使の到来を待つこととなった。

将門が常陸国府を攻めた事件の記述に進む。その（常陸攻撃の）理由は、為憲の公権力を借りた横暴な振舞いと宿敵の貞盛の同心である。そこで、常陸介の維幾が為憲を教導しなかったとして、一方的にその罪を国司に押しつけている。しかし、一国を滅ぼした自らの行動については、百国を討ったのと同じと、謙虚に重罪であることを認めている。

その上で、自身は天皇の血筋を引く者であるから、半国を領しても天運であると記し、さらに、自分は最も優れた武人であると強調し、史上、武力で天下を取った例はいくらもあると尊大な態度を示している。ところが、朝廷が自らを褒賞するどころか、度々、過ちを責める官符を下したことに触れて、これには、まことに恥ずかしく面目がないとへりくだり、なんとか了解をいただきたいと本心を表すかのように願っている。

書状の結びの部分に入る。少年の時から、藤原忠平家に仕えていたにもかかわらず、その摂政の世に、こうした事件を起こしてしまったことは嘆かわしいと侘びる。その上で、国を傾ける謀〔楊本「邦郡を滅ぼす謀」〕を起こしたが、旧主人を忘れることはないと記す。さらに、そのことを察してほしいと願い、「一を以て万を貫く〔楊本「一を以てこれを貫く」〕」と続ける。「一貫すること」とは、その前の「旧主の貴閣を忘れないこと」を示すと思われる。

書状の最後は、「将門謹言」で結んでおり、書状の形式では〈書止〉と呼ぶ。相手の名前〈充て所〉の上には「謹々上」〈上所〉が付く。〈上所〉には、進上、謹々上、謹上などがあり、進上の敬意が最も高い。閣賀は閣下と同じ〈敬称〉である。末尾の恩下は〈脇付〉で、他に例を見ないとされるが、『十二月往来』に「伏惟恩下」という例がある。（同書には「伏惟足下」とあり、足下は書状の脇付に用い、「おそばに」の意味。これと同様の表現であろう。）この〈充て所〉の太政大殿少将は、以前には、太政大臣藤原忠平とされていたが、忠平の第四子の師氏を指すという。（師氏を介して、忠平に宛てたことも考えられよう。）これに、「謹々上」という〈上所〉が付いている。貴人には、「上所を用いず」ということから、将門は太政大臣に対して非礼であるという説があった。これが師氏ということになれば、少しは事情は違うかもしれない。

（Ⅱ）将門の書状と本文とは、全く異なっているわけではない。主な違いは以下のとおりである。

書状	本文
＊将門が良兼の無謀な襲撃を下総国の解文に記して官に言上した。	＊記述なし。
＊将門らを召す官使を下された。心が安からず、上京せず官使に託して事由を言上した。	＊記述なし。
＊今年の夏（天慶二年）貞盛が将門を召す官符を得て、常陸国に着く。	＊天慶元年六月中旬、官符を得て京を下って糺明する。
＊源相識〔楊本は相身〕朝臣から、将門推問の後の官符を定めたと知らされる。	＊私君の大政大臣の御教書が家人の多治真人助真〔楊本は多治真人助真縄〕に寄せて下され、到来した。
＊常陸介維幾朝臣の息子、為憲が公の威をかりて冤枉を好み、将門の従兵、藤原玄明が愁訴していたので、事由を聞こうと常陸国へ発向した。	＊藤原玄明は、国の乱人、民の害悪であり、維幾朝臣に追われて、将門の所へ逃れて来た人物である。しかし、将門は失意の人や寄るべのない人を助ける性格から、玄明を庇護して常陸国へ出向いた。
＊将門は少年の頃、藤原忠平に仕えていた。	＊記述なし。

（Ⅲ）対句や故事挿入などの文飾は用いられていない。当時の記録体の文体である。

（Ⅳ）将門が常陸国を討った理由が受け入れやすいことから、将門方からの資料と思われる。このことから、先に示した問題が生じる。（ここに、繰り返しておく。）

（1）将門方から忠平に出した実際の書状とする。

（2）将門方の資料を基にして、作者が書状らしく創作した。この二説を一方に決定できれば、『将門記』の成立の問題がかなり進展すると思われるが、内部徴証だけでこの結論を出すことは難しい。

真本・楊本　訓読文（15）

真本

　時に、新皇の舎弟将平等、竊に新皇に擧して云く、夫れ帝王の業は智を以て競ふべきに非ず。復た力を以て争ふべきに非ず。昔より今に至るまで、天を経とし地を緯とする（之）君、業を纂ぎ基を承る（之）王、此れ尤も蒼天の与ふる所也。何ぞ慥に権議せざらむ。恐らくは物の譏後代にあらむか。努力（ユメ）云々と。時に、新皇勅して云く、武弓の術は既に兩朝を助く。還箭の功は且た短命を救ふ。将門苟も兵の名を坂東に揚げて合戦を花夷に振ふ。今の世の人は必ず撃ち勝るを以て君と為す。縦ひ我朝に非ずとも、僉、人の国に在り。

　去る延長年中、大赦契王の如きは、正月一日を以て渤海国を討ち取りて東丹国と改めて領掌する也。盍ぞ力を以て虜領せざらむや。加以（シカノミナラズ）、衆力の上に、戦ひ討つこと功を経る也。山を越えむと欲る（之）心憚らず。巖を破らむと欲る（之）力弱からず。闘に勝つ（之）念、高祖の軍を凌ぐべし。凡そ八国を領せむ（之）程に、一朝の軍政め來たらば、足柄・碓氷二関を固め、當に坂東を禦がむ。然れば則ち、汝曹が申す所甚だ迂誕也者。各叱を蒙りて罷り去る也。

　且く、縦容の次に、内竪伊和員経謹みて言す。争ふ臣有れば則ち君不義に落ちず。若し此の事を遂げられずは国家の危み有り。所謂天に違へば則ち殃有り。王に背けば則ち嘖を蒙る。願くは、新天、耆婆の諫を信じて全く推悉の天裁を賜へ者。新皇勅して曰く、能才は人に依りては愆を為し、人に就きては喜びを為す。口に此の言を出だせば駟馬に及ばしめず。所以（ソエニ）、言に出すことは遂ぐる无からむや。略して議を敗るは汝曹が无心の甚だしき也者。員経舌を巻き口に鉗むで黙して（而）閑居す。昔秦皇の書を焼き儒を埋むるが如きは敢て諫むべ

からず（矣）

＊将平　将門の弟。『尊卑分脈』に大葦原四郎とある。

＊帝王之業　『帝範』の「帝王之業非可以智競、不可以力争者矣」によった語句。帝王の（国を治める）大業は人の智によって競いあうべきではなく、力によって争うべきではないの意味。

＊経天緯地之君　「経」の傍訓タテトシ。「緯」の傍訓ヌキトスル。『帝範』「経天緯地之君纂業承基之王」によった語句。（たて糸の天とよこ糸の地をより合わすように）天地を治める帝王のこと。

＊纂業承基之王　帝業を継ぎ皇基を承けた王のこと。

＊蒼天之所与　蒼天には、天帝、造物主の意味がある。

＊権議　はかり議論すること。

＊物譏　「モノノソシリ」世の非難。

＊努力　「ゆめ」強く命令する時に言う語で、「努」「努力」「勤」などの字を当てる。多くは禁止の語を伴う。『字類抄』「努ユメ ユメ」けして、すこしも、必ず…してはならないの意味。

＊勅　底本「勅」は勅と同字。将門を新皇として、天皇に関わるこの字を用いた。

＊武弓之術　弓を用いる武術のこと。

＊兩朝　異朝（中国）と本朝（日本）。

＊還箭之功　矢を射返してたてた手柄。

＊短命　命を短くすることの意味。

＊花夷　中央と地方。

＊以撃勝為君　「勝」の傍訓ル、まさると読む。打ち勝さる者を君主とする。

＊人国　外国。

＊延長年中　九二三〜九三一年。

＊大赦契王　大契赧（キッタン）王の誤りという。大契赧王は渤海国を滅ぼした契丹の太祖耶律阿保機のこと。
＊渤海国　耶律阿保機は、九二六年（延長四年）正月三日に渤海扶余城を占拠したという。こうして、渤海を滅ぼした後、耶律阿保機は東丹国を建てた。「丹」は舟のような字であるが、文意により丹とした。
＊加以衆力之上　「加以」を「シカノミナラズ」と訓むと訓読文のようになる。他に「加ふるに、衆力を以てする上」とも訓める。
＊衆力　大勢の人々の集団の力。将門方が多くの人々の支持を得ていることを示すか。
＊戰討経功　戦い討って功績を挙げて来た。
＊越山之心不憚、破巖之力不弱　六字句の対句。山を越える心に気後れはない。巌を破る力は弱くはない。
＊高祖　漢の国を立てた劉邦のこと。
＊一朝　朝廷全体。
＊足柄・碓氷　東海道の足柄峠（現神奈川県南足柄市）・東山道の碓氷峠（現群馬県碓氷郡と長野県北佐久郡）。東国へ入る要衝の地である。昌泰二年（八九九）に、両方に関が置かれた。
＊汝曹　『字類抄』ナンタチ。本文の傍訓チガ。ナンダチガと読める。
＊迂誕　物事にうとく偽りであること。
＊叱　底本の傍訓イサメ。
＊縦容　ゆったりくつろぐさま。
＊内豎　宮中で走り使いなどをした童子。ここでは、近侍の若者の意か。
＊伊和員経　播磨郡完粟郡の伊和君の後裔かといわれる。
＊有争臣則不落不義　「争臣」は主君を諌めて善に導く臣。『臣軌』に「有諍臣七人則主無過挙」とあり、『孝経』や『漢書』にも同様の語句がある。諌言する臣がいれば主君は不義に陥らない。
＊違天則有殃　天命に違えば禍がある。『孟子』離婁篇に「順天者存、逆天者亡」とある。

＊嘖　本文の傍訓はイサと読めるが、その下の一字は不明。楊本にはイサメヲとある。叱責、訓戒の意味。
＊新天　この語は、中国使節の一員の手になる七言絶句に見え、「天安二年（八五八）という年紀から、将門記成立以前にあって列島に受容された語であることがわかる。」（「H12．5」前掲）という。ここでは新皇を指す。
＊耆婆之諫　耆婆は古代インドの名医。父の王を投獄して、自身が王となった阿闍世太子を諫めて、仏陀のもとに行き懺悔することを勧めたという。
＊全　またし（形容詞）欠けたところがない。完全である。
＊推悉　ことごとくを推し計る。
＊能才　物事を成し遂げる才能。
＊為愆　底本「僁」は「愆」名義抄ツミ、トカ。あやまち、欠点の意。傍訓により、「愆を為す」と訓む。そこで、この後も「喜びを為す」とした。「愆と為り、喜びと為る」と訓むのも可能であろう。
＊出此言不及駟馬　「駟馬」四頭立ての早い馬車。『臣軌』に「出言不當駟馬不能追」、『論語』に「君子過言出口駟馬追之不及」とある。これらに拠った語句。一度、口に出した言葉は（取り戻そうとしても）速度の早い四頭立ての馬車で（追って）も及ばない。
＊所以　傍訓ソヱニ。「そのゆゑに」の意味。
＊略敗議　はかりごとをして、議事をくつがえす。議事とは、先の「大議」を指すか。
＊鉗口　傍訓フフムテ。口をつぐむ。
＊昔如秦皇焼書埋儒　秦の始皇帝が書物を焼き学者を生き埋めにしたようなこと。いわゆる「焚書坑儒」。「儒」傍訓ハカセ。

楊本

時に、新皇の舎弟将平等竊に新皇に擧げて云く、夫れ帝王の業は智を以て競ふべきにあらず。復た力を以て争ふべきにあらず。昔より今に至るに天を経にし地を緯にする（之）王、業を纂し基を承る（之）君、此尤も倉天の与ふる所の如し（也)。何ぞ慥に推し議らざる。恐くは物の譏後代に有らむか。努力云々。時に、新皇勅して曰く武弓が術は既に両朝を助く。還箭の功は且た短命を救ふ。将門苟も兵の名を坂東に揚げて、合戦を華夷に振るふ。今世の人は必ず撃ち勝つを以て君と為す。縦ひ我朝に非ずとも僉人の国に在り。

今延長年中、大赦契王の如きは正月一日を以て、渤海国を討ち取りて東丹国に改めて領掌せり（也)。盍力を以て虜領せざらむや。加之、衆力の上に戦ひ討つこと功を経る也。山を越えむと欲る（之）心憚らず。山の巌を破らむと欲る力弱からず。闘に勝たむと擬る（之）念高祖の軍も凌ぐべし。凡そ八國を領せむ程に、一朝の軍政め来らば足柄碓氷の二の関を固めて、以て當に坂東を禦がむ。然るも、汝が申す所甚だ迂誕也者。各叱を蒙りて罷り去りぬ（也)。

且つ縦容の次に内竪伊和員経謹みて言す。臣に争ひ有るときには、則ち君不議に落ちず。若し此の事を遂げられずは国家の危有り。所謂天に違へば則ち殃有り。王に背けば則ち嘖を蒙る。願ふ也。新天耆婆の諌を信じて全く推悉の天裁を賜へ者。新皇勅して曰く能才は人に依りて悦と為し、人に就いて喜と為す。縦ひ此の言を口に出さば駟馬に及ばさず。所以、言を出して贓さむ無からむや。略して而も義を敗る。汝が無心の甚だしき也者。員経舌を巻きて口を鉗むで黙して（而）閑居しぬ。昔秦の始皇の如きは書を焼き儒を埋みしに敢て諌むべからず。

＊帝玉　帝王のこと。
＊竟　底本「竟」は競と同字。競うこと。
＊倉天　「倉」には青いという意味がある。蒼天と同じ。
＊推議　「推」の傍訓ハカラヒとヲシ。「議」の傍訓ハカラザル。

*物の譏 「譏」傍訓ソシリ。

*今世 傍訓コノヨ。

*今延長 「今」はここにの意味。

*滶 底本の傍訓ホウ。「渤」のこと。

*改 傍訓メテ。「政」に見えるが、「改」であろう。

*加之 しかのみならず。

*衆力之上 底本「泉力」。泉力の横に「衆」らしく見える字がある。こちらを採る。

*擬勝闘之念 「闘」の傍訓にフマムトとあるが、これを読むことが出来ない。「闘に勝たむとする」の意味と捉えた。傍書が多く読みにくい所である。

*迂 傍訓ヲチナシ。臆病である、意気地がないの意。ここは「迂誕なり」と音読みにしたい。

*叱 傍訓イサミ。

*縦容 ゆったりくつろぐ。

*内竪 底本「竪」は「豎」で「豎」と通じる。傍訓ナイケム。内豎のこと。

*不議 不義のこと。道にはずれること。

*嘖 傍訓イサメ。戒めのこと。

*王 傍訓ミカド。ここは、都の天皇を指す。

*願也 「願」傍訓コフ。

*㐂 これは「喜」の略字。底本には善のような字がある。傍書の字を採る。

*無贓哉 「贓」かくす。かくすことは無かろう。

*敗義 これは「敗議」か。先にあった「本議已訖」の「議」をいうか。その議決を無効にするの意味か。

*諫可 転倒符により「可諫」となる。

［考察］

（Ⅰ）弟の将平が『帝範』の文章「帝王の業は智を以て競ふべきに非ず。復た力を以て争ふべきに非ず。昔より今に至るまで、天を経とし地を緯とする（之）君、業を纂ぎ基を承る（之）王、此れ尤も蒼天の与ふる所也。」などを引用して、将門に「新皇の位に就いてはならない。」と諫言した。将門は「自分は兵の名を坂東に上げ、合戦の腕を振るって来た。今の世の人は撃ち勝つ者を君とする。我国になくとも外国にはある。」と言い、大契赧王が東丹国を建てた例を示した。さらに、「我軍は強大で勢いもある。朝廷軍が攻めてきたら、足柄と碓氷二関を固めて坂東を防ぐのだ。汝らは物事に疎くでたらめだ。」お叱りがあり、各々は退いた。

将門がくつろいでいた時、内竪、伊和員経が「諫言する臣がいれば、主君は不義に落ちない。諫言を取り上げなければ国家が危うくなる。どうか、耆婆の諫言のように受け入れていただいて全てを計った裁定をしてください。」と申し上げた。将門は、「口に出した言葉は取り戻しようがない。決めた議事を覆すのは無心も甚だしいことだ。」と退けた。この秦の焚書坑儒のような状況では、誰も諫めることは出来なかった。

（Ⅱ）ここの将門への諫言の記述の中には、典拠ある語が会話に盛んに用いられている。まず、将平の言葉は、『帝範』の序中の語句が用いられ、将門が東丹国建国を実例に引いて答えている。次いで、伊和員経が『臣規』の語句を引いて諫めるが、将門は、『論語』の一節なども用いて退けてしまう。こうして、この章の結びは秦の始皇帝の「焚書坑儒」のような状況であると評されている。実際に、こうした会話があったとは考えられないが、まさしく作者が工夫を凝らして創作したのであろう。とくに、唐の太宗が帝王たるものの模範を撰した『帝範』と唐の則天武后が臣下の規範を撰した『臣軌』を登場人物の言葉の中に引いた（学識のある）趣向は注目されよう。

ここから、将門は新皇と記述されるようになり、滅亡するまで続いていく。「将門告曰」が「新皇勅曰」と変わったのである。それのみならず、「賜天裁」「有勅歌曰」「下勅命」という表現までが現れる。将門が新しい天皇となり、朱雀天皇を本天皇と記すことからすれば、当然といえば、当然であろうが、やや奇異な感じがしないでもない。将門を新皇あるいは新天と崇める、将門方の内部の人々の表現と考えるべきであろうか。これらは、都の貴族にとっては、とうてい容認することの出来ない表現であろうと思われる。このような表現を用いた作者の意図はどう考えればよいのであろうか。おそらく、新皇将門とその王国を強調して誇張したのであろう。そこで、将門方の内部の諫言や常陸遠征の場面では、そうした表現が目につく。次いで、秀郷・貞盛の進攻になると、新皇の表現は続くものの、貞盛が主語となる「貞盛追尋」のような所では、「将門擐甲冑」とあり、新皇と将門が混在する。作者は、将門方の資料から、将門を新皇らしく表現しようと意図し、さらに、事件の進行と共に貞盛方の資料を混入して行ったのであろうか。

(Ⅲ) ここは、典拠のある語句がさかんに用いられる。『帝範』にある対句も見える。

「経天緯地之君　纂業承基之王」(単句対、長句)

(Ⅳ) 将門方からの資料に、作者が故事を顧みて創作を加えたように感じる。渥美氏は「いかにも型破りで、京都での増補分と思われるのだが、それについての手懸りがつかめない。」(「S39．10」)と述べている。

真本・楊本　訓読文(16)

真本

唯だ武蔵権守興世王時の宰人たり。玄茂等宣旨と為て、且つ諸国の除目を放つ。下野守に舎弟平朝臣将頼を叙す。上野守に常羽御厩別當多治経明を叙す。常陸介に藤原玄茂を叙す。上総介に武蔵権守興世王を叙す。安房守に文屋好立を叙す。相模守に平将文を叙す。伊豆守に平将武を叙す。下総守に平将為を叙す。且つ諸国の受領を點定し且つ王城を建つべき議を成す。其記文に云く、王城を下総国の亭南に建つべし。兼て檥橋を以て号して京の山崎と為（シ）、相馬の郡大井の津を以て号して京の大津と為（セ）む。便ち左右大臣、納言参議、文武百官、六弁八史、皆以て點定し、内印外印鑄るべき寸法、古文正字定め了りぬ。但し孤疑するは暦日博士のみ。

偏に此の言を聞き諸国の長官魚の如くに驚き、鳥の如くに飛び早く京洛に上る。然して後、武蔵相模等の国にいたる迄、新皇巡検して皆印鎰を領掌して、公務を勤むべき（之）由を留守の国掌に仰す。乃ち天位に預るべき（之）状を大政官に奏し、相模国より下総に歸る。

仍て京官大きに驚き宮中騒動す。時に本の天皇十日の命を佛天に請ふ。厥の内に、名僧を七大寺に屈して、礼奠を八大明神に祭る。詔して曰く、忝くも天位を膺けて幸に鴻基を纂ぐ。而るを、将門は監悪を力として国位を奪はむと欲者。昨此の奏を聞く。今必ず来たらむと欲。早く名神に饗して此の耶悪を停めたまへ。速に佛力を仰ぎ彼の賊難を拂ひたまへ。乃ち本皇は位を下り二掌を額上に攝りて、百官は潔齊して千の祈を仁祠に［請ふ］。

況や復た、山々の阿闍梨は邪滅悪滅の法を修す。社々の神祇官は頓死頓滅の式を祭る。一七日の間に焼く所の芥子は七斛有餘。供ふる所の祭料は五色幾也。悪鬼の名号を大壇の中に焼き、賊人の形像を棘楓の下に着く。五大力尊は侍者を東土に遣し、八大尊官は神の鏑を賊方に放つ。而る間に、天神嚬蹙とくちひそむで、賊類非分の望を誘り、地類呵嘖して悪王不便の念を憎む。

＊時宰人　その時に、取り仕切る人。

＊宣旨　天皇の命を伝える公文書。

＊放諸国之除目　先に、同様の表現がある。除目が二度行われたのではなく、記述が重なっているのである。先に除目を放つと

記した後に、将門の即位、将門の書状、将門への諫言の記事が入り込んで中断されている。ここは、先に記された除目の具体的な内容である。

＊叙　底本では「釼」のように見えるが、楊本が「敘」とするように「叙」であろう。「敍」の新字体「叙」の方が底本に近い。官職を授けるの意。

＊點定　『字類抄』テムチャウ。点検して決定すること。

＊王城　皇居。現坂東市岩井の中根辺りに推定されるが不明である。現地には、島広山などに当てているが伝承の域を出ない。さらに、伝説では、守谷をはじめ将門の王城がさまざまの地に伝えられている。

＊亭南　「亭」には宿の意味もある。本文から推して石井宿の南のことか。すなわち、石井営所の南方となろう。

＊檥橋　檥の傍訓ウキ。浮橋のことであろうか。浮橋は水上に筏や舟を並べて橋としたもの。楊本は檥津橋とする。この橋の所在地には、現結城郡八千代町磯、猿島郡総和町釈迦など諸説があるが、定説はない。

＊京山崎　現京都府乙訓郡大山崎町。京都の南の入口に当たる。

＊相馬郡大井津　『倭名抄』相馬郡に大井が見える。現千葉県東葛飾郡沼南町大井、現野田市木間ケ瀬、現水海道市、現取手市戸頭などが当てられるが、これも定説はない。

＊京大津　現滋賀県大津市。先の山崎に対し、北方からの入口。

＊納言参議　納言は大、中、少がある。上への奏上と下への伝達を行う官。参議は政策を議する官。

＊文武百官　朝廷の文官と武官の総称。

＊六弁八史　六弁は左右の大、中、少弁のこと。文書を受け、命令を下達する官。八史は、左右の大史、少史各二人。文書を取り扱う官。

＊内印外印　内印は天皇の御璽、外印は太政官の官印。

＊古文正字　古文は秦以来の古い文字。正字は、俗字や略字に対する正しい体の字。

＊孤疑　一つ残った疑問。（暦日博士を決めることが出来なかったことを示している。）

＊暦日博士　暦博士のこと。暦道を教え、暦を作った教官。この暦日博士が決められなかったことには、以下の論がある。「将門が時間の支配――元号を立てることのできなかった点を『将門記』は強調したかったのではなかろうか。確かに、国号を決めなかったこと共に、これは将門の国家・王権としての未熟さを物語っている。」（「H8．15」）

＊如奐驚鳥如飛　「奐」は魚。魚のように驚き、鳥のように飛び立つ。魚が驚きやすいものとして「驚魚浮水面」（『本朝文粋』）などと表している。

＊畱守之国掌　「畱」は留。「国掌」は国衙で記録・雑務を行う国司の属官。国の長官らが去った後を守っていた属官のこと。

＊預天位之状　天皇の位を預かる旨を記した書状。これが実際に出されたとしたら、そこには、除目以下、王城建設などの記述があったのかもしれない。

＊大政官　太政官のこと。前の書状が太政大臣藤原忠平家の内あてに出されていたが、ここは太政官に宛てている。

＊京官　京都に在住し、中央官庁に勤務する官吏。

＊本天皇　本にノと傍訓があり、「本」モトの天皇と読む。朱雀天皇を指す。

＊請十日之命　十日の命の猶予を願ったということ。

＊佛天　仏の敬称。

＊屈名僧　名僧に膝を屈して招請する意。

＊七大寺　普通は、奈良の東大寺・興福寺・元興寺・大安寺・薬師寺・西大寺・法隆寺の総称。あるいは、後の八大明神に対する語として、単に七つの大寺としたのかもしれない。

＊祭礼奠　供物を捧げ供えること。

＊八大明神　伊勢神宮など八つの大社をいうのであろうか。あるいは、七大寺の対語として記されているか。

＊詔　天皇の言葉。「詔」は臨時の大事に、「勅」は普段の小事に用いるという。京官大驚、宮中騒動の中で、天皇は、十日の命の猶予を願い、詔を出すなど、ここの天皇の狼狽ぶりは大変なものだが、あるいは、作者の創作であろうか。

＊膺　傍訓ウケテ。

＊纂鴻基　「鴻基」は帝王の大事業の根本。「纂」は『名義抄』ツク。「つぐ」の意。
＊监悪　底本「监」は監。
＊昨聞此奏今必欲來　「昨」『字類抄』キノフ。昨日はこの（謀反の）奏上を聞き、今日は必ず攻め上って来ようとしている。
＊饗名神　「名神」は神祇官の奉幣にあずかる諸神社。「饗」傍訓キコシメス。御酒を供えもてなす（饗応の意）。
＊停此耶悪　「停」の傍訓メタマヘ。耶は邪と同字通行。
＊仰佛力　「仰」の傍訓ク。しかし、ここでは、仰ぐと終止形には読めないから、仰ぎと連用形に読む。
＊拂賊難　「拂」は払。ここに、傍訓はないが、前の文と対句をなしているから「拂ひたまへ」と読む。「賊難」賊のために災難を受けること。
＊位　座所、ここは玉座。
＊攝二掌於額上　両手を額の上に合わせて祈る。
＊百官　いわゆる文武百官。内外の諸官。
＊潔齊　心身を清めること。傍訓スは連用形シと読む。ここの傍訓は、先の「仰ぐ」と同様に、連用形に読むべきところを終止形に読んでいる。
＊千祈於仁祠　底本はこの前に一字が欠けている。楊本には「請」とあり、この字を補って解釈した。「仁祠」は寺院のこと。
＊阿闍梨　高徳の僧の称。
＊邪滅悪滅之法　邪悪を滅ぼす修法。修法とは、密教で加持祈禱の法。
＊神祇官　ここでは神官を指す。
＊頓死頓滅之式　「頓死頓滅」急に死滅させる意味。「式」式神（陰陽師が使役する神）悪人をすぐに死滅させる威力のある式神。
＊一七日之間　七日間。修法や祈禱を行う期間。
＊芥子　護摩を焚く時に炉の中に投ずる芥子。『名義抄』「芥子カラシ」。護摩に用いる芥子とはカラシナの種子をいう。
＊斛　斛は石と同じで十斗をいう。

＊有餘　「あまりあり」と訓めるが、紙背訓「イウヨ」に従う。

＊祭料　祭祀料。

＊五色　ここの色は、種類とか品目の意かとも思われるが、⑭に「青、黄、赤、白、黒の五色の幣」とする解説があり、これに従う。

＊大壇之中　修法を行う際、本尊を掛ける壇。この大壇を中心に、護摩壇、十二壇、聖天壇を立てる四壇の形が普通という。

＊賊人形像　賊人（将門）の人形。

＊着於棘楓之下　「棘」いばら「楓」傍訓キリ。これらに、賊の人形を吊す。

＊五大力尊　五大力菩薩（金剛吼・竜王吼・無畏十力吼・来電吼・無量力吼）又は、五大尊（不動・降三世・軍荼利・大威徳・金剛夜叉）のことともいう。いずれも仏教神である。

＊遣侍者於東土　菩薩などの脇に立つ側付きの者を東国に遣わす。

＊八大尊官　陰陽道で吉凶の方位を司る八神（太歳神・大将軍神・大陰神・歳刑神・歳破神・歳殺神・黄幡神・豹尾神）とされる。

＊放神鏑於賊方　神の鏑矢を賊の方へ放った。後に、将門が神の鏑にあたって倒れたことと対応する。仏教神の五大力尊に対して、こちらは、陰陽道の神、八大尊官を登場させた。

＊天神　天の神。

＊嚬嚱　右側にセムト、左側にクチヒソムテと傍訓がある。嚬嚱（ヒンセン）とくちひそむと読む。（文選読み）苦々しく口をゆがめ憂うることか。「嚱」は『名義抄』に見えるが、意味などの記述がない。

＊誇賊類非分之望　賊たちの分に過ぎた望みを誹謗する。

楊本

唯し武蔵権守興世王其の時の宰人たり。又玄茂等宣旨と為て且つ諸国の除目を放つ。下野守には舎弟平朝臣将頼を叙す。上野守には常羽御厩の別當多治経明を叙す。常陸介には藤原玄茂を叙す。上総介には武蔵前権守興世王を叙す。安房守には文室好立を叙す。相模介には平将文を叙す。伊豆守には平将武を叙す。下総守には平将為を叙す。且つ諸国受領を點定す。且つ王城を建つべき（之）儀を成す。其の記文に云く、王城は下総國の亭南に建つべし。兼ねては、礒津橋を以ては号（ナツ）けて京の山崎と為む。相馬郡大井津を以ては号けて京の大津と為む。便ち左右大臣、納言、参議、文武百官、六弁八史、皆以て點定しつ。内印外印、鑄るべき寸法、古文正字定め了んぬ。但し、孤疑すらくは暦日博士のみ（矣）。

緬に此の言を聞きて諸国の長官魚のごとく驚き鳥のごとく飛びて早く京洛へ上る。然して後、武蔵相模等の国に迄りて、新皇巡検して皆印鎰を領掌す。公務に勤むべき（之）由を留守の国掌に仰す。仍て天位に預るべき（之）状を大政官に奏す。相模国より下総国に帰りぬ。仍て京官大いに驚き宮中騒動す。時に、本の天皇十日の命を仏天に請ふ。厥の内に名僧を七大寺に屈して、礼奠を八大神に祭る。詔して曰く忝く天位に膺って幸に鴻基を纂す。而も、将門が監悪を力と為て国の位を奪はむと欲と者。昨は此の奏を聞く。今は必ず来むと欲らむ。早く名神を饗し此の邪悪を停めたまへ。速やかに仏力を仰ぎ彼の賊難を払ひたまへ。仍て、本皇位を下りて二の掌を額の上に摂りて、百官絜清して千たび祈りを仁祠に請ふ。

況や復、山々の阿闍梨は勅を奉じて降魔邪悪滅の法を修す。社々の神祇官は悪神頓滅の式を祭る。一七日の間に焼く所の白芥子七斛に余り有り。供ふる所の祭粁五色幾ぞ（也）悪鬼の名号を火壇の中に焼く。賊の人形像を棘楓の下に着けたり。五大力尊は侍者を東土に遣し、八大尊官は神の鏑を賊の方に放つ。而る間に、天神嚬蹙して而も賊類非分の望みを誇り、地類呵嘖して而も悪王不便の念を憎ぶ。

*叙　真本では釵に見えるが叙にも近い。こちらは叙にさらに近い。

*黙　傍訓テム。「黙」は「點」であろう。

*王城之儀　「儀」傍訓タバカリ。「儀」は「議」であろう。

*亭　傍訓テイの他にウマヤがある。石井の宿（やどり）の宿と関わる語か。

*号　傍訓ナツケテ。大津のところの傍訓。山崎のところも、これに倣う。

*八吏　八史のこと。

*孤疑　一つだけ遺された疑い。

*緬　傍訓ハルカニ。

*魚驚鳥飛　「如」の字がないが、傍訓により、訓読文のように読む。

*迄武蔵相模　「迄」の傍訓イタテ。「至る」の意味に採る。

*本皇天　底本に本皇天とあるが、本の天皇のことであろう。朱雀天皇。

*膺天位　「膺」傍訓アツカテ。天位にあづかって。

*昨、今　傍訓フ。キノフ、ケフと訓む。

*名神を饗し　「饗」の傍訓ケイシ。酒や肴を神に捧げてもてなすこと。

*千祈を仁祠に請ふ　千度の祈りを寺院に願ったの意。

*降魔邪悪滅の法　「降魔」悪魔を降伏すること。悪魔を降伏し、邪悪を滅ぼす修法。

*悪神頓滅の式　「悪神」人に禍を与える神。「頓滅」急に滅びること。悪神を急に滅ぼす式神。

*白芥子　傍訓ヒクケシ。びゃくけしと読むか。『望月仏教大辞典』十一版（平成5年）によれば、「ケシ芥子」として、以下の説明がある。「梵語の薩利殺跛、又、舎利娑婆、舎利沙婆に作る。植物の名。即ち白芥子なり。白芥子はケシに非ず。ナタネに非ず。カラシなり。カラシは其性辛く、堅くして降伏の徳用を備へたり。」

＊神鏑「鏑」の傍訓カフラ。
＊天神嚬慼「嚬慼」の傍訓ヒンシクシテ。嚬蹙の意「顔をしかめて、にがにがしく思う」「慼」は『名義抄』に同様の字があるが、読みなどは不明。
＊増悪王不便の念「増」傍訓ソネフ。「憎」ソネブであろう。

［考察］

（Ⅰ）興世王と玄茂が宰人となり、宣旨として除目を行った。下野守――平将頼、上野守――多治経明、常陸介――藤原玄茂、上総介――興世王、安房守――文屋好立、相模守――平将文、伊豆守――平将武、下総守――平将為となっている。さらに、王城を建てる議決も行った。併せて、檥橋〔礒津橋〕を京の山崎とし、相馬郡大井の津を京の大津とした。左右大臣、納言参議、文武百官、六弁八史等を皆全て決定し、内印外印の寸法、古文正字を定め終わった。暦日博士だけは決められなかった。

これを聞き、諸国の長官は驚き、慌てて都に上った。その後、新皇は武蔵・相模まで巡回して印鎰を手中に納めて、天位に預かる書状を太政官に出して下総に帰った。そこで、宮中は大騒ぎとなった。本の天皇は十日の命の猶予を仏に祈った。七大寺から名僧を招き、供物を八大明神に祀った。詔に「皇位を受けて鴻基を継いだ。将門が国位を奪おうとしている。すぐにも攻め上って来よう。神仏の力で賊難を払いたまえ。」と仰せになった。玉座を下り、お祈りになり、百官は心身を清めて寺院に願った。山々の阿闍梨は邪滅悪滅の法を修し、社々の神祇官は頓死頓滅の式を祭った。焼いた芥子は七斛、五色の幣は多数。悪鬼の名号を大壇に燃やし、賊の人形像を吊るした。五大力尊は侍者を東国に遣わし、八大尊官は鏑を賊方へ放った。神々は賊の望みを誹謗し、悪王の考えを叱責した。

（Ⅱ）　将門の除目には、いくつかの謎があり、その解明の努力もさまざまに行われている。しかしながら、なかなか明確な答えは見つけられない。これに続く王城の建設や文武百官の制定も現実性に乏しく、作者がいかなる意図をもって記述したのか分かりにくいところでもある。あるいは、作者が将門の王国を大げさに誇張することによって、その権威づけを行おうとしたのかもしれない。

次いで、将門の謀反が明らかになり、都の騒動と社寺の調伏が記されている。ここも、「七大寺」、「八大明神」を始め、百と千や五、七、八などの数の入った語句を対句に仕立てた文飾が目立っている。そのため、天皇の異常な慌てぶりなど、かなり誇張した表現となっており、現実性に乏しい文章となっている。

（Ⅲ）

「如魚驚　如鳥飛」（単句対、壮句）〔魚驚鳥飛（楊）〕（当句対）

これは、国司が慌てて上京する様を対句にしている。ただし、東山道の碓氷峠から追放された国司たちは、都まで至らず、信濃国で留まっていたようである。

将門を調伏する様子は、以下のように対句を連ねて記されている。

「早饗名神　停此耶悪　速仰佛力　払彼賊難」（隔句対、平隔句）

「山々阿闍梨　修邪滅悪滅之法　社々神祇官　祭頓死頓滅之式」（隔句対、雑隔句）

「悪鬼名号　焼扵大壇之中　賊人形像　着扵棘楓之下」（隔句対、軽隔句）

「五大力尊　遣侍者扵東土　八大尊官　放神鏑於賊方」（隔句対、軽隔句）

ここで、「神鏑を賊方に放つ」と記述したことが後に将門が神鏑によって滅びる伏線となっているのである。

「天神嚬嚱　而謗賊類非分之望　地類呵嘖　而憎悪王不便之念」（隔句対、雑隔句）

（Ⅳ）　除目のところは将門方からの資料であろう。そこには「且は諸国の受領を点定し、且は王城を建つべき議を成す。その記文に云く。」とある。この記文が実際に存したものであれば、あるいは、『扶桑略記』に見える「将門伴類被射殺者一百九十七人、擒得雑物、平楯三百枚、弓・胡簶各百九十九具、太刀五十柄、謀叛書等」の謀叛書がこれに当たるのではなかろうかと想像される。さらに、想像をすれば、この謀叛書は、秀郷・貞盛らによって、都に齎されたのであろうから、『将門記』の作者が目にしたことがあったのかもしれない。

都の混乱場面は、都の記録に基づくのであろうが、かなり誇張されている。天皇の動転の様子などには、作者のシニカルな筆致さえも感じ取られる。あるいは、作者の創作と見るべきであろうか。

真本・楊本　訓読文（17）

真本

然るに、新皇井底の浅き勵を案じて、堺の外の廣き謀を存ぜず。即ち相模より本邑に歸りて（之）後、未だ馬の蹄を休めず、天慶三年正月中旬を以て遺りの敵等を討たむが為に、五千の兵を帯して常陸国に發向す（也）。時に奈何、久並一兩郡の藤氏等堺に相迎へて美を罄して大饗す。新皇勅して曰く、藤氏等、掾貞盛幷に為憲等が所在を指し申すべしと。時に藤氏等奏して曰く、聞くが如くは、其の身浮雲の如し。飛び去り飛び来たりて宿處不定也と奏し訖りぬ。

爰に猶相尋ぬる（之）間に、漸く一旬を隔つ。僅に吉田郡蒜間の江の邊に掾貞盛・源扶の妻を拘へ得たり。陣頭多治経明、坂上遂高等が中に彼の女を追ひ領したり。新皇此の事を聴き、女人の媿を匿さむが為に勅命を下すと雖も勅命以前に夫兵等の為に悉く虜領せられたり（也）。就中に、貞盛の妾は剝ぎ取られて形を露にして更に為方无し（矣）。眉下の涙は面上の粉を洗ひ、胸上の炎は心中の肝を焦る。内外の媿身内の媿と成る。會嵇の報會嵇の敵に遭ひたり。何ぞ人を謂はむや。何ぞ天を恨みむや。生前の慙は稠人に有るのみ。

爰に傍の陣頭等新皇に奏して曰く、件の貞盛が妾は容顔卑しからず、犯過妾に非ず。願はくは、恩詔を垂れて早く本貫に遣さむ者。新皇勅して曰く、女人の流浪は本属に返る者。法式の例なり。又鰥寡のやもめ孤独のひとりひとに憂恤を加ふるは古帝の恒範也。便ち一襲を賜ひて彼の女の本心を試さむが為に忽に勅歌有りて曰く、

よそにても風の便に吾ぞ問ふ枝離れたる花の宿を

妾幸に恩余の頼に遇ひて之に和して曰く

よそにても花の匂の散り来れば我身わびしとおもほえぬかな

其の次に源扶の妾一身の不幸を恥ぢて人に寄せて詠みて曰く、

花散りし我身も成らず吹く風は心もあはきものにざりける

此の言を翫ぶ間に、人々和怡して逆心暫くやすみぬ。【員銓曰く、御止は暫く息む。】

＊井底浅勵　井戸の底のような狭い所で浅はかに力を奮うこと。天慶三年一月十一日の官符に「独知井底之広、空忘海外之守」という語句がある。これと同じような語句が用いられている。

＊堺外之廣謀　国外に向け、広い視野をもった計略。

＊休馬蹄　馬のひづめを休める。

＊遺敵　残敵。

＊奈何・久並　那珂郡・久慈郡。常陸国の北部の郡。

＊藤氏　ここでは常陸国に勢力を持つ藤原氏一族をいう。

＊罄美　罄の傍訓ツクス。『名義抄』には、同類の字にツキスとある。美味を極めるの意。

＊大饗　大いに酒食を供してもてなすこと。
＊飛去飛来　飛んで去ったかと思うと飛んで来る。宿処不定のさまをいう。唐の劉廷芝の詩句「飛来飛去落誰家」(「代非白頭翁」)などを念頭において記した句か。
＊吉田郡　常陸国那珂郡の東部を私称して、このように呼ぶ。現水戸市の南部。
＊蒜間之江　蒜は蒜であろう。旧東茨城郡の涸沼を指す。
＊拘　とらえる。
＊陣頭　軍陣のまっさき。ここでは、軍の先頭の指揮者の意味と思われる。部将、部隊長のこと。この語は、武士団の戦場における職制名であったと思われると解説されている。⑯
＊坂上遂高　坂上田村麻呂の子に、常陸国や上総国に住んだ者がいる。この坂上一族と関わるかもしれない。しかし遂高は伝未詳。
＊被剝取露形　衣服を剝ぎ取られ裸になる。
＊更无為方　まったく為す術がない。
＊内外之媿　国の内外で、人々が受けている恥辱。これまでの将門の戦いの中でも、女人が凌辱される記述が見られた。
＊稠人　多くの人。
＊恩詔　情けある詔。
＊本貫　本籍地。
＊本属　本籍、本貫。
＊女人流浪返本属者　ここの読みは、敢えて底本の訓点に従って【訓読文】のようになった。しかし、本来、ここは、次の句と対句の文を形成しているから、以下のように読むのが普通であろうか。

女人の流浪は、本属に返すは法式の例なり。
鰥寡孤獨に、優恤を加ふるは古帝の恒範なり。

＊鬘寡　底本「鬘寡」は以下の熟語から、鰥寡であろう。「鰥寡孤獨」鰥は妻を亡くした老人。寡は夫を亡くした老女。孤は孤児、獨は子のいない老人。ここの読みは文撰読み→鰥寡のやもめ、孤獨のひとりひと。

＊優恤　心をいためて救うこと。

＊古帝之恒範　古来の帝の規範。

＊一襲　ひとかさね。一揃の意。

＊彼女の本心　貞盛の妻の本心。（１）妻が自分（将門）をどう思っているか。（２）妻が心の奥に秘めている夫の状況（動向や居所）の二説がある。ここでは（２）の意に採って解釈する。

＊勅歌　新皇将門の歌。以下に貞盛の妾の歌、扶の妾の歌が続く。

＊恩余之頼　有り余る恩頼。「恩頼」は神や天皇からさずかる恵み深いたまもの。Ｐ174の蠢崛之神と同様に挿入によって創出された語。（「Ｈ12．５」前掲）

＊花の匂　「匂」あざやかな色が美しく映えること。花が美しく映えて散りかかるとは、夫の貞盛の温情が伝わって来ることに例えている。

＊おもほゆ　「おもはゆ」の転。自然に思われる。

＊我身牟　「牟」この字は、ここでは、後の「心牟」と共に「も」と読むものと思われる。

＊不成　成りたたない。どうにもならない。

＊心牟遭杵（こころもあはき）　はかない気持ちの意。

＊ざりける　「ぞありける」から出来た語で歌によく用いられる。「であるなあ」の意。

＊歌意　（将門）よその離れた場所にいても、私は風のたよりによってあなたに問う。枝を離れた花の宿りを（あなたから離れて行った夫の宿り場所を聞きたい。）

（貞盛の妻）よその離れた場所にいても、花が光に映えて散りかかって来るので、私は我身がわびしいとは思われないことだ。（夫の温情がはるかに伝わって来るので、自身をわびしいとは思われない。）

（扶の妻）花が散った我身はもう実もつけることもなくどうにもならない。吹く風に、心もはかないことであるよ（夫と死別した自分はもうどうにもならない。この世をはかなく思うだけだ。）

*翫此言間　このように歌を詠み交わして、言葉を弄んでいる間に。

*和怡　やわらぎなごむ意。歌によって心が和むというのは『古今集仮名序』の「男女の中をもやはらげ、猛き武士の心をも慰むるは歌なり」が想起される。

*逆心　反逆の気持ち。

*御止　傍訓ヤスミヌ。割注に暫息とある。

*員銓　『日本見在書目録』に見える『韻詮』のことかという。これは現在見ることが出来ない。

楊本（ここで、楊本は終わりとなる。）

然れども、新皇只井底の浅き勵を案じて、堺外の廣き計りごとを存せず。即ち相模国より本邑に歸りて（之）後、未だ馬の蹄を休めずして天慶三正月中旬を以て、遺りの敵等を討たむが為に五千人の兵を帯して常陸国に発向す（也）。時に、那河久慈兩郡の藤氏等堺に相迎へて美を罄へて大饗す。新皇勅して曰く、藤氏等掾貞盛幷に為憲等が所在を指し申すべし。時に藤氏等奏して白く、聞くが如くは、其の身浮雲の如くして飛び去り飛び來たること何れの處に宿らむ。敢て居る所を悟すは不定也。奏して白ひ訖んぬ。

爰に、猶し相尋ぬる（之）間に、漸く一旬を隔つ。僅に吉田郡蒜間の江の邊に掾貞盛源扶が妻等を拘へ得たり（也）。陣頭多治経明、坂上遂高等が陣中に彼の女を追ひ領す。新皇此の事を聆きて女人の媿を匿さむが為に勅命を下せりと雖も以前に夫兵等の為に悉く侵し領せられたり（也）。就中に、貞盛が妾は剝ぎ取られ形を露にして、更に為む方无し（矣）。眉下の涙は面上の粉を洗ひ、胸の上の炎は心中の肝を焦す。慮外の媿は身の内の媿と成る。

會嵇の報いに會嵇の敵に遭ひたり。何か人を謂はむや。何ぞ天を恨みむや。生前の慙は稠人に有らむ而巳。

爰に、傍の陣頭等新皇に奏して曰く、件貞盛が妾、容顔卑しからず。犯過妾に非ず。願はくは□□□早く本貫に遣さむ者。新皇勅して曰く、女人の流浪は本属に返すべし者。法式の例なり。又□□□鰥寡孫□優恤を加ふ者。古帝の恒範也。便ち、一襲を賜ひて、彼の女の本心を□めむが為に忽ち勅歌有りて曰く

□□ても風の便りに吾ぞ問ふ枝を離れたる花□宿りを

＊天慶三　この後に「年」が消えている。真本により補う。

＊遺敵　この「遺」は遺の誤りであろう。「遺」として解釈する。

＊磬　傍訓トトノヘテ。ここは、「つくす」から「整える」の意としたか。

＊白　曰くと同じ意味。

＊奏白訖　「奏」は秦に見えるが、奏ととらえた。

＊貞源盛扶　「源」と「盛」が逆。貞盛、源扶のこと。

＊女之人　「女人之」のこと。

＊陣中　陣中のこと。

＊就中　ここの「中」は見えないが、真本により想定した。

＊眉下の涙　「眉」の所も破損して見えない。真本から、眉下と想定される。

＊集心中之肝　「集」の傍訓イル。「焦」であろう。

＊慮外　思いのほかであること。思いがけないこと。

＊非妾　「妾」は明確に読めない。ここと、後の「願」以下の何字かは、汚損［オソン］により読むことが出来ない。この前後は、真本も参照して、文字を推定して読んだものが多い。

＊本貫　本籍地、出身地。

＊鰥寡孫□　鰥寡孤独ということであろう。それならば、妻を失った男、夫を失った女、みなし子、老いて子のない者の意で、身寄りのない人々を指す。

＊□　誡のような字がかすかに見え、傍訓イマシメムカ。

＊□□て　歌の二字不明。「よそに」であろう。

＊牟　これは、「も」と読むか。真本は「毛」。

＊最後の歌一首以下、楊本は現存しない。

＊ここまで、訓読を行って来て、とくに、楊本の傍訓について述べておきたい。仮名点は、第三種まであり、真本に比べるときわめて多い。一語に、三通りの訓み方が記されている例がいくつもある。安田氏は、これら仮名点の字音語表記について調査され、「従来一括して院政初期加点とされてきた楊守敬本の訓点は、決してそれ程古いものではなく、むしろ真福寺本将門記よりも更に時代を下らせるべきであること、具体的に言うならば、文治二年写の『和泉往来』の時代にまで近付けるべきであるということになる。」（「S48．7」）と述べている。このように、楊本の加点が真本のそれより後であるとすれば、楊本の加点者が真本を参照したのではないかということもあり得るような感じもする。楊本の傍書の中には、真本の語や傍訓を取り込んだように思われるものが見受けられる。更に、本文に漢字がないのに、傍訓で補ったところもある。ただ、現在は、詳しい考察が出来ていないので、ここでは、問題提起に止めておきたい。

［考察］

（Ⅰ）将門は相模から帰った後、天慶三年正月中旬、五千の兵を率いて常陸国へ出向いた。（常陸の）藤原氏が国境に迎えて大いに饗応した。新皇将門は、貞盛の在り処を尋ねると、藤原氏は所在不明と申し上げた。さらに、探索をしていると、吉田郡蒜間の江に、貞盛と源扶の妻を捕えることとなった。将門は、女人の恥を隠そうと、勅命を下したが、それ以前に妻たちは、夫兵らに陵辱されていた。妻らは、怒り怨んだがどうしようもなかった。新皇は、女人が流浪した時は、本拠に返すのが法の例、弱者に哀れみを与えるのが古帝の恒範だとして、一襲を賜い、妻の本心を試そうと歌を詠みかけた。

　よそにても風のたよりに吾ぞ問ふ枝離れたる花の宿を

妻は余りある恩頼を受けて、これに唱和して、

　よそにても花の匂の散り来れば我が身わびしと思ほえぬかな

扶の妻は一身の不幸を恥じて、人に寄せて詠んで、

　花散りし我が身もならず吹く風は心もあわきものにざりける

こうした歌を詠み交わして、人々は心を和ませ、逆心を静めた。

（Ⅱ）ここでは、三首の歌の内容を考えてみよう。将門が貞盛の妻に、歌を読みかけたのは、（１）将門が恩情をかけたことを妻はどう思っているかを試そうとした。（２）貞盛の動向をつきとめようと妻の本心を探ろうと試みた。という二通りの解釈がある。

将門は、貞盛を何としても捕らえたかったこそ、常陸に進行して来たのである。そこで、うわべは恋の歌ともとれるような内容の歌を詠んで、その裏に、貞盛の動向を探ろうとしたと思われる。（１）はうわべの意味で、（２）こそ将門の歌の本意と解したい。三首の歌のおよその内容は、先に示したとおりであるが、注目すべきは、花という語がどの歌にも見えることである。しかも、その花は、枝から離れて散る花である。これをキーワードと捉えたい。花は、さまざまなものに例えられるが、その一つに「主（アルジ）」がある。そこで、ここでは、この花が夫を意味しているのではないかと考えられる。このように想うと、将門の歌は、枝から離れた（あなたの所から姿を消した）夫の貞盛の宿り所を問うという内容となる。妻の返歌は、花が美しく散りかかって来る（夫の優しい思いが伝わってくる）からわびし

くはないと将門の問いをはぐらかしたという解釈となる。また、扶の妻の歌は、花が散った（夫が死んだ）自分は子ができるわけでもなく、むごい世間の風当たりに心もはかないものだという意味にとれよう。

このように、三首は、花を夫に準えて詠まれたと捉えることが出来よう。なお、先に貞盛の動静は、「飛び去り飛び来たり、宿処不定なり」と記されていた。この語句は、劉廷之の「洛陽城東桃李の花、飛び来たり飛び去って誰が家に落つ」という詩句を下敷きにしたのかもしれない。そうであれば、桃李の花が貞盛ということになり、後に、花を主題に歌を交わす伏線となっていることが分かる。しかも、和歌を交換することによって、気分が和らいだとして『古今集仮名序』のような記述で締めくくっている。

ここで、楊本は終わるので、両書の年月日記載の違いについてまとめておきたい。

（上側真本、下側楊本）

［真本］P212	九月十日	［楊本］P218	九月十五日
P224	十九日	P228	十月九日
P224	廿三日	P228	十三日

真本では、承平七年九月十日は、良兼が将門の妻を拉致し、その妻が自宅に返る日付である。九月十日妻が帰還、九月十九日に将門が真壁郡へ発向。その廿三日に弓袋山の戦いとなる。一方、楊本では、九月十五日帰還、十月九日に発向、その十三日に戦いとなる。

およそ、十～二十日くらいの違いとなる。⑱では、後に孟冬とあり楊本の方が妥当とある。

P259	天慶二年三月廿五日	P266	慶二年三月廿五日　「天」が抜ける。
P259	同月廿八日	P266	月日の記述がない。

天慶二年三月二十五日に、藤原忠平の御教書が出され、同月二十八日に到来したという真本の記事である。これは、あまりにも早く不可解な記述である。楊本には、日付がなく不明である。

Ｐ276　廿九日　　　Ｐ283　九日

天慶二年十一月二十一日に、将門は常陸国に向かう。二十八日、国府を滅ぼして、国司を連れて鎌輪に戻る日である。そこで、楊本の九日は翌月のことか。

Ｐ288　天慶二年二月十一日　　Ｐ294　天慶二年十二月十一日（真本の誤り）

Ｐ303　天慶二年十二月十五日　　Ｐ309　天慶二年二月十五日（楊本の誤り）

（Ⅲ）ここは、歌物語のように、三首の歌が叙述の中心となっている。それぞれの歌は、なかなか技巧を弄して、深い内容を詠みこんでいる。花（夫）をキーワードとして、作者が創作したように思われる。

（Ⅳ）常陸出兵は、将門方の資料であろうが、いかにも、作者によって創作されたことが感じられる段落である。

真本　訓読文（18）

多日を歴と雖も件の敵を聆くこと无し。仍て皆諸国の兵士等を返し遣はす。僅に遺る所の兵千人に足らず。この事を伝へ聞き、貞盛幷に押領使藤原秀郷等、四千余人の兵を驚して忽ち合戦せむと欲。新皇大に驚きて二月一日を以て随兵を率ゐ、敵の地下野の方に超え向ふ。

時に新皇将門が前の陣、未だ敵の所在を知らざるを以て、副将軍春茂が陣頭、経明・遂高等が後の陣に以て敵の所在を訪ひ得たり。實否を見むが為、高山の頂に登りて、遙に北方を見れば實に依りて敵有り。略して氣色四千余人許り也。爰に、経明等既に一人當千の名を得て、件の敵を見過すべからず。今、新皇に奏せずして迫りて以て押領使秀郷の陣に討ち合ふ。秀郷、素より古き計有りて、案の如くに玄茂の陣を討ち靡かす。其の副将軍及び夫兵等は三兵の手を迷ひて、四方の野に散りぬ。道を知る（之）者は弦の如くに徹り出づ。未だ知らざる（之）者は車の如くに旗ひ廻る。僅に存せる者は少し。遂に亡ぶる者は多し。

時に、貞盛・秀郷等蹤に就きて征く（之）程に、同日未申剋許に川口村に襲ひ到る。新皇聲を揚げて已に行き釼を振ひて自ら戰ふ。貞盛天を仰ぎて云ふ。私の賊は則ち雲上の電の如し。公の従は則ち厠の底の虫の如し。然れども私の方は法无し。公の方には天有り。三千の兵類は慎みて（而）面を歸すこと勿れ者。日は漸く未剋に過ぎて黄昏に臨みぬ。各李陵王の臆を募り、皆死生決の勵を成す（矣）。桑の弓快く挽かれ【快たのしく挽ひかれ】、蓬の矢直く中る。公の従者は常よりも強く、私の賊は例よりも弱し。所謂新皇は馬の口を後に折りて楯の本を前に牽く。昨日の雄は今日の雌也。故に常陸国の軍は哂り咲ひて宿に留りぬ。下総の国の兵は忿り愧ぢて早く去りぬ。

厥の後、貞盛・秀郷等相語りて云く、将門既に千歳の命に非ず。自他皆一生の身也。而るに、将門獨り人寰に跋扈とふみはだかりて自然に物の防為（也）。出でては則ち監悪を朝夕に競ひ、入りては則ち勢利を国邑に貪る。坂東の宏なる蠹、外土の毒の蟒も之より甚しきは莫し。

昔聞きしかば霊虵を斬りて、九野を鎮め、長鯢を剪りて、四海を清むと。【漢書に曰く、霊蛇は人の嗤尤の名なり。左傳に楚子が曰く、長鯢は大魚の名なり。故に、不義の人の少国を飲む者に喩ふる也。】方に今、凶賊を殺害して其の乱を鎮むるのみに非ずは、私より公に及びて恐らくは鴻徳を損はむ歟。尚書に云く、天下安しと雖も戰はざるべからず。甲兵強しと雖も習はざるべからず。縦ひ此の度勝つと雖も何ぞ後の戰を忘るべけむ。加以、武王の疾有りしかば周公命に代る。大分、貞盛等命を公に奉はりて、将に件の敵を撃たむとすと。所以、群衆を集めて、甘き詞を加えて兵類を調へて其の数を倍して、同年二月十三日を以て強賊の地下総之堺に着く。
＊歴多日　多くの日数を経る。
＊件敵　例の敵。貞盛や為憲を指す。
＊諸国兵士　⑭によれば、「将門勢には、諸国国衙の兵士――健児所や軍団の兵士が主力であった。彼等は現地の有力農民から選抜したものである。時は二月に入り、農事の季節に入る。また彼等の兵站維持も大変である。旁々農村に還住させる必要がある。」と詳しい解説がある。
＊押領使　兵を率いて国内の凶徒や盗賊を鎮圧するのを職務とする令外の臨時の地方官。
＊藤原秀郷　藤原北家房前の五男魚名流で、父は下野大掾村雄、母は下野掾鹿島女である。下野国衙に反抗して、配流を下知されたことがあったが、結局、下野押領使として、将門を追討し下野守となった。百足退治の伝説が伝えられ、俵藤太として知られており、将門と同様に伝説の多い人物である。底本では、ここに唐突に登場して来る。
＊驚す　「驚」には速いの意もある。ここでは、人を驚かすほど速く動かすことであろう。
＊下野之方　貞盛が秀郷と提携したのであろう。秀郷の本拠は、下野国である。
＊副将軍春茂　玄茂を指す。
＊陣頭　傍訓ニがあり返り点の印もある。「陣頭に」と読めるが、返って読むことは出来ない。先に、「陣頭多治経明坂上遂高等」とあったことから、陣頭経明、遂高等と続けて読みたいところである。ここの記述では、将門軍は、新皇将門自身の前陣と副将軍玄茂の後陣に分けられていたことが知られる。そこで、傍訓ニは読まないで、「副将軍玄茂の陣頭経明・遂高等の後陣に」と訓読することにした。
＊高山　現栃木県下都賀郡岩舟町と佐野市の中間にある三毳山を指すとする説がある。確かに、この地域には、他に高い山はない。この山から秀郷軍を発見して討ち合ったというが推定の域を出ていない。
＊略　傍訓シテ。多くの注釈書は、ホボと読むが、傍訓に従った。
＊今　この時。

＊不奏新皇　将門に申し上げず。前陣と連携しなかったことになる。
＊古計　傍訓により「古き計りごと」と読む。老練な軍略のこと。
＊三兵之手　軍を三手に分ける戦法。次の四方の野と対応させている。
＊如弦　弓の弦のように真直ぐにの意。
＊旗廻　傍訓により、「まひめぐる」と読む。真っ直ぐに逃げる者、ぐるぐる回る者があり、玄持方の軍が一斉に行動出来なかったことを指す。
＊就蹤征之程　あとに追い征くうちに。
＊同日未申剋　天慶三年二月一日午後二時から四時頃。
＊川口村　川口は、水口のことで、現茨城県結城郡八千代町水口とされるが、この地と決定する確証はない。
＊揚聲已行　将門は（已に迎撃態勢を整えていて）大声を揚げて、立ち向かったのであろう。このように、これまで将門自身が奮戦すると、戦いに勝っていたのだが、作者は、この場を公と私の（団体戦の）対決として描き、戦いの様相が大きく変わって来る。
＊私之賊則如雲上之電　私の賊（将門方）は、まさに雲の上の電のようである。
＊公之従則如厠底之蟲　公の従兵（貞盛・秀郷方）は、まるで厠の底の虫のようである。「厠底の虫」は蛆虫をいうか。両軍の兵の強弱の対比の表現がおもしろい。ところで、このように「厠虫」まで対句に用いるのは、『仲文章』にも見えており、当時としては特殊とも言えないようである。
＊私方无法　私の方には拠るべき法（道理）がない。
＊公方有天　公の方には天（の加護）がある。
＊三千兵類　この三千は実際の数ではなく、全軍の兵と解する説がある。⒁
＊勿歸面　顔を後に向けてはならない。（退いてはならない。）
＊各募李陵王之臆　「臆」胸、心。各々が李陵王のような勇猛な心を強める。

＊皆成死生決之勵　皆が死生を決しようとして奮いたつこととなる。
＊桒弓快挽　「桒」は桑。『礼記』に、男子が生まれた際、「桑孤蓬矢」とある。これは、『明文抄』にもあり、よく知られていたようである。
＊蓬矢直中　「蓬矢」の傍訓アシノヤ。『字類抄』にも、蓬にアシの訓が見える。普通、葦の矢は、桃の弓と対比され、追儺の行事で用いられる。⑱では、まこもの矢ととるのが妥当かとあるが、桑との対で、蓬（ヨモギ）としたい。
＊公従者自常強私賊者自例弱　公の従者は常よりは強く、私の賊はいつもよりも弱かった。
＊折馬口後　馬の口を後に向ける意で、敵に背を向け敗走すること。
＊牽楯本捻前　楯の本を自らの前に引きつけて逃げること。「楯を牽く」は「楯を築く」「楯を構ふ」の対語として用いられている。
＊昨日之雄今日之雌　昨日（キノフ）の強い雄は今日（ケフ）の弱い雌と変わった。
＊常陸国軍哂咲留宿　貞盛の常陸国軍は勝ち戦さとなり、あざけり笑って宿に留まった。
＊下総国兵忿愧早去　将門の下総国の兵は、忿り愧じて早々に引き下がった。ここに、両軍を国の軍と表現しているのは注目される。
＊非千歳之命　千年の命があるわけではない。
＊自他皆一生之身也　自他ともに、皆、一生の身なのである。
＊跋扈於人寰　傍訓により、「人寰にばっことふみはだかりて」と文選読みをする。人の世にのさばり、思いのままに振るまっての意。
＊為物防　「防」傍訓サマタゲ。妨の誤記とされるが、互いに類字であるので、このままでも意味は通じる。
＊勢利　権勢と財利。
＊坂東之宏蠹　「宏」傍訓オホイナル「蠹」傍訓ノムシ（木喰い虫の古名）、『字類抄』ノムシ。木材・樹木のしんを食い破ることから、物事を損ない破るものを表す。例えば、「蠹賊」などと用いる。坂東の大きな木喰い虫の意味。

＊外土之毒蟒　「外土」地方の意。「蟒」傍訓ヤマカガチ。『字類抄』ヤマカカチ。大蛇のこと。都を離れた地方の有毒な蟒。
＊斬霊虵而鎮九野　「霊虵」は霊力を持つ蛇。「九野」は天下の意。『漢書』高帝紀に、白帝（秦）が霊蛇に化けたのを赤帝（漢）が斬った夢の話があり、これは、漢の高祖が秦を滅ぼして天下を統一する予兆といわれた。『帝範』には、「斬霊蛇而定王業」とある。この語句はこの方に拠るか。
＊剪長鯢而清四海　「長鯢」大きな雌鯨。「四海」天下。『帝範』の「剪長鯨而清四海」に拠った語句であろう。
＊漢書　前漢の歴史を記した紀伝体の書。後漢の班固の撰。ここの「漢書曰霊蛇者人嗤尤之名」は黄帝と漢の高祖との混同による誤りという。先に示したように、霊蛇は白帝のことで嗤尤ではない。以下のように、嗤尤とは時代が異なる。作者に、『史記』と『漢書』の混同があったか。
＊嗤尤　ふつう蚩尤と記し、中国の黄帝の時代の伝説的人物。『史記』によると、蚩尤は黄帝に従わず乱を起こし、涿鹿の野に滅ぼされたという。この人物について、我国の『明文抄』には「昔黄皇帝、為皇天下時、蚩尤与黄帝争天下。蚩尤銅頭鉄身、戦坂泉野。弓刃不能害其身。爰黄帝仰天誓云、我必王天下殺蚩尤。時玉女自天降来、即返閉禹歩。此時蚩尤身如湯沸顚死也。」とあり、よく知られていた話という。
＊左傳　『春秋左氏伝』の略称。『春秋』の注釈書で春秋三伝の一。
＊楚子　楚の荘王。名は旅、武勇の資質があり、国内の反乱を平定した。「左傳楚子曰」以下の注記は『春秋経伝集解』の「鯨鯢大魚名、以喩不義之人呑小国」を引いたものであるという。左傳とあるのは、誤りとされている（⑫）。
＊非鎮其乱　「鎮」の右下の傍訓ノミニ。このノミは強い断定。
＊自私及公　私的な争いから国家への反逆に及ぶ。
＊損鴻徳　天皇の徳を損なうの意から、天位を損なうこと。
＊尚書　『書経』の別名。堯舜から秦の穆公に至る政治史・政教を記した中国最古の経典。「尚書曰」とあるが、以下の語句は見えないという。
＊天下雖安不可不戦　「天下が平和であっても、（それを維持するため）戦わなければならない。」これは、「天下雖安忘戦必危」

（天下安しと雖も、戦を忘るれば必ず危し）」と『漢書』息夫躬伝にある語句に近いと思われる。『帝範』にも、「土地雖広、好戦則民彫、邦境雖安、忘戦則民殆」とある。
＊甲兵強不可不習　「甲兵」よろいを着けた兵士。よろいを着け武装した兵士は強いけれども、訓練をしなければならない。底本は、ここの「可」以下、「周」まで行間に書いている。
＊縦此度雖勝何後戦可忘　たとえ、この度勝っても、後の戦いを忘れるはずがあろうか。
＊加以　加之と共に『名義抄』に見え、シカノミナラズと読む。その上にの意。
＊武王有疾周公代命　武王が病に倒れたら、周公丹はその命に代わったという意味。天下を統一した周の武王とその弟周公旦の故事。武王が死んだ後、周公がその子成王を助けて国の基礎を築いた。このことから、以下の二つの解釈がある。（１）ここは、貞盛と秀郷の会話の中の言葉であるから、一方が倒れたら、一方が戦いを続けるという意とする。（２）将門が倒れたら、弟らが代わって戦いを続けるととる。ここは、やはり、貞盛と秀郷の会話であり、この前の「甲兵」以下の文言も併せ考えれば、（１）の解釈に従いたい。
＊大分　傍訓オホムネ。おおよそ。
＊貞盛等奉命於公　「奉」の傍訓ハリテ。ウケタマハリテと読むことになる。『字類抄』「奉」ウケタマハル。貞盛らは命令を公からうけたまわるの意。
＊所以　傍訓ソヘニ。それだから。
＊甘　「甘」傍訓キ。「甘キ詞」人を喜ばせるような巧みな言葉。
＊倍　「マス」と読む。増すこと。
＊同年二月十三日　二月一日に川口村まで来襲した貞盛・秀郷軍は、いったん下野に引き揚げて、兵数を増して態勢を整えて、この十三日に再来した説（⑱）をとりたい。
＊下総之堺　下総国の国境。この堺を現猿島郡境町、または猿島町逆井とする説がある。しかし、本文の中で、この「堺」は、これまで、国の堺という意で用いられていた。しかも、貞盛・秀郷軍が下野に一旦戻って再来したような記述からも、ここは国

境と解釈する。

［考察］

（Ⅰ）多日が過ぎても、敵の動きを聞かず、将門方は諸国の兵を返して千人に足りなかった。突然、貞盛と押領使、藤原秀郷が四千人の兵を調えて合戦を挑んで来た。二月一日、新皇は随兵を率いて下野に向かった。新皇の前の陣では、敵の所在が分からなかったが、副将軍玄茂の陣頭、経明・遂高の後陣で敵の所在を察知した。実否を確かめるため、高山に登り、北方を見ると敵が存在した。およそ、四千人ばかりである。経明らは、これを見過ごさなかった。新皇には報告せず、秀郷の陣に攻めこんだ。秀郷は老練な謀を廻らせて、思いどおりに玄茂軍を討ち靡かせた。副将軍、夫兵らは、三軍の計に戸惑い四方の野に逃げ散った。生存者は少なく、死亡した者は多かった。貞盛・秀郷軍は、敵の後を追って、未申の刻に川口村に襲ってきた。新皇は、声を揚げ剱を振るって自ら戦った。貞盛は、天を仰いで言った。「私の賊は雲上の雹、公の従者は厠底の虫のようだ。だが、私の方は法なく、公の方には天がある。三千の兵は面を返してはならない。」と。夕方になり、それぞれ気持ちを高め、生死をかけて戦った。公の従者は強く、私の賊は弱かった。新皇は馬を返し、楯を引いて、雌雄が決したのである。常陸軍は嘲り笑い、下総軍は退いたのである。

その後、貞盛と秀郷は語り合った。「将門とて千歳の命があるわけではなく、皆と同じ一生の身である。それなのに、将門一人が世にのさばり、物の妨げとなっている。坂東の木食い虫、地方の毒蛇もこれより甚だしいものではない。昔、霊蛇を斬り九野を鎮め、長鯨を切り四海を清めたという。凶賊を殺し乱を鎮めなければ、天位を損なうことになる。『書経』によれば、この度勝つとも後の戦いを忘れてはいけない。武王の後を周公が継いだように、一人が討たれれば、一人が代わろう。」と。群集を集め、甘言を加え、兵を調え数を増し、二月十三日に強賊の地、下総との国境に着いた。

（Ⅱ）将門が兵を返した時を狙って、貞盛、秀郷軍が突如として兵を揚げる。ここでは、唐突な秀郷の登場が問題となろう。

かなり後になるが、天慶三年正月十一日に、将門を追討する官符が出ていたという記述がある。それは、「応抜有殊功輩加不次賞事」と題する官符で、『本朝文粋』に載っている。以下に、底本に一部が引用されている箇所を掲げる。

若殺魁帥者募以朱紫之品賜以田地之賞永及子孫伝之不朽又斬次将者随其勲功賜官爵者諸国承知依宣行之普告遐邇令知此由符到奉行

また、『貞信公記抄』の天慶三年正月十四日に、「任東国掾八人平公雅等也」とある。⑱『平将門資料集』（「H8.10」）には、「下野の藤原秀郷が下野押領使（掾）に任じられたのもこの時でなかろうか。」と解説がある。このように、将門追討の官符が出され、秀郷が押領使に任じたとすれば、秀郷が将門の追討に立ちあがるのは、よく理解出来るのである。しかし、このような記述が一切なされていないこと（『将門記』の叙述のあり方）から、急な秀郷の登場に（読む者は）驚くことになるのである。（後に、時を遡って、記述がある。）

（Ⅲ）

「知道之者　如弦徹出　未知之者　如車旗廻」（隔句対、平隔句）

これは、兵士の狼狽ぶりを対句で表している。

「私之賊　則如雲上之雷　公之従　則如厠底之虫」（隔句対、疎隔句）

雲上の雷と厠底の虫の対比が面白い。厠底之虫は、『仲文章』にも見え、当時、特異な表現ではないようである。貞盛の言葉であるから、私賊と公従の戦いとするのは理解出来る。

「桑弓快挽　蓬矢直中」（単句対、緊句）

男子誕生の際の儀式を対句に取り入れたと捉えたい。

「昨日之雄　今日之雌」（単句対、緊句）

「雄」強く勇ましいこと。「雌」弱く勢いのないこと。これまで強かった軍勢が弱くなったことを巧みに表している。ここの表現はおもしろい。「雌雄を決す」は勝敗を決めること。

以下に、中国の古典に見えるような文言を巧みに活用したと思われる対句を取り上げる。

「斬霊蛇而鎮九野　剪長鯨而清四海」（単句対、長句）

「天下雖安　不可不戦　甲兵雖強　不可不習」（隔句対、平隔句）

(Ⅳ)　秀郷、貞盛の会話まで載せる。このことから、秀郷・貞盛方の資料によると思われる。春田氏は貞盛の解文とする。（「S45．5」）将門が下野の方へ軍を進めるあたりは将門方の資料であろう。

真本　訓読文（19）

新皇は弊（ツカ）るる敵等を招かむと擬て兵使を引き率て辛（幸）嶋の廣江に隠る。爰に貞盛は事を左右に行ひ、計を東西に廻して且つ新皇の妙屋より始めて、悉く与力の邊の家までに焼き掃ふ。火の煙昇りて天に餘有り。人宅尽きて地に主无し。僅に遺る緇素は舎宅を弃てて山に入る。適（タマタマ）留れる士女は道に迷ひて方を失ふ。常陸国の已に損ひぬるを恨みず。唯し将門等の不治なることを歎く。今、貞盛件の仇を追ひ尋ぬ。其の日尋ぬれども逢はず。

厥の朝に、将門は身に甲冑を擐きて飄序の遁れ処を案じ、心に逆悪を懐きて衛方の乱行を存す。【白居曰く、飄序とは虚空に喩ふる也。衛方は荊府之人也。天性奸猾を好みて追捕する（之）時天に上り地に入る者也。】而るに、恒例の兵衆、八千余人未だ来集せざる（之）間に啻に率ゐる所四百余人也。且く辛（幸）嶋郡の北山を帯して陣を張りて相待つ（矣）。貞盛・秀郷等子反の鋭衛を翫むで梨老の釼功を練す。【白居易の曰く、子反養由兩人は昔、漢の斐舜岱の人也。子反は年始めて卌、鉾を投ぐること十五里。養由は年始めて七十、釼を三千里に奪ふ。故に此句有る也。】

十四日未申尅を以て、彼此合ひ戰ふ。時に、新皇順風を得て貞盛・秀郷等不幸にして咲下に立つ。其の日、暴風枝を鳴らして、地籟塊を運ぶ。新皇の南の楯は前を拂ふ。例よりも貞盛の北（にならべる）楯は面を覆ふ。之に因りて、彼此楯を離れて各合ひ戰ふ（之）時に、貞盛が中の陣撃ちて變へて、新皇の従兵は馬に羅って討つ。且つ討ち取りたる（之）兵類八十余人、皆追靡する所なり。爰に、新皇の陣跡に就きて追ひ来たる（之）時、貞盛・秀郷・為憲等が伴類二千九百人皆遁げ去りぬ。只遺る所の精兵三百余人也。此等、方を失ひ立ち巡る（之）間に還りて順風を得つ。

時に、新皇本陣に歸る（之）間に咲下に立ちて、貞盛・秀郷等身命を弃てて力の限り合ひ戰ふ。爰に、新皇甲冑を着て駿馬より疾くして躬自ら相戰ふ。時に、現に天罰有りて馬は風の如き飛ぶ（之）歩を忘れ、人は梨老が術を失へり。新皇暗に神鏑に中りて終に託鹿の野に戰ひて獨り蚩尤の地に滅しぬ。天下に、未だ将軍自ら戰ひ自ら死せることは有らず。誰か圖りし。少過を糺さず大害に及ばむとは。私に勢を施して将に公徳を奪はむとするや。仍て朱雲の人を寄せて長鯢の頸を刎る。【漢書に曰く、朱雲は悪人也。昔朱雲は尚方の釼を請ひ、人の頸を殺（ト）る也。】便ち下野の国より解文を副へて同年四月廿五日を以て其の頸を言上す。

＊弊敵（戦いに）疲れた敵。

＊兵使　兵士のことか。
＊辛嶋之廣江　辛嶋は前出のとおり幸島とする。広江も前出の広河の江であろう。
＊行事拎左右廻計拎於東西　あれこれと事を行い、あちこちに計略を廻した。
＊妙屋　美しい館。
＊与力之邊家　与力は、助勢する人民。
＊「家」傍訓マテニ。先に、与力の小宅までも焼いたという意。
＊緇素　僧と俗人。
＊士女　身分のある男と女。
＊常陸国々已損　常陸国々の踊字は「之」ではないかといわれる。「損」傍訓ヌ。これまでは、「損はれぬる」と受身に読むことが多かったが、ふつうに読むべきであろう。すなわち「常陸国之已に損ひぬるを恨みず」と読めば、文意が通じることになる。(踊字のままでも、同様な解釈が可能ではある。)要するに、「(人々は)貞盛ら常陸国の兵が下総国(とくに石井営所付近)に損害を与えたことを恨まなかった。」という内容である。むしろ将門らの失政を嘆いたという内容になる。なお、「恨む」は、当時は上二段活用。
＊将門等之不治　「不治」は政治のうまくいかないこと。失政。
＊擐甲冑　「擐」は『名義抄』にツラヌク、ヨロヒコロモキルなどとある。甲冑を着ける意。『帝範』序に「躬擐甲冑親當矢石」という例がある。
＊飄序　後の註に虚空に喩えるとあるが不明。「飄序之遁処」は実際にはない遁れ得る場所をいうか。
＊衛方　註に、荊府之人とある。荊府は漢南の荊州の首府。
＊白居　白居易のこと。中唐の詩人。字は楽天。その詩は、流麗で平易であり、「長恨歌」「琵琶行」などが広く愛誦され、我国の平安朝文学に大きな影響を与えた。ただし、白居易の著作の中にこうした記述は見出されないという。
＊虚空　何もない空間。仏典では、一切の事物を包容し、その存在を妨げないことを特性とする。

＊奸猶　ずるく悪いはかりごと。「猶」は猷（はかりごと）に通じる。これまでの注釈書では、群書類従本にある「奸猾」として、心がねじけ、悪賢い意としている。
＊恒例兵衆　いつも参集していた兵士たち。
＊未来集之間　この「間」は、中世の軍記物語によく用いられる原因・理由の意に用いられているという説がある。しかし、この「間」は『将門記』の他例と同様に、「～のうちに」の意の方に近いと思われ、原因・理由の確例とは認めがたい。
＊辛嶋郡　前出のように幸島郡のことであろう。
＊北山　現坂東市辺田の北山や、上岩井、駒跿などの諸説があるが、推定の域を出ない。
＊子反之鋭衛　子反は、後の註に漢の斐舜岱の人で鉾を十五里も投げた人とあるが、どういう人物か未詳である。「鋭衛」するどい武器を用いて軍を守ること。
＊梨老之釼功　「梨老」は老人の意味。後の註には、梨老を養由に当てている。年七十としているので、老練な養由が剣を用いた功績をいう。ここでは、貞盛・秀郷が戦いを始める様子を子反と養由の武勇に例えたのである。なお、白居易曰くとあるが、ここも出典不明である。
＊斐舜岱　この地名は不明である。
＊未申尅　午後二時～四時頃。
＊順風　矢を放つのに順風、すなわち追い風のこと。
＊咲下　この語はすぐ後にも出て来る。ここでは、「下」に傍訓サル、後には「咲」傍訓ヒ「下」傍訓レヌとある。「わらひくださる」「わらひくだされぬ」と読まそうとしたようである。しかし、これでは解釈出来ず、どの注釈書も「吹下」の誤りとして来た。そうであれば、風下の意となる。
＊暴風鳴枝地籟運塊　「地籟」地上に発する音響。「塊」つちくれ。暴風は、木々の枝を鳴らし、地響きをたてて塊を飛ばした。初春の関東平野には、季節風が南方から土ぼこりを飛ばして吹き荒れる。この語句は典拠がありそうだが、不明である。
＊自例　傍訓により、「例よりも」と読む。「例」は群書類従本には、「倒」とある。これならば、「おのずから倒る」と読める。

その場合の訓みは以下のとおり。「南の楯は前を拂ひて自から倒る。」

＊拂前　前へ倒れ落ちる。

＊北楯　「北」の傍訓ナラヘル。「北」を「比」と捉えて付訓したのであろうか。先の南の楯の対語として、北の楯と読む方がよいと思われる。傍訓ナラヘルも生かせば、北にならべる楯となる。この辺りの底本は、「咲下」をはじめ、訓点の方にも乱れがあるようだ。

＊撃變　傍訓ウチカヘテ。攻撃を変えての意。

＊追靡　追いなびかせる。追い退ける。

＊失方立巡　手段を失って立ち巡ること。

＊咲下　前出のとおり、風下の意味か。

＊疾駿馬　傍訓により「駿馬より疾くして」と読む。これまで、「駿馬を疾めて」と読むものが多い。⑭のみ「駿馬を疾くして」と読む。

＊有天罰　将門の死は天罰によるという見解が示されている。

＊風飛之歩　本文には、「風」と「飛」との間に「如き」と小さく書かれている。これまで、この「如き」は「如く」の誤りとして「風の如く飛ぶの歩み」と読まれていた。たしかに、「飛ぶ」を修飾するとすれば、「如く」とするべきである。しかし、先述のように「之」の字を読まないのだから、「如き」と読んで、「飛ぶ歩み」を修飾することも可能であろう。ここでは、本文の傍訓どおりに「風の如き飛ぶ歩み」と訓む。

＊中神鏑　天罰として、神の鏑矢が当たったという意。これは、先の都における調伏の記事に「八大尊官放神鏑」とあり、これに照応しているのである。

＊託鹿之野　「託鹿」の傍訓タクロク。「託鹿の野」は正しくは涿鹿の野という。

＊蚩尤之地　ここでは、将門を黄帝と戦った蚩尤に準えている。

＊不紏少過及於大害　わずかな過ちを紏さないで大きな害悪に広がっていく。

＊私施勢而将奪公徳　「公徳」公の徳、すなわち、天皇の徳から天位のこと。私的な勢力を広げて、天皇の地位を奪おうとすること。

＊朱雲　『漢書』朱雲伝に拠る。朱雲が上書して、尚方の斬馬剣を賜り佞臣張禹を斬ることを請うた故事。朱雲のような憂国の士を召し寄すの意。

＊刎長鯢之頸　「刎」の傍訓キル。「長鯢」大きな雌鯨で悪人に例えている。

＊朱雲者悪人也　この註の解説では、朱雲を悪人としているが、本文の内容とは逆になり、誤りとされている。矢作武「漢籍と軍語り」（「Ｓ63．９」）によると、「悪は魯の単なる誤写で［朱雲は魯人なり］ではないか」とし、「『将門記』に最も多く引用されている『帝範』の納諫篇「折檻壊疎」の注に［漢書云、朱雲字子遊、魯人］とある。」と考証している。『扶桑略記』では、「秀郷馳至斬将門頸」と記述されており、秀郷をこの朱雲に例えたとも考えられる。ここでは、朱雲が長鯢の頸を斬ると中国の故事を載せて、直接的に記述するのを避けて、間接的な表現となっている。

なお、作者が「朱雲者悪人也」と記したのは、秀郷をそれとなく批判したようにも思われなくもない。

＊同年四月廿五日其頸言上　『貞信公記抄』「（天慶三年）四月廿五日、左大弁来告将門首将来状」。『日本紀略』「廿五日庚申、藤原秀郷差使進平将門首」とある。こうした記録から、この記述が実際にあったことと分かる。

［**考察**］

（Ⅰ）　将門は、疲れた敵を辛嶋の広江に誘い込もうとしたが、貞盛は謀を廻らせて、新皇の屋敷から与力の者の宅に至るまで焼き払った。火の煙は天に達し、人宅は焼滅した。緇素や士女は逃げ惑った。人々は、常陸の国軍が損害を与えたのを怨まず、将門らの失政を嘆いた。貞盛は、将門を探したが逢わなかった。翌朝、将門は、甲冑を着け逃れ所を思い、衛方のように追捕を免れようとした。恒例の兵たち八千余は参集せず、四百余人であった。そこで、北山に陣を張り敵を待った。貞盛、秀郷は、子反、養由のように勇んでいた。十四日の未申の刻、合戦となった。新皇は風上に、貞盛、秀郷は風下に立った。暴風が荒れ、土煙が上がり、双方の楯はバタバタと倒れた。合戦の最中、貞盛が戦法を変え、新皇の従兵は馬に乗って討ちかかり、八十余人を討ち取った。さらに、将門軍が追撃すると、貞盛、秀郷、為憲らの伴類二千九百人は逃げ去った。遺る精兵三百余人が立ち巡るうちに、かえって順風を得た。新皇の本陣は風下となった。貞盛、秀郷は力の限り戦った。新皇は、甲冑を着てすばやく自ら戦った。その時、天罰が下り、馬は歩みを止め、老練な戦術を失った。新皇は神鏑に中り、蚩尤が黄帝に敗れたように滅び去った。天下に将軍が自ら戦い、自ら討ち死にしたことはなかった。まさに、僅かな過ちを糺さないで、大害に及ぼうとは。また、私的な勢力を広げて、天皇の位を奪おうとは誰が推量しただろうか。よって、朱雲（秀郷）を召して長鯢（将門）の頸を切ったのである。四月二十五日、下野国より頸を公家に差し出した。

（Ⅱ）ここでは、将門の最期の記述が問題になろう。将門の死は『史記』の黄帝と蚩尤の戦いに準えられていた。その蚩尤は、銅頭鉄身の怪人であると伝えられたが、『史記』五帝紀には「蚩尤作乱、不用帝命。於是、黄帝乃徴師諸侯、與蚩尤戦於涿鹿之野。遂禽蚩尤。」と、蚩尤が黄帝に敗れた記述がある。これを引用して、「（将門は）終に託鹿の野に戦ひて独り蚩尤の地に滅しぬ。」と表現している。続いて、将軍が自ら戦い、討ち死にしたことはなかったと将門の死を惜しむような記述がある。作者は将門への思いからか、『扶桑略記』に見える「即ち貞盛の矢に中り落馬す。秀郷馳せて至り将門が頸を斬る。以て士卒に属す。貞盛馬より下りて秀郷の前に到る。」のような具体的な記述を避けたのであろう。さらに、作者は朱雲を登場させて長鯢を斬った故事を持ち出して、間接的に、秀郷が将門の頸をとったことを示したのである。作者は、将門の死を直接的に記述したくなかったのではなかろうか。また、秀郷が朱雲に準えられていたのであれば、作者が割注で、あえて悪人と記した事も分かるような気がするのである。

（Ⅲ）

「火煙昇　而有余於天　人宅尽　而无主於地」（隔句対、疎隔句）
これまでも、戦火で焼けた際の惨状が対句で表現していたが、ここも同様の記述である。
「翫子反之鋭衛　練梨老之釼功」（単句対、長句）
中国古代の人物を取りこんで、対句仕立てにしている。
「暴風鳴枝　地籟運塊」（単句対、緊句）
これは、いかにも出典のありそうな対句であるが、不明である。
「馬忘風飛之歩　人失梨老之術」（単句対、長句）
将門の最期を表した対句で、前出の梨老がまた取り入れられている。
（Ⅳ）春田氏は貞盛・秀郷の解文とする。（「S45．5」）秀郷、貞盛方の資料によると思われるが、作者は将門の死を悼んで、中国の故事を引用して間接的な表現としたと思われる。（『扶桑略記』に見える貞盛、秀郷が勇躍する記述は、論功行賞と関わってか、二人が突出する評価をした内容となっているようにも思われる。）

真本　訓読文（20）

但し、常陸介維幾朝臣幷びに交替使は幸に理運の遺風に遇ひて、便ち十五日を以て任国の館に帰ること、譬へば鷹の前の雉の野原に遺り、俎の上の魚の海浦に帰るがごとし。昨日は暫く凶叟の恨みを含み、今は新に亜将の恩を蒙れり。凡そ新皇名を失ひ身を滅すること、允に斯、武蔵権守興世王・常陸介藤原玄茂等が謀の為す所也。哀しき哉、新皇の敗徳の悲しび、滅身之歎は、譬へば開かむと欲る（之）嘉禾の早く萎み、耀かむと将る（之）桂月の兼て隠るるが若し【春節に有る故に嘉禾等の如く云ふ也。二月十四日を以て逝過せるが故に桂月兼て隠ると言ふ也】左傳に云く、徳を貪りて公を背くは、宛も威を馮みて鉾を践む（之）虎の如し。故に書に云く、少人は才を得て用ゐ難し。悪人は徳を貪りて護り叵し。所謂遠き慮の无きは近き憂有りといふは若しくは之を謂ふか。爰に、将門は頗る功課を官都に積みて、忠信を永代に流ふ。而るに、一生の一業は猛監を宗と為し、毎年毎月に合戰を事と為す。故に学業の輩に屑（モノノカズ）ならず。此、只武藝之類を翫べり。是を以て楯に對しては親を問ひ、悪を好みては過を被る。然る間に、邪悪の積りて一身に覃び、不善の謗は八邦に聞えて終に版泉之地に殞びて永く謀叛の名を遺せり矣。【漢書に曰く版泉は昔高祖之合戰之地也。】

時に、賊首兄弟及び伴類等を追捕すべき（之）官符去る正月十一日を以て東海・東山兩道の諸国に下さる。其の官符に云く、若し魁師を殺らむ者は募るに朱紫の品を以てし又次の将軍を斬らむ者は其の勳功に随ひて将に官爵を賜はむとす者。仍て、詔使左大将軍参議兼修理大夫右衛門督藤原朝臣忠文、副将軍刑部大輔藤原朝臣忠舒等を八国に遣す（之）次に、賊首将門が大兄将頼幷に玄茂等相模国に到りて殺害せられたり（也）。次に興世王上総国に到りて誅戮せられたり（也）。坂上遂高・藤原玄明等皆常陸国にして斬らる。

相次ぎて海道の撃手の将軍兼刑部大輔藤原忠舒、下総権少掾平公連を押領使と為て、四月八日を以て入部して、即ち謀叛の類を尋ね撃つ。厥の内に、賊首将門が舎弟七、八人、或は鬢髪を剃除して深山に入り、或は妻子を損捨して各山野に迷ふ。猶し遺るものは（於）恐れを成して去る。又、正月十一日の官符各四方に散る。或は二月十六日の詔使の恩符を馮んで稍く公庭に行く。

然る間に、武蔵介源経基・常陸大掾平貞盛・下野押領使藤原秀郷等勲功の勇无きに非ず、褒賞の験有り。仍て、去る三月九日の奏に、中務、軍のきみに謀ること克く忠節を宣ぶ。爰に、賊首の戎陣に着きて武功を三庭に到す者。今介恒基ならむや（也）、始め虚言を奏すと雖も終に實事に依り従五位下に叙す。掾貞盛頃年合戦を歴と雖も未だ勝負を定めず。而るを秀郷合力して謀叛の首を斬り討つ。是秀郷が古き計の厳き所なり者。従四位下に叙す。又貞盛既に多年の険難を歴て今兇怒の類を誅せり。尤も貞盛が勵の致す所也。故に正五位上に叙し已に了りぬ。

＊理運之遺風　よい巡り合わせの風が遺っていたこと。好運の巡り合わせ。

＊維幾朝臣　将門が常陸国府を攻略した際、維幾は交替使と共に豊田郡鎌輪の宿に連行され、一家に住まわされたことが記されていた。

＊十五日　天慶三年二月十五日か。⑱には、鎌輪宿は二月始めの川口村の合戦後、まもなく解放されていたであろうから、常陸国府への帰還は二月十五日と見た方がよいかもしれないとある。

＊任国　常陸国を指す。

＊鷹前之雉　鷹の前に怯えていた雉。

＊俎上之奐　まな板の上にいて今にも切られそうな魚。

＊凶叟之恨　ここでは「凶」は不運の意。「叟」は長老。不運に遭った長老（維幾）の恨み。

＊亞将之恩　「亞将」は次将の意味から、守の次にあたる介を指すと見れば、新たに常陸介に戻ったことと解されよう。

＊新皇失名滅身　将門が新皇の名を失い、自身を滅したこと。

＊敗徳之悲　「徳」は公徳・天徳のことである。ここでは、天皇の位を失った悲しみのこと。

＊滅身之歎　我身を滅ぼした嘆き。

＊嘉禾　めでたい穀物、ここでは麦を指すか。

＊桂月　美しい月。

＊嘉禾等也　傍書に「トノ如」とある。嘉禾等の如く云ふ也と読む。

＊二月十四日逝過　「逝過」逝去。十四日に逝去したので満月にならなかったという意味。

＊左傳　ここに、「左傳云」とあるが、この書にこうした語句は見当たらないという。

＊如溤威踐鉾之虒　「溤」は馮。「虒」は虎。その威力をたよりに鉾を踏みつける虎のようである。『仲文章』に「侈徳好悪似踏

鉾之虎」とあり、無謀な行為を表す語句として知られていたようだ。
＊少人得才而難用 「少人」は小人のことか。小人物が才能を持っていても活用はし難い。
＊貪徳 ここに言う徳も公徳・君徳の意であろう。天皇の徳すなわち天位を欲しがる意。
＊叵 『名義抄』カタシ。
＊无遠慮有近憂 遠い先を見通す深い思慮がなければ、間近に心配ごとが起きるということ。『論語』に「人無遠慮必有近憂」とある。傍訓イムハは、イウハのこと。
＊功課 功績。
＊一生一業 一生の一つの所業。
＊猛監 猛烈な濫悪の意。
＊不屑 底本の解説によれば、紙背訓に「モノカスナラス」とあるという。『字類抄』にも同じ読みがある。「もののかずならず」全く問題にしない意。
＊學業之輩 学業に取り組む者たち。
＊対楯問親 楯を向かい合わせて、親を問い責める。始めに、良兼ら親族と私闘を行ったことを表したのであろう。良兼が相手であるから、妻の父すなわち、岳父なので親と戦ったとしたのであろう。
＊不善之謗 よくないという非難。
＊八邦 坂東八国。
＊版泉之地 『史記』によれば、阪泉之野で黄帝と炎帝との戦場である。先に示した『明文抄』では、黄帝と蚩尤の決戦場。坂泉野とある。ここでも、将門は蚩尤に準えられている。
＊漢書 ここは、『史記』の誤りとされる。
＊高祖 先のとおり『漢書』ではないので、高祖と黄帝が混同されている。
＊賊首兄弟及伴類等可追捕之官苻 「賊首」賊の首領の将門。将門・兄弟及び、伴類らを追捕する官符。

＊正月十一日　天慶三年正月十一日に溯る記述となる。
＊魁師　官符のの引用なので、正しくは「魁帥」である。賊徒の長の意で将門を指す。
＊朱紫之品　五位以上の位階。
＊官爵　官職と官位。
＊藤原朝臣忠文　藤原式家、参議枝良の子。将門追討ため、征東大将軍に任命された。『日本紀略』によると、忠文は、天慶三年二月八日に節刀を賜って都を出発した。
＊藤原朝臣忠舒　藤原忠文の弟。征東副将軍に任命された。
＊大兄将頼　大兄は舎弟の誤りであろう。なお、兄の右下に傍訓ミとあるから、コノカミ（兄）と読ませようとしたのであろう。
＊海道撃手将軍　副将軍藤原忠舒が東海道からの追討将軍となり、将門滅亡後の残党を追撃したのであろう。
＊形部大補　底本「形」は「刑」の誤り。刑部大輔のこと。
＊将門舎弟七八人　将平・将文・将武などの他にも系図に現れていない弟たちがいたようである。
＊剃除鬢髪入拎深山　鬢髪を剃り除いて（僧形となり）、深山に入り込んだ。
＊損捨　捨て去る。
＊遺　この傍訓はノハ。遺るものは。
＊詔使恩符　これは、いかなる官符か定かではない。詔使、藤原忠文によって発せられた（出頭すれば罪が軽減されるというような）恩情ある符か。
＊公庭　公の場。
＊勲功の勇　勲功が認められるような武勇があること。
＊褒賞験　「験」傍訓シ。シルシと訓む。褒賞を顕すこと。
＊去三月九日奏中務軍謀克宣忠節　この読み方は、これまでも諸説があり、難しい。訓点を見ると、「奏」に切点が、「軍」に返り点があり、傍訓は、「日」にノ、「軍」にサノキミニ、「謀」にコト、「克」にヨク、「宣」にフがある。これに従って読もうと

すると、軍に付く返り点を生かすことが出来ない。(上に返る語がない。)そこで、これを無視すると、「去る三月九日の奏に、中務、いくさのきみに謀ることよく忠節を宣ぶ」と読める。「奏」臣下または宮司が天皇に上奏する行為。「中務」太政官の八省の一、中務省のこと。天皇側近の職務と内廷関係の諸雑務を担当した。「軍」傍訓により、「いくさのきみ」。「克」よく(苦心して、耐えて)の意。ここは「三月九日の奏に、中務省が「軍将らには、謀りごとをよく巡らせて忠節を尽くしたと宣べた。」という解釈となる。

*賊首戎陣　賊首の将門の戦陣の意であろう。賊首は、他の箇所と同様、賊の首領の意である。将門の首とするのは、誤りであろう。

*三庭　王庭(朝廷)の誤りとする説がある。しかし、文意からは、「庭」は合戦の場の意味と考えられよう。『大法師浄蔵傳奥書』に「下総国辛嶋郡合戦之庭」とある。(この庭は後世の軍記にもよく見える。)秀郷・貞盛の連合軍と将門軍との三度の合戦の場(下野、川口村、北山)と採る。

*到　傍訓ス。文意から致すの意。

*謀反之首　ここも、将門の首を斬り落としたとする解釈がある。しかし、「謀叛の」に続くので、ここの「首」も賊首ととるのが穏当で、首領の意とする。

*兇怒之類　凶悪な一党のこと。

〔考察〕

(Ⅰ)　二月十五日、常陸介(維幾)と交替使は任国の館に帰った。鷹の前の雉が野に残り、俎上の魚が海に帰ったようなものだ。新皇が名を失い身を滅したのは、興世王と玄茂の謀のためである。新皇が位を失い滅亡した悲嘆は、花開こうとした穀物が早くも萎み、輝こうとした月が前もって隠れてしまったようなものである。天位を望み公権に背けば、鋒を踏みつけた虎のようである。小人物は才能があっても活用することは出来ない。悪人は天位をほしがるが、それを維持出来ない。遠くまで見通した深慮がないと間近に心配があるというのはこのことを言うのである。

将門は、朝廷に功績を積み、忠信を示していた。しかし、その一生は乱悪を行い、合戦を続けた。学業を顧みず、武芸に携わっていて、親と戦い悪を好んだ。こうした邪悪が積もり、悪い評判が坂東八国に聞こえた。遂に戦場に滅びて、永く謀叛の名を残したのである。天慶三年正月十一日、将門、及び一族・従類を追捕する官符が東海・東山両道に下された。その官符には「賊首を殺した者には、五位以上の官位、次将を斬る者には官爵を賜う。」とある。そこで、詔使、藤原忠文と副将軍、藤原忠舒らを東国に遣わした。将頼と玄茂らは相模国で殺され、興世王は上総国で誅された。坂上遂高、藤原玄明らは常陸国で斬られた。次いで、四月八日、藤原忠舒と平公連らは謀叛の者たちを尋ねて討った。将門の弟七、八人が鬢髪を剃って深山に入り、妻子を捨てて山野に迷った。正月十一日の官符が四方に広まった。そこで、二月十六日の詔使の官符を頼りに公の場に赴いた。さて、源経基、平貞盛、藤原秀郷らに褒賞が行われた。三月九日の奏に、中務省は軍将らが謀よく、忠節を尽くしたと宣べた。賊首、将門の戦陣に至り、三度の合戦の場に武功をあげたとあった。経基を従五位下に叙した。秀郷を従四位、貞盛を正五位上に叙した。

（Ⅱ）ここの叙述で、とくに注目される語は「徳」、「賊首」である。以下に説明する。

将門が討たれた直後から、「徳」という語を用いた表現が続いている。ここに、整理して、その意味を考えておく。

「私施勢而将奪公徳」これは、新皇将門が神鏑に中り死去した直後に見える「不糺少過及於大害」に対する文である。これは、将門が私的な勢力を広げて、公の徳すなわち天皇の位を奪おうとしたと解釈した。そもそも、天位（天皇の地位）には、天皇としての徳を備えた人物が就くのである。とすれば、天皇の位につくということは、その徳を備えていると考えることが出来よう。そこで、天徳（公徳・君徳）は、場面によっては天位と捉えることも出来るように思う。

これまでの注釈書では、徳を国の利益などとする解釈もあるが、公の徳（天皇の地位）としたものもある。このように考えを進めると、以下に示した「徳」も天徳であり、天皇の地位（将門は天位に預る状を太政官に奏していた。）と捉えなければならないと思われる。「敗徳之悲」（天位を失った悲しみ）「貪徳背公」（天位をほしがって公に背く）「貪徳而叵護」（天位をほしがり、それを護り難い）。

将門が滅びた際、将門の頸を言上したことから、「賊首」を将門の首と考えがちであるが、「賊首兄弟及伴類等可追捕之官苻」の例のように、「賊首」は賊の首領の将門である。

さらに、「去三月九日奏中務軍謀克宣忠節」の解釈も難しい。そこで、この文の訓読について、主な注釈書を整理してに見ると、以下のとおりである。

（1）三月九日、中務に奏して、軍の謀克く忠節を宣ぶ。

（2）三月九日、中務に奏して、軍に謀を克くせしことの忠節を宣ぶ。

（3）三月九日の奏に、中務、軍の謀克く忠節を宣ぶ。

（4）三月九日の奏に、中務、軍謀克く忠節を宣ぶ。

以上の訓みで、まず問題となるのは、始めの「三月九日中務に奏して」又は「三月九日の奏に」の箇所である。ここを考えてみよう。『令集解』巻第三の中務省の条を見ると、「審署詔勅文案受事覆奏」の中に、受勅人宣送中務省、中務覆奏也。「労問」の中に、依軍防令、凱旋之日、奏遣使郊労、是也。問者存問也。とある。これらの記述を併せ考え、さらに、ここの切点、返り点から検討しても、「中務に奏して」とは読むことが出来ない。そこで、「中務省が奏す」と理解して、訓読文のように読み、「三月九日の奏に、中務省が…」と解釈した。これ以降の読みは大差はないが、「軍」は傍訓により「いくさのきみに」と読みたい。「いくさのきみ」は、藤原秀郷や平貞盛らを指すと考えられよう。源経基を加えることも可能であろう。そこで、ここの訓読文のような訓みとなった。ただし、『令集解』の読み取りが正しいかどうか確信がないので、さらに、検討が必要である。

（Ⅲ）

「鷹前之雉　遺於野原　俎上之魚　帰於海浦」（隔句対、平隔句）

この対句は、『尾張国解文』の「俎上之魚　移於江海　刀下之鳥　翻於林阿」とよく似ている。

「欲開之嘉禾早萎　将耀之桂月兼隠」（単句対、長句）

このように、将門が滅びたのを悼む対句があり、次いで、将門を非難する対句が以下のように続く。

「少人得才而難用　悪人貪徳而叵護」（単句対、長句）

「无遠慮有近憂」（単句対、壮句）

これは、『論語』から引用したようである。

（Ⅳ）最初に、藤原維幾の動向が見える。維幾の報告であろうか。次いで、作者の将門への同情、愛惜、さらに批判がある。後半の「行賞」は、朝廷の記録に拠ったと考えられよう。

真本　訓読文（21）

之を以て之を謂ふに、将門が謬りて過分の望を負ひて逝水の涯に従ひたりと雖も、人の為に官を施せり。其の心に怨みず。何とならば、虎は遺れる皮を以てし、人は遺れる名を以てす（也）。憐むべし、先づ己が身を滅して、後に他の名を揚ることを。今案内を検するに、昔は六王の逆心に依り、七国の災難有りき。今は一士の謀叛に就き、八国の騒動を起せり。縦ひ、此の覬覦の謀は古今にも希なる所也。況や本朝神代より以来未だ此事有らじ。然らば則ち、妻子は道に迷ひ臍を噬ふ（之）媿を取り、兄弟は所を失ひて身を隠す（之）地无し。

雲の如くある（之）従は暗に霞の外に散り、影の如くある（之）類は空く途の中に亡ぶ。或は生き乍ら親子を迷ひて山に求め川に問ふ。或は惜み乍ら夫婦を離れて内に訪ひ外に尋ぬ。鳥に非ずして暗に四鳥の別を成し、山に非ずして徒に三荆の悲を懐く。犯有るも犯无きも薫蕕を同畔に乱る。濁有るも濁无きも涇渭を一流に混く。方に今、雷電の聲は尤も百里の内に響く。将門の悪は既に千里の外に通れり。将門常に大康の業を好みて終に宣王の道に迷ふ。【尚書に曰く、大康は道无くして田猟を好み、東都に死する也。車改曰く、宣王といふは古を戴く。故に此句有る也】仍て不善を一心に作して天位を九重に競ふ。過分の辜は則ち生前の名を失ひ、放逸の報は則ち死後の媿を示しぬ。

＊以之謂之　この事からこの件を言うと。
＊逝水之涯　流れ逝く水の涯。生涯を閉じたことをいう。
＊為人施官　他人のために官位を恵み与えたこと。将門が謀反を起こしたため、貞盛・秀郷らが討伐して、その結果として官位を与えられたことをいう。
＊虎以遺皮人以遺名　普通の読みは「虎は以て皮を遺し、人は以て名を遺す。」。傍訓によれば、訓読文の読みとなる。前者の熟した読みに従う方がよいかもしれないが、訓点に従った。虎は遺る皮により、人は遺る名による。『明文抄』に『朝野僉載』を出典として「人死留名虎死留皮」とある。
＊六王之逆心有七国之灾難　「灾」は災。『帝範』の「六王懐叛逆之志七国受鉄鉞之災」に拠ったと思われる。漢の景帝の時代に、呉王の呼びかけで、六カ国が連合して反乱した。呉王を加えて七国の災難とする。『尾張国解文』には、「昔依六王之誅戮、熾七国之災蘖、今繫一守之濫糸、致八郡之騒動」と同様な表現が見える。
＊覬覦之謀　「覬覦」は、分不相応な望みを抱くこと。ここでは、（将門が）分不相応な天位を望んだ謀略。
＊噬臍之媿　「臍を噬（クラ）ふ」は後悔しても及ばないこと。『春秋左氏伝』（荘公六年）に「若不早図後君噬臍」とある。
＊四鳥之別　『孔子家語』の「顔回篇」に「中国の桓山の鳥が四羽の子を生んだ。これらが成長して飛び立つ時、母鳥が悲しみ

鳴いて送った。」とある。
＊三荊之悲　『斉諧記』に「三人兄弟が父の財産を平等に分配し、堂前の荊樹を三つに切ろうとした。ところが急に木が枯れ始めた。三人は、木でさえ、三分されると聞くだけで枯死しかかっていると気づき、三人が離れることを恥じて、財産を分けるのを止めて力を合わせた」という故事がある。前の「四鳥」とこの「三荊」は兄弟や親子の別れの悲しみを表す対句として用いられたという。
＊薫蕕　薫りのよい草と悪臭のある草。
＊経謂　「経」は「涇」であろう。そうであれば、「涇」と「渭」のことである。中国陝西省にある涇水と渭水は、前者が濁り、後者は澄んでいる。『魏書』に「涇渭同波薫蕕其器」とあるように「涇渭」「薫蕕」は、それぞれ対語として用いられる。
＊混　傍訓ヒタタク。混ぜ合わせること。
＊大康之業　大康は、『尚書』によると。夏王啓の子で、在位十九年であったが、逸楽に耽り民政を顧みなかったため帝位を追われたという。『仲文章』に「好大康无道之狩」とある。
＊宣王之道　「宣王」周の中興の祖と称えられた名君。宣王が行った正しい治世のこと。
＊田獦　『名義抄』「獦」は獵の俗字。狩猟のこと。
＊車改　車攻のことか。「車攻」は『詩経』小雅中の篇名。この篇の始めの「毛序」に宣王の復古が見える。
＊古戴　古いものを重んじる。復古政治を行ったことを指す。
＊過分之辜　「辜」傍訓ツミ。分際を越えた行いに加わる罪。
＊放逸之報　「報」の傍訓ムクイ。勝手きままな行いに対する報い。

［考察］
（Ⅰ）将門は天位を望んで滅びたが、人のためには官位を与えた。自身を滅して、後に人の名を揚げるなどは憐れむ

ことである。一人の武士の謀叛により、坂東八国の騒動を起こした。覬覦の謀は古今にも稀で、本朝では未だかつてないことである。そこで、妻子、兄弟は恥を受けて身も隠す場所もないのである。従類たちは逃げ散り滅び去った。その親子は迷い、夫婦は離れて行く。罪がある者ない者、濁りある者ない者が乱れては、混ぜ合わさる有様である。将門の悪は、まさに千里の外まで響きわたった。将門が天位を競い合った大罪は、生前の名声を失い、死後に恥を残したのである。

（Ⅱ）ここは、「以之謂之」で始まり、将門の乱の結論のような記述である。将門にとっては、厳しい批判が行われている。将門は「大康の業を好み」と糾弾され、僅かに「生前の名」という語があるだけで、これまでに見えた同情的な表現も影を潜めている。乱鎮定の直後であるからか、（例えば、自分の立場が悪くなることを恐れて）作者が将門を理解するような表現をしにくい状況が周囲にあったとも考えられる。

（Ⅲ）

「虎以遺皮　人以遺名」（単句対、緊句）

この対句は、語釈に書いたように訓むのが一般である。とくに、「虎」が「豹」となっている句も見られる。

「昔者依六王之逆心　有七国之災難　今者就一士之謀反　起八国之騒動」（隔句対、雑隔句）

この対句と『尾張国解文』の以下の対句とはよく似た表現となっている。「昔依六王之誅戮　熾七国之災蘖　今繫一守之濫糸　致八郡之騒動」（六、七、一、八の数を取り込む。）

ここが、実際には『将門記』を結ぶ段落となる。この後半は、以下のように対句を立て続けに並べて締めくくっている。親子・親族・従者がそれぞれ分散して、悲嘆する内容の対句があり、最後は、将門の悪業を哀れみ、非難した対句を揃えてまとめようとしている。作者がかなり工夫を凝らしたことが察せられよう。

「妻子迷道　取噬臍之媿　兄弟失所　无隠身之地」（隔句対、雑隔句）
「如雲之従　暗散於霞外　如影之類　空亡於途中」（隔句対、雑隔句）
「或乍生迷親子　而求山問川　或乍惜離夫婦　而内訪外尋」（隔句対、雑隔句）
「非鳥暗成四鳥之別　非山徒懐三荊之悲」（単句対、長句）
「有犯无犯　薫蕕乱於同畔　有濁无濁　混経謂於一流」（隔句対、軽隔句）
「雷電之聲　尤響百里之内　将門之悪　既通於千里之外」（隔句対、軽隔句）
「常好大康之業　終迷宣王之道」（単句対、長句）
「作不善於一心　競天位於九重」（単句対、長句）
「過分之辜　則失生前之名　放逸之報　則示死後之媿」（隔句対、軽隔句）

（Ⅳ）渥美氏は京都で加筆されたと見ている。（「S39．10」）ここは作者が当時の状況を考え合わせて、総括した批評とも見られよう。

真本　訓読文（22）

諺に曰く、将門は昔の宿世に依りて、東海道下総国豊田郡に住す。然れども、殺生の暇に羈れて曾って一善の心无し。而る間に、生死限り有りて終に以て滅び没しぬ。何にか往き何にか来りて誰が家に宿ると。田舎の人と報じて云く。今、三界国六道郡五趣郷八難村に住む。但し中有の使に寄せて消息を告げて云く、予在世の時一善を修せず。此の業報に依りて悪趣に廻る。

我を訴ふる（之）者は只今万五千人、痛き哉、将門悪を造りし（之）時は、伴類を催して以て犯しき。報を受くる（之）日は諸の罪を蒙りて以て獨苦しぶ也。身を受苦の釼林に置きて、肝を鉄圍の煨燼に焼く。楚毒至りて痛きは敢て言ふべからず。但し一月の内に只一時の休まり有り。其由何とならば、獄吏の言く、汝在世の時に誓願せし所の金光明経一部の助なり者。冥官暦に云く、十二年を以て一年と為し十二月を以て一月と為し卅日を以て一日と為す。之を以て之を謂ふに、我が日本国の暦には、九十二年に當り、彼本願を以て此の苦を脱るべし者。抑、閻浮兄弟、娑婆妻子は他に施しの慈を為す。悪を為し、善を造るには、口に甘しと雖も恐れて生類を食すべからず、心に惜しと雖も（而）好みて佛僧に供へ施すべし者。亡魂の消息右の如し。

　天慶三年六月中記文

＊諺　巷説、世間の噂。（都近辺の噂であろうか。）
＊宿世　前世から続く因縁。
＊被羈殺生之暇　暇もないほど殺生に関わったこと。
＊曾无一善之心　この一文について「ここには将門を恐るべき国賊とみる先入観がこもっている。これは、京都人の見解であるといえよう。」という。（渥美論文「Ｓ39．10」）
＊何往何来　「何」の傍訓ドコニカ。どこにか往きどこに来りて。「いづこ」「いどこ」の口語ドコが用いられている。
＊田舎人　田舎の人、すなわち地方の人。しかも「と報じて」とあり、自分から田舎人と名乗ったことが注目される。
＊住三界国六道郡五趣郷八難村　「三界」は、欲界・色界・無色界。一切の衆生が生死輪廻する三つの世界。「六道」地獄・餓鬼・畜生・修羅・人間・天上。人が因果により赴く六つの場所。「五趣」六道の修羅を除いた所。「八難」仏道修行の妨げとなる八つの障難。地獄・畜生・餓鬼の三悪道と長寿天・辺地・盲聾瘖瘂・世智弁聡・仏前仏後を指す。三界から八難まで、仏教語を組み合わせて居所の地名としている。
＊中有之使　「中有」は、衆生が死んで次の生を受けるまでの間（我国では四十九日）。そこからの使者。
＊業報　善悪の要因によって受ける苦楽の報い。

＊悪趣　現世で悪事をした結果、行かねばならない苦しみの世界。地獄・餓鬼・畜生の三趣、これに修羅を加えた四趣、前出の五趣をいう。
＊予・我　『将門記』では、（書状でさえも）将門の自称を「将門」と記している。ここには予（われ）や我を用いている。そこで、この「諺」以下の冥界消息の記述は、これまでの記述とは異質なものと思われる。
＊造悪　悪を行うこと。作善に相対する仏教語。
＊催伴類　伴類を招集する。
＊受苦之釼林　苦しみを受ける（地獄の）剣の林。
＊鐵圍熌爐　「鉄囲」鉄を巡らせた囲い。「熌爐」燃えのこり。鉄の囲いの中の燃えかす。これは無間地獄を指すという。なお、底本の「熌爐」は、火扁が変形して見える。
＊楚毒　苦しみ、痛み。
＊獄吏　地獄の役人。
＊一時之休　これまで「休」を「やすみ」と読むが、傍訓によれば、「やすまり」である。心身が安らかになること。
＊金光明経　金光明最勝王経を指す。鎮護国家の経典として我国で広く行われていた。『今昔物語』巻六に、「生類を殺した後、死んだ男が金光明経を書写・供養すると誓って蘇生し、四巻の金光明経を書写した。これを聞いた人、百人が殺生を断ち、肉食をやめた。」という話を載せている。
＊冥官暦　冥界で用いられる暦。
＊謂之　この後から、傍らに「奥書句自此可次也」（奥書の句此より次ぐべきなり。）と傍書がある。次節の「或本云」以下がこれに次ぐという意味である。
＊彼本願　傍書「ヲ以」本願を以って。
＊閻浮兄弟・娑婆妻子　「閻浮」は、須弥山の南方にあるとされる島をいうが、現世の称となった。「娑婆」は、苦悩の多い世界の意から、この世をさすようになった。「兄弟・妻子」は、特定の人々を指すのではなく、一般の兄弟や妻子のことであろう。

ここは、「抑」で一般の人々へと話題を転じたと解されよう。

＊為他施慈、為悪造善　従来、「他の爲に慈を施し、悪の為に善を造れ」という読みをしていた。しかし、先の「為」に傍訓ス、次の「為」にシとあり、加点者は「なす」「なし」と読ませたいらしい。これを踏まえて訓点に従って読むと、「為他施慈」は「他に施しの慈をなす」と読め、さらに「為悪」は「悪を為し」となり、「造善」は、傍訓ニハに従い「善を造るには」と読むことになる。「他の者に施しのめぐみを行う。悪を為し（なお）善を造るには…」の意になる。

＊雖口甘恐不可食生類　口に美味であるからといっても、恐れて生き物を食べてはならない。

＊亡魂消息　死んだ将門の魂の動静。「消息」を書状とする説があるが、ここでは、取らなかった。「消息」は『名義抄』アリサマ。

＊天慶三年六月中記文　原初『将門記』の成立年月と考えられていたが、さまざまな異説がある。

［考察］

（Ⅰ）巷説に言うには、将門は昔の宿命によって、東海道下総国豊田郡に住む。しかし、殺生に暇がなく、一善の心が無かった。生死には限りがあり、終に滅び没した。どこに往きどこに来て誰の家に宿るかと。田舎の人が云うには、今、三界の国六道郡五趣郷八難村に住む。中有の使者に託して、その動静を告げて来た。「我は在世の時、一善も行わなかった。この報いによって苦の世界を巡ることとなった。我を訴える者は、只今一万五千人、痛いことだ。将門が悪を行った時は、伴類と共に犯した。報いを受ける日は多くの罪を背負って一人で苦しんでいる。身を受苦の剣の林に置いて、肝を鉄囲いの燃えかすに焼いた。その苦しみは極まって、痛みは言葉に表すことが出来ない。但し、一月の内に只一時、休まりがある。そのわけは何故かといえば、獄吏が云うには、汝が在世の時に願がけした金光明経一部の助けである。冥官暦に云うには、（現世の）十二年を一年とし、十二月を一月とし、三十日を一日とする。このことから言うと、我が日本国の暦では九十二年に当たって、その本来の念願を遂げて、この苦しみを脱れるであろうと。そもそも、現世の兄弟・妻子は、他の人たちに施しの恵みを行っている。悪を行って、なお、善を造ろうとするには、美味であっても、恐れて生類を食してはならないし、惜しいと思っても、進んで僧侶に布施をしなければならない。」と述べた。死亡した将門の魂の動向はこのとおりである。

天慶三年六月中記文

（Ⅱ）ここは、将門の冥界消息と言われている。この前半（「予在世」〜）の記し方は、『本朝文粋』に載る「宇多院為河原左相府没後修諷誦文」と酷似している。おそらく、作者は、この諷誦文を下敷きにして記したと思われる。（「S38・7」）将門は、悪趣に廻りながらも、一時の休まりがあり、九十二年たてば苦しみから逃れるという救いが示されている。こうした話を載せたことは、作者が将門を非難する語を用いながらも、あくまでも、将門を弁護する立場をとっていると言えよう。

後の『今昔物語』では、「我生きたりし時一善を修せずして悪を造りて此の業によりて獨り苦を受くること堪へ難しとなむ語り伝へたるとや。」『延慶本平家物語』には、「終に黄泉の道に迷らむ無慙とも愚なり。」とあり、将門を救うような表現は見当たらないのである。

先の段落では、対句の連続で終わっており、恰も全体を締めくくるようにも見える。そうであれば、この亡魂消息は、後の挿入であろうかとも思われる。ここまで、将門の自称には、書状においてさえも「我」などを用いず、すべて将門（即位後は、新皇）であった。それが、ここでは、先述のように自称に「予」「我」を用いている。文体がやや異なった感じがある。原『将門記』に、この冥界消息があったのかどうか疑問がないわけではない。

（Ⅲ）将門の冥界における苦しみを対句で表している。

「置身於受苦之釼林　焼肝於鉄囲之煨燼」（単句対、長句）

以下は、相対する語句の字数が乱れている。

「造悪之時　催伴類以犯　受報之日　蒙諸罪以獨苦」（隔句対、軽隔句？）

「雖口甘　恐不可食生類　雖心惜　而好可施供佛僧」（隔句対、疎隔句？）

(Ⅳ)　将門没後、都の周辺に、こうした巷説が行われていたのであろう。作者がそれを記したのであろうか。（或いは、後の挿入であろうか。）

或本（真本）訓読文（23）

或本に云ふ、我日本国の暦に曰く、九十三年の内に、其の一時の休まり有るべし。今須く我兄弟等此の本願を遂げて此の苦を脱らすべし。然れば則ち、聞くが如くは、生前の勇は死後の面目と成らず。慠々たる（之）報は憂々たる（之）苦を受く。一代の讎敵有り。之を戰ふに角牙の如し。然れども強きものは勝ち、弱きものは負く。天下に謀叛有りて、之を競ふに日月の如し。然れども、公は増さり私は減ぜり。凡そ、世間の理は、痛むで死すとも戰ふべからず。現在に生きて恥あらば、死後に誉无し。但し、世は闘諍堅固、尚し監悪盛りなり。人々心々に戰有るも戦はざれ。若し非常の疑有らば、後々の達者且つ記すのみ。（矣）仍て里の无名謹みて表す。

＊或本　これは『将門記』の別本をいうのか、単に「亡魂消息」の別説を指すか問題である。「或本云」は「可脱此苦」までだけに係る説もある。
＊可脱此苦　先に同じ表現があり、「脱る」は自動詞下二段活用であるから、「マヌカルベシ」と読む。字類抄に「脱マヌカル」とある。ここでは、「脱」にカラスと傍訓があり、読み方が難しい。ここは他動詞形の「マヌカラス」と考えてみた。（『今昔物

語』には、「マヌカラカス」も見える。）

＊然則　これ以下の文は或本のものか、または、真本の続きなのか明確ではない。『将門記』の成立と関わるだけに解明しなければならない。しかし、内部徴証からは、難しい問題である。⑭には「これ以下は著者の論」とある。

＊生前之勇不成死後之面目　生前の武勇は死後の面目とはならない。

＊慠々之報受憂々之苦　おごりにおごった報いには、嘆きに嘆く苦しみを受ける。

＊一代有讎敵　一代の仇となる敵がいる。

＊如角牙　角や牙を突き合わせて争うようなものである。

＊勝強　「強」の傍訓ノハ「強きものは」と読むのであろう。変則ではあるが、訓点により「強き者は勝ち」と読むことになる。

＊負弱　「弱」傍訓ハだけだが、同様に、「弱きものは負く」と読む。

＊如日月　太陽と月が光を競い合うようなものである。これを将門と純友、あるいは忠常の反乱とする説がある。ここの書者には、こうした意識があったかもしれないが、確かな根拠があるわけではないから、ここでは表面的な意味だけを捉えておく。

＊公増私減　公の力は増し、私の勢いは減じる。

＊世間之理　この世の中の道理。

＊痛死　「痛死」傍訓どおり読むと、痛むて死す。苦痛を受けて死ぬ。

＊闘諍堅固　末法思想による現世観の一つ。釈尊入滅後、仏教の盛衰が五百年毎に、五段階に次のように区切って説かれている。　。解脱堅固　。禅定堅固　。多聞堅固　。造寺堅固　。闘諍堅固…末法の末にあたり、教法は全く隠没して邪見が増す時期。我国では、永承七年（一〇五二）から、闘諍堅固に入ったとされる。

＊人々心々有戰不戰　「不」は命令形（ザレ）に読み、文意から「人々は戦う心があっても、戦ってはならない。」と解釈した。

＊非常之疑　思いもがけない疑い。将門の乱と同じような非常事態の疑いとする説があるが、ここでは、普通に「これまでの記述に、思いがけない疑いがあれば」の意にとった。

＊後々達者且記而已矣　後世の達識の者が、さらに記すばかりである。『陸奥話記』の結末には、「少生但千里之外、定多紕繆之。

知実者正之而已」とある。ここも、同様の結語と考えられよう。
＊里无名　村里の名もなき者。これを（1）真本『将門記』の作者（2）「或本」の書者とする二説がある。

［考察］

（Ⅰ）或る本に云う。我が日本国の暦に言うと九十三年の内に、その一時の休まりがある。今、我が兄弟ら、この本願をきっと成し遂げてこの苦しみを免れさせよ。さて、聞くところによれば、生前の武勇は死後の面目にはなるものではない。おごり高ぶった報いには、嘆き悲しむ苦しみを受ける。一代の仇敵があって、これと戦うのは、まるで獣が角と牙を突き合うようである。しかし、強い者は勝ち、弱い者は負ける。天下に謀叛が起こり、これを競い合うのは、日と月が光り合うようである。だが、公の力量は増大し、私の威勢は減退した。およそ、世間の道理では、痛んで死んでも戦ってはならない。現在に生きて恥があれば、死後に誉れはない。ただし、世は闘諍堅固に入り、なおも乱悪が盛んである。人々は、その心に戦う気持ちがあっても戦ってはならない。もし、（これまでの記述に）思いがけない疑いがあれば、後々の識者がさらに記すばかりである。よって、里の無名の者が謹んで表わした。

（Ⅱ）或本が『将門記』の別本か、先の冥界消息の別伝か明らかではない。ただ、文中に「闘諍堅固」の語があるので、ここの文章は、永承七年（一〇五二）以後に書かれたことだけは確かであろう。そこで、真福寺本とは、一応、切り離して考えることにしたいと思う。そうしたことから、（Ⅲ）（Ⅳ）は省略することにした。

なお、真本の巻末に（墨、本文と一筆）「承徳三年正月廿九日於大智房酉時許書了」「同年二月十日読了」とある。すなわち、承徳三年正月廿九日に書写し、同年二月十日に加点し終わったという意味である。⒃

第三章　平将門伝説追考

私は、全国の将門伝説を踏査して、平成十三年に、『平将門伝説』（汲古書院）を刊行した。これは、梶原・矢代両先生の『将門伝説』（「S41．4」）以来の研究ということで、大きな反響があった。その後、平成十五年に、千葉県立関宿城博物館の平将門伝説の企画展が行われ、私は客員研究員として、これに深く関わることになった。そこで、新たに地方の研究者や旧家の方たちと交流するようになった。そうしたことから、はからずも、未知の伝説や旧家の伝承に巡り合うことになったのである。それ以来、何度か多くの方々と共に研究や踏査を行い、初めての地方にも足を踏み入れた。これらのことから、少しずつではあるが、新しい成果をあげることが出来たのである。

また、先の拙著には、少なからぬ書評をいただいた。その中には、いくつかの注文もあり、それらにも可能なかぎりお応えしたいと願っていた。ここ、二、三年、テレビや演劇、講座、展示会等で、平将門が取り上げられ、平将門に対してかなりの関心が向けられている。この機に、再び拙著を顧みて、平将門伝説に新たな考察と見解を加えることにしたいと思う。

先の拙著では、『平将門伝説』を次の三章（一）内容と成立、（二）伝播と展開、（三）分布に分けて考察を行った。まずは参考のために、以下に示しておく。

第一章　平将門伝説の内容と成立

一、冥界伝説

軍記物語の伝播
　保元物語、平治物語、平家物語、源平闘諍録、太平記、義経記
俗軍記の伝播
　将門純友東西軍記、前太平記
将門の後裔の伝播
　千葉氏、相馬氏、三田氏、猿島氏
修験者の伝播
時衆僧の伝播
芸能者の伝播
　第三章　平将門伝説の分布
関東　茨城・千葉・埼玉・東京・群馬・栃木・山梨・神奈川
東北　青森・岩手・秋田・宮城・山形・福島
東海以南　静岡・長野・愛知・岐阜・福井・富山・石川・滋賀・三重・和歌山・京都・奈良・大阪・兵庫・岡山・
　広島・鳥取・島根・香川・徳島・大分・佐賀・熊本

第一章には、書評で、御霊伝説、子孫伝説の項目を立てるべきという指摘があった。これは、（　）印を付したように、祭祀と一族の伝説に含めて述べていたのであるが、より明確に記述するべきであった。第二章には、「説話集の伝播――今昔物語集、江談抄、古事談、十訓抄。仏教関係書の伝播――三宝絵詞、拾遺往生伝、元亨釈書。」等を加えるべきという指摘があった。こうした文献は、各所で引用していたのであるが、書評どおり項目を立てる方がよかった

と思う。江戸時代の将門伝説の文芸化については、すでに、先の名著『将門伝説』に優れた解説があることから、加えることは少なく割愛することにしていた。第三章では、各伝説と文献との関係を明示しなかったことにも批判があった。これは、後の『平将門伝説ハンドブック』（「H17．2」）では明示することにした。

こうした反省の上に立って、本論においては、その伝播に力点を置いて、平将門伝説を考察してみることにした。また、その後、新たに見出した伝説については分布の項に書き加えることにしたいと思う。

一、平将門伝説の伝播と展開

夏の日のこと、平将門の後裔を称する旧家の方から連絡があった。その家の将門と関わる仏像を神社に貸しているので、見に行くので一緒に行かないかということであった。私にとっても、貴重な体験となるので喜んで同行した。その際には、仏像の見学と共に、いろいろなお話を伺い、有意義な一時を過ごすことになった。これ以降、私は、伝説の担い手とか管理者という言葉に思いを致していた。

柳田国男は、伝説の管理者について、このように述べている。「伝説そのものの内容からも、大体は推定し得られる通り、最初の管理者は一つの古い家、及びそれを取り囲んだ一族門党で、彼等が心から共同統一の成果を楽しみ、本来の有為転変に対して、何の不安をも抱かれず暮らされたのも、主たる原因は霊界の恩寵が特に自分たちの群れに厚かるべしといふ言い伝えを信ずることが出来たからでありました。」（S46柳田国男『日本伝説名彙』の前書き）

私は、先の旧家の当主のお話の中に、この記述に、ぴたりと当てはまるような感触を受けていた。そうしたことから、伝説の管理者とその伝播について詳しく考察しておきたいと思うようになった。

一般に、伝説の担い手は、伝承者と伝播者に分けられ、両者を兼ねる者もあるという。（「H1．8」）将門伝説の場合は、伝説を管理した者は、多くの場合、伝承と伝播の両方を兼ねていたと思われる。以下に、旧家と言われる家の平将門伝説を考察して、伝説の伝承と伝播を探究することとする。一般に、旧家には、古い文書が所蔵されていることが多い。その中で写させていただいたものをいくつか資料として提示する。〔分かりやすく、漢字は通行のものに改め、私意に句読点を付す。難解と思われる語句には【注解】を付けて説明する。さらに、文書によっては、註のように小文字を用いている場合がある。それは、（　）印で示すこととする。年号の後に（　）印を付け西暦を入れた所がある。〕また、伝説の文献を引用する際は、P92の記号で示すこととする。

（一）岩井の伝説伝播

1、守明伝説

平成十五年四月に、岩井の万年山東陽寺では薬師如来三十三年御開帳が行われた。私もお参りして、お寺の方々と話をする機会を持てた。この寺の縁起は『猿島郡郷土大観』（「イⅠ．38」）に載せられている。それは、明和四年（一七六七）に書かれた『万年山東陽寺薬師如来縁起並山之因由』という。この中ほどに「中古大檀名当郡主平守明卿同婦人甕命仏工宇都宮丹阿弥再彩麗応永三十年癸卯仲秋二十烏具筆置之也」とある。この内容は、「中古の世に、当郡主平守明と同婦人が仏工の宇都宮丹阿弥にとくに命じて、薬師如来像を再び彩飾させた。」となっている。それを応永三十年（一四二三）八月二十日に記したということが分かる。ところが、すでに、この縁起の実物は失われていて、『猿島郡郷土大観』（前掲）所載のものに、檀徒の方が改訂を加えて新しく作成したということであった。

岩井においては、この平守明という人物と関わっている伝説がいくつか存在する。以下に、そうした伝説を示そう。

＊九重桜

平将門が京都御所の紫宸殿から持ち帰って植えたと伝える。実は、応永年間、郡主平守明が将門供養のために、将門ゆかりの地に七本桜を植えたともいう。

＊延命寺の薬師堂

現延命寺の境内にあり、島の薬師と呼ばれ、その薬師如来像は将門の守り本尊と伝える。この地には、往時、猿島郡衙があり、平守明も居住した所という。

＊市榎

将門が市を開いた場所と伝える。一方、応永年間、郡主守明が市場を造り、守明が手植えの槻を残したともいう。

＊香取神社

神田山にあり、将門の乱に兵火にかかり焼けたといわれる。これを平守明が応永年間に再建して、後に八坂神社に合祀したという。

＊赤旗権現

将門の古戦場、大谷口にある。平守明が赤旗権現を建立して、将門の菩提供養を行った。かつて、この集落では、赤旗権現と白旗権現の紅白の旗を奪い合う行事があったという。

このように、岩井の将門伝説のいくつかは、郡主守明という人物によって伝播されているのである。それでは、平守明とは、いかなる人物であろうか。当地には、この人物の伝えが他にも見受けられる。『下総国旧事考』（「イ．Ⅰ2」）には「守明神社、在岩井村未詳其来由」と見える。これが平守明を祀る社ではないかとされる説である。この社は、現在、国王神社の境内に、守大明神として祀られている。土地の人は「守」をマブル様と呼んでいる。「まもる」は、古くは「まぶる」と言った名残りであろうか。これは、郡主守明が祀られたとも考えられるが、確証は見出せない。

また、伝説の踏査の折、八千代町塩本の辺りを歩いていた際、常光山観行院慈眼寺という小さなお堂に行きあたった。その説明板には、このように書かれている。

「上山川古墳古跡記によると、結城上野介七郎朝光の家人で猿島四十八郷の領主であった猿島兵ヱ基兼が当地に館を築いたとき良民の世を願って十八間四方の観音堂と常光山観行院慈眼寺を建立した。しかし、これらは北条氏直の乱で焼失したと伝えられる。享保十七年良民の願いによって再建された。」

この時、この記述の中から、猿島四十八郷の領主という語が目を引いた。これは、猿島郡主と同じ意味ではないのかと気付いたからである。その人物が猿島兵衛基兼という名であることから、猿島という姓に関心を持つようになった。太田亮『姓氏家系大辞典』（ア、7）には、「鎌倉武士の所領として一万五千町下総の内、猿島兵衛幸重を載せたり。何によりてか。」という記事があり、下総の猿島兵衛幸重を知った。この人物は『岩井市史』資料近世編・（イ、Ⅰ68）にも、「然るに文治建久に至り氏族に猿島兵衛尉幸重と言者有、鎌倉の部将に仕へ国を領す。依之神宮を造営し神田を寄附す。」とあり、この幸重が岩井市（坂東市）小山の香取神社を造営していたことを知った。すなわち、この時代には、猿島家は岩井の土地と深く関わっていたのである。

その後、将門伝説を探る過程で、（先著で、猿島氏の伝播の記述で触れた）「猿島小谷系図」の存在を知り、その中に郡主守明の名も見出したのである。この系図は、将門伝説の研究者にはよく知られているが、すでに、猿島氏の故地を遠く離れている。私は、幸運にも系図を所持するお宅に遭遇して、ご好意により熟覧することが出来た。そうした経緯もあり、系図の詳細を書くことは差し支えがあるので、将門と守明に関わるところを示すこととする。この系図の書き出しは高望王から始まる。

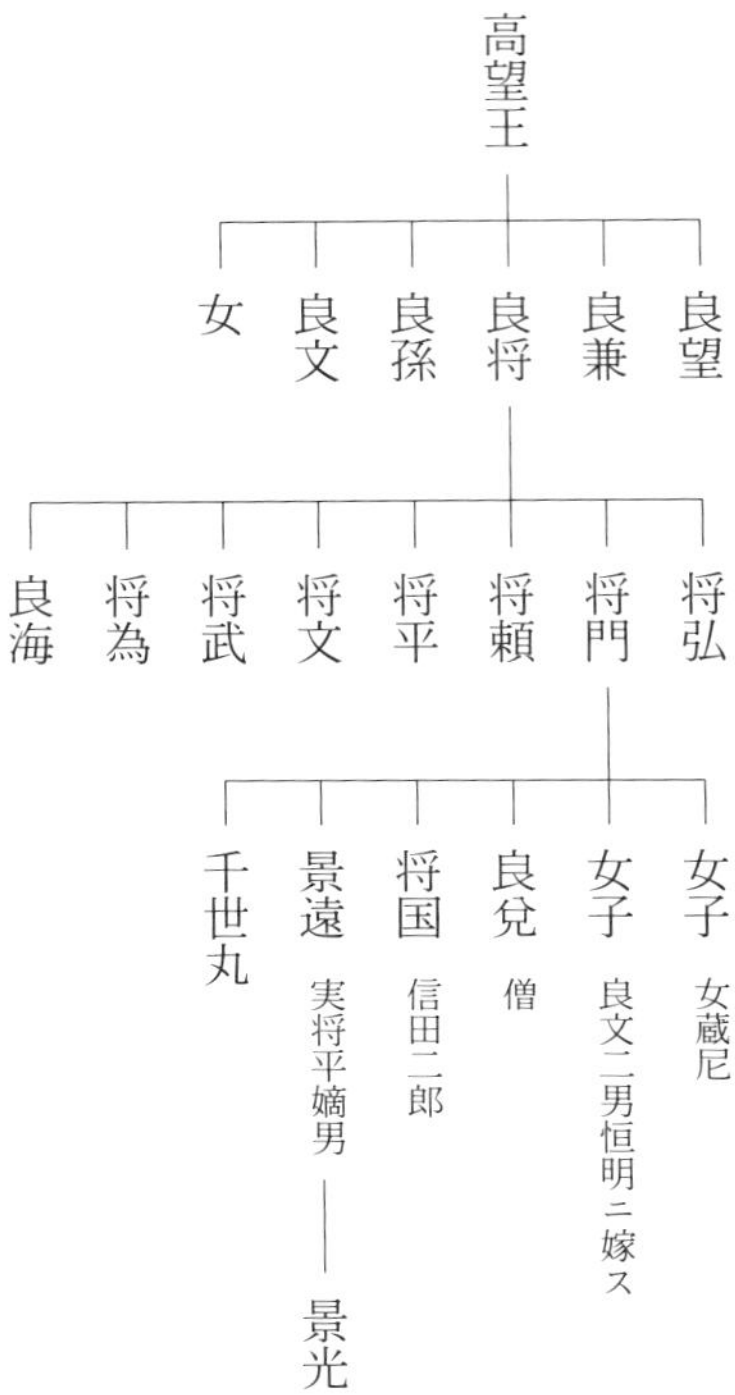

将門の子に、景遠を入れて実は将平の嫡男として、さらに「烏帽子親菅原景行天慶三庚子年二月十九日一族伴類共々武蔵国荒川上流中津川郷住称猿島氏」と秩父の中津川郷に逃れたと記す。その子景光は「下総国猿島郡祖父故地移住仕相馬氏寛弘二乙巳年六十一歳没」と下総に戻ったとされる。その後、景清、景平、景胤、景将、将重、将幸、幸重と続く。この幸重は、先に示したように、現岩井市小山の香取神社を造営した人物である。続いて、重将、将孝、将国、将胤となる。将胤は、奥州相馬の祖となった相馬重胤に従って陸奥国太田に向かう。その後を将朝が継いで、将景があり、将済、将文となり、この将文に「兵衛尉、後、守明、猿島郡主。応永十六己丑年六十四歳没」と記している。この人物こそ、岩井の伝説に関わる郡主守明なのである。その後は、将基、基兼となり、「兵衛尉、吉兵衛、吉介、猿島四十八郷領す」ということで、先の観行院慈眼寺の解説中に現れた人物である。この系図に、どのくらいの信憑性があるか分からないが、郡主守明が見え、その実在の可能性が高まったことは確かであろう。

将景（兵衛尉　正平十七壬寅没）―将済（兵衛尉）―将文（兵衛尉　後守明　猿島郡主　応永十六丑午六十四歳）―将基（兵衛尉　応永三十癸卯）―基兼（兵衛尉　吉兵衛　吉介　猿島四十八郷領す
永享二庚戌年結城氏朝之命依結城之城参集
将軍義教之軍将上杉修理太夫持朝軍向
討和田口金沢於戦基兼柳橋金作於守戦敗北
嘉吉元年結城城落
称良真勝徳院梅寿道真居士）

このように、郡主守明が実在したのであれば、高祖将門に連なる後裔として、その戦没の地、岩井に将門の伝説を伝播したことであろう。その守明自身の事績がまた将門の伝えとして後世に語られるに至ったと思われる。ひとまず、岩井の将門伝説は、中世に至って、将門の後裔を称する一族、猿島氏によって伝播されたと結論づけることが出来るように思われる。

この平守明の事例から、次のようなことが言えるように思われる。伝説が伝播される過程で、その役割を担う者が存在する。その場合に、伝播の役割を担った者の事績がまた元の伝説に加わって伝えられるのである。こうした事例は、平将門伝説では、かなり見受けられるのである。

2、平将門の家臣

岩井の平将門伝説に触れたので、岩井の近隣に残る家臣の伝説を述べておく。『郷土研究さしま』二号（「H1．10」）に、資料「落民帳写」が紹介されている。落民とは「かつて、兵であったが、農として土着した者の意で、落人の意も含まれる。」という。この古文書の成立は不明であるであるというが、現存する三本のうちの一本（稲葉嶽男家蔵）に

「間中節斎先生が明治三年に筆写せられたるものを謄写す」と書き込みがあり、少なくとも江戸時代には遡るであろう。これには、結城、多賀谷、小山、古河公方、源義経、平親王将門らの家臣で落民となった者を地区、主君別に列記している。義経と将門は、他の者と時代を大きく隔てていて奇異な感じもあるが、以下に将門の家臣として記されている部分を示すことにする。

（下総結城郡）	下尾崎村	平親王将門家臣	倉本武右衛門
	江口村	同	南城半右衛門
（下総猿島郡）	岩井村	平親王将門家臣	宮部　名不記
		同	真中利右衛門
		同	真中喜右衛門
		同	荒木東馬
		同	張替長左衛門
		同	張替半左衛門
		同	張替太郎左衛門
		同	岡野長右衛門
		同	冨山隼人
		同	間中佐右衛門
		同	中村　名不記
	矢作村城主	同	獅　源左衛門

大塚戸村城主　同　一式（色）数馬
菅生村城主　同　菅生越前
　中島坪　同　倉持清兵衛
同　浜野与惣左衛門
猫実村住人　同　横張尾張
神田山村住人　同　名越若狭
同　名越大膳
馬立村住人　同　横瀬能登
同　古谷　名不記
幸田村住人　同　朝比奈伊織
同　小林　名不記
同　篠塚　名不記
弓田村城主　同　染谷民部少輔
同　染谷倉之丞（嫡男市郎右衛門）
同　染谷五右衛門
同　飯田丹後
同　石塚大善（大生郷村城主石塚大善次男弓田村へ居住）
同　稲葉忠左衛門

同　谷上勘兵衛
冨田村　同　飯田綾殿祐
駒跿村　同　飯田久右衛門
同　飯田三右衛門
借宿村　同　張替左京祐
同　木村小右衛門
同　木村佐兵衛
中生子村　同　青木治郎左衛門
同　木村利兵衛
同　木村孫右衛門
北生子村　同　鶴見若狭
半谷村　同　木村隼人
沓掛村　同　木村

ここは、計四十五人となるが、例えば、辺田村と下出島村などは、同の字のみで姓名が記されていない。また、名が記されていないものは姓だけを書いている。実際には、五十五人を記そうとしたようである。現地で、少しばかり、これらの姓名から祖先を調べてもらったが、分からない姓名がほとんどである。それでは、この家々の中から平将門伝説と関わりのある家を少し拾ってみよう。

＊最初の倉本家は猿島郡三和町の旧家で、「本王」と大書した先祖伝来の旗が伝えられており、これは将門の旗と伝え

ている。
＊菅生村の菅生越前は、相馬氏の文書に家臣とあり、現水海道市菅生に城を構えていた。また、同地の妙見神社とも深い関連があったという。
＊弓田村の染谷民部はこの地の弓田城主であった。戦国時代後期、下妻の多賀谷勢に攻められ滅ぼされたといわれている。『東国戦記実録』（イ．Ⅱ21）には、次のように描かれている。

去程に、多賀谷淡路守政経は二千余騎にて弓田の城へ向はる。一組は白井善通を大将として千五百余人にて水海道へ向ひける。—中略—弓田の城には染谷民部を始め、横瀬肥前守、土岐山城守、同弾正等籠城せり。下妻勢は大生郷天神を攻落し、此所へ寄せ来るは必定也と弓鉄炮を揃へて物具を固め、敵は今かと計りに待居たり。程なく寄来る下妻勢鯨波を作て攻め懸る。城中にては予て期したる事なれば、矢玉は矢倉の上より差詰引詰射懸ける鉄炮は雨の如く放ちけれども事共せず。楯を並て堀際迄攻め寄せ塀垣を引破んとす。城中より鎗長刀にて突き払ひ切り払ひ防戦す。石浜六郎、長巣采女塀を乗越て城中に入りて大勢に取巻れ戦ひける。両人爰を最期と秘術を尽し相戦ふ所へ小島左衛門、増田七郎等乱れ入て大軍に渡り合ひ、小島、増田四方に分れて火を放せば、城中大に騒動して火を消さんとする所に、大勢大手の門より打破り城中に入り城方は前に敵を引請け後に火を付られ最早防ぐに手術なく、火の中へ飛び入るもあり、敵と差違へ死するもあり。暫時の内に落城と見えにけり。横瀬肥前守、染谷民部、磯内膳其外二三十騎落行けるを古沢弾正中茎左内等五六十騎に追かけ吾討止んとて進みける。横瀬肥前守名を得タル太刀打の巧者なれば唯一騎にて一方打破り落にける。染谷民部、磯内膳は精力尽て降参にそ成りにける。淡路守は勝鬨を上けて水海道へと帰陣しけると云ふ。

こうして、染谷民部は滅んだが、岩井では、この北方面から、多賀谷が染谷を攻めた戦いを藤原秀郷が平将門を滅ぼした戦いに付会することがあったという。戦国時代の合戦が天慶の乱に準えられて、新たな伝説を生むことになるのである。

なお、染谷民部の子等は、取手方面に逃れたという。『取手市史』別巻（イ．Ⅰ96）の「染野家系図」（取手では、染谷ではなく、染野としている。）によれば、「染野家の祖先は下総国猿島郡弓田城主染野民部太夫政直という在地土豪で、弓田落城後、その子正朝は、小文間の一色宮内や大鹿左衛門に身を寄せていたという。その子正康（寛永四年・一六二七没）には「当町開発の初也」とあって、この時期に取手に土着したものと思われる。その後、名主として取り立てられ、貞享四年（一六八七）には、水戸徳川家の本陣に指定されている。取手市新町に、将門が居住したという伝説があるが、これは、この染野家と関わっているようにも思われる。

（二）相馬家の伝説伝播

相馬氏が平将門の後裔を称したことは、すでに先著で述べたとおりである。その相馬氏は下総と奥州に別れ、江戸時代を迎えると、下総は、江戸の旗本と小田原藩士となり、奥州は相馬藩として存続した。それぞれ、平将門の子孫であることを誇りにして、平将門伝説を伝播した。また、庶流の相馬家も各地にあって、同様に伝播を行っていた。それらの状況は、先著でかなり詳しく述べたところである。しかし、十分に述べ得なかったことや新たに見出したことが少なくない。ここでは、それらを改めて考察してみたいと思う。

1、小田原藩の相馬家

戦国末期、下総相馬家は、治胤・胤永の兄弟がまとめていた。徳川の時代となり、治胤の系統は旗本となり、胤永のそれは小田原藩に入る。その経緯については、ここに繰り返さないが、織田完之が『平将門故蹟考』（ア．19）にこのように記している。

相馬氏の幕府に仕へて旗下となりし相馬左源太を禄高の首とす。牛込通寺町松源寺に石碑凡十基あり。碑の側面に相馬小次郎平信胤、正徳五年又は相馬左源太、相馬小源太等の字あり。又諸侯に仕へたる小田原藩大久保家の客分也と称せし相馬七郎右衛門の子孫相馬胤盈と云ふもの今も芝区桜田太左衛門町に寓し将門の兜を伝へ妙見像を祭り相馬の系図をも伝ふ自ら云ふ下総相馬郡米の井村等に旧臣の家多しと是相馬総代八幡の相馬と云へる頃よりの支流にてもあるか。

先ず、私は下総相馬氏の宗家というべき元旗本家を訪れようとした。今は、中野に移っている松源寺に相馬家の墓があると聞いていたが、現在、無縁となっていて墓も存在しない。ある神社誌に、この寺の墓地にあった、繋馬の紋のある相馬家の墓石の写真を見たにすぎない。そこで、下総の相馬宗家の追究は断念せざるを得なかった。

一方、織田完之の文中に見える相馬胤盈家、すなわち、胤永の系統は詳しく調査することが出来た。小田原藩の『一代記』（安政四年）に「高四百六拾石」相馬清四郎胤明とある。この人物が織田完之が言う胤盈の父に当たる。明治を迎えて、すぐに東京へ出たようである。小田原藩の家臣で作った有信会の資料には、「相馬清四郎現住所、東京」とある。以後、この家は関西に移っている。この家には、貴重な文書が残されており、今後の研究に資すると考え、その一部を掲載させていただくこととする。

先ず、天正年間の下総相馬氏の状況が分かる文書である。高野山の宝蔵院に、高祖、平将門の位牌を納めて、一族が結束する旨が記されている。

高野山一心院谷寶蔵院為奉馮當家先祖之菩提銘位牌立置所明鏡也就夫於我等子孫永代為相違有間敷各々連書加此
併現當二世之祈精所仰如件

天正九辛巳年　　下総国　　相馬治胤
天正九辛巳年　　同国　　高井十郎胤永
（このような形式で「天正九辛巳年、同国、氏名」を連ねる。以下、氏名のみ記す。）
相馬大蔵太輔胤房　　菅生越前守胤貞　　筒戸小四郎胤文　　岩堀主馬首弘助
大木駿河守胤清　　新木三河守胤重　　横瀬伊勢守保廣　　横瀬弾正忠恒廣
佐賀掃部助整満　　佐賀美濃守久次　　佐賀筑後守長弘　　寺田弾正左衛門尉吉次
寺田出雲守長尚　　横瀬源太左衛門尉貞廣　　松井主税助廣吉　　本屋長門守満吉
鮎川筑後守安勝　　安富斉朝直　　遊座左京允廣直　　泉勝坊光音

この位牌についても、先著に述べたが、宝蔵院が焼失したために不明となっている。天正前期、守谷城を中心とした相馬氏の勢力範囲が窺える資料といえよう。

次の系図は、この家に伝えられるが、（家臣筋の広瀬家にも伝わることから）すでに公刊されている。先の資料と比べることが出来るので、以下に示しておこう。

相馬左近太夫・民部太夫系図

桓武天皇から、左近太夫治胤、民部太夫胤永の兄弟の系譜を記している。さらに、この二人の子孫が以下のように示され、次いで、治胤と胤永の事績と家来の記述が加わる。

治胤――秀胤――胤信――盛胤――政胤――貞胤
胤永――胤勝――胤将――胤貞――胤純
一、治胤幼年ヨリ弓矢ヲ取テ其ノ誉レ多シ。奇学ヲ好ム。十六夜ノ天臣トモ云。
一、治胤代々貞胤迄、桓武天皇ヨリ三十八代也。権現様へ天正七年己丑年ヨリ仕へ奉リ信濃守ヨリ相続キ当御代迄五代仕へ奉ル也。
一、胤永十六歳ヨリ弓矢ヲ取リテ其ノ誉レ多シ。佐竹表一戦之砌リ氏直ト一里塚ニヲイテ馬上ニテ互ニ対顔ス。家ニ伝ハル甲一ハ子刀一腰。権現様御代ニ成リ相馬郡高井ニ引込ミ隠居ス。年八十三ニテ卒ス。
一、胤永ヨリ代々胤将迄桓武天皇ヨリ三十六代。
一、胤勝幼年ノ比松平左馬尉肝煎ヲ以テ大久保加州太守忠常公へ仕へ奉ル。其後幕下ヲ退キ筑前黒田如水へ仕へ奉ル。如水ヲ立退キ亦忠常公へ帰参ス。忠常公御逝去ノ後、大久保忠隣公へ仕へ奉ル。忠隣公ヨリ日禅公御幼年ノ時ヨリ仕へ奉ル。年七拾五ニテ肥州唐津ニ於テ卒ス。
一、胤将十六ノ年ヨリ日禅公へ濃州加納ニ於テ仕へ奉ル。当御代迄四拾五年仕へ奉ル。
一、家紋繋馬芦毛ノ馬土岐ノ矢之ヲ嫌フ。（相馬名字相続之者妙見菩薩之ヲ信仰ス。）
一、承平より延宝迄（延宝八申壬八月吉辰）七百五拾五年。天慶元より延宝迄七百四拾六年。天暦元ヨリ延宝迄七百三拾七年。保元ヨリ延宝迄五百三拾四年。

相馬家来之者為頭斗
浮島太夫（信太小太郎隠置親子五人打死ス）　佐津嶋兵衛　村岡五郎　岡部弥治郎　高見左衛門（右四人信太小太郎供勤母卒テ後落髪シテ退ク）　千原太夫（信太小太郎流罪ヲ救フ）　菅生越前守　筒戸小四郎

岩堀主馬首　大木駿河守　新木三河守　横瀬伊勢守　横瀬弾正忠　佐賀掃部助　佐賀美濃守
佐賀筑後守　寺田弾正左衛門　寺田出雲守　横瀬源太左衛門　松井主税助　本屋長門守
鮎川筑後守　安富斎　遊座左京允　泉勝坊

【注解】
＊浮島太夫　幸若舞『信太』では、相馬代々の家臣である。
＊佐津嶋兵衛、村岡五郎、岡部弥治郎、高見左衛門　同様に信太の先祖の郎等とある。
＊千原太夫　同様に相馬先祖の家人とある。
＊ハ子　ハネ（刎）兜などを数える語。
＊自家の系図の中に、幸若舞『信太』を取り込んでいる。（伝説を取り込んだとも言えよう。）

『源平闘諍録』には、平将門が妙見菩薩に危機を救われる記述がある。以下の縁起にはそうした内容が記されている。将門は、妙見菩薩の加護を得て、関東八ヶ国を従え、相馬郡に新京を立て平親王と称した。その後、神慮を恐れず、朝威を憚らず、神社・仏閣の土地を奪った。そのため、妙見菩薩の守護がなくなり、将門は武勇を振るうことが出来なくなった。そこで、妙見菩薩の本地である十一面観音に祈誓して力を得るのである。これが相馬氏の妙見信仰との関わりである。次に、この相馬家に伝えられた『禅福寺縁起』を全文紹介する。

禅福寺縁起

一、抑下総國相馬郡筒戸村禅福寺者人王六十一代朱雀院御門御宇相馬小侍郎将門平親王承平元年辛卯ニ御建立今考年暦到慶安二年巳丑七百十九年也本尊者十一面観音行基菩薩之御作聖武天王御宇神亀十五年癸未ニ作之ト観音

御頭ニ具符在スル者也今到慶安二年己丑九百八年也
一、鎮守妙見菩薩之本地者十一面観音初上総國千葉郡花園ニ在シヲ将門有崇敬此寺之本尊佛ニ安置シ玉フ其由来ハ朱雀院御門之御宇承平五年八月上旬之頃相馬小侍郎将門与上総介良兼伯甥之不快之間於常陸國企合戦玉フ処ニ良兼ハ多勢将門無勢将門欲渡蚕飼之大河無橋無舟如何トモ思労シ処ニ何國トモ不知童子一人出来て将門ニ告渡瀬将門申様ハ如何渡此大河也童子答曰随吾後将門聞此語下総常陸之境ナル打渡蚕飼之大河良兼ト戦将門矢種已尽ヌレバ彼ノ童子拾取落矢与将門々々及疲則童子又捕将門之弓矯十矢射落敵事空箭一無之良兼思只非人事佛神天之御計イ也と云テ作畏引退彼陣将門遂ニ得勝利帰玉フ将門即跪坐童子前掻合両袖申シケルハ梟児は何人ゾヤ童子答曰吾是妙見大菩薩自古到今誓テ心武正直ナル者ヲ守護汝是正直武剛ナル故ニ我為守護汝此処ニ来ル吾是十一面観音之垂迹ナリ点眼供養之時節北辰三光天子之後身妙見之星落テ作観音菩薩精自身者上総國花園ニ有リ汝若有志速可迎取我若敵陣到来則可守護汝ヲ殊ニ汝若向東北之角唱吾名号旗之験差九曜星則如何不得勝云テ行方不知失ニケリ将門便遣使者花園奉迎之致信心奉崇敬以来将門蒙妙見之御利生五ケ年之内打随関東八ケ國下総國相馬郡ニ立新京号将門平親王然後将門正直遂諂佞萬事政務曲行不恐神慮不憚朝威神社佛閣之領地ヲ奪取ル故妙見菩薩不守護将門家故ニ将門武勇已ニ尽玉ヒテ敵陣不得勝鎮守妙見菩薩之本地ハ十一面観音ナレバ観音菩薩ヘ祈誓トシテ将門ト諸卒ト甲ノ上ニ絵馬ヲ指シ陣中ヘ出玉フ故ニ繋馬ハ相馬ト云コト是ナリ将門運尽ヌレバ無力天慶三年庚子二月廿二日　俵藤太秀郷得首云々今到慶安二年丑七百十年也
一、此寺ニ信田小太郎姉千手妃像有之トス因縁ハ小太郎慈父忠頼公同君婦人當寺の観音ヲ崇敬シ掛祈誓一百日請女子一人願満足了帰テ瑞相之女子誕生同観音菩薩ヱ申シ子ナレバ名ヲ千手妃長五尺二分脚隻フトシ父忠頼公逝去之後妃則輿小山館移相馬家没落之後小太郎已ニ流罪及シ時妃相馬代々系図ヲヌスミトリ小山ヲ忍出巻物ヲ信田ニ

ワタス妃此過ニ依り小山ヲ追出サレヌ妃御前ハ信田ヲ尋諸国ニルラウス終ニハ於奥州尋逢信田ヲ世ニ出ス妃已ニ逝去之時観音化身之相顕シ胸ニ観音之二字有之小太郎姉ノ厚恩深ケレバ諸国之佛師ヲ集メ造立観音然時小太郎當寺へ参詣本尊観音之御堂ヲ開キ拝見シ玉へバ這本尊モ御長五尺二分脚隻フトシ尋常姉之容顔少モ不相替扨此観音菩薩ェ父忠頼公申し子ナレバ是コソ化身佛千手妃ノ像ナリト云テ刻彫ヲ止テ皈リ玉フ　依然世間當寺ニ千手妃有之由申来コト是ナリ

【注解】

＊千手　幸若舞『信太』では、信太小太郎の姉となっている。

＊妙見信仰　この家には、将門が戦場で彫ったと伝える妙見像が伝えられていた。この像は、将門自刻の妙見像として神田明神に納められている。

この家の先祖書を次に掲げる。ここに高祖父と記された胤永は、取手市下高井の高源寺に墓が現存する。その近くに、高井城跡があり、公園になっている。治胤・胤永兄弟は高井の出身である。

先祖書

本國下総　　相馬民部

生國相模　　元禄十丁丑年閏二月六日

一、三拾七代祖　高望親王

鎮守府将軍陸奥奥州居住仕候ひ代々実名書付所持仕候

一、三拾六代祖　上総介良将
鎮守府将軍従四位上下総國相馬郡居住仕上総下総幷領仕候
一、三拾五代祖　相馬小次郎将門
承平二年（壬辰）年企謀叛最初常陸掾國香討取申候其節諸卒申し上指絵馬合戦仕候処勝軍ニ罷成候依之相馬氏族之者繫馬を家紋仕候天慶三（庚子）正月廿二日五拾三歳ニテ下総國於相馬郡討死仕候
一、三拾四代祖　相馬小次郎将國
父将門存世之間為計策合戦最中退出常州信田郡ニ蟄居仕字信田相改申候
一、三拾三代祖　信田小太郎文国
常州信田郡ニ居住仕候処天暦十（丙辰）年姉婿小山太郎行重叛逆ニ付常州信田郡を退き出此時小太郎幼年ニ付浪牢仕康保二（乙丑）年奥州至塩地庄司養子罷成候然処奥州國司下向之節小太郎江國司より五拾四郡を転領其後國司経奏聞常陸下総任職之勅宣被下置常州（江）立帰行重誅伐仕信田ニ居住仕候
一、三拾二代祖　信田小太郎頼望
従六位下常陸介信田居住仕候
一、三拾一代祖　信田下総守常望
常州信田郡居住仕候
一、二拾七代祖　相馬小次郎重國
常州信田より下総國相馬郡（江）引移居住仕候是より名字相馬ト相改申候

一、二拾六代祖　相馬小次郎師常
寿永三（甲辰）年二月五日蒲冠者範頼ニ相従鎮西ニテ軍功仕候師常差料太刀宗近今以テ所持仕候
一、二拾五代祖　相馬小次郎義胤
平義時畠山重忠ヲ討奉候其節義胤率兵武州二俣川ニ趣拒之申候相馬郡居住仕候
一、六代祖　相馬小次郎整胤
本國下総國相馬郡居住仕右小次郎整胤嫡子左近太夫治胤儀右小次郎一所ニ相馬郡ニ居住仕左近太夫嫡子相馬小次郎秀胤儀天正七（己卯）年権現様江被召出御知行高五千石被下置信濃守ト名相改申候秀吉公高麗陣之節肥州名護屋御陣中御出勢之節権現様江御供仕候此家筋御旗本相馬左衛門利胤儀私家元にて御座候
一、高祖父　相馬民部太夫胤永
右相馬小次郎整胤二男にて北條氏政氏直父子之為旗下罷有リ候相馬郡居住仕候然処天正元（癸酉）年九月初築田中務大輔於下総國関宿起軍候刻佐竹左衛太夫義重梁田ニ加勢之処常陸下総両國之境於一里塚佐竹と合戦仕義重退散ニ付依之氏直より感状幷刀一腰今ニ所持仕候刀之儀は本家相馬左衛門方指遣申候天正十八（庚寅）年七月六日氏政氏直没落之以後本國相馬郡江引込致剃髪覚暦斎と相改寛永十七（庚辰）年正月十三日八拾三歳とて同所病死仕候
一、曾祖父　相馬七左衛門胤勝
如法院様江於相州小田原慶長年中（年数月日相知不申候）被召出御先手頭之席被仰付御知行高三百石被下置其節（年号月日相知不申候）松平筑前守長政様江罷有候其筑前守様ニも御暇申請牢人仕罷有候於相州小田原慶長十二丁未年（月日相知不申也）如法院様より帰参被仰付先知之通御知行高三百石被下置候（席相知不申候）如法院様江相勤罷有候

処本源院様御代於濃州加納（年号月日相知不申候）御先手組御頭被遊候於肥州唐津御持弓頭被仰付其節迄御頭被遊候御先手組を御持弓組ニ被仰付御頭被遊候（年号月日相知不申候）慶安三（己丑）年（月日相知不申候）御施奉行被仰付組共ニ御頭被遊慶安五（壬辰）年四月十八日於肥州唐津七拾一歳ニテ病死仕候先祖将門甲一刎幷兼光之刀傳来仕候処右之刀於播州明石曾祖父相馬七左衛門（江）本源院様より指上可申段被仰付指上申候（年号月日相知不申候）由之儀は今以所持仕候

一、祖父　相馬七左衛門胤将

本源院様御代於濃州加納寛永十三（丙子）年八月廿四日十六歳之節部屋住にて御小性ニ被召出御知行高ニ百石被下置候其節之名長三郎と申候同十八（辛巳）年五月十五日前髪執候様ニ被仰付相馬兵右衛門と相改申候其以後播州明石御目付被仰付候（年号月日相知不申候）於肥州唐津慶安五（壬辰）年七月廿一日曾祖父相馬七左衛門跡式無相違高三百石被下置候承應二（癸巳）年（月日相知不申候）御加蔵六拾石被下置都合三百六拾石被仰付候於同所明暦二（丙申）年（月日相知不申候）御先手頭被仰付組御頭被遊候其以後父之名七左衛門と相改申候（年号月日相知不申候）寛文五（乙巳）年三月八日御用人被仰付候同七（丁未）年（月日相知不申候）御加蔵百石被下置都合四百六拾石被仰付候於総州佐倉天和二（壬戌）年二月晦日月番役被仰付候（只今之年御座候）於相州小田原貞享四（卯丁）年四月廿日奉願隠居仕候其節為隠居料金三拾両御扶持五人分被下置法体仕名山月と相改申候元禄三（庚午）年二月三日七拾一歳にて於同所病死仕候

一、父　相馬七左衛門胤貞

松慶院様御代実は公儀御代官江川太郎左衛門英利三男初名浅右衛門申候於武州江戸天和元辛酉年正月十六日御給金三拾両御扶持五人分被下置奥御番之席ニテ被召出其後御取次奉勤仕候（年号月日席を相不知候）同二（壬戌）二月

廿一日於総州佐倉松慶院様より祖父相馬七左衛門養子被仰付名相馬沢右衛門と相改申候同年二月晦日寄合之席被仰付候貞享丁卯年四月廿日於相州小田原祖父相馬七左衛門家督無相違四百六拾石被下置御番頭之席被仰付名七左衛門と相改申候其後御馬支配被仰付（年月月日相知不申候）元禄十六（癸未）年四月五日四拾八歳にて於同所病死仕候

一、相馬七左衛門胤祥

心観院様御代私儀幼年之節於相州小田原元禄十六（癸未）年七月四日父相馬七左衛門跡式無相違高四百六十石被下置候其節迄豊之助と申候奉願貞之丞と名相改申宝永七庚寅年十月廿一日御近習之席御小性被召出同八辛卯年正月為勤御番江戸表江仕同年二月十八日現成院様江被為附於中屋敷御側奉勤仕候正徳元辛卯年十一月十八日御番頭之席被仰付七左衛門と相改申候同二（壬辰）年二月廿六日前髪執候様ニ被仰付候現成院様御代正徳四甲午年八月十八日御番頭勤方被仰付候

御代享保二十丁卯年二月十八日先祖之名にて御座候ニ付奉願民部と相改申候

親類縁者之覚

一、相馬小文太　　一、二男　相馬勝蔵

一、相馬左吉　　一、実弟　岡田清蔵

一、父方　実従弟　渡辺三左衛門　　一、父方実従弟　江川与一兵衛

一、母方　従弟　黒柳源左衛門　　一、母方実従弟　横井作左衛門

一、母方　実従弟　寺田甘太夫　　一、先妻四男　吉野成藤

一、先妻小四男　吉野傳右衛門　　一、後妻小四男　松山頼昇

一、後妻小四男　松山市内

以上

元文五庚申歳　四月被仰付指出ス　相馬民部胤祥

この後は、胤英――胤昌――胤吉――胤親――胤明――胤盈と続く。（これより四代、現代に至る。）胤明の時に明治となり、藩が廃された。胤盈は、先祖を尊び、屋敷内にあった氏神の神社を相馬神社として改造して、一般の人も参拝出来るようにした。その際の改造願書が残されている。

相馬神社衆庶参拝及社殿改造之義願書

無格社

一、相馬神社

但シ相模国足柄下郡小田原駅緑町壱丁目九十番地士族相馬胤盈所有地

右相馬胤盈祖先相馬将門タリ三十六世ノ孫相馬胤昌年月不詳私邸内ニ壱小祠ヲ設ケ将門ノ霊ヲ勧請シ相馬神社ト私称シ爾来歴世子孫信仰仕候処今般信徒之請ニ依リ更ニ社殿ヲ共設シ衆庶ニ参拝相許度旨昨十六年九月中別紙相添ヘ請願之末翌月庶第五千弐百五拾六号ヲ以テ願之趣難聞届御指令相成候依テハ再願戦栗之至ニ候得共實ニ歴代の私祭ヲシテ将ニ信徒敬神之意ニ應シ更ニ共有地トナシ社殿共設公衆ニ参拝ヲ許度且ツ有志者寄付金若干円有之社殿改造永存維持之目的已ニ相立候義ニシテ素ヨリ創設スルユエンノモノニ無之且ツ信徒之懇請難黙止ハ勿論不都合之所為決シテ無之様厳密ニ取締信徒敬神之意ニ適セシメ度且ツ御許可之上ハ所轄郡役所ニ於テ地券書替可仕

候間右真情御洞察之上願旨御採用被成下度仍テ別紙維持法並ニ絵図面信徒連名簿相添ヘ連署ヲ以テ此段奉再願候也

明治十七年十月十五日

緑町壱丁目九十番地　願人　士族　相馬胤盈　印
幸町壱丁目百三十八番地　信徒惣代人　山中正徳　印

この願書は、承認されて神社の改造が行われた。以後、一般の神社となるが、大正の頃に廃されたようである。明治の初期に、平将門が神田明神の祭神からはずされ、摂社に移されている。こうした将門弾圧は、小田原では行う雰囲気ではなかったのであろう。「相馬胤盈祖先相馬将門タリ」と堂々と主張しているのが印象深い。

この家には、享保十二年（一七二七）二月五日付けで、広瀬蔵主から相馬七左衛門へ出した書状がある。広瀬家は、相馬胤永の頃の一族である。『北相馬郡志』（イ．Ⅰ35）に「胤永三子あり、胤勝、継胤、胤正なり。胤正の裔、横瀬伊賀守保廣、尚留りて本城にあり、徳川氏の世に至りて姓を広瀬と改め農に帰す。子孫この地（現在、取手市）に残れり。」とある。

書状　（句読点を付す。）

傳ゐ承、将門公尊母之御事、御父よしまさ公坂東太郎と申大川御出あってつりをたれ御あそび玉ふに、折ふしつりばりに壱丈あまりのあふなのかみ毛かかり玉ふ。良将公御らんありて、此かみ毛有からハ、さためて女人あるべし。たづねもとむべきよし仰られ玉ふ。御人を被遣たづね玉へとも、それとおぼしき人なく力なくしてかえるさに、日の比、たそがれにあふなかたちにてなき居たり。（今の小塚也）ゆへをとひ玉ふに、我は継母のあふせによりて身のおき所なし。あわれ見玉へと又折ふしなき居たり。しからば、それがし御連れゆき申べしといへバ、此あふな悦びかぎりなく立すかたを見れバ、かみの毛殊の外にながし。たづぬる女是なりと則つれてかへり、良将公の御目にかけ玉へバ御悦びかぎりなく、すでに御室ひたひとならせ玉ふ時、産にのそミあらたにいへをつくり玉ひ、此あふなよしまさへの玉ふハ、我出産をいたさば廿一日の内かならず相見へ玉ふ事なかれと、かたくやくそくしてすでに産屋に入戸を閉じて居住し玉ふ。すでに日かず廿日にして、良将公なにとやおぼしけむ、すき間より産屋の内を見玉ふにそのすがた数丈の赤龍となって、生子を七重八重引きかこひ枯木のやふなる角にくれなひの舌を出して生子をなめ愛する事かぎりなし。ひとひ、よしまさ一め見玉ふより、さんやヲ出、我正躰君に相見、又とハ夫婦のちぎりしがたしとなミだをながし出玉ふを見れば、此大龍坂東太郎と申す大川をおし渡り、むかふの弁財天の屋しろに入り玉ふ。今にじゃあなと申所ありて諸人是をぜんでうあなと申。すでに廿一日なされざるゆへに将門公遍んしん鉄身といえども、御いただき人身にてはたして爰をいられ玉ふとなり。将門公御成人の以後、出産の物納玉ふ所に堂を建立なされ三仏堂と号す。弥陀尺加三路くの三仏をあんちし玉ふ。産物を納玉ふを引かへて堂になされ御殿を寺となされ米野井山龍禅寺と号。布施村弁才天の神龍赤龍なるゆへに紅龍山東海寺真言宗也。又米野井村桔梗のつぼね出生の地にて、さくし田原藤太に手引きせしとがによりて此所にて打たれ玉ふ。旧跡いまだ此に御座候。諸人ききやうどのへのぼだひのためにとて、白紙を木被に結付おびただしくつねづねかく事なし。此里にききやうなし。ききやうあれども花さくなとあふせられしゆへに、いまにききやうなし。往故より傳承あり。あらまし右の通の事に候　　　　以上

下総國相馬郡高井村　　廣瀬蔵主

享保十二年（一七二七）申二月五日　　相馬七左衛門様

相馬家は、小田原へ移ってからも、故地の家臣だった人々と交流していた。広瀬家もこのように書状を交わしたり、小田原の屋敷へも訪れていた。（相馬家『下総国相馬郡上下高井村之者共官途帳』による。）この書状の内容は、将門の誕生（母は赤龍）、その鉄身、桔梗の前（桔梗不生、桔梗不咲）など伝説に関わるものである。おそらく、相馬家から広瀬家へ問うたのに、答えた書状であろう。なお、この書状の内容は、『相馬当家系図』にも同様の記述がある。

さて、小田原の相馬家では、その屋敷（下幸田にあった。）には、「桔梗が生えない」という伝えがあった。下総の桔梗伝説が伝説を管理する相馬家によって伝播されたのである。この伝えは、かなり小田原でも知られていたようだ。図らずも、次のような文に行き会った。

私が娘時代のことよね。町の人が相馬屋敷には、いくら桔梗を植えても、どうしても枯れて着かないと云うんです。そこで、私たちお茶目が二、三人で桔梗の苗を持って行って植えてみたのよね。そうしたら本当に駄目なんです。二、三度、季期をかえて植えて見ても矢張りダメ。あ、これはほんとだ、どうしてだろ、怪しいことだわね。とお友達同士で話しました。ところがね、だんだん分かってきたことがあるの。ね、この辺りは大変に湿気の多い所でしょう。今の松の湯から、その頃はこの辺まで まるでじめじめした湿地だったの。湿地に桔梗が着くわけないのよね。も一つは相馬の将門は、十二人の影武者がいて俵藤太が討てなかったのを、寵愛が薄れた愛妾の一人が将門を討つなら本物は耳がぴくぴく動くと敵に教えたので遂に討たれてしまった。その愛妾の名が桔梗の前、相馬だから、馬の耳ならぴくぴく動く、うまく出来た話なのよね。

浅岡ノブ『聞き書帖』（昭和27年8月頃）

相馬家は、まさに将門の伝説を担う者である。将門の伝承を受け継ぎ、その相馬氏の事績がまた将門の伝説となって伝播したといえよう。実際、守谷周辺では、海禅寺、龍禅寺、禅福寺などが平将門によって創建されたといわれている。これらは、相馬氏自身の事績と考えられるのではなかろうか。平将門城址という石碑の建つ城は、実は相馬氏の居城であった。さらに、将門の鍪が伝えられていて、小田原相馬家では、藩主を自宅に迎えて上覧に供するのが慣例のようになっていたという。現在、これは相馬家から外へ出ているが、下総相馬氏の鍪として注目されている。

2、奥州の相馬家とその周辺

元亨年間、相馬重胤が奥州行方郡へ下向して以来、奥州の相馬家が成立する。この経緯については、先著でも述べたところである。こちらは相馬藩として、明治まで続いたことから、多くの資料が残されており、新たに追究することは少ないが、相馬妙見と国王社中心に考察を進めてみたい。

現在の相馬市、南相馬市を歩くと、妙見社が大切に祀られていることが分かる。相馬氏の守護神として大きな力を有して来たのである。この相馬妙見に関して、仙台の図書館で興味深い記事を見出した。

仙台市愛宕大権現別当伊達家の祈願所であった誓願寺に伝わる口碑として以下のように記している。「伊達政宗公が相馬征伐の折に、相馬勢が敗軍の瀬戸際になると相馬軍勢の前に妙見菩薩の尊影が彷彿として現れるために伊達勢は弓弦引く手も弛み、太刀先も鈍ってどうしても相馬勢を最後まで追撃することが出来なかった。余りの不思議に、さすがの政宗公も気を揉んでいろいろ調べて見ると、相馬には妙見社があって守護していることが判った。そこは政宗公だからうまい対抗策を案出した。敵方で祀って敵方を守護してくれる位なら、此方でうんとより以上に尊崇したら此方を守護してくれないこともなかろう、これは妙見様を誘拐して来るに限る、そのこと〳〵妙見妙案…とばかり早速、片倉小十郎に妙見様誘拐の命を下した。片倉小十郎もただ盗み出し来るのも虫がよすぎると思ったものか、太刀一振を妙見様の身代わりに社殿に残して首尾よく本尊を盗み出した。相馬を征服して凱旋したが、盗み出して来た敵方の守護神をすぐ此方で祀るのも面白くないと考へたものか、一思案の揚句、妙見様には気の毒だが暫しの我慢だからと因果を含めたかどうか分からぬが御顔を固く包んで人知れず閖上浜の海底深く沈めて知らぬ顔をしていた。」(以下略)、(ス．20)

その後、相馬を踏査した際、中村神社に納められていた以下の縁起を見せていただいた。かつて、仙台で面白く読んだ記事を図らずも思い出すことになった。

妙見大菩薩縁起

妙見大菩薩ハ北斗星ノ本地ニシテ国土ヲ護リ貧窮ヲ救ヒ請願ヲ成就セシム。其ノ所作奇特ナルヲ以テ妙見ト称スト云ヘリ。往昔朝廷ニテモ北斗法七壇北斗法ヲ脩セシメ給ヒシコト屢々史ニ見ユ。公武トモニ深ク崇敬信仰セシナリ。

伊達政宗公ノ慶長中岩手沢ヨリ仙台青葉城ニ渉リ給フヤ、辰巳ノ守護神トシテ城東愛宕大権現社内ニ妙見大菩薩ヲ祀リテ、国土安穏諸財具足諸願成就ヲ祈リ給ヒ志田郡耳取村ニ於テ弐貫七百弐拾参文ノ所領ヲ寄進セラレ、春秋二季ニ奥方親シク参向ノ上野太刀一振ヲ奉納シ謹厳ナル礼拝アリ。代々ノ成例トシ給ヘリ。

本尊妙見大菩薩尊像ハ木彫ニシテ御丈略々一尺妙相瑞厳誠ニ稀代ノ作ナリ。御目御眉御鼻ヲ除クノ外全体ニ貝殻ノ泊着セルハ海底ニ年所ヲ経タルノ久シキヲ徴知スヘク、又其刀法様式等ニヨリテ往古ニ於テ名手ノ丹誠ヲ究メ信仰ヲ凝ラシテ彫成シタルコトヲ知ルニ足ル。伝ニ曰ク、伊達家先代ノ姫君一日名取郡閖上浜ニ御遊覧ノ砌リ、偶然漁網ニ掛リテ出現セシヨリ、之ヲ愛宕大権現社内ニ奉安セラレシナリト。

又愛宕大権現別当伊達家ノ祈願所タリシ誓願寺ニ伝フル口碑ニヨレバ、妙見大菩薩尊像ハ元磐城相馬妙見社ニ奉安セラレ、相馬氏ノ崇信セル所ナリ。然ルニ政宗公ノ相馬氏ヲ討ツヤ非常ノ苦戦ヲ経タリ。謂フ、相馬軍ノ敗レントスルヤ妙見大菩薩ノ尊像彷彿トシテ現レ之ヲ擁護セリト。之ニヨリテ伊達家ノ将士ハ大菩薩ヲ封内ニ徒シテ奉安スルノ必要ヲ感ジ片倉小十郎専ラ其事ニ当リ窃カニ尊像ヲ奉シ来リテ之ヲ閖上ノ海中沈メ置キタリ。全体ニ貝殻ノ附着セルハ沈置ノ時豫メ掩ヒ奉リシガ為ナリトイヘリ。思フニ相馬氏ノ祖ハ下総国相馬郡大神宮御厨ノ下司タリ。而シテ其先ハ高望王ノ御子武蔵大掾平良文ニ出ツ尊像ノ由来亦蓋シ平氏ノ伝フル所ガ明治維新ノ際神仏混淆禁止ノ令アリ大政官神祇局吏員愛宕社ニ臨検シ大菩薩尊像ノ仏体タルヲ認メ之ヲ当時ノ祠官タル越路家ニ交付セラレタリ以来所領寄進ノ古文書ト共ニ越路家ノ宝物トシテ奉安シ今日ニ及べリ。

明治十五年五月

この縁起は、仙台の愛宕神社の往時の別当、越路家より納められたようである。こうした旧家が伝説を担っていたことを知るのである。

ところで、妙見菩薩と将門が関わるのは、宮城県亘理郡北新町の赤城神社に見られた。これは、将門の霊が北進して止まった所という。相馬氏が北進を図ろうとした名残であろうか。今は、赤城神社は廃され、空き地に、相馬家守護と関わる虚空蔵菩薩の小堂のみが認められる。同じ亘理郡の荒浜にある川口神社は、将門の臣、菊地蔵久が建て、将門より与えられた十一面観音を祀ったと伝える。さらに、将門は、相馬盛胤の夢枕に立って「汝の子孫の進むべき土地は北方だ。」と北進を促した。そこで、一族の坂元三河に、坂元に妙見社を建てさせた。これは、始めは将門神社であったという。（ソ・10）こうした相馬妙見は、明治を迎える頃、土地開拓のため、北海道に渡っている。しかし、将門のことは忘れられて、馬の神として祀られることとなった。（「相馬神社北海道本宮略記」）

次いで、奥州相馬の国王神社について考察しよう。『奥相志』（ソ．22）によれば、

国王神祠の本社は、下総国猿島郡岩井郷に鎮座し、正一位国王大明神と号す。祭る所は平新皇将門公の霊にして、神体は将門公の令愛平女公主（如蔵尼と号す）の作る所の影像といふ。重胤公、総州より行方郡にうつれる後、小高邑都迫（今入迫といふ）に勧請して祠を建てて祀る。

とある。これによると、岩井の国王神社を入迫に勧請したことになる。現在、旧小高町入迫の畑の側と考えられていたが、その近くの小丘上ではないかとも言う。私も小高神社の神官に案内されて踏査したことがある。二ヶ所のうち、どちらか決定出来ないようである。その後、国王社は、相馬市の中村神社の中に祀られている。相馬氏の祖神とされるが、現在、神体はないとのことである。相馬氏の家臣で、門馬氏、佐藤氏、江井氏は国王社を氏神としていたという。現在、確かめることが出来たのは、門馬氏だけである。門馬氏は、将門の後裔、相馬氏の胤経の五男、胤家が総州文間に住して、文間五郎と称した。この文間が奥州に移って、門馬となり、一族が広まった。この中で、原町と小高の二軒のお宅を訪れた。両家共に、平将門より続く系図を有し、小祠の国王社がある。

先に、相馬妙見の北進に触れたが、南に進出した国王社を記すこととする。現浪江町川添には国玉神社がある。この社は、かつては、国王神社であり将門を祭神としていた。平将門の娘の如蔵尼が下総から遷座したともいわれるが、この社の創建は不明である。ところで、明治の鎮守令が出るまでは、この社の社屋は、准胝観音のものであり、国王神社は修験光学院が管理する、その観音堂の境内に祀られた小社であった。明治以降、観音堂の建物は国玉神社と変わって今日に至っている。（ソ．50、ソ51）かつての国王神社の創建は、不明というが、この地は、中世には標葉氏の支配下にあったから、相馬氏の祖神である国王神社が存在することはないと思われる。明応元年（一四九二）に、標葉氏が相馬氏に敗れ、以後相馬氏の支配が続くことになる。そこで、この時以後に国王神社が祀られたと考えられよう。

現在は、准胝観音の小堂が国玉神社の境内にあり、平将門を祀るという。一説に、将門の娘の如蔵尼が巡礼の姿で奥州に下り、背負って来た観音とも伝えている。この像を安置して、父、将門を祀ったのだという。准胝観音とは、准胝仏母ともいい、仏部と観音部の二説がある。その姿は、三目、四・八・十八臂で、珍しい観音なのである。実は、この観音が近くの立野にも存在して、川添のそれと巡る習わしがあったという。立野の場合も観音堂があったが、やはり明治に廃されて、准胝観音像はその地の観音寺に移されたという。地元の郷土史家に案内していただき、その跡地の森を確認し、近くの観音寺に准胝観音を拝観した。ここの像は、彩色のある立派なものであった。こちらの方には、如蔵尼の伝説こそ聞けなかったが、川添と深い関わりがあったように思われる。また、川添の准胝観音は、現在も女性が中心となって祭祀を続けているらしい。

この国王神社にまつわって、さらに、伝説は展開する。何時の頃にや、大野村野上のある神主が浪江の清信（現、川添）を通った時、折しも夕方のこととて家路を急ぐをりしもあれ、「縋りたし、縋りたし」と連呼するものがあった。神主は恐ろしいとも思わず「縋らば縋れ」とやりかえした。あやしい声の主はふらふらと空を飛んで神主の袖や体に重々しくさわった。ほろ酔いの神主は驚いて醒めて、飛ぶように帰宅して、妻子にこうだと語り寝込んでしまった。翌朝、神主が目覚めると、袖のあたり重たげなものがあるのを知り、取り出すと将門の尊像であった。そこで、ああ尊いと崇め奉り、山嶺に祀って飛び付き観音と呼び、馬の守護神として参詣する者が多かったという。（ソ・46）

これが現在の双葉郡大熊町野上の勝善神社である。今は、数軒で管理しており、草深い小路を通って行くと聞いていたが、参拝する当日には草がきれいに刈られていた。迎えてくださった方々に感謝して参詣し、お話なども聞くことが出来た。それによると、天正二年（一五七四）の春、標葉山中、草野なる馬頭観世音菩薩が、美装の駒に鞭を打ち疾風の如き勢いで、野上向山の岩立ち荒い絶壁に飛びついたという。真紅の上衣に赤の袖も華やかに飾られた姿が尊く、後光が四方に輝いたと伝えている。たしかに、社殿の裏は、険しい崖がそそり立っている。明治までは、飛び付き観音と称したが、以後は、勝善神社となり、倉稲魂神と平将門を祭神とするという。

将門の娘とされる如蔵尼が現国玉神社と関わることから、勝善神社の伝承まで行き着くこととなった。この如蔵尼は、『今昔物語』以来、奥州の恵日寺に庵を結んだと伝えられる。その恵日寺が耶麻郡磐梯町といわき市四倉町にあり、どちらとも言えない状況である。ここでは、四倉の恵日寺と如蔵尼の関連を再考してみたい。

まず、『石城郡誌』（ソ．7）には、「其後、平将門の三女髪を剃りて尼となり如蔵と号し地蔵木像を背負い来たり。庵室を寺側に結び住す。如蔵後に会津に移るともいふ。又八十有余年にして茲に終るともいふ。其の影像、寺に存せり。」（ソ．8も同じ記述）とあり、如蔵尼が四倉の恵日寺の側に庵を結んだという内容となっている。ところが、近年の『いわき市史民俗篇』（ソ．11）や『いわき北部史』四倉の歴史と伝説（ソ．12）では、如蔵尼を滝夜叉姫と記している。

現在、恵日寺の裏山には、滝夜叉姫の墓が存在する。これは、大正三年十一月二十八日付けの「いばらき新聞」（茨城県水戸発行）に、

福島県石城郡大野村大字玉山、字水無沢、恵日寺境内より滝夜叉姫墳墓発見す。石棺、長九尺、巾四尺ナリ。明治十二年十二月、県令山吉盛典「元亨釈書」ノ記事ニヨリテ調査セシモ詳カナラズ。今回開墾ノ為、発掘シ本年十一月二十六日、同村高木重信、瀬谷友之助両名ヨリ調査方出願せり。（祭魚洞文庫「平将門書類」ア．20）

という記事が載っている。明治十二年に、『元亨釈書』の記述から、如蔵尼の調査があったが、判明しなかった。ところが、大正三年十一月二十六日に墓が発見されたことが分る。これを、滝夜叉姫の墓としたことが影響したのであろうか。この地域では、滝夜叉姫と云う呼称が行われ、この姫が仏門に入って如蔵尼と称したとされている。

そもそも、滝夜叉姫は、江戸後期の文芸化の中から生まれた名前である。滝夜叉という名前は、山東京伝の読本『善

知鳥安方忠義伝』文化三年（一八〇六）に出るのが最初である。その後、歌舞伎『世善知鳥相馬旧殿』、『英皎うとふ一諷』、浄瑠璃所作事『忍夜恋曲者』などが出て、滝夜叉の名は大いに名を馳せるに至る。そこで、あの名高い滝夜叉姫の墓と呼ばれるようになったと思われる。一方、磐梯町の恵日寺では、如蔵尼で一貫しているようである。それと比べると、やや見識が問われるところであろう。

ところで、近頃聞いたことだが、四倉の恵日寺に隣接する新妻家の裏に古井戸があり、如蔵尼が使用したという伝えがあり、さらに、如蔵尼の庵もその近くにあったと語り継がれていたそうである。たしかに、現在、塀を隔てて、恵日寺の境内に続く場所であり、そういう話があっても不思議ではないことである。地域の事情ではあれ、秘せられていた伝説が新たに明らかになることは喜ばしいことである。

徳江元正「桔梗姫の唱導」（ア・24）や梶原正昭・矢代和夫『将門伝説』（ア・25）などによれば、昭和三十年代には、恵日寺には住職がいて（今は、無住）、享保二年書写の古縁起もあったらしい。以下に、これらの研究を参照させていただきながら、この恵日寺の伝説を述べておきたい。

当恵日寺には、岡本談所と呼ぶ一種の教育機関があり、末寺の僧などを集めて仏書の学習研究をさせていたという。この岡本談所は、恵日寺の境内にあったといわれたり、寺の南方、今は水田となっている所にあったとも伝えられている。その在所は不明であるが、恵日寺関係の伝説を継承・管理させたものらしい。岡本談所には、「岡本談所縁起」があり、恵日寺に所蔵されていたが、現在は、その所在が分からなくなっているようだ。そこで、その縁起を引用した記述によって、その内容の考察を進める。

「ソ・12」には、「天慶三年三月平将門の娘、滝夜叉姫（縁起には常夜姫とあり）が地蔵仏を背負い来り、地蔵堂を建立したといわれている。」とある。これから想像すると、「縁起」には、将門の娘は常夜姫とあったのに、それを無視して当然のように滝夜叉姫と変えられたように思われる。さらに、他の箇所では、「岡本談所縁起によると、延元元年（一三三六）岡本忠次郎正義が岩城の郡司の拝命を受け、当地方を納めた時、忠次郎の娘曾奈女は、滝夜叉姫の悲運の物語を知り自分も尼となり法名を隆恵と改め草庵を結び地蔵菩薩を信仰したという。」とある。ここも「岡本談所縁起」の引用であるから、滝夜叉姫の悲運は常夜姫のそれであったと考えざるを得ない。しかし、滝夜叉姫と記述するのは、何としても、恵日寺と高名の滝夜叉姫を結び付けようとしていたことになる。先にも述べたように、滝夜叉姫の名は、江戸後期の文芸化の中で生まれたものである。こうした、古文書の改変は、かえっておかしな結果を生むことになろう。

一方、『将門伝説』（前掲）には、以下のような記述がある。「頃は、足利尊氏の時代であった。この磐城地方に岡本忠次郎正義なる豪族がいて、郡司職を預っていたが、正義にはひとりの姫があり名を美奈名といった。噂に如蔵尼の伝えを聞き深く感ずるところがあり、恵日寺を訪れ自らも剃髪し、染衣して法名を隆恵尼と改め、一心に地蔵菩薩を信じたという。岡本氏は、延元二年（一三三七）北畠顕家の軍に従い、下野の阿部野に討死したとのことである。（薬王寺文庫）」とある。ここに、俗名は曾奈女あるいは美奈名という女が隆恵尼として登場することは注目される。十四世紀、この地に将門の娘の伝承が存在したことが確認出来るからである。

『将門伝説』（前掲）は、さらに

在地武士の岡本一族の菩提を弔ったのも、こうした地蔵の尼であったのではあるまいか。将門一族に対する如蔵尼と、この隆恵尼とは、その点でひじょうに共通するものがあるといってよかろう。寺の縁起の中には、明徳二年甚恵僧正鎌倉観修寺ヨリ来リ、隆恵尼ノ諸説ニ依リ再建中興シ、甚光山恵日寺ト改ム。とある。隆恵尼の伝えは寺の中興に関係したというわけだが、それは隆恵尼の伝えが如蔵尼とともにこの寺で重く見られてきたことを示すものであろう。

と卓説を展開している。

なお、ここに薬王寺文庫が引用されているが、その後に火災があり、文庫も焼けたということで内容が確認出来なくなっている。「恵日寺の縁起」「岡本談所縁起」といい、こうした資料の散逸は、まことに残念であるが、私は、ここに現れた隆恵尼に大いに刮目したいと思っている。この人物は、将門の娘の古い伝承を担い、更に尼となってひたすらに信仰生活を送り、結果的には自らの話も重なって伝説を伝播したと考えられるからである。まさに、隆恵尼は伝説伝播の位置にいるといえよう。

近頃のこと、富山にも如蔵尼の伝説があると聞いて出かけて行った。そこは、現在の射水市で、かつての射水郡大門町である。如蔵尼が熊野比丘尼となり、奥州から当地に来て熊野神社を参詣した。ところが、病気になりここに留まり、人々に熊野の功徳を説いたという。人々に請われて、草庵を結び生涯を終えたと伝える。その草庵が後の誓光寺の始まりと云われている。

富山には名峰立山があるが、その立山信仰は熊野信仰の強い影響があったという。県内に熊野神社は八十を数えている。その中では、大門町の水戸田にあった旧熊野村の熊野神社が古社であったという。これが如蔵尼の詣でた熊野神社といわれる。私は、如蔵尼が熊野比丘尼となったと伝えられたことに注目したい。これは、実際には熊野比丘尼が有名な如蔵尼を語っていたことと捉えられよう。熊野比丘尼は、諸国を廻って勧進を行い、口承文芸の担い手でもあったといわれている。そうした熊野比丘尼の一人が人々に慕われて庵を結んだということではなかろうか。それが、やがて、この誓光寺の開闢縁起に組み込まれることになったと思われる。

3、津軽の相馬家

二、三年前だったか、インターネットに、全国の相馬氏の調査が出ているのに出会った。それによると、各県の全世帯数に、相馬姓が占める割合が最も高いのは青森県で〇・三五％とある。意外なことに、相馬郡が存した茨城県や相馬藩のあった福島県は、かなり下位にある。このことが気に掛り、私も、電話帳などを眺めてみた。相馬姓は、青森県弘前市とその周辺に極めて多いのである。

それ以後、私は、当該地の郷土資料館や図書館、さらには、郷土史家にまで電話や手紙でこのことを問い合わせた。しかし、はかばかしい答えを得ることが出来なかった。とくに、中津軽郡相馬村に尋ねてみると、当村には、相馬姓の家が一軒しかないということだった。そこで、翌年、意を決して現地踏査を行うこととなり、漸く、弘前市内に、将門の苗裔を名乗る相馬家を知ることとなった。前当主、相馬利忠氏の著書（コ・18）もいただいたことから、当地の相馬家の状況が分かって来たのである。

相馬利忠家は、明治に至るまで津軽藩士であり、それ以前は、現東津軽郡蓬田村の蓬田城主であった。当家には、系図が伝えられており、それを書き出しから辿ると、平親王将門八代の後胤、相馬利陳という人物から始まっている。この人物には、「筑前国舟原郡を知行し居城あり平治二年三月八日死去」と注記がある。この利陳の子らが戦死したため、弟の利勝が家を継ぎ、三代めの利久が正嘉二年（一二五八）に、奥州に下り、南部浄慎寺駒ヶ峯に居住した。この長男の系統が外ヶ浜蓬田へ移住し、次男の系統は駒ヶ峯に残ったようである。この相馬家は、蓬田と南部の二系統に分かれたことになる。蓬田の初代を佐伝四郎則一といい、筑前則実、越前則政と続く。則政には「文明四年（一四七二）津軽外ヶ浜居住なり」と注記がある。この後、蓬田城主は、代々蓬田越前と名乗ったようだが、系図には明記されていない。その間、越前の弟、某が田舎館に移ったという注記が見られる。こうして、四、五代の城主が続いた頃、天正十三年（一五八五）を迎え、大浦（津軽）為信の津軽統一があり、蓬田城主、相馬越前は戦うことなく南部へ落ちのびたという。しかし、この越前の二男、小三郎は、この地に止まり、やがて、津軽為信に召し出され、知行高、五十石の津軽藩士となって続くことになる。系図には、幕紋、繋馬・家紋、九曜と記されている。

ところで、系図の有様については、ここで述べるまでもなく、全てを信じるわけにはいかないが、ともかく、これが当家の伝承と考えて、検討を加えておこう。

この系図が最初に発表されたのは、昭和五年の新聞『東奥日報』（東奥日報社）紙上である。貴重な記事であったが、平将門との関わりであったこともあり、当地以外では、あまり話題にならなかったようである。昭和四十八年には、『蓬田村史』が蓬田城の記述と関連して、かなり詳しい解説を行っている。これらも、考察の資料として用いることとする。

前述のとおり、当家の系図は、将門より八代の後裔が九州に居住していたことから始まる。相馬と九州との関わりは、『続々群書類従「相馬系図」』にも見られる。それによると、将門の子には、良兊・将国・景遠・千世丸がある。その将国の子に文国と朝義（イ景遠子）がある。文国の系統は、いわゆる信田氏に連なり多くの将門伝説を生む。朝義の子は貞元で、「子孫在九州」と記されている。また、『松蘿館本千葉系図』（『房総叢書』所収）では、朝義を景遠の子として、その子貞元に、やはり「子孫在九州」となっている。因みに、将門の子に将国を入れるのは、史実としては認められていない。したがって、信田の系統が伝説とされるのは至当であろう。この他にも、将門と九州との関係は、『奥相茶話記』（岡田重胤、寛文七年）に、将門が「筑紫一国を領し給ふ」という記述がある。これも、将門と純友とを結ぶ伝説と考えられよう。

なお、筑前の国に「舟原郡」という郡を記した記録は見当たらない。ただ、旧筑前の地に舟原郡の名はないものの、舟原という地名は存在した。『明治前期福岡県町村字名分類索引』（上村重次編、平成10年刊）には、舟原という地名が福岡市南区野間、北九州市若松二島、遠賀郡芦屋町芦屋の三個所に挙げられている。ただし、これらが系図の舟原郡とどう関わるかは不明である。

この相馬氏が何故か、遠く離れた陸奥国南部、浄慎寺駒ヶ峯に移住したという。このことについては、利忠氏によれば、岩手県二戸郡浄法寺町でも調査があったという。その際、駒ヶ峯には、険峻な城跡もあることから、浄慎寺は浄法寺の書き誤りではないかという結論に至ったらしい。たしかに、「慎」と「法」は崩し方によっては、かなり字体が似通ってもいる。もっとも、利忠氏は納得していないし、私も原本を見ていないから何とも言うことが出来ない。

ところで、南部といわれる土地で、現在の二戸市福岡辺りには、相馬姓が多く存在する。とくに、当地の下斗米氏は、有名な相馬大作が出た家で、平将門以来の系図を所有している。南部氏歴代の事跡を記した『奥南旧指録』（『南部叢書』所収）にも「下斗米氏―平氏相馬将門の末なり。」とある。この下斗米家の系図を見ると、相馬小次郎師胤の後裔、胤茂より数代後の将久より出ており、後に「元禄年中、福岡に移る」という注記も見える。そこで、先の弘前の相馬家とこの家とは別系統と考えられている。ただし、系図の違いからだけで、別系統と断定するのは、早計であるかもしれない。この南部の相馬氏と蓬田村の相馬氏の関係は、さらに、調査する必要があろう。

相馬利忠家の系図によると、その祖が外ヶ浜に移住し、蓬田城主となる。この辺りからの記述は、ほぼ事実に近いと見てよいのではなかろうか。ただ、この系図を記したのが南部側の人物とされており、明確な記事は残されていない。そこで、津軽為信が津軽統一の戦いを起した際、蓬田城主越前が南部に逃げたのか、あるいは下北半島から現北海道へ渡ったのかも明らかではない。その後に、蓬田城主の二男、小三郎が見出されて津軽藩士となってからは、確実な記録となる。

津軽藩士の「由緒書」によれば、小三郎は高野・荒川で五十石を下されたが、これらの土地では五十石の開発が成らず、山形村に移り田地開発に携わったという。この相馬家は、禄高は低いが、田地開発に携わっていたことがあり注目されよう。津軽藩主は、新田開発に力を注ぎ、小知行の藩士を中心に開発を行わせたというので（『角川日本地名大辞典』）、相馬家もそれに従っていたのであろう。田地開発となれば、農民を直接指揮しての仕事となり、農民との繋がりも強かったと思われる。当家の四代、宗兵衛は、水木村に移り、猿賀組の白沢で、桐・漆・杉の植え付けを行ったとあり、引き続き開発の仕事を行っている。このように、この相馬家は、強く農民と結び付いてもいたのである。

また、唐竹の豪農であった相馬家には、以下のような伝承があった。蓬田城が滅ぼされた時、相馬家の二人の兄弟が新館と杉館に入った。新館に入った方がやがて唐竹に移った。これが当家の初代であるという。平将門の子孫を称し、家の紋は九曜である。（昭和59佐藤建造『相馬貞一翁伝』、相馬貞一翁頌徳会）先の系図にも、越前の弟が田舎館に移ったことが記されていたように、蓬田城主と関わる者たちが津軽地方に在住していたことが分かるのである。こうしたことから、平将門の後裔を称する相馬家は、士分の者にも、農民の間にも広がって行ったことが考えられよう。

明治を迎えた際、津軽藩の士族・卒族を明治初期に調査した資料が残されている。（昭和55内藤缶八郎『弘藩明治一統誌士族卒族名員録』、青森県立図書館）これによると、相馬を名乗る士族は二十家、卒族は七家を数えている。その内訳は、「士族」八十俵三家、四十五俵二家、四十俵一家、三十俵八家、二十俵四家、十五俵二家、「卒族」十三俵一家、十二俵二升二家、十一俵一升一家、八俵三升三家である。幕末の頃に、こうした家々が津軽の各地に散在していたのである。

農民の方も、安政四年（一八五七）の村役人が五人、その名が残されている。また、柏村・玉水村の開拓者として、相馬喜兵衛という人物が偉人と記されている（平成9加藤慶司『津軽百名字由緒』私家版）碇ケ関村の豪農として相馬八十吉が知られ、（昭和52今田清蔵『南津軽郡町村誌』歴史図書社）相馬村を開拓したのは相馬孫三郎の先祖といわれている。

（コ16）

なお、先に相馬村について述べたが、当地方の最も古い資料によると、鼻和郡の（相馬村中の）小波、乃位、阜間、紙漉沢、持寄などは、相馬一族が守護していたという。相馬村も相馬氏と繋がりがあったことが分かるのである。唐竹（南津軽郡平賀町唐竹）地域の相馬六十余軒は元鼻和郡地域より唐竹方面に一度に移住したものといわれる。そこで、現相馬村には一軒だけとなったらしい。

また、時代が近いところでは、明治二十四年、旧藩士の相馬駿が現在の青森市港町二・三丁目の海岸地域を漁師町として開拓許可を得たことにより発展し相馬町と呼ばれたという。（『青森の地名』平凡社）

さて、青森県にも、平将門伝説がかなり分布している。これまで、私が踏査出来た所は、以下のとおりである。

＊将門館址

西津軽郡車力村には、将門の館があったという伝説がある。正子（まさこ）殿という人が住んでいたといい、これは、まさかどを言い間違ったと伝えていた。

＊牛潟

将門が（車力村の）館にいた時、将門の牛が物に驚いて池に飛び込み死んでしまった。この池の名を牛潟という。

＊袴潟

別の池には、将門の女が袴を洗おうとして、誤って池に落ち死んだという。ここは、袴潟と呼ぶ。

＊騎鞍（のりくら）

将門は好んで荒馬に乗っていたが、その馬が死んだので、（車力村の）騎鞍という所に、馬の神と祀ったという。

＊将門の後裔

東津軽郡蓬田村には、先述のように、後裔を称する相馬氏の城址が在住していた。青森市入内の小金山神社の境内には、白山宮がある。これは、いつの時代にか須（信）田小太郎が建立したという。この白山宮の境内に、信田小太郎が観音堂を建て、後に入内山華福寺となったともいう。（コ．4）

＊村の開祖

中津軽郡相馬村には、村の開祖として相馬孫三郎という人物が伝えられている。（コ．16）

＊将門の子孫

南津軽郡尾上町には、将門を高祖として、代々、名前に「将」の字をつけている木村家がある。（木村家伝承）

＊将門の臣裔

北津軽郡中里村の八幡宮の宮司、松橋家は将門の家臣の後裔と伝えている。この家にも、将門と関わる系図が伝えられている。

＊善知鳥の関連

東津軽郡小湊には、「善知鳥安方が将門を諌めて聞かれず、さすらいの旅に出た。妻の錦木は、夫の後を追い、外ヶ浜まで来て、この里で死んだ」と伝えている。青森市久栗坂には、善知鳥安方の妻、錦木の墓標があったという。青森市安方には、善知鳥神社があり善知鳥安方の創建という。また、一念寺は、安方夫妻の魂を鎮めたという。

これらの伝説で、とくに注目されるのは、将門の館址伝説である。これは、江戸時代の遊歴の文人、菅江真澄が正子宿に泊り、『外浜奇勝』（寛政七年）に書き留めていた。牛潟の所では、「まことであろうか」と疑いも見せている。平将門の王城伝説は、各地に見られるが、この地は、その最北端になろう。私も、この地に巡り、正子、牛潟、袴潟、乗鞍と踏査したが、はかばかしい結果は得られなかった。ところが、近頃、青森県立図書館で、地元の研究者、工藤達『柾子館跡古実見聞記』（昭和50年、私家版）に巡り会うこととなった。この書によると、十四世紀から十五世紀にかけて、正子の地には柾子弾正が館を構えていた。ところが、嘉吉三年（一四四三）安東氏が柾子館を襲い、柾子氏は秋田方向に敗走したと伝えられている。柾子氏は、館を立ち退く際、七つの藁人形に甲冑を着けて敵の目をくらませたという。この地の将門伝説と伝えられた内容は、実は、柾子弾正の事績であったのである。柾子弾正は、その戦いの中に、将門伝説に現われるように七人の武者人形を用いていた。そうしたこともあって、「まさこ」は「まさかど」に付会されたのであろう。後世の人物の事績を将門のそれと伝えることは、各地に見られることである。

この地の平将門の後裔に関わる伝説は、これまで述べた相馬氏との所縁と見られるのではなかろうか。ただ、青森市入内の信田小太郎伝説は、相馬との関連は、もちろん、あるはずであるが、幸若舞曲に関わる伝承の方も頭に入れておかなくてはならない。そうなれば、別系統の伝播であるのかもしれない。また、善知鳥にまつわる伝説は、この地方に古くから伝えられた善知鳥伝説に、山東京伝の読本『善知鳥安方忠義伝』（文化三年）の内容が加えられたと考えられよう。それも、当地は平将門と（後裔という）所縁があったからにほかならない。

このように見て来ると、津軽とその周辺の将門伝説は、この地域に、将門を祖と唱える相馬氏が在ったことがその形成に大きな関わりがあったということが出来るように思われるのである。

青森県に、何故に相馬姓が多いのかという疑問から出発し、平将門の後裔を称する相馬家に行き当たり、以上のとおり、ほぼ、その答えを見出すこととなった。関東から遙かに離れた最北の地に、平将門の伝説が存在することが分かるような気がする。今後、現地の歴史などの研究をさらに詳しく調べて、検討を加えていくことにより、さらに明確な答えを出したいと念じている。

なお、ここに最北という表現を用いたが、さらに北には北海道がある。以前、相馬妙見が北海道に渡り、相馬神社として、かなり祀られていることを記した。しかし、平将門は忘れられて、馬の神として広められていた。残念ながら、相馬神社に関連して、将門伝説を探ることは出来なかった。相馬利忠氏も前掲書の中で北海道の相馬氏を探求している。その中に、蓬田城址内に八幡宮の額「慶応三卯年（一八六七）三月　相馬小三郎利武　弟同氏平次郎」があることを示し、この平次郎は北海道在住と記している。このことからも、かの地に平将門の後裔を称する相馬家が存在している可能性は高いのではなかろうか。さらに、北海道寿都郡寿都町には、安政二年（一八五五）に、幕府の命により、弘前藩が構えた陣屋があった。ここに、相馬と関わる者が務めていたこともあったかもしれない。そうした関係から、平将門の伝説が北海道まで延びて行くことも考えられなくはなかろう。しかし、当地域に、将門伝説らしいものにはめぐり会っていない。今後は、北海道に渡った相馬氏も調査することが必要であろう。また、相馬村が秋田県と境を接していることから、秋田北部の将門伝説と如何に関わるかも見落としてはならないだろう。いずれにしろ、東北地方を中心に、関東以北の将門伝説については、なお詳しい踏査が肝要であると思っている。

（三）三田家の伝説伝播

三田氏は、鎌倉時代以降三百年以上も、現青梅市を含む杣保の地を支配していた。この三田氏が自から平将門の後裔を称していたのである。このことから、相馬氏との関係が考えられることになる。「相馬系図」（続群書類従）には、胤興に「三田弾正、常陸介、家紋巴を用」その子胤勝に、「三田弾正、武州三田庄将門宮建立」その子胤定に「三田弾正」とある。この三田弾正が杣保の三田氏ではないかと言われたが、地元には、そうした資料は一切存在しない。織田完之は、「将門霊神祠　芝区の三田に三田弾正の祀れる神祠在りし由今其の処を詳にせず。」（ア・19）と説く。また、広瀬渉は「（武州三田庄に）三田弾正、之（将門社）を建つ。」（ア・18）と記している。どうやら、この三田弾正は現東京の港区三田に存したようである。杣の保を統治した三田氏は、「相馬系図」の記事とは無関係であるのかもしれない。永禄年間、三田氏は、北条氏に滅ぼされてしまう。その最期は、谷合太郎久信の日記に記されている。珍しい記録であるので示しておこう。（オ・Ⅰ83）

日記　（句読点を付す。）

一、三田弾正綱秀ハ平将門之末葉ニテ、鎌倉官領上杉左京太夫顕定之幕下ニテ、三田之領主ナリ

一、顕定、永正七年二月越後国ニテ討死之以後、永録四年、長尾景虎入道謙信与北条氏康関東ヲ浄ママ。小田原江攻入北条氏康危。此節、関東大略輝虎ニナビク。是ヲカケトラ乱ト云。三田弾正輝虎ニ与力シテ三田ニ住ス。同六年癸亥滝山ノ北条奥陸ママ守氏照三田江取カケ攻ル。

先手軍端ヲ渡、檜澤ヨリ上ル。員野半四郎ト云者村山之地頭也。案内者故、赤出立ニテ真先ニ上ル。鉄炮ニテ打ヲトサル。此鉄炮者伊勢之龍太夫三田殿江一挺進上申也。カラカイニモ三田八十騎、防所ニ三田ノ家来塚田又八ト云者心カハリシテ、城ヘ火ヲカケ焼上ルニヨリ、綱秀不叶シテ城ヲ落ルトテ、

カラカイノ南ノ山ノ玉手箱アケテクヤシキ我身ナリケリ。

幼少ノ子息二人ヲ久信ニ頼由ニテ、顕定ノ御状三通為証、可立世由数条云置、城ヲ落程経テ岩付ニテ自害。子息モ其後二人共ニ病死、無力埋木ト朽果ル者也。

慶長十七（一六一二）年壬子二月　日　　太郎重久信

【注解】

＊浄　ママとしたが、「争」か。

*奥陸　陸奥。
*赤出立ち　赤（色の装束）のいでたち。
*伊勢之龍太夫　伊勢太神宮の御師。鉄炮を一挺、三田殿に献上していたようだ。
*カラカイ　辛垣城。
*岩付　岩槻城。
*慶長十七年　永禄の戦いを思い返して記録したのであろう。
*谷合家は後に里正（名主）となった。

私は青梅の三田家の墓地近くで、三田姓の方に会った。この三田家とは、三田氏譜代の臣の野口秀房の後裔であるという。野口秀房は、三田家没落後六十四年を経た時、三田氏の位牌を金剛寺、海禅寺、天寧寺へ納めたことで知られている。この子孫は、代々、三田家の墓を守って来たという。江戸時代のいつ頃か分からないが、江戸から青梅地方の視察で、役人たちがやって来た。その中に、旗本となった三田という武士がいた。その際、三田宗家の墓が大切に守られているのを見て感激し、三田の姓を名乗ることを勧めたという。そこで野口姓を変え、現在は三田の姓となっている。この三田さんのお宅で話を聞き、日向和田の駅の側の三田家墓地へもお参りした。その側には、天慶稲荷（将門稲荷とも呼び、鉄平石に天慶三年と刻した神体を祀る。）が祀られていた。

もう一軒、三田氏と関わる家を記しておこう。これは、先著でも詳しく述べた、将門神社の神官家である。この家の系図によると、「延徳三年（一四九一）正月七日領主三田侯ヨリ三田氏拝領。」とある。後に、三田家は山宮に姓を変え、さらに、三田に戻り今日に至っている。この家には、多くの文書の中から、系図と神社記を紹介していこう。

平姓相馬家伝系図

（系図前書き）

伏惟、乾坤分而生両儀。人者則出其両間万物為主霊也。蓋聞、人倫之誓姓氏有各別号。吾平姓囊祖者、百王五十代桓武皇帝之出自後胤、高貴枝葉也。偽曾冒祖妄非認膏腴。自宇多院、賜平朝臣姓。貫左京皇別。爾来、大祖平高望王相伝之一巻於累世引系甄図、以証録。而一統派流詳書持之処、去寛永十二乙亥年十二月家伝旧記系図等焼失之畢。依茲、与姓血脈者雖不易相続家氏。粗為改変所謂起相馬氏。原島三田至今亦改号山宮。既四度変之所以是臨時時因子細有拠也。故氏族類葉在異氏焉。然間、家伝継来之系譜証史於記絶深悲嘆焉。今温知本枝改正之謹録識。後世苗裔等欽而莫発疑念矣

寛永十六（一六三九）己卯年秋八月

山宮阿波守平朝臣吉次誌

人間の出現から始まる厳しい漢文で書かれているが、寛永年間に、神官山宮吉次の記述したものである。相馬、原島、三田、山宮と姓を変えて、後世の子孫に疑念を発してはならないと結んでいる。この後に、桓武天皇から高望王を経て、良将に至り将門、良門となる。その記述は以下の通りである。

将門　滝口相馬小次郎　号平親王

下総国猿島郡石井郷ニ、准都建内裏。武蔵権守以興世為王、自尊号平親王。百官ヲ立、称東百官。常陸大掾国香ヲ討チ東八ヶ国領知。当国発向之刻、当地ニ宿陣ス。于今住安所有旧跡。此時、家臣尾崎五郎、浜竹十郎一之関所守護之。隔玉川於両崎有旧跡。天慶三年二月十四日、平貞盛放矢中、逝葬ス。

【注解】

＊住安所　奥多磨町棚沢にある将門神社の下方の原。今は住宅地となっている。

＊尾崎五郎・浜竹十郎　『新編武蔵風土記考』に平将門の従者とある。

良門　　平太郎十六歳元服、自号将軍太郎

天徳年中、父之依為遺跡、到于当穴沢之地。軍中利運ヲ終夜祈多名沢之神社。而亡父の霊ヲ祭祀畢。旗一流太刀一振永神庫納之。則嫡子三歳之幼童、民間隠置。当郡之内氷川奥大堀山ニ仮居。従夫、秩父ニ赴。又東山北陸経両道、而于直、山陰山陽之国々進発。永延三年（九八九）三月廿三日三石ヲ立、新田城攻、為渡部源次綱討死。

旗紋繋馬

【注解】

＊大堀山　現在の奥多摩町境。（六つ石山の近くにある。）

＊永延三年三月廿三日　この記述は、『前太平記』に「将軍太郎平良門が播州三石に柵を構え、永延三年三月廿三日に三石を立ち、摂州新田城を攻めて渡辺綱に討たれた」とある記述に拠ったのではないかと思われる。

この良門の子に、良直があり、「平太郎、民間に成長、号相馬新吉。」と注記し、系図が続けられる。次に、将門神社についての社記を示す。（三田家には、他に二枚あるが、最も古いもの。）

武蔵国多摩郡相馬之保内鎮座多名沢神社穴沢神社平親王御霊将門大明神社記

抑、当社者は人王五十代桓武天皇御宇、延暦十二年夏五月鎮守府将軍坂上田村麿利仁令征伐於東夷矣。則為軍中守護軍神以八千鉾神多名沢神社崇祭焉。而後東夷悉恐神威而帰伏于軍門矣。帰洛之時、一紙之棒幣帛于当山鎮座奉祭祀云々。爾来後六十一代朱雀院御宇、承平年中、武臣平親王将門于仮当地居城之時、社頭再建神璽為再祭祀矣。嫡子将軍太郎良門依旧跡而詣于当社。亡親之形象彫作而合殿奉安置、以来号平親王将門社訖。当社地主之神穴沢天神社者醍醐天皇之勅願所也。起立者景行天皇皇子日本武尊東夷征伐凱歌帰西之時、於武岳屯軍馬給曰北谷遙現光輝則尊尋瑞光而此所到。玉寔神霊降臨之霊地在之。即神秘之以祭主穴沢乃天神社崇祀焉畢。後穴沢与多名沢唱畢所以為通音歟。又曰八千戈命御鎮座御神名数多成故哉。沢山歟。是所謂自然得邑之名。其事之濫觴也云々。鎌倉右大将頼朝公治国平天下所寄附、即三十戸免。去寛永十二乙亥十二月廿一日火災証書記録焼失之訖。雖然為後証、愍之通筆記焉者也。于時、寛永十六己卯年（一六三九）九月望神主三田改山宮阿波吉次謹誌

【註解】

＊利仁　藤原利仁であろう。田村麿と同人物と混同されている。

＊多名沢神社　八千鉾神（大国主命）を祀る。

＊穴沢天神社　高皇産霊神を祀る。将門神社と多名沢神社と相殿で、奥社が穴沢天神社。

この三田神官家が最初に相馬姓を称えたことはどう考えたらよかろうか。私は、これは「相馬の将門」に影響を受けたかと思われる。『太平記』には、相馬の将門とあり、中世には、将門の姓は相馬と考えられていた。そこで、相馬小次郎将門などの称も現れたのである。

将門神社の神官家が将門の子孫を称して、自らの系図の中に相馬姓を取り込むことはあり得たことであろう。

（四）修験者と旧家の伝説伝播

平将門伝説の伝播に、修験者（山伏）が深く関わっているのはよく知られていることである。つとに、中山太郎氏は、以下のように、きわめて注目すべき指摘を行っている。

平将門の子孫と称する家は、私の故郷である下野国には、各地に渉り幾十戸といふほど夥しく残ってゐる。これは将門が兵を起した常総の地に近いのと、将門を誅伐した藤原秀郷の居住地が此の国に在ったからで、恰も平家の落人伝説が関西から九州四国に多いのと、同じ理由なのである。そして下野に在る、多くの将門の子孫と称する家々は、殆ん度言ひ合わせたやうに、古くは修験山伏の業を営むか、若しくはそれより下級の神事に由縁ある、巫覡の徒であった。(ア・4)

こうした中で、相馬を名乗る山伏は、とくに注目される。先著では、山本坊の相馬家、八菅修験の安養院・相馬家、甲斐の相馬家などについて詳しく取り上げている。近頃、山本坊が存在した地域の方から、山本坊の相馬家の系譜を記した文書が寄せられた。それには、「相馬系譜山本坊」として、将門――常隆――廣常――良常――(三代不明)師国――師常――(三代不明)時良(相馬掃部介平時良入道栄円)の系譜が示されている。当系譜は、この相馬家も師常の系統にしようとしたことは分かるが、将門からの繋がりは、何とも理解しがたいのである。今まで、相馬時良(栄円)がどういう人物かわからなかったから、一資料とはなるかもしれない。八菅修験も、相馬家の系譜は不明であるが、この修験には、千葉・相馬姓が多く、墓の紋は九曜であるので、師常の系統が想定されよう。甲斐の相馬家は、独自の系図を所持している。

それでは、以下に、修験者と関わる旧家の将門伝説の伝播を探ることにしたい。

1、東家

平安時代から、熊野本宮・新宮・那智大社の三社が熊野三山として広く信仰されるようになった。伊勢と新宮を結ぶ東熊野街道も開かれるようになった。その巡路にあたる紀伊長島の山中に、有久寺温泉がある。『北牟婁郡地誌』

（へ・4）に以下の記述がある。

有久寺　原名有宮寺　附記

（片仮名を平仮名に改めた。句読点を付す。）

本泉を発見せしは村上天皇の御宇天暦三年の頃なりしと云ふ。昔、花山院法皇西国三十三所を回幸あらんとして熊野那智山へ御参詣ありし際、該、冷泉名湯なること現じたり。時に、武蔵の人（将門の男、将勝なり。）伝へ聞きて此地に来り七々日湯治して速に全快せり。（該、有久寺の由来書に見ゆ。）

この記事を読み、現地踏査に出かけて行った。当温泉の管理者、東氏に話を聞き、次の由来記を拝見した。

有久寺薬師如来付温泉縁起

抑々有久寺温泉湧出の濫觴は何時代なるか未詳なれども古来伝ふる処に依れば人皇六十一代朱雀天皇の御代承平三年の頃より武蔵の住人平将門といふ者武威強く近隣を奪略し勢に乗じて益々我儘募り遂には主上を軽蔑し平親王将門と自称し文武百官を従へ天慶年中叛逆を企けるを主上聞召して俵藤太（藤原秀郷）に勅を降し給ひ官軍の総大将として差向け之れを征伐せしめしが戦ひ久しく止まざりしに将門の運や尽きたりけん秀郷の一矢に討ち亡ぼされ其子将国は逃げて民家に隠れ久しく漂ひ居けるが不思議なるかな或夜夢か現か将門の姿枕元に現はれ雷如声して聞けよ将国汝若年なりとも平親王将門の一子なり吾藤太秀郷のために亡ぼされ無念骨髄に撤し今に魂魄此の世に在り父の為に一天四海を覆へし天下の大王となって吾に向かひし奴原公衆武家と言はず鏖にせよと総身より炎燃え出て恐ろしき其姿忽ち将国の口より腹中へ入る驚いて目を覚ましたる将国も目に邪心を増し悪行を敢てし窃に天下の浪士を集め名古瀬の山に城を築いて総勢八萬余騎今にも四海を覆さんとす時恰も人皇六十五代花山天皇御位を譲り仏法に深く御心を依せられ西国三十三ヶ所の霊場へ御巡拝遊ばさる途中名古瀬の山辺にかからせ

給ふ也将国の兵共花山院をば何と間違へしか大刀を抜いて切りかかるに折らるるもの数人兵共其武威に畏れ逃げて将国に告ぐ将国大に怒り一撃の下に切って捨てんと自ら大長刀を水車の如く振り回し討ってかからんとせしに院の御威光に忽ち居すくみとなり身如何ともする事ならずあまつさえ息もろくろく通はせぬ苦しさに堪えかね謝罪懺悔すれば許されし程に又もや将国切りかかれば又居すくみとなり此度は火の病を発せし如く苦しみければ院は静かにのたもふやう今や天下泰平にして仏法の盛んなる時なり汝が如き邪心深き者にても仏に帰依すれば何事も思ふ儘になるべきに不愍なる者よとあはれな奴と諭しければ将国うなだれて思ふ様吾も亦我親父も親王家とは言ひながら悪業強き故斯くあるべきか今より此の御僧の弟子となり仏法に帰依せば父も成仏するならんと院の御衣に縋り我父平親王将門は叛逆の為め既に討ち亡ぼされしも今に成仏せず吾諸共地獄へ引き入れられん事返す返すも残念なり願くは君のお弟子になし給はば此世に思ひおくこと更になしと涙を流して嘆きけるを不愍に思召してか自ら剃刀を取らせ給ひ出家となし給へば将国八萬余騎の兵者共をそれぞれにとりなし君のお供して那智山の観音へと参り行ける過去の業病といふ病にかかりあまつさへ君のお供もなし難ければ暇を願ひて那智のお山に三七日其間祈願を込め断食などして一心に信心せしが那智山の御仏もあはれと思召して或東雲告ぐる朝国山国山（将国出家後の名）と呼ぶ声のするまま誰れぞと見れば白髪の老僧吾は御仏の使ひなり汝が病気は平癒し難き病なれど善心に立ち皈て仏法帰依せしあはれさに癒ゆる薬も教へ申さん此処より三日路を経て東赤羽（一に赤湯）の郷に有久寺谷といふ処あり温泉出づと雖も里の人いまだ其霊泉を知らず汝其谷に行き温泉を探り入湯すれば治すること疑ひなしと国山不思議に思ひ仰ぎ見ればいつの間にか早や老僧の姿は消え失せにけりこはありがたや尊ふやと俄かに旅の用意して有久寺谷に来たり山に上り谷に下り千々に心を砕いてやうやう探り当て教への儘に七七日が其間一心に念仏入湯を続け居たるが何時治せしともなく元の身体に平癒しければ喜び勇んで又も都へ君を尋ね

上りけるとか言ふ鳴呼此の不思議の霊泉ある事を里の人も世の諸人も聞いて知れど何を疑ふてか入湯する者も暫
くは中絶せしとなり
（末尾に、以下の記述がある。）
文化八年（一八一一）八月末日　勢州津中町　伝説初記者　加藤久兵衛
大正十四年八月十五日　志州越智村　由来記修正者　谷口佐太郎
昭和四十三年正月元旦　東義松謹書

この温泉の管理者、東家の当主は、凰閣寺住職でもあり、温泉の側にある薬師堂も管理していて、修験者でもある。主たる行事は、十一月に行われる「柴灯大護摩」で、家内安全・交通安全が祈られるという。東氏が山伏の正装姿で法螺を吹く姿や火渡りの行事の写真なども拝見した。この東家も代々、修験の家なのである。此伝説は、熊野へ向かう古道に語り継がれて来た話であったと想定されよう。

なお、この縁起は、大正十四年八月に改訂されたとある。その際、先の地誌にある将勝が（相馬系図などに見える）将国に改められたとも考えられよう。

2、志田家
山形県朝日山嶽神社宮司の志田家には、将門――将国――文国――兼続――五郎右衛門という系譜がある。『相馬系図』と同様に、将門の子に将国を載せ、その二代後の兼続が追手から逃れて、出羽国の双月と大井沢に隠れれたという。大井沢口伝によると、兼続らは、追手を避けて二手に分かれ、一方は双月に止まり、他方は山奥深い大井沢に落ち延びた。この兼続は志田であることも、名前も明かさず、ただ、弾正とのみ称していた。そこで、人々は弾正様と呼んだ。死に及んで、子の五郎右衛門に、姓は志田、名は兼続と告げたという。かつて、五郎右衛門家の裏にあった弾正塚を掘ったところ、粗末な鎧、兜、刀が出て来たという。この志田弾正塚の石碑は、当地の大日寺に移して建てられている。

現在、この家の当主は大井沢を出て住んでいらっしゃる。そこへお訪ねして話を聞くことになった。系譜に見える五郎右衛門家では、小太郎と小次郎を交互に名乗っていた。代々、目つぶりの箱が伝えられており、それを開けて見たところ、志田小太郎という人物の日記のようなものが出てきたという。志田家は、当初から修験者（法印）の家である。大日寺、繁栄の最盛期（宝永、享保頃）は境内の敷地九千余坪、そこに二十四堂があり、信徒の宿坊を志田一族が経営し、三十六坊を数えていた。夏季ともなれば、朝日山麓の一筋の道が信徒の数であふれ、大井沢より湯殿山まで白い人の波がうねりを打って延々と続き、

湯殿まで笠の波打つ大井沢

と俳句に詠まれるほどの盛況ぶりであったという。往時、この大日寺がいかに繁盛したかが想像出来る。以下のような記録があるという。元禄の頃、手広く麻問屋をしていた大泉家が大日寺に、四月に一千両の金を貸したことがあった。その金は、十一月には間違いなく全て返済されたのである。このような巨額の借金をわずか半年ばかりで返済した大日寺の繁栄振りが偲ばれよう。

この宿坊へは、関東や福島の方から、修験者によって、信徒が連れられて来たという。そこから、湯殿山へは、大井沢の修験者が案内したという。すなわち、志田家は代々山修験であった。それぞれの村には、里修験がいて、信徒をまとめていた。湯殿山参拝の折りには、里修験が先達となって信徒を連れて来る。それを宿坊に泊めて、険しい難

所などは山修験でないと分からないから、共に山道を辿りながら、案内することになる。一方、山修験（御師）は、各地域の里修験の家を巡ってお札を配って家内安全などの祈禱をした。さらに、湯殿山の石碑なども各地方へ運んで造立したという。

当家の家宝として、阿弥陀如来の掛け軸が伝えられていた。これは、金箔張りで色彩された特種なもので、裏書には小太郎とあったという。（まさに、志田小太郎である。）この掛け軸は火災の時にも焼けず霊威を示したと伝えられている。かつては、これを信徒が拝むこともあったという。現在の志田家を訪問した際に、この掛け軸を拝ませていただいた。この旧家も修験者として、平将門伝説を担い、その伝播に携わって来たと言うことが出来よう。

3、沖崎家

幸若舞『信太』には、「（信太小太郎は）身は飢人となるままに、袂に物を乞食き、草葉に懸くる命をば、露の宿にや置きぬらん。定むる方のなきままに、足にまかせて行くほどに、能登の国に聞こえたる、小屋の湊に着かれけり。」とあり、小屋（おや）の湊とは、現在の輪島市輪島崎である。

この地の沖崎家には、平将門の子孫を称する信田小太郎の伝説が伝えられている。この家の裏手には、小さな岩があり、その下側から清水が流れ出ている。信田小太郎は、ここの浜で塩を焼き、時折、この岩に腰掛けて休んだという。また、その清水で渇を癒したとも伝えている。今も、この岩と清水は丁重に保存されていた。

『鳳至郡誌』（ニ．８）には「小太郎は相馬将門の末裔也。沖崎氏も亦旧時相馬を冒し、其記録も存せしが、天保年間の海嘯に流出せりと。」と記されている。沖崎家は、この地の旧家で、屋敷神、神明社を祀っている。その棟札の写しを拝見したところ、享保十七年（一七三二）から続けて、いくつも所蔵されていた。それらには沖崎の姓と共に、平の氏も添えられている。相馬について覗うと、以前、この家には相馬と書いた古い提灯があったという。この家も相馬氏と関わっていたようである。さらに、輪島崎には行者越え、山伏越えという小道があり、修験者の往来が想定され、また、昔から、比丘尼屋敷という地名も残り、熊野比丘尼などの伝説伝播も考えられるという。こうした人々たちの往来によって、信田小太郎の話も広まったのであろう。

4、新井家

秩父の城峯山には、城峯神社があり、平将門の伝説が伝えられている。江戸時代には、石間集落の高所、半納にあった長伝寺がこの社の別当寺となっていた。長伝寺は、将門の守り本尊、十一面観音を安置し、その眷属のお猫様を貸し出していた。寺内には、将門を葬ったという古塚までも存したという。明治を迎え、廃仏毀釈によって、この長伝寺は廃されることとなった。その時の記録が石間集落の旧家、新井家に残されていた。（『吉田町史』〈エ・Ⅱ35〉より引用。）

政府ハ神仏混合スベキ法令（ママ）ヲ発布セラレタル故、城山大権現本坊長伝寺モ城峰神社ト改名シ、神官ニハ徳川幕府時代ハ先祖代々名主タル高岸亨氏城山ニ登リ、神職トナリ得ベキ事ヲ梅英大和尚ハ一早ク是レ探知シ、光明寺檀徒総代人タル新井繁蔵氏ニ長伝寺ニ来山アリタキ書面ニ接シ、早速、繁蔵長伝寺ニ至リ、梅英師ト会談シ、右次第ヲ打チ明ケ、立チ抜キ命ナキ内、竹田師弟ト共ニ光明寺ニ引キ移リタキコトヲ密談シ、委細承諾シ光明寺世話人及檀家一同ト協議シ、馬八頭ト檀家二十四五人長伝寺及城峰山ニ迎ニ至レバ長伝寺檀徒総代人新井文司氏ヲ始メ、半納耕地ノ諸氏実ニ打驚キタリ。然ルニ鉄拳梅英大和尚ハ十一面大士ヲ頂キ馬ニ乗リ、竹田氏ト同行ニテ、七頭ノ馬ニ家財道具ヲ付ケ、迎ノ人ハ各々種々荷物ヲ持チ、又半納ヨリモ驚キナカラ、重モ達チ（ママ）諸氏文司氏ト共ニ送ラレ、盛々堂々ト明治元年辰ノ十二月十二日光明寺に入寺シ、鉄拳梅英大和尚ハ竹田意明、新井繁蔵ト計リ観音ヲ安置シ、開山セント各々山々ヲ繁蔵氏案内ニテ見タルニ、峯山ナル処、風景宜シク美地ナリト耕地一般ノ賛同ヲ得テ早速普請ニ掛リ、直チニ普請成就シ、明治二年巳ノ四月八日御堂ニ大士ヲ安置シタリ。並木ノ松ハ此時植付タルナリ。峯平山十一面観世音ト称シ奉リ、御眷属御猫ヲ貸与ス。

こうして、長伝寺は廃寺となって、城峰権現は城峰神社として存続した。梅英和尚は光明寺に移り、近くの峯山に堂を建てて、峯平山十一面観世音と称した。私は、この地の新井家を尋ねて、峯山へも案内していただいた。その際、半納の長伝寺の方向を望見できる畑の傍らにある梅英の墓石や峯平山の堂跡など山間の地を巡ることが出来た。現在は、長伝寺跡には民家が建ち、本尊十一面観音像は、光明寺の境内の観音堂に移されている。その際、当地に散在する新井一族の話を伺うことが出来た。祖先は、戦国期の北条氏に従った一族と伝えているという。城峯神社とは、今も深く関わっているとのことであった。この新井一族も伝説を担う家ということが出来よう。私を案内してくださった新井家には、以下に示すような古文書が伝えられていた。

城峯神社ノ吏績

一、抑々武蔵国秩父郡石間村城峯山ノ由来ヲ略記スルニ人皇五十六代ノ帝朱雀天皇ノ御宇桓武天皇九代ノ曾孫ニ将軍良将ノ次男瀧口小次郎将門卿有ル時純友ニ向テ云ク我坂東ニ下リテ大望有トテ臣等ヲ召連レ東国ニ下リテ先ツ一ノ宮氷川明神ヲ始メ霊社霊佛ヲ拝シ上野国南玉村邊ニ旅館ヲ構ヘ是ヨリ未申ニ當テ武州上州ノ境ニ高城山ト云フ有リ参籠シ願望成就セント則チ登山シ御堂ヲ建立シ将門卿御一代ノ守本尊御丈ケ一寸一分ノ土面観音ヲ安置シ奉り高城山ヲ城峯権現ト改メタリ御入定ノ時四ツ足ノ臼ト云大狼守護シ奉ル是城峯ノ眷属ナリ此ノ山ノ由来ハ城峯吏績ニ明記シ有リケリ故ニ其ノ吏績ヲ見テ知ルベシ

二、将門登山ノ吏績ヲ左に記ス
将門卿ハ下総国相馬郡ニ内裏ヲ立テ自ラ平親王将門ト号シ天慶二年ノ秋猶ホ又登山有テ此ノ地ヲ居相馬城ト名付タモフ同三年ノ春将門卿ハ世ヲ去リタモフナリ其後七ヶ年ヲ経テ同九年四月十五日御子良門登山アリテ亡父ノ尊ヲ城峯ノ頂キニ勧請シ太平明神ト崇メ奉リ當日ヨリ祭礼怠ル事ナシ
三、将門卿滅後ニ江戸神田明神祭リ崇メタモフ當山太平明神ハ神田明神ノ奥院ナル事将門卿事蹟神田明神大縁起ニ明記有リ

城峯略暦
一、高城山　古来ヨリ高城山ヲ人皇五十六代朱雀天皇九代桓武天皇九代ノ将軍良将ノ次男瀧口小次郎将門卿休城ヲ此山ニ建立シ故ニ入山有リテ籠城ヲ作ル
一、城峯山　天慶二年ノ秋ニ登山有リテ此地ヲ居相馬城ト号ス
一、城峯山ニ神ヲ崇メ奉ル　天慶九年四月十五日将門卿ノ御子良門登山有リテ亡父ノ尊像ヲ城峯ノ頂キニ勧請シ太平明神崇メ奉ル

【注解】
＊吏績　史蹟のことか。
＊一宮氷川神社　現埼玉県大宮市。
＊上野国南玉村　現群馬県玉村町南玉　この地の万福寺、近戸明神に平将門伝説がある。
＊良門　将門の子、良門の伝説は、秩父には少ない。太平明神の小石祠は現存する。それが神田明神の奥宮という。

この新井家の文書は、城峰神社の縁起を参照しているという。しかし、現在、その縁起は神社になく、図書館などにも見当たらなかった。最近、漸く、地元の研究者から縁起のコピーをいただいた。それは「神社明細帳――埼玉県武蔵国秩父郡石間邨鎮座　村社城峰神社」である。とても長い内容であるので、概略を示して重要な所を引用することにする。（おそらく、これは明治になって記されたものと思われる。）

先ず、「当社の草創は人皇六十二代朱雀天皇ノ御宇、天慶五年従四位下鎮守府将軍武蔵下野両国ノ守、藤原秀郷朝臣の勧請し玉ふ処なり。」とあり、その来由は、桓武天皇の後胤、平将門の出自から始まる。将門に次いで純友を記し、二人が比叡山に登り謀議を行う。将門は坂東に戻り各地を巡検して、城峰山に城塁を築く。天慶二年、将門は常陸で叛乱を起こし、伯父の国香を討ち、相馬に王城を築き平親王を称した。こうした状況を『前太平記』などを（直接かどうかは分からないが）参照してかなり詳しく描いている。その後、平貞盛と藤原秀郷が将門を滅ぼし、その余党が逃れて石間の城に集結した。秀郷はこれを攻めたが要害のために、なかなか討つことが出来なかった。そこで、椋神社に祈願をしたところ、石間の城中に鼠が多数現れて、武具を嚙みくだき食料を食いあらした。この大騒ぎの際に、秀郷軍が攻めこみ勝敗が決した。将門の弟、御厨将頼・大葦原将平は火を放って自ら滅亡した。秀郷はこの山に神社を建てて凱旋した。この書は「尓后、本社中宮奥宮を称して城峰三社大神と号し奉る。以上当山を城峰と号し、当社を城峰三社と称し奉る由縁ナリ。」と結び、さらに、この後に箇条書きで城峰山の詳説を付している。その中で注目するべき記述を提示しておく。

一、将門ノ岩窟ハ本社ノ西一丁許ニ在リ。窟内ニ其木像ヲ安セリ。今ハ汚損シテ其名ヲ存スルノミ。（江戸神田明神ノ奥ノ院ト称スル即コレナリ。此事彼ノ縁起ニ見エタリ。）

一、当社ハ創立ヨリ一百五十余年ヲ経テ堀河院天皇ノ寛治五年ニ再建アリ。此後文亀年間武田氏ノ兵火ニ罹リ社殿焼失社伝旧記等咸ク亡フ。依之北条安房守氏邦ノ旗下城口主計頭貞行（当村ノ住人）旧社ノ廃絶セントスルヲ歎シテ再興シテ旧ニ復ス。即間口一尺二寸奥行一尺八寸神祠造ノ神殿ニシテ本年マテ三百八十年全ク現存スル所ナリ。

一、当社ハ古ニ所謂高峰ニテ即城山ノ峰頭ニアリ石間村人家ヲ距ルコト五十有余町巖ヲ巡リ水ヲ渉リ羊腸タル山路ヲ攀チ嶺頭ニ到レバ即城址、平坦地アリ。神官ノ寄宿、参詣人休泊ノ亭幷之ニ設ク。然レトモ山蒼空ニ接シ雲門堵ニ靄キ寒威最厳シ。春来雪猶不消依テ毎歳四月一日ヨリ七月三十一日迄一百二十余日ノ間神官以下社務ノ者山中ニ在リテ事を執ル。諸国ノ信者登山スルコト亦此間ニアリ。故ニ糧米等ヲ運搬スルニ牛馬ヲ以テス。之ヲ御馬入始と云。是、当社ノ古式ナリ。

一、氏子一百六十三戸人員。

一、信徒一万三千人

一、毎年　大祭五月八日　　小祭　七月十五日

一、一説ニ大平大明神（亦云昌平大明神）ハ天慶五（九か）年四月十五日平親王ノ子相馬小次郎良門登山シ城山ノ巓頂ニ父将門ノ七霊ヲ祀ルト云。此説不可用。按ニ、良門ハ天慶三年二月将門隕命ノ時は未ダ彼妾某氏ノ胎中ニ有リ。妾者常陸国ニ遁レ忍ビ其所ニテ生レ十六才ニシテ其所ヲ脱走シ数年ノ後乱ヲ作シ摂津国昆陽野ニ於テ戦死セリ。天慶九年ハ稍七年未満ナリ。可考。

一、一説伊佐間村ノ称ハ相馬将門ノ居城アル故、居相馬（キサウマ）ノ城ト号シヨリ起ルト。是亦付会ナリ。

この「明細帳」は、先の廃仏毀釈により、城峯神社として長伝寺から独立した後のものと考えられよう。そこで、

資料などを参照しやすかったのであろうか、かなりまとまった内容となっている。新井家の文書を把握する際、例えば、良門のこと、居相馬城などを理解するのに大いに役立つ。将門よりも、むしろ秀郷を際立たせているのは、明治時代の将門弾圧も反映しているようにも思われる。

さらに、城峰山には、平将門の弟、将平が城を築いたという伝えもある。将平の場合は御厨三郎将平となっている。ただし、系図等では、御厨三郎は将頼であり、将平は大葦原四郎将平である。なぜ、御厨三郎となったのか分からない。このことに関して、『秩父志』（エ．Ｉ88）では、

城山ハ此村ニアル高山ナリ。登ル事五十町餘モアリ西南ノ絶頂ニ大山祇命ヲ祀リシ小祠アリ。東北ノ絶巓ニ将平明神ト云フ石刻ノ小祠アリ。其所ヨリ山ノ下ロアリテ凡一町餘モ東北ニ下ル平坦ナル所アリ。此地ヲ古城跡ト土人云伝ヘタリ。然レドモ、将門當郡ニ言緒アル人ナラズ、地理亦懸隔セリ。将平ハ将門ノ類胤ニアラズ畠山将平ナル事辯ヲマタズ。畠山ハ當郡ノ庄司タル事他所ヲ推シテ知ルベシ。

と畠山将平の事績としている。また、円福寺の将平墓についても、

土人ノ伝ニ秩父庄司ノ塔ト云フ。山号ヲ将平山ト称スレバ何レ秩父氏ノ族人ナルベシ。

とあり、畠山将平の墓としているかのようである。また、地元の研究資料『郷土史研究』（エ・Ｉ93）は、

城ケ峯二郎と称した畠山将平が庄司として、眺望のよい城峰山付近に砦を持ったことから将平と混同されたのかもしれない。

と結論している。そこで、私は、平将平の伝説では、この畠山将平が重要な役割を担った人物と思っていたのであったが、現在もなお、地元では畠山将平という人が確認されていない。残念ながら、今のところ、性急に、畠山将平の伝説伝播説を進めることは無理のようである。なお、資料の探査を深めて再考せざるを得ないと考えている。

さて、城峰山の頂上に登ると、北に群馬県の鬼石町が望見される。その坂原には、鏡の森という所があり、将門の愛妾、桔梗が城峯山から投げた鏡が落ちた所と伝えられている。当地では、この森には、かつて大きな神社があり、年に一、二回、祭が行われたと伝えている。神社名は分からなくなっているが、鏡がその神体となっていたらしい。この桔梗の鏡が鬼石の新井家に保存されていると聞き、出掛けて行った。新井家は、代々、鏡の森の神社を管理していたが、曾祖父の頃に、神社は落雷によって焼けたという。鏡は、大切に保管されており、鬼石町の調査によると、「花鳥八稜鏡」といい、周囲の輪郭が八弁の菱花の形をしている。径十一・五センチの小さな鏡である。こうした八稜鏡は唐の時代に流行したもので、この鏡は平安時代製と判定されている。これを所有する新井家は、この地方でも旧家とされており、やはり、城峯山周辺の新井一族であろう。『多野郡誌』（キ．41）には、「平将門一類、城峯山に潜伏の時、その余類、坂原村の神戸に分かれ住す。子孫連綿今に及ぶ。明治の頃までは新井姓を称へしが、その後、阿部の姓に改めたりという。今現存するものは九戸あり。」とある。現在の埼玉県側と群馬県側に新井を称する家が平将門を語っていたことが想定されよう。

5、山口家

秩父の旧大滝村大達原には、明治になって廃された円通寺があった。『新編武蔵風土記稿』（エ．5）によると、開基は、平将門。承平二年の創建で、将門の甲冑形像を存すという。この大達原は、往昔、関東から甲州・信州へ通ずる街道が三峰参道を分岐する村交通上の要衝であった。山口家は、当地を支配する大達原組の名主として、江戸初期より世襲し明治に至った村内の名家である。先頃、地元の研究者に案内していただき、このお家へ参り、円通寺についてお伺いすることが出来た。

山口家には、寛永元年を最古として、数千にものぼる厖大な古文書があり、それらを撰修した『大滝村誌資料編』(ヱ．Ⅱ20)を頂戴した。そこに記された「円通寺縁起」四通を示し、考察することとしたい。(字体を現行に改め、句読点を付す。(　)内、小文字。)

元禄四年　　缺題

□□□□大滝之郷大達原円通寺□□□十一面観世音阿羅蘭木之御衣木行基菩薩一刀三礼之仏像御長ケ三尺幷平親王将門御自作甲冑之形像同ク御守本尊、行基之御作地蔵菩薩方四間四面之御堂に安置。抑朱雀院御門(仁王六十一代)醍醐天王第十一之王子御母関白藤原氏基経卿御息女なり。其頃、平将軍儀正卿嫡男平正門と申たてまつるは年中より、大滝之城に指向、数月御戦ひ、其時、此観世音に親王武運之御祈願有之。御守本尊地蔵菩薩幷自ラ甲冑之形像をきざみ大悲之左右に納め一七日十一面之法を行い給う。一心称名之心願にや、御軍勝利を得る事数ケ度、則観世音菩薩、戦場之箭先に立ち給ふにより、箭面の奉号観世音それより本城相馬に勧請したてまつらんと願ひたまひ、出山を仰処に此山を出給ふ事なし。いよいよ喜意の思ひをなし、御鎧幷大長刀を納め給ふ。今に鎧塚と名付親王の形像を納、明神の御身体とあがめたてまつる。四拾九人之后四拾九膳宮是成り。誠に大非深重は広大無辺にして慈眼視衆生福寿海無量猶一子と誓ひ給ふ。嘉禄年中に一度再興今年迄四百八拾余年今于兹書本末の縁起は五百歳之重月におよび文字白紙為夏虫空ク損亡す。大要一軸之縁起帖にあらはし畢ん。仍而縁起終如件。

于時元禄四(辛未)仲秋日　　大達山円通寺

元禄四年　　武州秩父領大滝郷太達山円通寺

一、御堂之本尊十一面観世音ハ御長三尺行基一刀三礼之尊像なり。其首。朱雀院之御宇、承平二辛卯歳、親王企御謀反王意をそむきたまひ関東に御下向之間秩父大滝之郷に構城郭居住あり。然といへども、王意を背たまふにより追討のため討手を差向而数日御戦。其時此観世音菩薩一口称名し心願によりて数千の箭面に立せたまふ故に奉号箭面之観音亦矢よけの観音とも名付く親王武運御祈一七日十一面観音の法を行ひたまひ自甲冑の形像を刻み幷御守本尊行基之御作地蔵菩薩、方四間四面之御堂に安置す。時に承平年中辛辰及元禄四年迄七百五十五年に相當り且観音菩薩中頃嘉禄年中に一たび再興。今年より四百八十六年それにおもんみれば大悲深重に広大無辺なり。慈眼視衆如一子誓たまふ。今爰に本書本末二巻太縁起及五百年之重月文字不決白議為夏虫悉損亡大用略縁起を顕畢。依如件。

元禄四年今月今日　　大達山円通寺

天明元年　　円通寺縁起

円通寺武蔵国秩父郡大達原村円通寺者古平親王将門一城ヲ築之所也。天慶三年二月十四日、下総国猿島郡石井城打死之砌、嫡女十四歳将軍太良三歳也。家子三栗谷新左衛門、江戸八良ト云者両人介抱シ奥州ニ落行。女子者念為発心勝道上人之弟子ト成。釈之如蔵比ク尼言。良門十六歳迄養育ス。此年、始而父将門打死之事語り欲令出家。其歳太良良門一書ヲ残シ奥州出奔、五畿内ヲ徘徊シ多田満仲同息頼光打ント謀ル。播州三石之住人猪隈入道ガ聟ト成、廿五歳之時、応和二年謀反之旗ヲ揚而同三月廿三日摂州新田城ニ打死。如蔵者、其比地蔵尊ヲ首掛諸国修行之時也。良門打死ヲ聞、奥州ニ立帰小松寺ヲ建立シ、将門・良門之菩提弔金泥大般若経一部書写シ供養ヲ成。今以此寺之重宝。其後此大達村来リ如蔵四拾八歳時、天延二年一宇建立シ円通寺と名く。父将

門之御顔又将門所持之太刀鎧等残リ在シヲ此寺之重物トシ今猶存ス。良門新田城打死之砌、五歳之男子在母養育シ後、猪隈太良ト号ス。其子相馬新太良将季ト言。五代目将国三石之住人左兵衛之助頼国カ聟養子ト成、以射芸被為而禁底下総守ト成。其子者大政入道清盛ニ勤仕伊勢守主馬判官盛国ト云。文治二年七月廿五日岡崎義実ニ預為断食死。行年七拾二歳嫡子越中膳司盛後者一谷打死。倅小次郎拾歳、京都ニ忍居ル所、江州浅井郡浅見源太左衛門養家ヲ嗣シム。鎌倉ニ仕北条九代足利の末に至永正・大永之頃迄山本山ニ在城、二十四代浅見対馬守俊尚入道、元亀四年小谷ノ城落着之以後、嫡子大学頭（後改但馬守）俊成、明知ニ組シ信長ヲ打、後、柴田ニ談シ賤嶽出張、羽柴ト戦ト云モ軍不利、終、熊野新宮ニ引込ム。元和元年夏五月七日天王寺表打死。今、至某七代。凡、桓武帝三代鎮守府将軍良将、平親王将門以来、当今、倅将春ニ至而、四拾九代猶不失正統。故ニ円通寺現在古道和尚、由緒書ヲ望給。故伝ル所之系図在増ヲ禿筆ニ書写シ老師ニ付与之。于時天明元（辛丑）夏五月、江都散人相馬如水平将俊　　六拾一歳

将門打死天慶三年ヨリ今天明元（辛丑）年迄、凡八百四拾三年

良門打死応和二年ヨリ今（辛丑）迄八百二拾年

円通寺建立天延二年ヨリ今天明元迄八百七年

予窃思、円通寺建立天延二年者将軍太良打死之年ヨリ拾三回忌相当ル。然者将門・良門両人の為。

円通寺住職世代難斗。戦国之砌、或有或無。如蔵始メ以法宗ヲ為住職。其後幾百年宗門不紛明。天文年中ヨリ以禅住職ス。当代、古道和尚迄拾五世以之中興開山可也。

天明八年　　缺題

円通開基　承平年中平将門建。将門祈願仏並帯甲冑将門形像、于今有之。年代久而中古大破、住僧或有或無。応永廿九壬寅、円福二世南岩天揚継絶、再建。依之、請南岩為中興開山。

円通創建開山賤山積和尚　嘉元三年（一三〇五）二月二日

二世　際翁棟和尚　　元亨二年（一三二二）十月七日

三世　仏日焔恵禅師　明極俊大和尚　建武二年亥（一三三五）四月廿七日

中興開山　南岩揚和尚

（以下、十五世古堂仙和尚まであるが、省略する。）

最初の縁起「缺題」は、「平将門が何故か大滝の城に馳せ向かい、数月戦って、ここの十一面観音、地蔵菩薩に戦勝祈願をし、自らの甲冑像を刻した。そこで、数度の勝利を得ることが出来た。」という素朴な内容である。鎧塚、四十九宮にも触れ、「誠に大非深重葉広大無辺にして慈眼視衆生福壽海無量猶一子と誓ひ給ふ」とある。

同じ歳の「円通寺縁起」は、「朱雀院の御宇、平親王が関東に下向し謀反を起こした。」という記述があり、平将門らしい内容になっている。箭よけの十一面観音、甲冑の将門像、地蔵像を記し、終わりの方は、先の縁起と同様である。

天明の「円通寺縁起」は、「円通寺は、古に平将門が一城を築いた所」とあり、石井における将門の滅亡が記される。その際、その娘と息子が家臣に伴われて奥州に逃れ、娘は発心して如蔵尼と称し、息子は良門と名乗る。良門は十六歳で自立して、播州三石に城を構え、摂州新田城に多田満仲を攻めるが、逆に敗れて討ち死にする。こうした記述は

『前太平記』の内容を参照したように見える。さて、その後、如蔵尼は天延二年（九七四）に大達原に来て、一宇を建立して円通寺と名づけた。ここに、突如として、如蔵尼の創建説が記されているのである。

これ以降は、良門の男子に記述が移り、その家系を辿ってこの縁起の記者、相馬如水平将俊の子、将春までに至る。それは、以下の文言に繋げるためと思われる。「凡桓武帝三代鎮守府将軍良将・平親王将門以来、当今倅将春ニ至而四拾九代猶不失正統」と自身の家が平将門の正統であることを強調したのである。円通寺の古道和尚から由緒書を求められ、自家の系図を示して、この縁起をまとめたことが分かるのである。自らを江都散人相馬如水と名乗っているので、江戸に住む遊歴の文人であろうか。ただし、その系譜を見るかぎりは、相馬氏の正統でないことは確かである。

最後の天明の「缺題」は、歴代の住職をまとめたものである。最初に、「開基」として平将門を記している。これは、いわゆる開闢縁起とみられ、寺の創建を古く、権威あるものにしようとする意図であろう。実際は、「円通創建開山賤山積和尚」であったことが想定されよう。

現在の山口家の門を出ると、高札場があり、ここが秩父往還であることが知られる。往昔は、修験者、比丘尼、遊歴の人々が行き交う所であったのであろう。その道を少し下ると道幅が狭まり山路となる。そこから、登りとなり墓碑がいくつか現れる。そこが円通寺の跡で、今も集落の人が墓として用いているのである。明治の初年、寺が廃され、僧が去り、建物は大風で壊れたままであったが、墓の線香から火が出てすっかり焼失してしまったという。

円通寺には、縁起にも記されていたように将門の甲冑像があり、『新編武蔵風土記稿』（ェ．５）には絵に描かれている。それが廃寺となったために、行方不明になっていたが、地元の研究者の方々の努力で他所にあることが判明していた。円通寺跡を踏査した日、この像を拝観することが出来た。私が見た将門像の中で、最もすばらしい形像であった。

なお、『相馬日記』（イ．Ⅱ19）には「此将門が相を今の世にはおぞましくむくつけきをのこのさまにゑがくめれど、吾友、行智優婆塞が秩父の円通寺にて見し将門が木像は、いと柔和の相なりきといへり。」とある。このとおりに、この像の容貌はとても優しいものであった。

6、草木家

『新編武蔵風土記稿』（エ．5）に、将門明神社として「除地四十坪許、小名力石にあり、石階三十一級を登り、上に小社をたつ、例祭は十一月十五日、勧請の年月又いかなる故にてここに祭ることも伝へず、往古は社の中に兜を納めおきしが、いつの比か賊ありて持去しと云、村民の持」という記述がある。これは、現八王子市上恩方の旧家、草木氏が関わる将門神社である。当地の伝説書には「村の人は〔まさかさま〕とよんでいます。天慶の乱の後、この地にかくれて、死んだ将門の霊を祀ったのがこの〔まさかさま〕だと云われています。まさかさまは、もちろん将門様のなまったものです。むかし、社の中に納めておいた兜がいつの頃か賊に持ち去られたと『武蔵風土記』には書いてあります。今の御神体は、まさかさまのチンボウであると云う。頭部径三寸ばかり、長さおよそ九寸ほどの石棒の断口です。社は同所の旧家草木家の邸内社でありましたが、現在は部落のものになっています。もっとも草木家は、将門譜代の重臣です。まさかさまの御神体は、あきらかに石器時代のもので有頭の石棒です。その形状がチンボウに似ているので、この石棒も生殖器崇拝の対象にされたものでしょう。」と説明がある。さらに、同書は「天慶の乱に主君将門の戦い危なしと云う知らせが、当時、国元（上恩方力石）にいた家臣の草木兵部に注進がありました。すわ主君の一大事とばかり、兵部はすぐさま手勢を引き連れて馬上にうち跨り、大身の槍をかいこんで、今の力石のはずれまで繰り出しました。ところが意外にもそこで注進を受けました。それは主家滅亡という悲しい知らせでした。兵部はあまりのことにうち驚き、地団駄踏んで悔しがりました。仕方なく憤然と、もと来た道へ馬を引き返し、無念のあまり、手にしていた槍をざんぶと側の淵へ投げこんでしまいました。馬を引き廻したので、そこに「ひんまわし」と云う地名が残り、槍を投げこんだから、「槍小淵」と云う地名が出来ました。狐塚の村はずれの曲がり道がひん廻しで、力石に入る曲がり道のすぐ下の淵がやり小淵です。」と続け、「力石橋の下を流れる小川の上流に白沢谷戸という谷があります。天慶の乱後、将門の若君が家臣であるこの地の豪族、草木兵部を頼って、下総の国からはるばる武蔵の国の力石まで遁れて来て、この谷戸に入って世をしのんだところだと伝えられています。白沢谷戸には、昔お寺があったそうです。（ォ．Ⅱ9）」と結ぶ。この書の後に刊行された、八王子市恩方の伝説の本は、だいたい、こうした内容を記している。

また、『恩方の歴史年表』（ォ．Ⅱ13）には、寛平二年のところに、草木家墓地五輪塔とあり、以下の説明がある。

本村北方力石にあり、苺苔石を蝕し文字不能、唯正面に蓮花あり其上に梵字あり、其下寛平二年七月二十八日とあり、右方に明の一字あるのみ。其子孫今に連綿す。其家に伝う。右氏は、代々郷士にして此所に住し、其子某朱雀帝の時、相馬将門兵を下総に起すや、召しに応じて至らんと欲し、兆あり軍に名なきを知り退いて此地に住するものなりと。其時の鞍及び鎧なりと、今其家に伝う。（明治十一年寅年、草木家文書）その後、昭和四十九年調査せるも、五輪塔三基、板碑二枚以上（大きなものの砕けた破片と思われるもの数枚）があり、五輪塔一其中に寛の字あるも、他は摩滅して確認出来ず。

これによると、明治十一年の文書では、草木家が将門の家臣ということから、寛平という平安時代に読み取ったようである。昭和四十九年に、調査して「寛」の字のみあるというのは、おそらく寛永であろうか。いずれにしろ、草木家は、八王子の旧家で、数千点の文書が市立資料館に所蔵されている。そのいくつかを資料館で拝見させていただいた。将門神社は、今よりも規模が大きかったようである。古い図面には、鳥居が二箇所にあり、神楽殿とか、十王堂さらに摂社も存した。

ところで、当家には、未だ公開されていない文書がある。お家に伺って拝見させていただいた。(これまでも、何人かがその文書を見たようである。本来、二枚あったものが、一枚がなくなったのだそうだ。)その文書を以下に示す。

草木家の文書(一枚めを欠く)

内なればなり玄茂之子万徳丸三才之時乳母抱取當所山奥軍茶利山ニ隠其子孫草木氏三十九代鎌倉将軍家御代也義輝公迄勤仕之侍にて本領當所力石狐塚に般野永三拾五貫幷に野口山口所沢にて百六拾五貫被下置処ニ小田原北条氏直ニ梶原姓を被下関東八ヶ国之官領職ニ被任により其幕下ニ随ひ年月を送る所に天正十八年(一五九〇)四月より太閤秀吉公小田原城を被攻同六月八王子城主舎弟氏輝於小田原城中生害同月十八日氏輝之家臣横地主馬郡中村々之水帳幷諸侍代々之証文不残八王子戸倉両城内にて焼捨是偏ニ籠城討死と相究同月廿三日北西之勢攻落畢

草木六郎左衛門狐塚ニ住天正十五年死去女子一六才

扨當所草木氏

廿才ニて早世

草木兵部ハ家内皆悉白沢ニて討害子共之弐人引連籠城討死

子共弐人ハ遁出　兄七郎と弟兵部

末世之子孫先祖を知らざらん事を悲しミ残之者也

兄草木七郎兵衛実子無之

明堂院月渓浄心居士　同　兵部

寛永十一年戌(一六三四)十二月廿二日

寂照院明授領光居士　　草木作左衛門

万治三年子（一六六〇）六月十日

（一枚は不明のため、二枚めからになる。）まず、玄茂の名が現れて吃驚する。この人物は、『将門記』で将門が新皇に即位する際に、初めて登場する、興世王と共に時の宰人となって活躍する。新皇の除目でも、「玄茂等宣旨と為て且つ諸国の除目を放つ」と記されている。この後の戦いでは、将門軍の副将軍となっている。将門の滅亡後には、「玄茂等相模国に到りて殺害せられたり」とある。これが、事実であれば、相模において死去したことになる。この玄茂が最初に出て来ることから、一枚めには、もっと重大なことが書かれていたのかもしれない。一枚が不明になったことは、惜しみても余りあるのである。

この玄茂の子、万徳丸（三歳）が乳母に抱かれ、軍茶利山に隠れたという。その子孫が草木家であった。将門の家臣の後裔ということから、将門神社を造営したのであろうか。その後、草木家は、小田原北条氏に仕えていたが、秀吉の北条攻めによって滅亡する。八王子城が落とされた時、草木兵部は、白沢谷戸で討ち死にし、その子二人、七郎と兵部が遁れ出て、七郎には子がなく、兵部の系統が草木家を継いだのである。兵部の名は、親から子へと継いだようであるが、寛永十一年に死去した兵部がいたことが確かめられよう。先に、寛平の年号のところで、「寛」は寛永ではないかと記したのは、この文書に拠ったのである。

さて、この文書をこのように考察すると草木兵部は将門の家臣ではなく、戦国時代の人物であった。そうなると、八王子に伝えられていた将門伝説は見方を変える必要があろう。少し、くどくなるが、これまで知られていた八王子市恩方の将門伝説をひとわたり顧みてみよう。

＊草木家

朱雀帝の時代、相馬将門が兵を下総に起こした時、草木兵部は、その召に応じて、馳せ参じようとしたが、その戦に名分がないのを知り、この地に退いて住むことになった。その折の鎧と鞍を伝えていたという。将門明神社は、この家の屋敷神であったといわれている。

＊ひんまわし

天慶の乱に、この地の草木兵部に「将門危し」の報が入った。兵部は、すぐさま馬に乗り、手勢を率いて、発向したが、集落のはずれで、平将門滅亡の知らせを受けた。兵部は、無念の思いで、馬を引き返すこととなった。このことから、ひんまわしという地名になったという。草木家の墓地には、草木兵部の墓が伝えられ、篤く供養されている。

＊槍小淵

草木兵部が平将門の滅亡を知り、道を引き返す時、残念のあまりに、手にした槍を側の淵へ投げ入れた。このことに因んで、付けられた地名という。

（草木家のひんまわし、槍小淵の伝説は、草木家文書からすれば、実際は、主君の北条家が危うい立場に立たされたのを、はるか昔の将門の事に置き換えて、伝えたということになろう。）

最初に、岩井の伝説で述べたことを思い起こしていただこう。岩井の伝説では、その子孫を称する守明の事蹟が将門自身に準えて伝えられていた。ここでも、おなじ様な伝播がおこなわれたといえよう。

＊白沢谷戸

この地を流れる小川の上流に、白沢谷戸と呼ぶ谷がある。平将門の乱後、将門の若君が下総から訪ねて来て、ここに入り込み、世をしのんだ。現在も、寺屋敷という地名が残るという。

この伝説は、将門の若君を玄茂のそれに置き換えれば、草木家の文書と同じ内容になろう。

＊蕎麦を作らないこと

祖先草木兵部は、平将門の家臣で出陣の際、鐙に蕎麦が生えていた。その戦いで将門が滅びた。今でも、草木姓を名乗る家では蕎麦を作らないという。これは、草木家の習俗を平将門にかこつけたのであろう。

これまで見てきたように、旧家、草木家は修験者とは関わらないようであるが、自ら平将門の伝説を担い、さらに草木家自身の事蹟をも加えて伝播したといえよう。

（五）神田明神と伝説伝播

神田明神では、平成十八年、一月から三月まで、「新春特別展――将門公」が行われた。初詣の人々に交じって拝見することになった。神田明神は、関東大震災に襲われて、社殿その他一切が烏有に帰したためか、古い物は残っていない。職員の方々が努力されて、かなり興味深い展示会であった。その際、私は、この地に平将門の伝説がどのように伝播されたのか思いを馳せていた。ここでは、神田明神と将門伝説の伝播の問題を少しばかり考えておきたいと思う。

中世、この江戸の地には江戸氏が在った。「桓武平氏良文系全系図」によれば、江戸氏は畠山氏から出て、江戸の周辺に一族が広まったといわれる。江戸氏と将門伝説との関係を先学の研究に見ておこう。

誅に服したとはいえ、将門ハ剛勇無双、むしろ一族懼威の対象であった事も考えられる。当時の民衆もまたそうであったろう。将門の霊が所々に祀られる合理性は、遠孫にとっては遠祖桓武天皇よりも切実感が強いわけである。江戸氏の祖神として、家伝に歴々たる崇勇将門が霊神と崇められることは不合理ではない。将門霊神は江戸氏の勃興後まもなく、その地の産土神である江戸神社に合祀されたものではなかったか、と私は憶測するのである。（「S31．5」）

江戸神社については分からないが、良文の後裔を称する江戸氏が平将門との関連を求めることは不思議ではない。近頃、このことを明解に解説した研究が出されている。

いつ、誰が芝崎村に将門の霊魂＝将門伝承を持ち込んできたのかという問題であるが、いうまでもなくその可能性が最も高い「所縁の者」こそ、平安時代末期、秩父地方から移住してきた大福長者伝説の主人公江戸氏である。（「H17．8」）

これまでは、江戸の芝崎村に将門の首塚がどうしてあるのかという問題は、伝説では将門の首が飛んで来たとされている。これでは、答えにならないから、相馬の族党が都でさらされた首をこの地に埋めたと、もっともらしく説明されていた。これも、なぜ江戸に埋めたかが分からないし、相馬の族党と云うのも不可解である。江戸氏が関係していたとするのであれば、より説得力が増すことになろう。そうであれば、江戸氏が将門を先祖の神として敬っていたことになる。江戸氏もまた伝説を担った者であったといえよう。

さらに、先学の研究によれば、「この畠山氏から出自した成仏重長には、子どもが七人あった。それらが江戸周辺の各地を分領して、それぞれの在所名を名乗って自立するようになった。」（「H8．2」）として以下の系図を示している。

（成仏は法号）

成仏重長

重盛	（江戸太郎）	千代田区
氏重	（木田見次郎）	世田谷区喜多見
家重	（丸子三郎）	大田区・川崎市丸子
冬重	（六郷四郎）	大田区六郷
重宗	（柴崎五郎）	千代田区
秀重	（飯倉六郎）	港区飯倉
元重	（渋谷七郎）	渋谷区渋谷

このように一族が広がっていくと、江戸氏が管理していた先祖以来の伝承もそれぞれの地に伝えられるようになろう。そうであれば、例えば、かつての渋谷村に平将門の遺臣や残党が隠れ住んだというような伝説が残ることになったのであろう。江戸氏一族も伝説の伝承者であり、伝播者でもあったのであろう。

さて、江戸氏によって、祀られたという平将門は、その後、どのように伝えられたのであろうか。杉山氏の論考（「H8．2」）では、以下のように『文政寺社書上』が引用されている。

『文政寺社書上』　日輪寺

往古は天台宗にて了円法師といへる僧今御城内神田橋御門内芝崎村といへる所に草創す。然してより百余年承平の乱後所縁の者所為にや、平将門が墳墓を築置しを、星移り物換り、墳墓漸く荒廃し一花を供するものなし。因て亡霊祟りをなし大に村民を悩し病災夭折枚挙に遑あらず。村民懼るると雖ものがるるに術なく、荏苒として年序を経たり。嘉元年中遊行二代他阿真教上人東国化益の時村民等亡霊を宥めん事を乞ふ。上人即、蓮阿弥陀仏と法号を授与し供養回向有しかば霊魂のたたり退き死に向たる者悉く快復す。此に於て村民大に渇仰し住侶も徳に感じ徒弟となり、共に上人を請じて日輪寺に住せしむ。然してより天台宗を改め念仏道場とす。因て世に芝崎道場と号せり。彼亡霊は境内明神に配祀し神田一郷の産神とし隔年の祭礼怠らず、今の神田明神是なり。

【注解】

＊嘉元年中　一三〇三～一三〇五。

＊真教上人　時宗二世。相模国当麻の無量光寺に住む。徳治二年（一三〇七）に、蓮阿弥陀仏の法号を将門に追贈したという。

江戸氏が衰退した後、将門は真教上人によって祀られたのである。法号「蓮阿弥陀仏」の当時の板碑は失われたが、氏子の小栗家に拓本が残されていた。この小栗家は、織田完之『平将門故蹟考』（ア．19）に「神田連雀町の乾物問屋小栗兆兵衛の家は、其頃小田原より移りて小田原屋と称し相馬の一族たり。神田神社へ日参するのを家例とす。」と記している。私もこの小栗家へ招かれたことがある。今も、神田で店を開き、看板には大書して小田原屋とあり、座敷には、神田明神の神体を掛け軸に書いて床の間に飾ってあった。当主から神田明神との関わりをお話いただいた。この家も将門の伝説の管理者といえよう。

さて、近世となると、江戸がこの国の中心となる。神田明神は、江戸惣鎮守として大いに繁盛した。その名は全国に知れ渡った。そうしたことから、各地の平将門伝説の方から、神田明神と関係を持とうとする現象が見られた。言いかえれば、神田明神にあやかろうとすることである。例えば、先に示したように、城峰山の大平明神が神田明神の奥宮であることを記した。（もっとも、神田明神の方では認めていないようである。）このような例をいくつか示しておきたい。

＊柴崎様

将門の武将、柴崎左馬督は、柴崎神社の社殿を改修したと伝えられる。後に、斬首された際に、首はそのまま埋葬され、胴は神田明神へ運ばれて将門と共に葬られたという。（千葉県我孫子市）

＊洲崎神社・洲宮神社

この神社は神田明神と一体であるという。（千葉県館山市）

＊椋神社

慶長年間、椋神社の神主が江戸の神田明神の鍵番を徳川家康より仰せつかる。九月十五日の祭礼には、神主が出府したという。これについて、地元では「江戸城築城に際して、境内の欅を納めたことと関わるのかもしれない。」と述べる人もいた。はたして、事実であったがどうかは未詳である。（埼玉県秩父市）

＊正丸峠

将門は首を切られたが、体にくっついていた。そのまま、秀郷を追いかけ、江戸に至り神田で転んだ。首は大きく跳んで、体はそこに止まった。そのカラダを祀って、カラダの明神すなわち神田明神と祀ったという。（埼玉県秩父郡横瀬町）

＊首・手・足

神田明神には将門の首、津久戸神社が足、鳥越神社が手を祀るという。（東京都千代田区ほか）

＊北向明神

この社に将門を祀っていたが、その神体の正面半分がなくなった。そのなくなった部分は神田明神に移されたという。（福島県福島市飯坂町）

＊神田神社

東京の神田明神のほかに、将門を祀る神田神社が以下のように存在する。これらは、神田明神へのあやかりかとも考えられよう。青梅市二俣尾、大津市本堅田町、京都市下京区新釜座、奈良県五條市岡町、広島県高田郡吉田町、香川県三豊郡豊浜町。なお、奈良県五条市の社は摂社である。それにも関わらず、戦前に、祭神を変えるように指導されているのには驚く。（「S16．1」）

このように、名高い神田明神と関係を持って、自己の立場を揚げようとしたと思われる神社があったことが確認されよう。もちろん、これらの中には、自社の方が古くから平将門を祀っていたと主張する神社も存在する。いずれにしろ、それぞれが神田明神との関連を唱えていることには変わりがない。神田明神と関連づけて、各社が自社を高めようとした結果が、さらに将門伝説を広めることに繋がったということになろう。それぞれが将門伝説の伝播に一役買ったということが出来よう。

二、伝説の分布（先著への追加分）

先著『平将門伝説』（汲古書院）では、「平将門に関わる伝説は、北は青森県から、南は熊本県まで分布している。」として、関東、東北、東海以西の順に、各県別に見出しをつけて伝説を掲げている。ここでは、それ以降に採取した伝説を同様な形で付け加えることにしたい。（その中には、先著の伝説の内容とは異なるものがあり、重複することになるが、それらも書き足すことにした。）

各伝説には、それらを記録した文献を記すことにした。先の伝説文献の中から一～二冊を文献の記号で示した。【ア7】とあれば、P93の「姓氏家系大辞典」のことである。）また、現地の案内板とか、現地で聞いた話のみで、適切な文献がない場合は、【現】で示した。

なお、近頃、市町村の合併が行われているので、先に、調査時点の旧の地名を示し、その後に新地名を（　）内におおまかに記すことにした。また、伝説について考慮することがある場合は、先著と同様に＊印で示した。

関東

茨城県

□国分寺　石岡市石岡

天慶二年、平将門の乱に焼失したという。「イ．Ⅰ51」

□万福寺　石岡市石岡

この寺の西南の地に、平将門の子という茨木童子の巾着という石がある。「イ．Ⅰ51」

□城中　石岡市総社

この地の城中という所は、平国香の城跡と伝える。「イ．Ⅰ49」

□天国作の剣　石岡市総社

平貞盛は、将門征伐の際、高望王から受け継いだ剣を所持していた。それは天国作の名刀という。「イ．Ⅰ27」

□国分尼寺　石岡市若松

天慶の乱に焼失したという。「ア．32」

□守大明神　岩井市上岩井（坂東市）

国王神社の境内に存する小社である。この社は、郡主平守明を祀るという。守明は猿島姓で平将門の後裔を称していた。「イ．Ⅰ38」

□姥谷津　岩井市幸田溜井（坂東市）

将門が葦津江に逃れた時、将門の妻子が舟に乗ろうとしたので、敵の謀を察知した乳母が舟に乗せまいとして、敵に切られたと伝える。その乳母の恨みが遺って、祟りがあり、後に開墾されて良田となったが、人々が耕作を嫌ったという。「イ．Ⅰ55」

□瀬織津比鳴神社　岩井市長谷（坂東市）

この地の香取神社に将門祭祀の石碑が存する。これは、かつて片神辺という所にあったという。瀬織津比鳴は、川瀬にあって、人の罪や穢れを運び去る女神である。「現」

＊この香取神社の二碑からは、平将門が水神を奉斎することにより、坂東に威勢をふるうこととなったという解釈があったことが察せられるのである。

□東陽寺　岩井市矢作（坂東市）

平将門の後裔を称する平守明が仏工宇都宮丹阿彌に当寺の薬師如来像を修理をさせたという。「イ．Ⅰ38」

□染谷民部少輔　岩井市弓田（坂東市）

天正年間、染谷民部が弓田城主であり、平将門の家臣の後裔を称していた。この民部は、下妻の多賀谷勢に攻められ降参した。その子正朝は、今の取手の小文間、一色氏や大鹿の大鹿氏に身を寄せた。その後、正朝の子、正康は取手の開発者になったという。江戸期には水戸家の本陣となった。「イ．Ⅰ96」

＊染谷が多賀谷に滅ぼされたことは、古代に平将門が藤原秀郷に討たれたことに準えて伝えられたという。

□河内郡の不動倉　牛久市城中町

藤原玄明は、河内郡の不動倉から穀糒を盗み、将門の庇護を求めたという。「ア．27」

□将門軍の通路　　土浦市

平良兼は、上総から当地を通過して水守へ向かったという。又、将門が常陸国府攻めの際、水路を取るため当地を通ったともいう。「イ．Ⅰ87」

□志々塚氏　　土浦市宍塚

将門の子孫、信田将国の子文国の次男、志々塚頼望がこの地に住んだという。「現」

□神明神社　　取手市上高井

長治元年（一一〇四）将門の後裔、相馬文国の勧請と伝える。「イ．Ⅰ97」

□神明社　　取手市上高井・米の井

平将門の母方の犬養家は御厨の管理に当たったという。此の地に伊勢神宮を模して、神明社が上高井と米の井に、それぞれ存在する。「ア．27」

□八坂神社　　取手市下高井

高井城主、相馬小次郎の氏神という。「イ．Ⅰ90」

□一言主神社　　水海道市大塚戸町（常総市）

大和葛城山から勧請された神社。守谷城主相馬胤広が再建した。将門に崇敬されたという伝えもある。「ア．32」

□寅薬師　　守谷市野木崎

平将門が太公望の用いた虎の巻を夢のお告げで手にいれた。そこで、王城の寅の方に御堂を建てて、寅薬師と祀ったという。「イ．Ⅱ21」

□郷州海道　守谷市みずき野

愛宕から上高井を経て、山王に達する道をがうしゅう海道と呼び、将門と関係があるという。「イ．Ⅱ19」

□稲荷社　猿島郡猿島町沓掛（字）西村（坂東市）

将門の叔父、良兼が都の伏見稲荷社から分祀したという。

＊『猿島町史』民俗編に、こうした記述が見られ、現地に踏査を行ったが、地元では、こうした伝えはないという。

□いそ塚　猿島郡三和町東山田（古河市）

往古より、将門と貞盛・秀郷軍の死傷者を葬った塚と伝えられていた。

＊現在、五十塚古墳群と判明している。「S12．8」

□関野家　新治城郡八郷町小幡（石岡市）

平貞盛の子孫を名乗る旧家で、先祖が将門を討ったという古文書を所蔵する。「現」

＊関野家は、この地域の旧家で平貞盛の長男、倉奈利山城守平貞久（伝未詳）と関わると伝えられている。この貞久は、弟の国久、盛久らと軍兵を率いて岩井郷に将門を討ったという。これは、往時より、常陸大掾家の伝承として当地に広まった話と見ることが出来そうである。

□将門の墓　西茨城郡岩瀬町池亀（桜川市）

この地に古い石塔があった。平らな石で高さ、五、六尺、幅三、四尺ばかりで、文字が落剝して読めなかったという。土地の人々は将門の墓と伝えていた。「イ．Ⅰ6」

＊現在、ある研究者の説により、将門の従兵、藤原玄明の墓と付会され、その館があったといわれているが、その根拠は不明である。そこで、古い伝えの方を大切にするべきであると思われる。

□不咲桔梗　西茨城郡岩瀬町藤の原（桜川市）

一説に、平将門が処刑された場所ともいい、桔梗の前に欺かれた将門の恨みによって、桔梗の花が咲かないと伝える。「イ．Ⅱ58」

□山王廿一社権現　真壁郡明野町赤浜（筑西市）

この社は、野本の合戦で将門軍に焼かれたという。「注釈書⑨」

□子田　真壁郡明野町東石田（筑西市）

国香が館を営んでいた時、丈部子春丸もここに居リ、領した田が在り子田という。此の地をシダと称することとなったという。「イ．Ⅰ7」

□予具塚　真壁郡協和町横塚（筑西市）

藤原秀郷が平将門の大国玉城を攻めた際、その兵具を収蔵して塚のようにしたという。「イ．Ⅰ7」

□古間木　結城郡石下町古間木（常総市）

この地にあった官牧であったが、後に、狭隘になったため大結牧に移ったという。将門もこの牧に関わっていたであろうという。「ア．18」

□馬場　結城郡石下町馬場（常西市）

常羽御厩に附属した馬場で、馬の調練が行われた場所という。「現」

□鷲神社　結城郡八千代町沼森（結城市）

平将門が鷲神社を尊崇していたと伝える。相馬氏が奥州に移動した際、故地の妙見・鷲・塩竈の神社を遷座したという。現福島県小高町女場の鷲神社は、この社を本祠としている。「ソ．22」

＊現在の八千代町に踏査したが、ここの鷲神社にはこうした伝えはない。小高の方では、この伝えが信じられている。

千葉県

□柴崎神社　我孫子市柴崎

柴崎左馬督（将門の臣）が社殿を修築したという伝えを加える。「ア．11千葉県」

□根戸城　我孫子市根戸

往昔は、平将門の居城であったという。

＊相馬家の本宗家は、根戸の法花坊にあったという説がある。相馬根戸城主が崇敬した妙見菩薩が後に北星神社の神体となり、明治になって天御中主命祭祀へと変わっている。「ウ．Ⅰ54」

□石井家　市川市大野町

この土地の旧家で、当地の将門伝説を伝えていた。平将門が天満宮を遷したことを記した文書を蔵する。

＊当家の文書は掛け軸に作られており、菅原道真と思われる絵の上に以下のような文がある。「抑天満宮者人王六十一代朱雀天皇御宇天慶元年平親王将門公皇都天満宮下総大野江移」「ウ．Ⅰ68」

□将門の埋蔵金　市川市大野町

平将門が「困窮の時に、掘り出して使え。」と村人たちに埋蔵金の鍵言葉を残した。それは「朝日射す夕陽輝く丘の上、春は花咲く玉椿の下」という。

＊これは、先著では守谷市大柏としていたが、それは誤りと分かり、こちらへ移すことにした。「イ．Ⅰ55」

□金剛地　市原市金剛地

承平年間、平良兼がこの地や奈良、東国吉を領したという。「ウ．Ⅰ43」

□市東村奈良　市原市奈良

平将門が良兼と戦いに勝ち、平安京に対する奈良に擬して村名としたという。「ウ・Ⅰ39」

□妙正神社　柏市西原二丁目

天慶年間、平将門が使者を遣わして戦勝を祈念したという。その故事に由来する御籠祭が一月八日に行われていた。「現」

＊この地域の歴史から見て、当神社の創建は新しいと推定される。そこで、この伝えも古いものではないようである。

□黒砂神社の御神木　千葉市稲毛区黒砂

将門の落人六人が逃れて来て、鎮守として当社を祀った。六人は、中山、高橋、渡辺、遠藤、山本、春山を名乗った。その六人の御神木が六本あったという。「現」

□白石家　野田市木間ヶ瀬

当地を開発したという旧家である。平将門が訪れた時、当家では正月十四日の若餅をついていた。その時、誤って餅の入った湯を将門の馬に与えたため、餅が喉に詰まって死んでしまった。以後、当家では若餅をつかなくなったという。「ウ・Ⅱ45」

＊今も、白石家の当主は、「祖先が将門に申しわけないことをした。」と語っている。

□桔梗忌避　野田市木間ヶ瀬

将門を裏切った桔梗の前を憎んで、木間ケ瀬の志部、前堀の地域では、桔梗を植えたり、飾ったりしなかったという。また、成田山へも参詣しなかったという。「ウ・Ⅱ48」

□七本桜の別説　野田市木間ヶ瀬

白山神社に二本、桜株（屋号）の元屋敷、荒木家の塚、小沼家、香取神社、駒形神社の七本という説もある。「同前」

□将門の戦場　野田市吉春

平将門が守谷より侵攻し、この地の城を攻略した。この狼藉を鎮定するため、俵藤太が討手として当地で戦い、ついに将門を滅ぼしたという。「ウ．Ⅱ43」

□妙見社　松戸市紙敷

将門が当地に妙見を祀ったのが始まりという。また、千葉氏の創建ともいう。「ア．11千葉県」

□夕顔観世音塚　香取郡小見川町阿玉台（香取市）「ウ．Ⅱ58」

平良文を祀るという。

□月天石　香取郡小見川町五郷内（香取市）

天から落ちて来た月星の形を備えた石で、今も樹林寺に伝えられる。「ウⅡ59」

□良文の軍扇　香取郡小見川町五郷内（香取市）

平良文の軍扇として、今も樹林寺に伝えられる。「現」

□さぎ草　香取郡小見川町白井（香取市）

平将門を討とうと、源満仲が軍勢を率いて多田（佐原市）の地に陣取った。満仲を慕う白鷺姫もたどり着いた。俵藤太が退治した百足の仲間のハガチが満仲軍の兵たちに食いついた。軍兵が大騒ぎとなった時、白鷺姫は、数千羽のサギとなってハガチを食いちぎった。しかし、この混乱により、満仲は将門征伐の戦いに間に合わなくなってしまった。そこで、軍を引き揚げざるを得なかった。今は、さぎ草が群生しているという。「ウ．Ⅱ58」

□貞盛の寄進　香取郡山田町府馬（香取市）

平貞盛が平将門を滅ぼした後、この地の祖父高望王の墓に戦勝報告をし、供養のために土地を寄進したと伝える。「ウ．Ⅱ65」

□将門堤　山武郡成東町宮脇（山武市）
この地の八幡神社は平清胤が産生社として祀ったという。この社の参道を将門堤と呼ぶ。一説に、将門が築いた道路という。「ア．10」

□八幡神社の社宝　山武郡成東町宮脇（山武市）
この地の八幡神社の社宝として金獅子一躯があり、平将門の奉納という。「ウ．Ⅱ66」

□土橋平蔵自刃の地　長生郡長南町蔵持平蔵谷
旧市原郡平蔵城主、土橋平蔵という者が天慶の乱に将門方に属し、戦い敗れて蔵持村に逃げ来て、この地に自刃したと伝える。「ウ．Ⅰ43」
＊これは、先著の表現を改めることとした。

埼玉県

□芦毛馬忌避　鴻巣市大間
大間の城にいた源経基が芦毛の馬に乗っていたことから、これを飼うとその家は立ちゆかなくなると伝える。「エ．Ⅰ9」

□光明院　幸手市木立
この寺の定有上人が将門討伐の調伏を行ったという。「エ．Ⅰ44」

□身隠し穴　秩父市栃谷

将門の愛妾、立石御前が身を隠した洞穴がある。「エ．Ⅱ2」

□馬乗り石　秩父市栃谷

立石御前が馬に乗る時、用いた石という。「エ．Ⅱ2」

□馬具さび山　飯能市前ケ貫

平常盛が平将門と戦った時、この馬具さび山に陣をしいて、一夜明けると馬具や武具がさびていた。常盛はこのあたりを塩川と名付けたという。「現」

□将門の後裔　三郷市鷹野

この地、旧久兵衛に、先祖が平将門と称する家があり、千葉から移って来たと伝えている。成田山参拝を忌避していたという。「エ．Ⅰ58」

□洞穴　秩父郡荒川村上田野（秩父市）

若御子神社の前には、洞穴がある。この地で、平将門が戦いに敗れてこの洞窟に隠れたと伝える。「エ．Ⅱ13」

□如蔵尼　秩父郡大滝村大達原（秩父市）

一説として、天延二年（九七四）如蔵尼が大滝村に来て、一宇を建てて円通寺と名付け、父の将門像を刻したという。「エ．Ⅱ20」

＊この寺は廃寺となり、現在は存在しない。かつて、観音堂には、将門の守り本尊、十一面観音と将門の甲冑像があったという。この寺の縁起の一本に、相馬如水という者が記したものがあり、このような如蔵尼との関わりが見られる。

□桔梗の屋敷跡　秩父郡大滝村大達原（秩父市）

この地に逃れて来た桔梗の前の屋敷があったという。「エ．Ⅱ1」

□大蔵館　比企郡嵐山町

往昔、源経基らが立て籠もった狭服山は、後の源氏の大蔵館のあたりであったという説がある。「エ．Ⅱ43」

東京都

□成就院　新宿区築土八幡町

この寺は、築土神社の別当であったが、明治となって廃寺となり、将門に関わる什物などが氷川神社に移されたようである。「ア．19」

□妻恋稲荷社、妻恋橋　文京区湯島

信田小太郎が小山行重を討った伝説がある。「オ．Ⅰ11」

＊先著では、所在地を千代田区と誤っているので訂正する。

□草木家　八王子市上恩方町力石

この家の始祖は、平将門の副将軍、藤原玄茂の子という。玄茂は、将門が滅びた時、相模国に逃れたが、追討軍に斬られて死去した。しかし、その子満徳丸は、乳母に抱かれて、陣場山の奥に逃れた。その後裔が草木家で、この地に代々住んでいたと伝える。「オ．Ⅱ7」

□草木兵部の墓　八王子市上恩方力石

草木兵部は、平将門時代の人物と伝えられていたが、藤原玄茂の後裔で戦国時代後期の人であったようだ。その墓が草木家の墓地に現存する。此の地の将門神社に関わる伝説は、これまでと内容が異なっている。「オ．Ⅱ7」

□蕎麦を作らぬ話　八王子市上恩方力石
草木兵部は、平将門の家臣の後裔であったが、出陣の際、馬の鐙に蕎麦が生えて、戦いに敗れてしまった。今でも、草木姓を名乗る家では、蕎麦を作らないという。「オ．Ⅱ10」
□三田氏の墓　羽村市羽加美
平将門の後裔を称する三田氏の一族、三田雅楽助将定がこの地に一峰院という寺を創立したという。この一峰院近くの森の中に五輪塔があり、将定の墓と伝えている。その傍らに、八幡宮という石祠があり、将定の霊を祀るという。「オ．Ⅱ17」

栃木県

□御厨太郎　足利市百頭町
この地の地蔵院の墓地に、御厨太郎のものという古い五輪塔がある。これは将門の弟、御厨三郎将頼のことを指すという。一字も文字がないのは、当人を憚り文字を刻さなかったと伝える。「カ．5」
□飯倉粒村　今市市猪倉（日光市）
この村の語源は、将門が秀郷に面会した際、将門があわてて飯をこぼしたことによるという。「カ．37」
□菅原神社　宇都宮市中河原町
藤原秀郷が平将門を討って、下野・武蔵国守となり、この地に移ったという。「カ．12」
□日吉神社　鹿沼市古賀志町
藤原秀郷の勧請という。「カ．23」

□将門の守り本尊　　　下都賀郡藤岡町藤岡

慈福院の薬師如来木坐像一尺二寸は、相馬将門の守り本尊という。「カ．5」

□日枝神社　　　下都賀郡太平町下皆川

藤原秀郷の勧請という。「カ．23」

□湯西川　　　塩谷郡栗山村（日光市）

最初に将門の残党が入り込んだ所という。（川俣温泉もこれと関わりがあるかもしれないという。）「カ．30」

群馬県

□貫前神社の別説　　　富岡市下日野

藤原秀郷が戦勝祈願をして、杉の木を植樹したという。「ウ．Ⅱ48」

□宝川温泉　　　利根郡水上町藤原（みなかみ町）

将門の乱で敗れた将門の一門が住みついたという。「現」

山梨県

□山之神　　　北都留郡小菅村

ここの山神社の神体は、真っ黒でつやのある十一面観音像である。将門との関わりがあるという。「ク．9」

神奈川県

□依知神社　厚木市上依知

この社は、かつては赤城神社と称していた。平将門が祈願をしようと参拝した時、ちょうど相模川が決壊したので、赤城山の馬を献上し、その働きによって堤防の修理が出来たという。「ケ・6」

□高望王の娘　平塚市

平高望が一族を伴って、坂東へ下向した。その娘が平塚の浜で死亡した。そこで、墓塚を作り埋葬した。その墓が砂をかぶって平坦になってしまった。このことから、当地を平塚と呼ぶこととなったという。「ケ・2」

東北

青森県

□錦木の墓碑　青森市久栗坂

久栗坂の南端に、囲みの中に一墓碑が建っていた。これは、善知鳥安方の妻錦木の墓標であるという。この墓碑は、昭和の頃には失われていた。「コ・10」

＊一説に、安方は将門の臣で外ヶ浜に住んだという。

□善知鳥神社　青森市安方

善知鳥安方という貴人が勅勘を蒙って都を追放され、津軽外ヶ浜に来て住み着き、宗像三女神を祀ったのが始まりという。「コ・9」

□一念寺　青森市安方

善知鳥安方夫妻が外ヶ浜で死んだ後、その霊魂が鳥となり、「うとう」「やすかた」と呼び交わしていた。それを猟師が誤って射殺してしまった。そのため祟りがあったので、一祠を建てて霊魂を鎮めたという。これが一念寺の始まりという。「現」

□将門の後裔　　弘前市田町

かつて、弘前藩士の相馬家で平将門の後裔を称している。「コ・18」

□村の開祖　　中津軽郡相馬村（弘前市）

この村は、相馬孫三郎という人物によって開かれたという。「コ・16」

＊この相馬氏は、将門の後裔といわれている。

□柾子弾正　　西津軽郡車力村車力（つがる市）

柾子（まさこ）弾正は、元弘二年（一三三二）頃、鎌倉幕府に仕えていたが、陸奥国十三湊に下向して、安東氏を頼ったという。安東氏は、これを受け入れて、当地に館を与えた。これが柾子館と呼ばれた。後に、この「まさこ」が将門に準えられたという説がある。「コ・15」

□錦木の里　　東津軽郡平内町小湊

天慶年間、善知鳥安方は平将門を諌めて聞かれず、さすらいの途に出る。妻の錦木は夫の後を追って、この里まで来て死んだという。ここには塚があり、錦木塚と呼んだという。現在は不明となっているようだ。「コ・7」

岩手県

□将門の臣　　岩手郡雫石町橋場

千葉九郎兵衛は、天慶の乱に敗れた将門の臣で、その姫を守って橋場まで来て、追っ手を防ぐため、この地に残ったという。「サ．4」

秋田県

□将門の一族　　仙北郡中仙町豊岡（大仙市）

天慶の乱で敗れた将門の一族ツヒヤ子という人、九五八（天徳二年）年に生保内に来る。その近親（弟とも）、与吉郎が他の四人と共に、峰渡りから、大神成の内沢山に来たという。

＊当地の郷土史家井上金市氏の調査による。「シ．16」

□将門の親戚　　仙北郡西仙北町高城（大仙市）

将門の親戚がこの郷に落ち延び隠れ潜んでいた。将門の後胤、相馬小治郎常望の子、信田小太郎貞常の後裔と伝える。小太郎は、笛の名手といわれていた。この集落には信田姓が多い。「シ．3」

□相馬豊後　　仙北郡神岡町八石（大仙市）

将門の後裔とわれる相馬氏で、八石村を開基したという。「シ．3」

□八口内氏　　雄勝郡雄勝町秋の宮（湯沢市）

将門の後裔相馬氏で、この地、八口内の城に居住した。天正四年、最上と小野寺の戦いに、最上方となり小野寺に滅ぼされた。赤色に繋ぎ馬を付けた旗に、相馬親王将門の末葉八口内尾張守平定冬主従三騎討死と書き付けていたという。「シ．1」

宮城県

□信田小太郎供養碑　仙台市宮城野区岩切

この地の東光寺の裏山に、嘉暦二年（一三二七）の古碑が存在する。「ス．11」

□清水寺　栗原郡栗駒町岩ケ崎（栗原市）

この地の音羽山清水寺は、一説に悪七兵衛師末という者の子弥兵衛師門といふ。この師門は将門の後裔といわれる。「ソ．5」

□香林寺　登米郡豊里町赤生津（登米市）

ここの月輪山香林寺の山門は、師門の忠臣、月輪兄弟の屋敷のものという。「ス．21」

山形県

□錦戸薬師堂　米沢市赤崩石木戸

石木戸薬師ともいう。本尊の薬師像は、俵藤太が将門の乱を鎮めた功により、奈良薬師堂より遷座して守本尊としたものである。後に、奥州藤原氏に伝わり、この地の守り本尊となったという。「現」

□阿弥陀如来立像掛け軸　西村山郡西川町大井沢

平将門の子孫、志田弾正が所持していた金箔張りの掛け軸である。この軸の裏には、小太郎と記されているという。「セ．17」

福島県

□新妻家　いわき市四倉町玉山

恵日寺に隣接する家で、その裏に現存する古井戸を如蔵尼が使用したという。また、裏庭の辺りに如蔵尼の草庵があったとも伝える。「現」

□境ノ内五輪塔　安達郡白沢村和田境ノ内

この五輪等は、鎌倉時代のものと推定され、平将門一族のものと伝えられる。「ソ・39」

＊この五輪塔は、昭和四十八年に村指定文化財となっている。それを記す文書に、「将門一族」以下の文がある。

□将門山　安達郡白沢村和田境ノ内

和田神社より北方、数百メートルの所に深いデブ地があった。昔、ここに一人の武将が騎馬もろとも落ち込み、もがいているところを弓矢で討ち取られ、この山に葬られたという。これが平将門と似ていたことから、将門山と呼ぶようになったと伝承されている。「ソ・40」

□将門尊像　相馬市中村

この地の相馬家に、如蔵尼が持って来た将門像が所蔵されていたという。尊像は立烏帽子の束帯像であったという。「ソ・46」

□国王社　原町市矢川原（南相馬市）

この地の門馬氏の氏神として祀られている。「現」

□大雷神社　石川郡玉川村小高

天慶年間、将門の末弟が小高御城に居城し、阿武隈川畔に火雷天神を勧請して祭祀を行ったという。慶長の頃、当社は大洪水で社殿が流失し、現在地へ遷宮が行われた。後に、火雷天神の社号を大雷神社と改めた。「ソ・41」

＊一説に、天慶の乱後、将為らは当地に遁れ、さらに、奥地を目指し三春方面に隠れたともいわれている。（『師守記』に、将門

の弟将種が陸奥に遁れたという記述が見える。これが将為に付会されたか。）

□米々沢館跡　相馬郡小高町小高（南相馬市）

かつての米々沢村は、往昔、木幡氏の采地であった。木幡氏は浮島太夫藤ノ清名の後裔で、平将門以来の家臣である。「ソ．22」

□日鷲神社　相馬郡小高町女場（南相馬市）

平将門がこの社を尊信し「我軍が敵国に入れば、この神が大鷲と現じて、我旗を導き我軍に大利をもたらす。子孫は永く守護神とせよ」と祈願したという。はたして、戦勝が続き関八州を併合し、武威を輝かしたと伝える。「ソ．22」

□国王社　相馬郡小高町小谷（南相馬市）

この地の佐藤家は、相馬家の臣で、国王社を祀っていた。「ソ．10」

□国王社　相馬郡小高町金谷（南相馬市）

この地の門馬氏の氏神として祀られている。この家には、平将門以来の系図を所蔵している。「現」

□大雷神社　田村郡三春町富沢

火雷天神を祀る社である。一説に、将門の一族が此の地に遁れ、後に、子孫が平姓田村氏と関わるという。「ソ．41」

□虚空蔵尊　双葉軍浪江町北幾世橋

平将門が虚空蔵尊を老臣浮島太夫清名に賜ったという。このことから、浮島太夫の守本尊となり、後に、相馬昌胤の守本尊として崇められたという。「ソ．50」

□国王神社　双葉郡浪江町川添

清信光学院境内にあった神社で、将門を祀っていたといわれる。標葉氏が相馬氏に滅ぼされた後の創建であろうと考えられる。明治時代になり、修験道が廃止された後、国玉神社となり大国主命を祭神としたという。「ソ．50」

□准胝（じゅんてい）観音　　　　双葉郡浪江町川添

かつて、清信光学院境内にあり、現在は国玉神社境内に存する。今は小祠となっているが、明治までは、観音堂が現国玉神社の社殿であった。如蔵尼がこの観音を背負って来て、ここに将門を祀り観音を安置したという。その名残か、現在もなお、観音の祭礼が女性中心で行われているという。「ソ．50」「ソ．51」

＊この准胝観音の将門祭祀は、世間を憚るように、少ない人数でひっそり行われているという。このことから考えると、明治に、国王神社が国玉神社に変えられ、将門が祭神からはずされたため、将門を慕う人々が准胝観音に将門を祀ったことが考えられよう。准胝観音とは、三目で八臂といわれるが、この観音は約二十センチの木像で、二目二臂である。（戦前に、岩井の国王神社が国玉神社に変えられそうになったことが思い合わされる。）

□准胝観音　　　　双葉郡浪江町室原

現在、この地の観音寺に、この観音が祀られている。これは、明治以前は立野の森林中に祀られていて、川添の准胝観音の両方を巡ってお参りしたという。「ソ．22」

□勝善神社　　　　双葉郡大熊町野上

野上のある神主が浪江の清信（川添）に来た際、折しも夕刻となり、家路を急いでいた。その時、「縋りたい、縋りたい。」というものがあった。「縋るなら縋れ」というと、声の主はふらふらと空中から、袖や体に重くさわった。神主は、飛ぶように家に帰り、寝てしまった。そのあくる朝、袖のあたりを探ると、重いものがあった。それは将門の尊像であった。その神主は、その尊像をこの地に飛び付き観音と祀ったという。それが今の勝善神社となったという。「ソ．46」「ソ．49」

□瑠璃尺　　　　　　　　　耶麻郡磐梯町

この地の恵日寺には、将門の娘如蔵尼が用いたという瑠璃尺が伝えられていた。「ソ．67」

＊嘉永三年八月七日に、八代藩主松平容敬が大寺方面へ出遊した。その際、鈴木秀玄という人物が寺宝の瑠璃尺を模写している。その絵と説明文が残されている。

東海以西

静岡県

□正門　　　　　　　　　掛川市初馬

かつて、栃沢に正門（将門）という小名があったという。「タ．8」

□駒形堂　　　　　　　田方郡函南町軽井沢

もと、弦巻山の中腹に、駒形堂があった。これは、承平六年、平将門が関東に下る途中、この地を通り過ぎようとした時、折悪く乗馬が病気になり、進むことが出来なくなった。里人が駒形堂の観音様を祈ると霊験あらたかなことを伝えた。そこで、将門が一心に祈願すると、霊験が現れて、馬の病がなおってしまった。これに感じ入った将門は、馬頭観世音の像を作り安置したという。これ以来、この観世音は、馬の神として近隣に知れわたった。現在、この駒形堂は竜泉寺に移されている。「タ．18」

長野県

□大伴神社　　　　　　　佐久郡望月町（佐久市）

延長の頃、将門が下総国に謀反を企てた時、善淵王が東山道を経て下向した。この際、諏訪上、下の社に奉幣した後、この大伴神社に、朝敵退散の願書を捧げ、奉幣したところ、桐が茂った中から、鳥が光を放って飛び去った。先陣の平経定が「弥高き神の宮居の桐が谷に幾世来たりて遊ぶ鳥かも」と詠じたので、大伴神社守護としるして銘に兜の内に戴き、勇み進みて、打ち立ち下総の国へ追い退け、凱旋して信濃の国を賜ったという。「チ．6」

愛知県

□将門の涙雨　額田郡幸田町

この地の鳥越神社の祭神は、平将門である。その祭の次の日には必ず雨が降る。これを将門の涙雨という。(将門が無念の思いで涙を流すと解釈されている。)

＊鳥越神社は、現在、火神社に合祀されている。「現」

岐阜県

□白鬚神社の流鏑祭　可児市土田

平貞盛が将門追討の命を受けて、坂東へ下る際に白猿に導かれてこの地に至り、戦勝祈願を願い、この社を建立したという。「現」

□将門の首塚　可児市中恵土

藤原秀郷が坂東に下る途中、平将門の首と足を模造した。この地で、それを切って塚を築き、将門の征伐を祈念したといわれる。一説には、将門の首が飛んで来て、林の中に落ちたともいう。「テ．13」「テ．14」

□足塚　可児市中恵土

首塚から少し離れて、小祠が祀られている。これは、将門の足塚という。「テ．13」

□圦（ゆり）の宮（弓張明神）　不破郡垂井町表佐

平将門の首が飛来した時、南宮の隼人神が矢を射かけた所という。この圦宮は、地名となっているが、小さな祠として残されている。「テ．16」

□隣松寺　不破郡垂井町宮代

平将門の霊を慰撫するため、この地に七堂伽藍を建立した際、一夜に千本の松がはえたと伝える。「テ．16」

□御首神社　山県市美山谷合

平将門の首を祭祀。江戸期に大垣の御首神社から分祀して、この地に祀ったという。「テ．9」

福井県

□平将門　大野市旧西谷村地内

この人物は、温見から小沢に移り住み、いくつか伝説がある。

*平将門という別人の伝説が現大野市内の旧西谷村に残されている。この地の温見に、平将門が住んでいた。一説に、この人物は、木曾義仲と戦って敗れた平家の一部将という。

別説に、この将門は柴田勝家のころ、温見に小沢入道政門という人物がいたという。マサカド祭が残され、昭和36年まで、古いしきたりのまま続けられていた。この伝説が遺された地域は、ダムの建設で湖底に沈んでしまった。（同じ「まさかど」ということで、混乱がないよう書いておくこととした。）「ト．5」

富山県

□竜の子　　小矢部市水島

藤原秀郷が竜から子をもらって、この地に置いたところ池が出来たという。「ナ．6」

□誓光寺　　射水郡大門町二口（射水市）

熊野神社に詣でた後、如蔵尼は病を得て、民家に留まり、熊野の功徳を説いた。その後、草庵を結んだという。これが誓光寺の草創であったと伝えている。「ナ．3」

□草庵　　射水郡大門町下条（射水市）

如蔵尼がこの地に草庵を結んだと云う。今も誓光寺の墓という石碑が建つ。ここは誓光寺の故地といわれている。「ナ．3」

□熊野神社　　射水郡大門町水戸田（射水市）

将門の娘、如蔵尼は、晩年に、奥州の恵日寺を出て越中に来て熊野山の熊野社に詣でたという。「ナ．4」

石川県

□沖崎家　　輪島市輪島崎町

この家は、信田小太郎の伝説を管理している。かつては、相馬を称していたらしい。古い提灯に相馬と書かれていたという。「現」

新潟県

□相馬興門　　北蒲原郡中条町高畑（胎内市）

天慶の乱後、平将門の一族、（平）相馬興門が落ち延び、築地原に館を構えたという。その相馬興門の墳墓と伝える塚が高畑字相馬の地に存在する。その傍に祠（妙見様と呼ぶ）が建てられている。「ヌ．1」

京都府

□末多武利神社　　宇治市宇治

征東将軍藤原忠文の御霊を祀るという。将門の乱で、忠文は恩賞の対象から外されたため、それを深く怨み祟ったと伝える。「オ．I5」

＊『古事談』には「忠文勧賞沙汰之時、小野宮殿疑勿賞、依被定申不被行云々。ソノトキ九条殿刑ノ疑ヲバ勿賞、賞疑許セトコソ侍レト申サレケレド、遂不被行云々。」とある。

和歌山県

□贄川家　　橋本市橋谷

家伝によれば、鎮守府将軍良将の孫、相馬太郎良門の後胤、贄川六郎左衛門将望の玄孫、筑後守将雄は、永禄・天正の頃に畠山氏に属し、軍功があったという。「ホ．1」

□長藪城　　橋本市矢倉脇

平将門九代の後裔、贄川次郎左右衛門将房がこの砦にこもったと伝え、後に長藪城と称したという。「ホ．2」

＊『太平記』に、「永禄三年七月十九日贄川義次、松永を攻めて長藪城を回復し、父義則と共に城に移る」とある。

□宝形山地蔵寺　橋本市矢倉脇

昔、平将門の末裔、贄川将房がこの村に迷い入り、老翁高山七郎という者に敬愛された。後に、将房は、七郎のために、この寺を建てたと伝える。「ホ．3」

岡山県

□三石城　備前市三石

平将門の子、良門がこの地に城を築いたという。「マ．2」

鳥取県

□将門の家臣　日野郡江府町御机

九万原の戦いで、将門の家来数人は脚気となり捕えられて殺された。土地の人が墓を作り葬ったという。「ム．8」

徳島県

□秀郷の後裔　三好郡東祖谷山村奥の井（三好市）

この地の俵家は、藤原秀郷の後裔と称している。「ヤ．2」

佐賀県

□太田神社　　佐賀郡諸富町（佐賀市）
平将門を祀るという。「ヨ．6」
＊大堂神社の伝えに影響を受けたものと思われる。

長崎県
□有馬家　　高木郡北有馬町（南島原市）
肥前高木の城主、有馬修理太夫は、柏原天皇の後裔平親王将門の末として、九州の高家と伝えられていた。「ラ．1」

＊全国のまとめ　先著と合わせて、分布の状況を以下にまとめておく。総計　一、五五五。（平成18年9月現在）

関東　一、三〇二
茨城433　千葉265　埼玉179　東京166　栃木118　群馬55　山梨56　神奈川30

東北　一〇三
青森16　岩手4　秋田10　宮城11　山形10　福島52

東海以西　一五〇
静岡10　長野7　愛知16　岐阜18　福井3　富山7　石川9　新潟1　滋賀15　京都12　奈良4　大阪4　兵庫1

三重3　和歌山6　岡山5　広島1　鳥取15　島根2　香川2　徳島2　大分1　佐賀4　長崎1　熊本1

あとがき

昭和三十四年、古典遺産の会の「将門記」共同研究に加えていただいた。その際に、「将門記の語法・文体及び用語」をまとめた。これは、昭和三十八年に「将門記の文体」と改訂することになった。それ以降、三十年余、高校教育に専念することになった。

研究を再開したのは、十数年前になる。和漢比較文学会から、お勧めをいただき、「将門記の文章」を書いたのがきっかけとなった。当初は、「陸奥話記」や「奥州後三年記」なども読んで、初期軍記の文体を調べたりしていた。ところが、「将門記」の叙述を確かめようと、その地名を辿っているうちに、かつて将門伝説の踏査行に参加した記憶が蘇って来た。それ以来、伝説地を訪ね歩くようになり、「将門記」と将門伝説の考究が一生の目標となった。

とくに、定年退職してからは、「毎日が将門だね。」と冷やかされながら調査と研究に没頭した。幸運なことに、多くの方々の御教導と御協力をいただき、少しばかりではあるが、新たな成果をあげることが出来たように思う。ここに、謹んで御礼申しあげたい。

なお、「平将門伝説」「将門記新解」に続き、本書の刊行についても汲古書院の大江英夫氏にお世話になりました。衷心より感謝申し上げます。

平成十九年五月

村上春樹

著者略歴

村上春樹（むらかみ　はるき）

1937年生まれ。

1960年早稲田大学卒業（国語学専攻）

その後、横浜市立戸塚、桜丘高校勤務。退職後、横浜市立図書館嘱託、大正大学オープンカレッジ講師、千葉県立関宿城博物館客員研究員、千葉市民大学講師などを歴任。

主な研究

「将門記の文体」（『将門記――研究と資料』新読書社刊所収）
「将門記の文章」（『軍記と漢文学』汲古書院刊所収）
「将門伝説紀行」（『神奈川風土記』丸井図書刊連載）
「平将門伝説の展開」（『軍記文学の系譜と展開』汲古書院刊所収）
「将門記と将門伝説」（『軍記文学の始発』汲古書院刊所収）
「平将門と猿島氏の伝承」（『常総歴史』25）
『平将門伝説』汲古書院刊
「将門記の読みについて」（『古典遺産』52号所載）
「将門記の叙述と文飾」（『東洋――比較文化論集』青史出版刊所収）
『真福寺・楊守敬本　将門記新解』汲古書院刊
『平将門伝説ハンドブック』公孫樹舎刊

平将門――調査と研究――

二〇〇七年五月三十一日　発行

著者　村上春樹
発行者　石坂叡志
整版印刷　中台整版
発行所　汲古書院
〒102-0072　東京都千代田区飯田橋二―五―四
電話〇三（三二六五）九七六四
FAX〇三（三二二二）一八四五

ISBN978－4－7629－4200－6　C3021